U0152497

主编◎裴书峰　姜巧丽

编者◎李　蓉　金梅花　蔡芝善　胡菁华
　　　周欣怡　宿松强　张　鑫　柴丹丹

本书真题由
**韩国国立
国际教育院**
官方授权

完全掌握

新韩国语能力考试

TOPIK II（中高级）

3年真题+2回模拟

（赠听力音频）

TOPIK最新真题

逐题解析+考题译文！

华东理工大学出版社
EAST CHINA UNIVERSITY OF SCIENCE AND TECHNOLOGY PRESS
·上海·

图书在版编目(CIP)数据

完全掌握.新韩国语能力考试TOPIK Ⅱ(中高级)3年真题+2回模拟:赠听力音频 / 裴书峰,姜巧丽主编.—上海:华东理工大学出版社,2019.4
　　ISBN 978-7-5628-5766-2

　Ⅰ.①完… 　Ⅱ.①裴…②姜… 　Ⅲ.①朝鲜语－水平考试－习题集
Ⅳ.①H55

中国版本图书馆CIP数据核字(2019)第035256号

策划编辑 / 舒欣如
责任编辑 / 舒欣如
装帧设计 / 戚亮轩
出版发行 / 华东理工大学出版社有限公司
　　　　　　地址：上海市梅陇路130号，200237
　　　　　　电话：(021)64250306
　　　　　　网址：www.ecustpress.cn
　　　　　　邮箱：zongbianban@ecustpress.cn
印　　刷 / 上海四维数字图文有限公司
开　　本 / 787mm×1092mm　1/16
印　　张 / 26.25
字　　数 / 661千字
版　　次 / 2019年4月第1版
印　　次 / 2019年4月第1次
定　　价 / 59.80元

本书得到韩国语能力考试（TOPIK）官方出题协会——韩国国立国语教育院的正式授权，收录了 2014 年 TOPIK 改革后的最新真题。同时，经过充分的试卷分析和专家认证，以改革后的 TOPIK 真题作为框架，选用了当今社会热点话题和多学科的综合知识作为出题内容，设计了两套全真模拟试题。对每一套试题进行了详细的、拓展性的解析，附有考试中出现的高频词汇和重点语法，明确解题技巧和解题关键点。

同时，听力部分的解析附有完整的听力原文。阅读部分对所有文章进行了整篇的翻译，以加深对文章的理解。每一回的作文题目均提供一篇范文及相应译文，供学生参考。建议各位考生可以先做试卷，然后参考解析部分的说明，找出自己知识链中的薄弱环节，有针对性地准备考试。每套试卷后还提供了配套的听力原文和答题卡，便于考生练习使用。另外，随书附赠考题听力 MP3 音频。

本书包含五大特色：

特色 1　吃透 3 回真题，不仅有逐题解析，还有考题译文

收录 TOPIK 改革后 15~17 年三回真题 41 回、47 回、52 回，提供听力原文、考题译文及答题作答 TIPS，进行了详细的、拓展性的逐题解析，真题暗藏考试规则，让考生快速掌握 TOPIK Ⅰ（初级）出题方向和出题趋势！

特色 2　2 回模拟练手，挑战"全真试卷"测试答题时间

经过充分的试卷分析和专家认证，以改革后的 TOPIK 真题作为框架，选用当今社会热点话题和多学科的综合知识作为出题内容，设计了两套实战模拟试题。考生可以测试答题时间，奠定应考实力！

特色 3　高频词汇 + 重点语法，情境中记忆

每道题均总结了该题出现的"关键词"和"重点语法"，带你体验学霸们都在用的高效记单词法——在语境中记单词，重点语法简明讲解、包含辨析并辅以丰富例句！让你明确解题技巧和解题关键点！

特色 4　提供听力试题完整音频 + 逐题音频，加强复习效果

　　每套试卷提供两种听力考试方式，既可以听一整套试卷完整音频，又可以分题听音频。推荐第一次先听完整音频模拟考试，第二次再以每一题为单位复习，达到最佳的学习效果！

特色 5　提供专业答题纸，感受临场作答感

　　本书提供正式考试用的答题纸，通过实际练习作答和涂卡，让备考做最完美的收尾！

　　本书适用于备考韩国语能力考试（TOPIK）的考生，也可作为高校韩语专业技能拓展、实战练习等实践类课程教材。

裴书峰

2019 年 2 月

차 례 目录

CHAPTER 1 한국어능력시험 TOPIK Ⅱ 안내
新韩国语能力考试 TOPIK Ⅱ 简介 1

CHAPTER 2 한국어능력시험 TOPIK Ⅱ 기출문제
新韩国语能力考试 TOPIK Ⅱ 真题 13

TOPIK Ⅱ 　제 41 회 기출문제　　　　　　　　　　　　　　　14
TOPIK Ⅱ 　第 41 回 真题

　　　　　제 47 회 기출문제　　　　　　　　　　　　　　　58
　　　　　第 47 回 真题

　　　　　제 52 회 기출문제　　　　　　　　　　　　　　　102
　　　　　第 52 回 真题

TOPIK Ⅱ 　제 41 회 기출문제 정답 및 해설　　　　　　　　　146
TOPIK Ⅱ 　第 41 回 真题 正确答案及解析

　　　　　제 41 회 기출문제 듣기통합　　　　　　　　　　　176
　　　　　第 41 回 真题 听力原文

TOPIK Ⅱ 　제 47 회 기출문제 정답 및 해설　　　　　　　　　183
TOPIK Ⅱ 　第 47 回 真题 正确答案及解析

　　　　　제 47 회 기출문제 듣기통합　　　　　　　　　　　213
　　　　　第 47 回 真题 听力原文

TOPIK Ⅱ 　제 52 회 기출문제 정답 및 해설　　　　　　　　　220
TOPIK Ⅱ 　第 52 回 真题 正确答案及解析

　　　　　제 52 회 기출문제 듣기통합　　　　　　　　　　　250
　　　　　第 52 回 真题 听力原文

CHAPTER 3 한국어능력시험 TOPIK II 실전모의고사   257
新韩国语能力考试 TOPIK II 实战模拟题

TOPIK II 제 1 회 모의고사   258
TOPIK II 第 1 回 模拟题

제 2 회 모의고사   297
第 2 回 模拟题

TOPIK II 제 1 회 모의고사 정답 및 해설   336
TOPIK II 第 1 回 模拟题 正确答案及解析

제 1 회 모의고사 듣기통합   366
第 1 回 模拟题 听力原文

TOPIK II 제 2 회 모의고사 정답 및 해설   374
TOPIK II 第 2 回 模拟题 正确答案及解析

제 2 회 모의고사 듣기통합   406
第 2 回 模拟题 听力原文

新韩国语能力考试
TOPIK Ⅱ介绍

目的

· 向母语为非韩国语的外国人或海外韩侨指明学习韩国语的方向，以便把韩国语普及全世界。
· 测试韩国语使用能力，以此作为留学、就业的依据。

应试对象

· 母语为非韩国语者，外国人（包括海外韩侨）
  — 韩国语学习者
  — 拟赴韩国大学留学者
  — 拟在国内外韩企及公共机关就业者
  — 海外学校的在校生或已毕业的海外韩侨

考试用途

可使用之处	相关机关
韩侨及外国人之韩国语学习成果测定	
韩国政府奖学生选拔与管理	韩国国立国际教育院
外国人或修完 12 年外国教育课程之旅外韩侨申请韩国国内大学本科与研究生入学	韩国教育部
欲至韩企求职者之工作签证取得与选拔标准	S 电子、S 重工、L 电子
外国人医生执照之韩国国内执照认定	韩国保健医疗国家考试院
韩国语教师二级与三级检定之应考资格	韩国国立国语院
取得韩国永久居留权	韩国法务部
外籍配偶签证申请	韩国法务部

考试各等级标准

· 新韩国语能力考试（TOPIK）之等级判定，以总分来决定，等级之标准如下：

类别	TOPIK Ⅰ		TOPIK Ⅱ			
	1级	2级	3级	4级	5级	6级
等级判定	80分以上	140分以上	120分以上	150分以上	190分以上	230分以上

TOPIK Ⅱ 考试时间

· 因各地区时差关系而有所不同

各地区考试时间											
类别	场次	领域	中国			韩国、日本			其他国家及地区			考试时间（分）
			进入考场时间	开始	结束	进入考场时间	开始	结束	进入考场时间	开始	结束	
TOPIK Ⅱ	第1场	听力写作	11:30	12:00	13:50	12:30	13:00	14:50	12:00	12:30	14:20	110
	第2场	阅读	14:10	14:20	15:30	15:10	15:20	16:30	14:40	14:50	16:00	70

· 考试时间以当地时间为准 / 可同时报考 TOPIK Ⅰ 及 TOPIK Ⅱ

TOPIK Ⅱ 试题构成

· 考试项目：听力、写作阅读两个领域
· 评分：各 100 分，总分 300 分

考试水平	场次	考试领域(时间)	类型	小题数	分数	总分
TOPIK Ⅱ	第1场	听力(60分钟)	客观题	50	100	300
		写作(50分钟)	主观题	4	100	
	第2场	阅读(70分钟)	客观题	50	100	

考试日程

1）2019年度考试日期

类别	韩国	美洲·欧洲·非洲·大洋洲	亚洲	备注
第62回	1.13(星期日)			只在韩国实施
第63回	4.21(星期日)	4.20(星期六)	4.21(星期日)	中国大陆实施
第64回	5.19(星期日)	5.18(星期六)	5.19(星期日)	
第65回	7.7(星期日)		7.7(星期日)	只在亚洲实施
第66回	10.20(星期日)	10.19(星期六)	10.20(星期日)	中国大陆实施
第67回	11.17(星期日)	11.16(星期六)	11.17(星期日)	

2）报名时间

类别	报名时间	报名方法	备注
第62回	2018.12.11.(星期二)~ 12.17.(星期一) 18:00 (7天)	网上报名（个人、团体）	只包括在韩国的报名
第63回	2019.01.24.(星期四)~ 01.31.(星期三) 18:00 (7天)		
第64回	2019.03.12.(星期二)~ 03.18.(星期一) 18:00 (7天)		
第65回	2019.05.21.(星期二)~ 05.27.(星期一) 18:00 (7天)		
第66回	2019.08.06.(星期二)~ 08.12.(星期一) 18:00 (7天)		
第67回	2019.09.03.(星期二)~ 09.09.(星期一) 18:00 (7天)		

※ 海外报名时间与韩国不同，请到当地报名机构确认。
※ 报名截止日期与考试费用缴纳截止日期相同(没有额外缴纳考试费用的时间)。

3）成绩公布日期

类别	第62回	第63回	第64回	第65回	第66回	第67回
成绩公布日期	1.31 (星期四)	5.30 (星期四)	6.27 (星期四)	8.01 (星期四)	11.28 (星期四)	12.19 (星期四)

※ 成绩通过TOPIK官网(www.topik.go.kr)公布，以当天15:00为准。
※ 成绩确认方法：
　　——登录官网(www.topik.go.kr)确认。
　　——登录官网确认成绩时，需要考试届数、准考证号码、出生年月日等信息。

TOPIK II 各等级考试范围

等级		测验范围
TOPIK II	3级	· 日常生活和工作层面上自由运用的语言交流，在多种场合中表现出基础的语言交际能力 · 除了熟悉的话题以外，还对社会上的热门话题有所了解并能以段落为单位来表达 · 可区分口语和书面语的基本特性并加以使用
	4级	· 具有使用公共设施与维持社会交际时所需的语言能力，同时对于处理一般业务也具有某种程度的能力 · 能够理解电视新闻和报纸上的简单内容 · 能够明确理解并运用一般的社会性话题和抽象性话题 · 以对常用惯用语和代表性韩国文化的了解为基础，能清楚地理解并应用在社会性、文化性的内容
	5级	· 具有处理专门领域的研究或业务上所需的语言能力 · 对有关政治、经济、社会、文化等大的范围内本人不熟悉的题材，也能有所理解或处理 · 能适当地按照正式、非正式的语言脉络使用口语、书面语
	6级	· 在处理专业范畴的研究或业务所需的业务时能更加流畅地表达 · 对政治、经济、社会、文化等大的范围内本人不熟悉的题材，也能有所理解或处理 · 虽未能达到母语使用者的水准，但在语言处理能力与意思表达上没有困难

TOPIK II 题型分析

测验范围

虽然韩国语能力考试改革后取消【语汇＆语法】，但严格说起来是将其内容并入【阅读】领域，因此考生可通过改革前后的中、高级 TOPIK 真题来熟悉有助于读解的连接助词、副词、同义词、惯用表达等。而新韩国语能力考试就是用【阅读】【听力】来测验考生对这些词汇、语法的熟悉度。此外，新版【写作】也取消了选择题，只以写作题来测验考生能力。

新版与旧版相比，或许考生的负担相对减轻，但理解题（阅读部分）增加，又合并了两个等级，难度也随之提高。

	旧版	新版
名称	TOPIK 中级 TOPIK 高级	TOPIK II
考试领域	词汇 & 语法	—
	写作	写作
	听力	听力
	阅读	阅读

考题数与分数分配

· 听力与阅读

TOPIK II 的【听力】与【阅读】各有 50 道题目，其中中级 1（3 级）和中级 2（4 级）各占 25 题，高级 1（5 级）和高级 2（6 级）各占 25 题，中级 1 的 12 题中，按照难易度的区分，会采用上 4、中 5、下 3 的出题比例，而中级 2 的 13 题中会以上 4、中 5、下 4 的比例出题；高级 1 的 12 道题目中会采用上 4、中 5、下 3 的方式，高级 2 的 13 道题目中会采用上 4、中 5、下 4 的比例。另外分数分配是每题 2 分，100 分为满分。

考生如果是以通过中级为目标的话，至少前 25 题需要全部答对，那么之后的问题是否就不写了呢？不是的，可以挑战到 35 题，难度虽比较高，但中级考生也能作答。至于 35 题之后对中级考生来说不易作答，但也可以把这些看作高级水准的考题，不要轻易放弃，要是集中精力作答的话，也有机会拿下 5 级。而高级考生一定要尽全力，确保每一题都有把握。

TOPIK II 听力与阅读			
考题难度		考题数	分数分配
3 级	下	3	6
	中	5	10
	上	4	8
4 级	下	4	8
	中	5	10
	上	4	8
5 级	下	3	6
	中	5	10
	上	4	8
6 级	下	4	8
	中	5	10
	上	4	8

上 高难度 / 中 中等难度 / 下 低难度

· **写作**

【写作】一共有 4 题，其中两题的难度在"下"左右（也就是 3 级下～ 4 级下），各占 10 分；一个问题中还会分成㉠和㉡两个小题，各占 5 分。由于写作是以内容评分，因此考生只要针对命题的内容作答就可以得分，只要平时持续练习写作，要获得高分并不难。

TOPIK II 写作			
考题难度		考题数	分数分配
3 级下～ 4 级下	下	2	20
3 级～ 4 级	中	1	30
5 级～ 6 级	上	1	50
合计		4	100

上 高难度 / 中 中等难度 / 下 低难度

准备考试的小 Tips

在新版的 TOPIK II 考试中，【词汇·语法】的部分虽然不像旧版考试一样，有专门的考题，但还是要加强学习，因为在【听力】和【阅读】中还是要靠扎实的词汇量和语法知识来获得高分。但与其漫无目的地背单词，最好的方法还是熟悉这些词在句子中如何运用。换句话说，这些词的含义、形态以及在句子中的使用有哪些条件、与别的单词如何结合？这些都清楚了之后，才可以说是完全学会了这些单词，最好的训练方法，就是自己经常造句练习。

各领域解题技巧

【듣기听力】解题技巧

一般来说，50 道题目中，前 20 题每个音频只对应一道试题，而最后的 21 ~ 50 题则分别是一个音频对应两道试题，也就是播放一段录音后，会有两道对应该音频的问题，而这样的题目总共有 30 题（第 21 题 ~ 50 题）。由于音频播放后，会提示该音频对应的第一题，并有 17 秒左右的空档，再提示对应的第二题，之后再给 17 秒的作答时间，因此考生在作答时，针对同一个音频的两道题，可以不用按照提示给的时间去答题，可以直接选出两题的答案。而且在音频播放前，先预览两道题目，以便之后作答。

1. 先看试题指引，如：

> ※ [1~3] 다음을 듣고 알맞은 그림을 고르십시오. (각 2 점)
> [1 ~ 3] 听录音，请选择正确的图画。（各 2 分）

↓

2. 摘要笔记

①记下能帮助作答的信息，如人、事、时、地、物以及掌握对话或独白中角色的语气、语调和态度，并要能判断其身份。

②切勿逐字听写浪费时间，善用各种符号如♀（女）、♂（男）、∵（因为）、∴（所以），或任何自己看得懂的速记方式。

↓

3. 重复确认

第 21 ~ 50 题每题会播放两次录音，可于录音第二次播放时，再确认自己的笔记，以选出正确的答案。

【쓰기 写作】解题技巧

TOPIK Ⅱ只有四道写作题，TOPIK Ⅱ第 1 节（110 分钟）考试中，是由【听力 듣기】和【쓰기 写作】两部分构成，考试第 1 节一开始便会播放听力音频，整个播放完毕后，继续作答写作题。即扣除听力内容播放时间的 60 分钟，后半部还有 50 分钟是写作时间，所以 50 分钟的时间分配是相当重要的。

·评分标准 - 短作文题

类别	给分依据	分数		
		上	中	下
内容与课题执行 （7分）	(1) 주어진 과제를 충실히 수행하였는가？ 是否切实执行所给予的课题？ (2) 주제와 관련된 내용으로 구성하였는가？ 是否由与主题相关的内容构成？ (3) 주어진 내용을 풍부하고 다양하게 표현하였는가？ 是否将所给予的内容，丰富、多样地表达出来？	6~7分	3~5分	0~2分
文章的展开构造 （7分）	(1) 글의 구성이 명확하고 논리적인가？ 文章的构成是否明确且符合逻辑？ (2) 글의 내용에 따라 단락 구성이 잘 이루어졌는가？ 段落的构成是否按照文章内容所组成？ (3) 논리 전개에 도움이 되는 담화 표지를 적절하게 사용 하여 조직적으로 연결하였는가？ 是否适当地使用相关接续词连接前后内容？ 如그러니까、그렇지만等。	6~7分	3~5分	0~2分
语言使用 （8×2=16分）	(1) 문법과 어휘를 다양하고 풍부하게 사용하며 적절한 문법과 어휘를 선택하여 사용하였는가？ 语法与单词使用是否丰富而多样？ 是否选择适当的语法与单词加以使用？ (2) 문법, 어휘, 맞춤법 등의 사용이 정확한가？ 是否正确使用语法、词汇、拼写法等？ (3) 글의 목적과 기능에 따라 격식에 맞게 글을 썼는가？ 是否按照文章的目的和功能写出格式正确的句子？	7~8分 （×2）	4~6分 （×2）	0~3分 （×2）

等级	上		中		下	
	A	B	C	D	E	F
内容与课题执行（7分）	7	6	4~5	3	2	0~1
文章的展开构造（7分）	7	6	4~5	3	2	0~1
语言使用（16分）	8（×2）	7（×2）	5~6（×2）	4（×2）	3（×2）	0~2（×2）

·评分标准 – 长作文题

类别	给分依据	分数		
		上	中	下
内容与课题执行（12分）	(1) 주어진 과제를 충실히 수행하였는가？ 是否切实执行所给予的课题？ (2) 주제와 관련된 내용으로 구성하였는가？ 是否由与主题相关的内容构成？ (3) 주어긴 내용을 풍부하고 다양하게 표현하였는가？ 是否将所给予的内容，丰富、多样地表达出来？	9~12分	5~8分	0~4分
文章的展开构造（12分）	(1) 글의 구성이 명확하고 논리적인가？ 文章的构成是否明确且符合逻辑？ (2) 중심 생각이 잘 구성되어 있는가？ 中心思想的语言是否组织得好？ (3) 논리 전개에 도움이 되는 담화 표지를 적절하게 사용 하여 조직적으로 연결하였는가？ 是否适当地使用相关接续词连接前后内容？ 如그러니까、그렇지만等。	9~12分	5~8分	0~4分
语言使用（26分）	(1) 문법과 어휘를 다양하고 풍부하게 사용하며 적절한 문법과 어휘를 선택하여 사용하였는가？ 语法与单词使用是否丰富而多样？ 是否选择适当的语法与单词加以使用？ (2) 문법, 어휘, 맞춤법 등의 사용이 정확한가？ 语法、词汇、拼写法等的使用是否正确？ (3) 글의 목적과 기능에 따라 격식에 맞게 글을 썼는가？ 是否按照文章的目的和功能写出格式正确的句子？	20~26分	12~18分	0~10分

等级	上		中		下	
	A	B	C	D	E	F
内容与课题执行（12分）	11~12	9~10	7~8	5~6	3~4	0~2
文章的展开构造（12分）	11~12	9~10	7~8	5~6	3~4	0~2
语言使用（26分）	12~13（x2）	10~11（x2）	8~9（x2）	6~7（x2）	4~5（x2）	0~3（x2）

【읽기 阅读】解题技巧

跟 TOPIK Ⅰ 比起来，TOPIK Ⅱ 的阅读文章内容相对较长，因此用默读的方式会比读出声音的方式更有效率。平常在做阅读练习时，要是发现不懂的单词，先别急着查字典，要先把整篇文章读完，就当作是实际考试一样。由于考阅读的目的并非是问考生每个单词的中文或个别单词是什么意思，而是为了了解考生的阅读能力，因此考生平常要积极训练，即便遇到不懂的单词却还能掌握文章大意，同时在作答时也可以先了解本题的题目是什么，并进一步根据问题反推回来找出正确答案，如此一来便能节省作答时间。另外，平常也可以测一下自己的作答时间，有助于考试时的时间分配。各位考生可善加利用本书所附的模拟试题多加练习。

NOTE

CHAPTER ● 2

新韩国语能力考试
TOPIK Ⅱ 真题

제41회 한국어능력시험
The 41st Test of Proficiency in Korean

TOPIK II B

1교시 듣기, 쓰기

扫一扫, 听试题音频

· 第一次先勾选"连续播放"听完整音频模考,
· 第二次取消"连续播放"分题听音频进行复习。

수험번호(Registration No.)		
이 름 (Name)	한국어(Korean)	
	영 어(English)	

NIIED 국립국제교육원
NATIONAL INSTITUTE FOR INTERNATIONAL EDUCATION

유 의 사 항
Information

1. 시험 시작 지시가 있을 때까지 문제를 풀지 마십시오.

   Do not open the booklet until you are allowed to start.

2. 수험번호와 이름을 정확하게 적어 주십시오.

   Write your name and registration number on the answer sheet.

3. 답안지를 구기거나 훼손하지 마십시오.

   Do not fold the answer sheet; keep it clean.

4. 답안지의 이름, 수험번호 및 정답의 기입은 배부된 펜을 사용하여 주십시오.

   Use the given pen only.

5. 정답은 답안지에 정확하게 표시하여 주십시오.

   Mark your answer accurately and clearly on the answer sheet.

   marking example   ① ● ③ ④

6. 문제를 읽을 때에는 소리가 나지 않도록 하십시오.

   Keep quiet while answering the questions.

7. 질문이 있을 때에는 손을 들고 감독관이 올 때까지 기다려 주십시오.

   When you have any questions, please raise your hand.

TOPIK Ⅱ 듣기 (1번 ~ 50번)

※ [1~3] 다음을 듣고 알맞은 그림을 고르십시오. (각 2점)

1. ①  ②

 ③  ④

2. ①  ②

 ③  ④

3.

①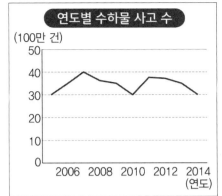

②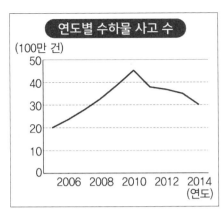

③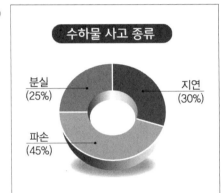

④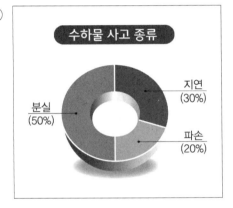

※ [4~8] 다음 대화를 잘 듣고 이어질 수 있는 말을 고르십시오. (각 2점)

4. ① 발표회는 언제 시작해요?
② 꼭 가려고 했는데 못 갔어요.
③ 도저히 시간이 안 될 것 같아요.
④ 갑자기 무슨 일이 있었던 거예요?

5. ① 앞으로는 아껴 쓰면 좋겠는데요.
② 용돈을 많이 주셔서 충분했어요.
③ 아직 남기는 했는데 살 게 있어서요.
④ 필요하면 언제든지 달라고 말할게요.

6. ① 이번에도 내가 이겼지?
② 내가 언제 그랬다고 그래?
③ 배드민턴 치는 건 재미가 없어.
④ 계속 화내면 다시는 안 칠 거다.

7. ① 너무 바쁘셔서 그랬겠지요.
   ② 준비하느라 많이 바빴겠어요.
   ③ 이렇게 초대해 주셔서 감사해요.
   ④ 집들이가 있는지 모르고 안 갔어요.

8. ① 그럼 언제쯤 신청서가 완성될까요?
   ② 그래요? 대회가 잘 끝나서 다행이군요.
   ③ 그래요? 학생들이 신청을 많이 했군요.
   ④ 그럼 기간이 좀 남았으니까 기다려 볼까요?

※ [9~12] 다음 대화를 잘 듣고 여자가 이어서 할 행동으로 알맞은 것을
   고르십시오. (각 2점)

9. ① 단추를 단다.   ② 셔츠를 준다.
   ③ 셔츠를 입는다.   ④ 넥타이를 맨다.

10. ① 책을 읽는다.   ② 커피를 산다.
    ③ 산책을 한다.   ④ 기숙사에 간다.

11. ① 서류를 복사한다.   ② 홍보부에 다녀온다.
    ③ 부장에게 연락한다.   ④ 사진을 거래처에 보낸다.

12. ① 업체에 전화한다.   ② 주문서를 확인한다.
    ③ 재료를 창고로 옮긴다.   ④ 빠진 재료를 알려 준다.

※ [13~16] 다음을 듣고 내용과 일치하는 것을 고르십시오. (각 2점)

13. ① 남자는 어머니의 블라우스를 산 적이 있다.
    ② 남자는 오늘 어머니와 백화점에 갔다 왔다.
    ③ 여자는 상품권을 선물로 드리고 싶어 한다.
    ④ 여자는 오늘 어머니 선물을 사러 갈 것이다.

14. ① 첫 번째 일정은 도서관 방문이다.
    ② 마지막으로 갈 곳은 체육관이다.
    ③ 식사 후에 기념품을 받을 수 있다.
    ④ 기숙사를 둘러본 후 동영상을 본다.

15. ① 다친 사람은 치료를 받고 귀가했다.
    ② 승용차 두 대가 충돌해 사고가 났다.
    ③ 안개 때문에 사고가 난 것으로 보인다.
    ④ 사고 운전자들에 대한 조사는 끝났다.

16. ① 여자의 아들은 이 일을 하는 것에 반대했다.
    ② 여자는 30년 동안 문화재 알리는 일을 했다.
    ③ 여자는 퇴직하기 전부터 이 일을 하고 있었다.
    ④ 여자는 지역 문화 센터에서 매주 강의를 한다.

17. ① 아이들은 다치면서 크기 마련이다.
    ② 놀이터 시설을 관리할 필요가 있다.
    ③ 아이들은 놀이터에서 뛰어 놀아야 한다.
    ④ 아이에게는 조심하라고 주의를 줘야 한다.

18. ① 대중교통을 자주 이용하도록 해야 한다.
    ② 대중교통을 이용할 때는 불편해도 참아야 한다.
    ③ 대중교통 안에서는 다른 사람에게 피해를 주면 안 된다.
    ④ 대중교통에서 물건을 잃어버리지 않도록 잘 챙겨야 한다.

19. ① 공중전화의 설치를 늘려야 한다.
    ② 휴대 전화 사용 시간을 줄여야 한다.
    ③ 휴대 전화가 있으면 급할 때 사용할 수 있다.
    ④ 공중전화는 급할 때 필요하므로 없애면 안 된다.

20. ① 번역할 때는 한국의 정서를 반영해야 한다.
    ② 번역은 원작의 표현을 그대로 옮겨야 한다.
    ③ 주인공의 성격에 중점을 두고 번역해야 한다.
    ④ 번역가는 높은 수준의 어휘력을 갖춰야 한다.

※ [21~22] 다음을 듣고 물음에 답하십시오. (각 2점)

21. 남자의 중심 생각으로 맞는 것을 고르십시오.

① 매년 고객들의 반응을 살펴야 한다.
② 이벤트 행사 준비는 빠를수록 좋다.
③ 반응이 좋은 행사는 반복하는 것이 좋다.
④ 전과 다른 새로운 행사를 기획해야 한다.

22. 들은 내용으로 맞는 것을 고르십시오.

① 여자는 새로운 행사를 기획했다.
② 작년 추석에 한 행사는 효과적이었다.
③ 남자는 다음 주까지 보고를 해야 한다.
④ 올해도 작년과 같은 행사를 할 것이다.

※ [23~24] 다음을 듣고 물음에 답하십시오. (각 2점)

23. 남자는 무엇을 하고 있는지 맞는 것을 고르십시오.

① 회의 장소를 추천하고 있다.
② 회의장 시설을 점검하고 있다.
③ 호텔 위치에 대해 알아보고 있다.
④ 회의장을 빌리려고 문의하고 있다.

24. 들은 내용으로 맞는 것을 고르십시오.

① 회의장을 이용하면 음료가 할인된다.
② 대규모 회의장에만 컴퓨터가 설치되어 있다.
③ 100명 이상이 들어갈 수 있는 회의장은 없다.
④ 직접 방문하면 더 자세한 설명을 들을 수 있다.

25. 남자의 중심 생각으로 맞는 것을 고르십시오.

　　① 자연 환경보다 사람의 안전이 우선이다.
　　② 자연과 사람이 어울려서 살아가야 한다.
　　③ 안전을 우선하다 보면 환경이 훼손될 수도 있다.
　　④ 사람이 자연을 즐길 수 있는 방법을 찾아야 한다.

26. 들은 내용으로 맞는 것을 고르십시오.

　　① 사다리 설치 문제에 모두가 동의했다.
　　② 과거 인주산에서 안전사고가 발생했다.
　　③ 경관을 위해 등산을 금지하자는 의견이 있었다.
　　④ 앞으로 인주산을 찾는 등산객이 감소할 것이다.

※ [27~28] 다음을 듣고 물음에 답하십시오. (각 2점)

27. 남자가 여자에게 말하는 의도를 고르십시오.

　　① 정장 기증의 중요성을 알리기 위해
　　② 정장 기증 단체의 활동을 홍보하기 위해
　　③ 정장 기증에 참여할 것을 권유하기 위해
　　④ 정장 기증이 필요한 이유를 설명하기 위해

28. 들은 내용으로 맞는 것을 고르십시오.

　　① 남자는 정장을 기증해 본 적이 있다.
　　② 기증된 정장은 무료로 빌릴 수 있다.
　　③ 정장을 기증하기 전에 세탁해야 한다.
　　④ 여자는 정장이 없어서 빌리려고 한다.

※ [29~30] 다음을 듣고 물음에 답하십시오. (각 2점)

29. 남자는 누구인지 맞는 것을 고르십시오.

① 축구 선수   ② 축구 감독
③ 축구 경기 심판   ④ 축구 경기 해설가

30. 들은 내용으로 맞는 것을 고르십시오.

① 남자는 벌칙을 주지 않으려고 노력한다.
② 남자는 빠르고 정확한 판단을 해야 한다.
③ 남자는 운동장을 뛰어다니는 것이 부담스럽다.
④ 남자는 중요한 경기에서 뛸 때 보람을 느낀다.

※ [31~32] 다음을 듣고 물음에 답하십시오. (각 2점)

31. 남자의 생각으로 맞는 것을 고르십시오.

① 담뱃값 인상은 흡연율 감소에 도움이 된다.
② 금연은 흡연자들 스스로의 참여가 가장 중요하다.
③ 흡연율 감소를 위해서 더 강력한 정책이 필요하다.
④ 상담 센터보다 담뱃값 인상이 더 효과적인 정책이다.

32. 남자의 태도로 맞는 것을 고르십시오.

① 연구 결과를 비판하고 있다.
② 금연 정책을 지지하고 있다.
③ 흡연자들의 입장을 대변하고 있다.
④ 상대방의 의견에 일부 동의하고 있다.

※ [33~34] 다음을 듣고 물음에 답하십시오. (각 2점)

33. 무엇에 대한 내용인지 맞는 것을 고르십시오.

　　① 올바른 수업 태도
　　② 교수법과 수업의 관계
　　③ 적극적인 반응의 효과
　　④ 교사와 학생의 대화 방식

34. 들은 내용으로 맞는 것을 고르십시오.

　　① 학생들은 교사에게 수업 방식에 대해 질문했다.
　　② 교사는 교수 방식을 바꾸기 위해 실험에 참가했다.
　　③ 심리학자는 학생들에게 부정적인 행동을 지시했다.
　　④ 학생들은 실험 후에 재미있는 수업을 듣게 되었다.

※ [35~36] 다음을 듣고 물음에 답하십시오. (각 2점)

35. 남자는 무엇을 하고 있는지 맞는 것을 고르십시오.

　　① 연기의 가치를 평가하고 있다.
　　② 능력의 필요성을 역설하고 있다.
　　③ 끊임없는 도전을 강조하고 있다.
　　④ 기회의 중요성을 주장하고 있다.

36. 들은 내용으로 맞는 것을 고르십시오.

　　① 감독은 계속 도전하는 배우들을 찾는다.
　　② 자신의 개성에 맞는 배역을 기다려야 한다.
　　③ 재학 중에는 다양한 오디션 과정을 거친다.
　　④ 기회를 잡으려면 거절의 고통을 견뎌야 한다.

※ [37~38] 다음은 교양 프로그램입니다. 잘 듣고 물음에 답하십시오. (각 2점)

37. 여자의 중심 생각으로 맞는 것을 고르십시오.

  ① 식물화는 식물을 기록할 수 있는 적절한 방식이다.
  ② 식물세밀화는 식물학에서 큰 역할을 담당하고 있다.
  ③ 식물학계는 식물의 형태를 식별하는 데 힘써야 한다.
  ④ 식물의 아름다움을 보여주는 식물화가 많아져야 한다.

38. 들은 내용과 일치하는 것을 고르십시오.

  ① 식물화와 식물세밀화는 그리는 목적이 다르다.
  ② 식물세밀화에는 작가의 주관적 감정이 들어 있다.
  ③ 식물의 형태를 기록하기 위해서 사진을 이용한다.
  ④ 식물학계에는 무수히 많은 식물세밀화가 존재한다.

※ [39~40] 다음은 대담입니다. 잘 듣고 물음에 답하십시오. (각 2점)

39. 이 대화 앞의 내용으로 알맞은 것을 고르십시오.

  ① 가슴을 편 자세는 업무 실적을 올린다.
  ② 가슴을 편 자세는 신체 건강에 도움이 된다.
  ③ 가슴을 편 자세는 능동적인 행동을 유발한다.
  ④ 가슴을 편 자세는 호르몬의 분비량을 변화시킨다.

40. 들은 내용과 일치하는 것을 고르십시오.

  ① 웅크린 자세는 위험에 맞서려는 자세이다.
  ② 가슴을 편 자세는 남성 호르몬과 관계가 없다.
  ③ 웅크린 자세는 스트레스 호르몬의 분비량을 줄인다.
  ④ 가슴을 편 자세는 면접시험에 긍정적 영향을 미친다.

※ [41~42] 다음은 강연입니다. 잘 듣고 물음에 답하십시오. (각 2점)

41. 남자의 중심 생각으로 맞는 것을 고르십시오.

　　① 현재의 상황을 제대로 인식해야 한다.
　　② 심리적 고통에서 빨리 벗어나야 한다.
　　③ 잘못된 결정을 반복하지 말아야 한다.
　　④ 장래성이 있는 사업에 투자해야 한다.

42. 들은 내용과 일치하는 것을 고르십시오.

　　① 콩코드 사업은 투자한 원금을 되찾았다.
　　② 심리적 고통 때문에 잘못된 결정이 지속된다.
　　③ 콩코드 비용은 개발을 시작할 때 드는 비용이다.
　　④ 개발 비용을 정확히 파악하면 손해를 보지 않는다.

※ [43~44] 다음은 다큐멘터리입니다. 잘 듣고 물음에 답하십시오. (각 2점)

43. 이 이야기의 중심 내용으로 맞는 것을 고르십시오.

　　① 신라 시대에는 다양한 계급이 존재했다.
　　② 신라 시대에는 다른 문화권과 교류가 있었다.
　　③ 신라 시대에는 문화를 중시하는 사상이 있었다.
　　④ 신라 시대에는 유리 제작 기술이 크게 발달하였다.

44. 유리구슬에 대한 설명으로 맞는 것을 고르십시오.

　　① 이 유리구슬은 신라에서 만들어졌다.
　　② 이 유리구슬은 상위 계층이 사용했다.
　　③ 이 유리구슬의 크기는 사람 얼굴만 하다.
　　④ 이 유리구슬에 신라인의 모습이 새겨져 있다.

※ [45~46] 다음은 강연입니다. 잘 듣고 물음에 답하십시오. (각 2점)

45. 들은 내용과 일치하는 것을 고르십시오.

① 지진은 드물게 발생하는 자연재해이다.
② 대지진 이후에 인간은 무기력에 빠졌다.
③ 지진에 대한 사람들의 인식은 바뀌지 않았다.
④ 대지진 이전에는 과학적 조사를 하지 않았다.

46. 여자가 말하는 방식으로 가장 알맞은 것을 고르십시오.

① 지진 발생의 원인을 규명하고 있다.
② 지진학의 연구 성과를 분석하고 있다.
③ 지진학의 유래에 대해 소개하고 있다.
④ 지진 발생 과정을 단계별로 설명하고 있다.

※ [47~48] 다음은 대담입니다. 잘 듣고 물음에 답하십시오. (각 2점)

47. 들은 내용과 일치하는 것을 고르십시오.

① 이 도시는 사회 기반 시설이 부족하다.
② 이 도시는 국제 행사를 개최한 경험이 없다.
③ 이 도시는 국제 박람회 개최를 희망하고 있다.
④ 이 도시의 박람회 개최 목적은 도시 홍보에 있다.

48. 남자가 말하는 방식으로 가장 알맞은 것을 고르십시오.

① 사업의 추진 방향을 제시하고 있다.
② 사업 내용의 검토를 요구하고 있다.
③ 사업 추진 방식에 반론을 제기하고 있다.
④ 사업 실행 방법의 타당성을 증명하고 있다.

※ **[49~50] 다음은 강연입니다. 잘 듣고 물음에 답하십시오. (각 2점)**

49. 들은 내용과 일치하는 것을 고르십시오.

　① 최근 선거 운동은 개인의 성향을 반영한다.
　② 같은 지역 사람들의 정치 성향은 비슷하다.
　③ 후보자를 평가할 수 있는 기회가 늘어나고 있다.
　④ 유권자는 후보자의 정보를 다각적으로 얻을 수 있다.

50. 여자의 태도로 가장 알맞은 것을 고르십시오.

　① 이번 선거 운동의 결과를 낙관하고 있다.
　② 선거 운동의 긍정적 변화를 기대하고 있다.
　③ 선거를 대하는 유권자의 태도에 실망하고 있다.
　④ 새로운 선거 전략의 부작용에 대해 우려하고 있다.

TOPIK II 쓰기 (51번 ～ 54번)

※ [51~52] 다음을 읽고 ㉠과 ㉡에 들어갈 말을 한 문장씩 쓰십시오. (각 10점)

51.

받는 사람 이재정(korteach@hk.edu)

제   목 선생님, 샤오밍입니다.

이재정 선생님께

안녕하세요? 샤오밍입니다.

지난주에 댁으로 초대해 주셔서 감사합니다.

선생님 덕분에 재미있는 시간을 보냈습니다.

이번에는 (㉠   ).

다음 주 월요일과 수요일 중에 언제가 좋으십니까?

저는 (㉡   ).

편하신 오후 시간을 말씀해 주시면 감사하겠습니다.

샤오밍 올림

52.

　　머리는 언제 감는 것이 좋을까? 사람들은 보통 아침에 머리를 감는다. 그러나 더러워진 머리는 감고 자야 머릿결에 좋기 때문에 (㉠   ). 그런데 젖은 머리로 자면 머릿결이 상하기 쉽다. 따라서 (㉡   ). 만약 머리를 말리기 어려우면 아침에 감는 것이 더 낫다.

※ [53] 다음은 '글쓰기 능력을 향상시키는 방법'에 대해 교사와 학생을 대상으로 실시한 설문 조사입니다. 그래프를 보고, 조사 결과를 비교하여 200~300자로 쓰십시오. (30점)

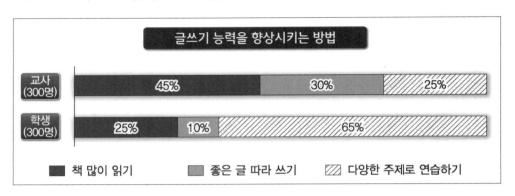

※ [54] 다음을 주제로 하여 600~700자로 글을 쓰십시오. (50점)

> 세계 어느 나라에서나 역사를 가르칩니다. 이는 지나간 일을 기록한 역사가 오늘날의 우리에게 주는 가치가 분명히 있기 때문일 것입니다. 여러분은 우리가 왜 역사를 알아야 하고, 그 역사를 통해서 무엇을 배울 수 있다고 생각하십니까? 이에 대해 쓰십시오.

* 원고지 쓰기의 예

	머	리	는		언	제		감	는		것	이		좋	을	까	?		사
람	들	은		보	통		아	침	에		머	리	를		감	는	다	.		그

제1교시 듣기, 쓰기 시험이 끝났습니다. 제2교시는 읽기 시험입니다.

제41회 한국어능력시험
The 41st Test of Proficiency in Korean

TOPIK Ⅱ B

2교시	읽기

수험번호(Registration No.)		
이 름 (Name)	한국어(Korean)	
	영 어(English)	

NATIONAL INSTITUTE FOR INTERNATIONAL EDUCATION

유 의 사 항
Information

1. 시험 시작 지시가 있을 때까지 문제를 풀지 마십시오.

   Do not open the booklet until you are allowed to start.

2. 수험번호와 이름을 정확하게 적어 주십시오.

   Write your name and registration number on the answer sheet.

3. 답안지를 구기거나 훼손하지 마십시오.

   Do not fold the answer sheet; keep it clean.

4. 답안지의 이름, 수험번호 및 정답의 기입은 배부된 펜을 사용하여 주십시오.

   Use the given pen only.

5. 정답은 답안지에 정확하게 표시하여 주십시오.

   Mark your answer accurately and clearly on the answer sheet.

   marking example   ① ● ③ ④

6. 문제를 읽을 때에는 소리가 나지 않도록 하십시오.

   Keep quiet while answering the questions.

7. 질문이 있을 때에는 손을 들고 감독관이 올 때까지 기다려 주십시오.

   When you have any questions, please raise your hand.

TOPIK II 읽기 (1번 ～ 50번)

※ [1~2] ( )에 들어갈 가장 알맞은 것을 고르십시오. (각 2점)

1. 형은 차가워 ( ) 마음은 따뜻하다.

   ① 보여도   ② 보여야   ③ 보이다가   ④ 보이든지

2. 집에 ( ) 비가 내리기 시작했다.

   ① 도착하거나   ② 도착하니까   ③ 도착하거든   ④ 도착하려고

※ [3~4] 다음 밑줄 친 부분과 의미가 비슷한 것을 고르십시오. (각 2점)

3. 아기가 자고 있어서 깨지 않게 조용히 방 안으로 들어갔다.

   ① 깨지 않는지   ② 깨지 않도록
   ③ 깨지 않더니   ④ 깨지 않느라

4. 한국어 실력을 늘리고자 한국 신문과 방송을 자주 봤다.

   ① 늘리기 위해서   ② 늘리기 무섭게
   ③ 늘리는 대신에   ④ 늘리는 반면에

※ [5~8] 다음은 무엇에 대한 글인지 고르십시오. (각 2점)

5.

시원한 바람을 만나다
맑고 깨끗한 자연 느낌 그대로!

① 청소기　　　② 선풍기　　　③ 세탁기　　　④ 전화기

6.

안정된 내일을 위하여!
고객님의 지갑을 소중히 생각하겠습니다.

① 병원　　　② 은행　　　③ 가게　　　④ 학원

7.

"엄마, 잘 다녀왔습니다." 참 반가운 한마디!
우리 아이 학교 다니는 길을 지켜 주세요.

① 교통 안전　　　② 전기 절약　　　③ 예절 교육　　　④ 환경 보호

8.

세계로! 미래로!
대한자동차와 함께 성장해 나갈 여러분을 기다립니다.

① 사원 모집　　　② 여행 소개　　　③ 제품 설명　　　④ 판매 안내

※ [9~12] 다음 글 또는 도표의 내용과 같은 것을 고르십시오. (각 2점)

9.

2015 청소년 과학 동아리 지원 사업
인주시가 여러분의 꿈과 희망을 응원합니다.

⊙ **신청 대상**: 중·고등학생 5명 이상의 동아리
※ 교사 1명이 포함되어야 함
⊙ **지원 금액**: 최대 200만 원
⊙ **사업 기간**: 2015년 7월 1일~12월 31일

① 동아리 지원은 일 년 동안 계속된다.
② 동아리는 고등학생들로만 구성되어야 한다.
③ 동아리 활동비는 이백만 원까지 받을 수 있다.
④ 동아리 인원이 두세 명인 경우에도 신청할 수 있다.

10.

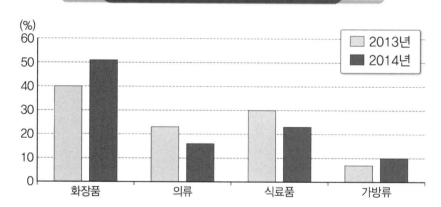

① 식료품 구입이 2013년보다 늘었다.
② 가방류 판매가 2013년에 비해 줄었다.
③ 두 해 모두 화장품이 가장 많이 판매되었다.
④ 2014년에는 의류가 먹을 것보다 많이 팔렸다.

11.　　　최근 초록 콩나물을 찾는 주부들이 늘고 있다. 노란 콩나물은 보통 검은색 천으로 덮어 어두운 곳에서 기른다. 그러나 초록 콩나물은 천으로 가리지 않고 밝은 곳에서 자라게 한다. 햇빛을 받아 초록색으로 변한 콩나물은 노란 콩나물보다 영양가가 높다. 특히 초록 콩나물은 노란 콩나물보다 비타민이 많이 들어 있어서 피로 회복에 좋다.

① 노란 콩나물은 햇빛을 받고 자란다.
② 초록 콩나물은 검은색 천을 덮어서 키운다.
③ 노란 콩나물은 초록 콩나물보다 피로 회복에 좋다.
④ 초록 콩나물은 노란 콩나물에 비해 영양가가 많다.

12.　　　손을 움직이는 것은 뇌와 관련이 있다. 그래서 손을 자주 움직이면 뇌 기능이 좋아질 수 있다. 특히 자주 사용하지 않는 손을 움직일 때 뇌가 더 효과적으로 자극될 수 있다. 평소에 오른손을 많이 쓴다면 왼손을, 왼손을 많이 쓴다면 오른손을 사용하는 것이다. 문을 열고 닫는 일처럼 간단한 일을 그렇게 하는 것만으로도 뇌 기능을 유지하는 데 도움이 된다.

① 뇌 건강과 손을 움직이는 것은 서로 관계가 없다.
② 우리 몸과 달리 뇌는 간단한 일로 자극받지 않는다.
③ 뇌 활동을 위해 익숙한 방법으로 손을 쓰는 것이 더 좋다.
④ 자주 사용하지 않던 손을 사용하면 뇌 움직임이 활발해진다.

※ [13~15] 다음을 순서대로 맞게 배열한 것을 고르십시오. (각 2점)

13.
> (가) 이것으로 만든 차는 여름철에 마시면 특히 좋다.
>
> (나) 오미자는 다섯 가지 맛이 난다고 붙여진 이름이다.
>
> (다) 땀이 나지 않게 하고 배탈을 낫게 하는 효과가 있어서이다.
>
> (라) 또한 무더위에 지친 사람에게 입맛이 나게 하는 데도 도움이 된다.

① (가)-(라)-(다)-(나)   ② (가)-(다)-(라)-(나)
③ (나)-(가)-(다)-(라)   ④ (나)-(다)-(가)-(라)

14.
> (가) 이런 행복을 느낄 때도 있지만 가끔 힘들고 어려울 때도 있다.
>
> (나) 하지만 나는 그들을 가르칠 때마다 내가 국가대표라고 생각한다.
>
> (다) 한국어로 다른 문화권의 학생들과 교류하는 것은 참 행복한 일이다.
>
> (라) 나는 그들을 통해 세상을 보고 그들은 나를 통해 한국을 보기 때문이다.

① (다)-(가)-(나)-(라)   ② (다)-(나)-(가)-(라)
③ (라)-(가)-(다)-(나)   ④ (라)-(다)-(가)-(나)

15.
> (가) 정부에 건의할 내용이 있을 때 이곳을 활용할 수 있다.
>
> (나) 오늘날에는 '인터넷 신문고'가 이러한 역할을 하고 있다.
>
> (다) 과거에는 '신문고'라는 북을 설치해서 국민의 생각을 들었다.
>
> (라) 이렇게 시대는 달라져도 국가가 국민의 생각을 들으려는 노력은 계속된다.

① (나)-(다)-(가)-(라)   ② (나)-(라)-(다)-(가)
③ (다)-(나)-(가)-(라)   ④ (다)-(라)-(나)-(가)

16.
> 막대에 학생들의 이름을 써서 통에 꽂아 놓고 하나씩 뽑아서 발표를 시키는 수업 방식이 있다. 이것은 (   ) 방식이다. 적극적인 학생들이 먼저 손을 들고 질문에 대답하면 소극적인 학생들이 대답할 기회를 놓치게 된다. 이 방식은 모든 학습자들에게 골고루 수업에 참여할 수 있게 한다는 긍정적인 면이 있다.

① 학생들의 이름을 빨리 기억하기 위한
② 수업의 단계를 동일하게 맞추기 위한
③ 수업의 진행을 좀 더 부드럽게 하기 위한
④ 적극성이 떨어지는 학생에게도 기회를 주기 위한

17.
> 어렸을 때부터 전자기기에 능숙한 청소년들을 가리켜 '디지털 원어민'이라 부른다. 이들은 하루의 대부분을 전자기기를 사용하는 데 쓰며 인터넷 가상공간에서 정보를 얻거나 다른 사람과의 관계를 형성하는 데 시간을 보낸다. 또한 이들은 유행에 뒤떨어지는 것을 두려워한다. 그래서 (   ) 못할 경우에 불안해하기도 한다.

① 부모의 관심을 받지
② 학업 성적이 오르지
③ 모르는 사람의 정보를 얻지
④ 새로 출시된 신제품을 사지

18.

> 동양에서는 우리 몸에 흐르는 에너지를 '기'라고 한다. 한의학에서는 기가 잘 흐르는 사람을 건강한 사람으로 생각한다. 그리고 기가 잘 흐르지 않거나 막혀 있는 사람은 병에 걸리기 쉽다고 한다. 기가 막혀 병에 걸린 사람들을 한의학에서는 바늘처럼 생긴 침을 이용하여 치료한다. 침은 기가 막힌 곳을 자극해 (   ) 한다.

① 기의 흐름을 원활하게
② 기의 방향을 확인하게
③ 환자의 질병을 예방하게
④ 환자의 통증을 진단하게

※ [19~20] 다음 글을 읽고 물음에 답하십시오. (각 2점)

> 활쏘기는 쉬워 보이지만 판단력과 인내심이 필요한 운동이다. 활쏘기에서는 활을 쏘는 순간이 제일 중요하다. (   ) 언제 활을 쏘아야 할지 판단하는 것이 핵심이다. 또한 활을 쏘는 그 순간까지 숨을 멈추고 기다리는 인내심이 요구된다. 그렇기 때문에 판단력이 부족한 사람이나 인내심이 필요한 사람에게 매우 좋은 운동이라고 할 수 있다.

19. (   )에 들어갈 알맞은 것을 고르십시오.

① 특히   ② 또는   ③ 역시   ④ 과연

20. 이 글의 내용과 같은 것을 고르십시오.

① 활쏘기로 판단력을 높일 수 있다.
② 활쏘기의 핵심은 숨을 참는 것이다.
③ 활쏘기로 참을성을 기르기가 어렵다.
④ 활쏘기는 단순한 운동이라 주목을 받았다.

최근 한 할아버지가 거리를 청소하면서 모은 돈 100여 만 원을 장학금으로 내놓았다. (   )이라고 지난 5년 동안 바닥에 버려진 10원짜리 동전을 하나하나씩 주워 모은 것이다. 사람들은 큰돈이 있어야만 다른 사람을 도와 줄 수 있다고 생각한다. 하지만 참된 기부란 돈의 액수가 중요한 것이 아니라 다른 사람을 향한 사랑의 마음이다.

21. (   )에 들어갈 알맞은 것을 고르십시오.

① 제 눈의 안경   ② 엎질러진 물
③ 싼 게 비지떡   ④ 티끌 모아 태산

22. 이 글의 중심 생각을 고르십시오.

① 생활 속에서 동전의 활용성을 높여야 한다.
② 다른 사람을 도와주려면 큰돈을 모아야 한다.
③ 참된 기부는 자신보다 남을 먼저 생각해야 한다.
④ 큰돈을 모으려면 아끼고 절약하는 습관을 길러야 한다.

※ [23~24] 다음 글을 읽고 물음에 답하십시오. (각 2점)

> 할머니를 시골에 두고 혼자 서울로 올라오는 발걸음은 가볍지 않았다. 하지만 무거웠던 마음은 며칠 가지 않았다. 할머니는 날마다 전화를 하더니 급기야 서울로 올라오시고 말았다. 할머니의 손자 사랑은 어쩔 수 없나 보다. 할머니는 청소며 빨래며 나에게는 안 보이던 온갖 집안일들을 찾아서 하기 시작했다. 그냥 쉬다가 내려가시라고 <u>아무리 말해도 들은 척도 하지 않았다.</u> 서른이 넘은 나는 할머니가 보기엔 여전히 아이에 불과했다. 서울살이 몇 주 만에 낯선 동네에서 친구까지 사귄 할머니는 친구를 따라 시장에 갔다가 넘어지시고 말았다. 병원에서 온 연락을 받고 걱정이 되어 정신없이 달려갔더니 할머니는 같은 병실 사람들을 모아 놓고 환하게 웃으며 이야기하고 있었다. 다리에 붕대를 감고서 말이다. 그 광경을 보고 난 할 말을 잃었다.

23. 밑줄 부분에 나타난 나의 심정으로 알맞은 것을 고르십시오.

① 답답하다   ② 후련하다
③ 민망하다   ④ 번거롭다

24. 이 글의 내용과 같은 것을 고르십시오.

① 할머니께서는 내 말에 자주 귀를 기울이셨다.
② 할머니께서는 시장에 갔다가 다리를 다치셨다.
③ 할머니께서는 나에게 온갖 집안일을 시키셨다.
④ 할머니께서는 친구를 만나려고 서울에 올라오셨다.

※ **[25~27] 다음은 신문 기사의 제목입니다. 가장 잘 설명한 것을 고르십시오.**
(각 2점)

25.
> 낮에는 화창, 밤부터 곳에 따라 빗방울 '뚝뚝'

① 낮에는 흐리고 밤부터 전국에 비가 내리겠다.
② 낮에는 맑겠으나 밤부터 전국에 비가 내리겠다.
③ 낮에는 맑겠으나 밤부터 일부 지역에는 비가 오겠다.
④ 낮에는 흐리고 밤부터 일부 지역에는 비가 쏟아지겠다.

26.
> 불황에도 포도주 소비 '껑충', 불붙은 판매 경쟁

① 불황에도 업체 간 경쟁 때문에 포도주의 소비가 늘었다.
② 불황에도 포도주 판매 감소 때문에 포도주의 소비가 줄었다.
③ 불황에도 과도한 판매 경쟁 때문에 포도주의 공급이 증가했다.
④ 불황에도 포도주 소비 증가 때문에 포도주의 판매 경쟁이 심해졌다.

27.
> 마을 어르신들이 '지킴이' 역할 톡톡히, 주민 얼굴에 웃음 가득

① 노인들은 마을 주민들의 도움에 만족해하고 있다.
② 노인들은 마을 주민들의 도움으로 즐겁게 일하고 있다.
③ 주민들은 안전을 위해 애쓰는 마을 노인들 덕에 기분이 좋다.
④ 주민들은 일을 잘하려고 노력하는 노인들에게 감사해하고 있다.

※ [28~31] 다음을 읽고 ( )에 들어갈 내용으로 가장 알맞은 것을 고르십시오. (각 2점)

28.

동화는 어린이가 읽는 책이라는 인식이 지배적이었다. 그러나 요즘은 동화를 통해 ( ) 어른들이 늘고 있다. 동화 속 이야기는 지난 기억과 소중한 것들을 다시 일깨워 어른들을 동심의 세계로 인도한다. 이는 나이가 많든 적든 가난하든 부유하든 누구나 공감할 수 있는 이야기가 동화 속에 존재하기 때문에 가능하다.

① 아이들을 교육하려는
② 어린 시절을 되돌아보려는
③ 가족 사랑을 확인해 보려는
④ 아이를 위한 글을 써 보려는

29.

훌륭한 예술가는 작품 활동을 하다가 벽에 부딪히면 돌파구를 찾아낸다. 화가들에게 ( )은 '독'이라기보다 '약'이었다. 손이 떨려 그릴 수 없었던 한 화가는 종이를 잘라 물감을 칠해 붙이는 방법으로 새로운 작품 세계를 열었다. 또 가난해서 그림 재료를 살 수 없었던 어떤 화가는 담배 포장지에 스케치를 했다. 이런 예술 작품을 통해 자신만의 예술 세계를 구축하였다.

① 재료의 부족과 호기심
② 경제적 빈곤과 예술성
③ 신체적 장애와 열악한 환경
④ 예술적 한계와 정신적 고통

30.　　지우개는 다른 문구류와 오래 닿으면 그것에 달라붙는 성질이 있다. 지우개를 만들 때 넣는 특수한 물질 때문이다. 지우개의 재료인 고무에 약품을 넣으면 고무 분자들이 결합하게 된다. 그런데 고무에 넣은 약품은 플라스틱에 들어가면 (　　　　　　　　　　) 한다. 이 때문에 지우개와 플라스틱 문구류를 함께 두면 잘 붙는다.

① 고무를 달라붙게
② 고무를 딱딱하게
③ 문구류와 붙지 않게
④ 문구류에 닿지 않게

31.　　힙합은 자아도취적인 형식으로 나타나기도 하고 집단적 형태를 취하기도 한다. 힙합은 함께 노래를 부르고 춤을 추는 사이에 개인의 아픔도 서로 격려하고 위로하는 (　　　　　　　　　) 나타난다. 희망을 꿈꾼다는 것이 사치였던 사람들에게 힙합은 서로의 생각을 주고받는 몸짓이며 외침이다. 그들에게 힙합은 자신의 존재 가치를 확인하게 해 주는 의식과도 같다.

① 형식적 몸짓으로
② 집단적 의식으로
③ 다양한 모습으로
④ 발전적인 미래로

※ [32~34] 다음을 읽고 내용이 같은 것을 고르십시오. (각 2점)

32.
> 보자기는 물건을 싸는 실용적인 용도로 사용된다. 그중에서 쓰고 남은 천 조각으로 만든 것을 조각보라고 한다. 이 조각보를 만들 때는 쓰는 사람이 복을 받기를 바라는 마음으로 바느질을 한다. 이러한 조각보가 오늘날에는 예술적으로도 인정을 받고 있다. 색도, 모양도, 크기도 서로 다른 조각들을 이어 만든 조각보에는 자유분방한 아름다움과 조화로움이 살아 있기 때문이다.

① 조각보는 실용성보다 예술성이 강조되어 있다.
② 조각보는 큰 천을 여러 조각으로 잘라서 만들었다.
③ 조각보는 색이 같고 모양이 다른 조각이 이어져 있다.
④ 조각보에는 복을 기원하는 정성스러운 마음이 담겨 있다.

33.
> 조선 시대에는 역사를 기록하는 사관이 있었다. 왕의 주변에서 일어나는 모든 일을 기록하는 사관은 누구의 간섭도 받지 않았다. 심지어 왕이라도 자신과 관련된 기록조차 절대로 볼 수 없었다. 또한 사관은 기록에 자신의 이름을 남기지 않아 정치적으로 어떠한 책임도 지지 않았다. 조선에서 사관의 역할은 왕이 스스로 자신의 언행을 조심하게 하였고 결과적으로 그것은 왕이 권력을 마음대로 쓰지 못하게 하는 장치로서 기능을 하였다.

① 역사를 기록하는 책에는 사관의 이름이 적혀 있었다.
② 왕은 필요할 때 사관의 기록 내용을 찾아볼 수 있었다.
③ 사관의 기록 때문에 왕은 자신의 언행을 조심하게 되었다.
④ 왕은 주변에서 일어나는 모든 일들을 사관에게 보고를 받았다.

34.

북극곰은 고지방 식사에 빨리 적응한 동물이다. 북극곰은 몸의 50%가 지방이며 새끼가 먹는 젖의 지방도 27%에 이른다. 사람이 이만큼의 지방을 가지고 있으면 심혈관 질환과 같은 성인병으로 목숨을 잃을 수도 있다. 그러나 북극곰은 피 속에 지방을 걸러 내는 유전자가 있어 지방으로 인한 부작용을 막아 주는 것으로 알려졌다. 이 동물의 유전자를 연구하면 인간의 성인병 치료에 도움이 될 것으로 기대된다.

① 북극곰은 심혈관 질환에 잘 걸리지 않는다.
② 북극곰은 지방이 적은 음식을 주로 섭취한다.
③ 북극곰의 몸은 27%가 지방으로 이루어져 있다.
④ 북극곰 연구로 인간의 성인병을 치료하고 있다.

※ [35~38] 다음 글의 주제로 가장 알맞은 것을 고르십시오. (각 2점)

35.

메일을 쓰거나 문자 메시지를 주고받을 때 이모티콘을 통해 감정을 표시한다. 초창기 문자나 얼굴 표정 위주에서 발전해 만화 인물을 활용하여 소리를 내기도 하고, 움직임을 더해 웃음을 유발하기도 한다. 1980년대 초 이모티콘이 처음 생긴 이래 끊임없이 진화를 계속하고 있는 것이다. 언어 표현력을 퇴보시킨다는 일부의 비판에도 불구하고 이제 이모티콘은 없어서는 안 될 또 하나의 언어로 자리매김 되었다고 할 수 있다.

① 초창기 이모티콘은 대부분 얼굴 표정을 나타내는 것이었다.
② 이모티콘은 감정을 표현하는 또 하나의 언어로 자리 잡았다.
③ 이모티콘의 지속적인 사용은 언어 표현력을 떨어뜨릴 수 있다.
④ 이제는 이모티콘이 없으면 메시지를 주고받기 어려울 정도이다.

36.
어떤 아이가 자신이 아끼는 새에게 온갖 고기를 먹이려 했지만 놀란 새는 한 점의 고기도 먹지 못하고 죽었다는 우화가 있다. 이는 새의 입장에서 진정으로 필요한 것이 무엇인지 배려하지 않아서 생긴 결과이다. 그러나 뭔가를 배려할 때 먼저 상대방의 입장을 고려해야 한다는 것은 말처럼 쉬운 일이 아니다. 상대의 입장을 완벽하게 이해하기란 정말 어렵기 때문이다. 따라서 어설픈 배려가 오히려 상대에게 상처를 줄 수 있다는 깨달음이 선행되어야 한다.

① 상대를 완벽하게 이해하는 것은 사실상 거의 불가능하다.
② 서투른 배려는 상대에게 상처를 줄 수 있음을 알아야 한다.
③ 우리는 우화를 통해 진정한 배려가 무엇인지 배울 수 있다.
④ 배려할 때 상대방의 입장을 고려하는 것은 큰 의미가 없다.

37.
사람들은 꿀이 건강에 좋은 식품이라고 생각한다. 그래서 꿀은 당뇨병 환자들에게도 좋으며 설탕과 달리 비만을 일으키지 않는다고 생각한다. 꿀에는 영양소가 풍부하지만 혈당을 높이기 때문에 당뇨병 환자들에게 설탕보다 더 나은 것은 결코 아니다. 우리가 생각하는 꿀의 장점은 대부분 과학적으로 증명되지 않았다. 꿀과 설탕의 결정적인 차이는 소비자의 의식이지 실제의 장단점은 아니다.

① 꿀은 설탕보다 건강에 좋은 대체 식품이다.
② 당뇨병 환자는 설탕 대신에 꿀을 섭취해야 한다.
③ 꿀에 대해 믿고 있는 장점이 사실이 아닐 수 있다.
④ 꿀이 건강에 미치는 영향은 과학적으로 증명되었다.

38. 인터넷을 사용하다 보면 자신의 정보를 제공하겠다는 글에 동의해야 하는 경우가 많다. 이와 같이 동의하는 글을 '규약문'이라 하는데 여기에는 사회적 약속이나 규정이 있다. 규약문은 개인들 사이의 이해관계가 엇갈려 다툼이 생길 경우 이를 해결하는 역할을 한다. 따라서 인터넷으로 소통하고자 하는 사람들은 규약문을 정확히 파악하고 그것이 공정하고 합리적인지 평가해야 한다. 그래야 자신의 권리가 부당하게 침해받지 않는다.

① 규약문의 공정성에 유의해서 읽어야 한다.
② 규약문은 정확한 내용 파악이 가장 중요하다.
③ 규약문의 내용을 정확히 이해하고 따져 봐야 한다.
④ 규약문을 사용하기 위해서는 자신의 정보를 제공해야 한다.

※ [39~41] 다음 글에서 <보기>의 문장이 들어가기에 가장 알맞은 곳을 고르십시오. (각 2점)

39. 인주상사가 이번 달부터 '자율근무제'를 도입한다. (㉠) 이 제도는 본인의 업무 시간을 스스로 정할 수 있어 기존의 출퇴근 시간이 사라지게 된다. (㉡) 이 회사에서는 오는 10월까지 모든 사원을 대상으로 자율근무제를 시범 운영할 예정이다. (㉢) 시범 운영 기간이 끝나면 이 제도의 장점과 단점을 분석하고 보완하여 정식으로 도입할 예정이다. (㉣) 다른 기업들도 이러한 인주상사의 자율근무제 시행에 큰 관심을 가지고 있다.

─────────<보 기>─────────
나아가 이 제도의 도입을 계기로 조직 문화의 개선을 위하여 다양한 유형의 시도를 계속할 것이라고 밝혔다.

① ㉠   ② ㉡   ③ ㉢   ④ ㉣

40.
(㉠) '메디치 효과'는 서로 관련 없는 분야가 결합해 전에 없던 창의적인 결과를 창출하는 현상을 말한다. (㉡) 당시 메디치 가문은 서로 다른 역량을 가진 예술가와 학자들의 공동 작업을 후원했다. 그 결과로 피렌체 지역의 문화 수준이 한층 높아졌다. (㉢) 혁신적인 기술과 예술가의 품격 있는 디자인이 만나는 사례는 국내에서도 찾아볼 수 있다. (㉣) 그 예로 인주전자의 최첨단 기술과 유럽의 명품 디자인사가 공동 출시한 '엔젤폰'이 있다.

―――――――――<보　기>―――――――――

이 용어는 르네상스의 탄생과 발전에 큰 역할을 했던 메디치라는 가문의 이름에서 유래되었다.

① ㉠　　　　② ㉡　　　　③ ㉢　　　　④ ㉣

41.
정지우 교수의 『영화, 물리를 말하다』에서는 영화 속 과학 이야기를 흥미진진하게 보여 준다. (㉠) 물리학자인 작가가 과학의 눈으로 영화를 들여다봄으로써 그 속에 숨어 있는 과학을 설명한다. (㉡) 이 책에서는 영화에 등장하는 투명인간이나 인공지능 로봇 등을 다루고 있다. (㉢) 이 책을 통해 과학의 원리를 이해하게 된다면 더욱 흥미롭게 영화를 관람할 수 있을 것이다. (㉣) 또한 과학이 주는 신비로운 세상도 경험할 수 있을 것이다.

―――――――――<보　기>―――――――――

이러한 소재들은 과학적 지식을 바탕으로 인간의 상상력을 영화에 구체화한 것이다.

① ㉠　　　　② ㉡　　　　③ ㉢　　　　④ ㉣

> 딴 데랑은 비교가 안 된다. 모르긴 해도 세계에서 제일 맛있을 것이다. 이 집은 나름대로 격조 있는 표현을 동원해 피자의 미학을 펼친다. 종잇장처럼 얄팍하지만 바삭바삭하고도 탄탄한 빵 반죽. 그 위에 펼쳐지는 절묘한 맛의 파노라마. 큰 피자, 큰 만족.
>
> 소탈하면서도 싹싹한 여주인이 메뉴판을 가지고 온다. 내가 시키는 건 정해져 있다. 아이들도 마찬가지다. 아무 문제가 없다.
>
> "자, 뭘로 하실까요?" 연필을 손에 든 채 그녀가 묻는다.
>
> "난, 마르그리타로 주세요."
>
> "저두요. 근데 치즈는 넣지 마세요." 큰딸아이가 말한다.
>
> "피자에다가 치즈를 안 넣어요?" <u>여주인은 한 방 맞은 기분인가 보다.</u>
>
> "왜요, 불가능한가요?" 딸애가 꼬치꼬치 따진다.
>
> "불가능한 게 아니라 맛이 없죠!" 딱하다는 말투다. (중략) 작은딸은 바질향 소스를 넣은 파스타를 주문한다. 근데 바질은 넣지 말란다. 여주인이 이상한 눈으로 나를 흘깃 쳐다본다. 도대체 내가 애들을 어떻게 길렀기에 이 모양이지? 치즈 빼고, 바질 빼고, 왜 이렇게들 삐딱할까.

42. 밑줄 친 부분에 나타난 여주인의 심정으로 알맞은 것을 고르십시오.

① 난처하다   ② 황당하다

③ 서먹하다   ④ 안타깝다

43. 이 글의 내용과 같은 것을 고르십시오.

① 나는 같은 피자를 주문하지 않는다.

② 큰딸은 바질향이 나는 빵을 좋아한다.

③ 나는 아이들의 행동이 이해가 안 된다.

④ 작은딸은 바삭바삭한 피자를 주문했다.

※ **[44~45] 다음을 읽고 물음에 답하십시오. (각 2점)**

> 최근 한국 기업들이 국내외에서 그 경쟁력을 인정받고 있다. 이들 기업들이 국내외에서 성공할 수 있는 이유는 빠른 경영 방식, 일사불란한 리더십 등 한국적 기업 운영 방식에서 찾을 수 있다. 다만 한국 기업들이 앞으로도 계속해서 발전해 나가기 위해서는 한국인이 가진 장점을 최대화하고 약점을 보완할 수 있는 경영 방식이 필요하다. 즉, 한국인만이 가질 수 있는 (　　　　　　　　) 필요가 있다. 그렇다면 한국인의 고유한 특성은 무엇인가? 많은 사람들은 '빨리빨리' 문화를 떠올린다. '빨리빨리' 문화는 참을성이 없고 급한 성격의 부정적인 의미로 여겨져 왔다. 그러나 현대 사회에서는 이것이 오히려 강점이 될 수 있다. 즉, 현대 사회가 하루가 다르게 변화하고 있어 '빨리빨리' 적응하는 것이 성공에 유리하기 때문이다.

44. 이 글의 주제로 알맞은 것을 고르십시오.

　① 한국 기업들은 급변하는 시대에 잘 적응하고 있다.
　② '빨리빨리' 문화는 한국인에게만 나타나는 국민성이다.
　③ 한국 기업은 단점을 드러내지 않으려고 하는 경향이 있다.
　④ 한국인의 '빨리빨리' 문화는 기업 발전의 긍정적 요인이 될 수 있다.

45. (　　　　)에 들어갈 내용으로 가장 알맞은 것을 고르십시오.

　① 상징적 의미를 만들
　② 부정적 인식을 바꿀
　③ 차별적 경쟁력을 갖출
　④ 보편적 리더십을 추구할

※ [46~47] 다음을 읽고 물음에 답하십시오. (각 2점)

> 우리는 야구 만화를 볼 때 공이 상하좌우로 강하게 휘어 들어가는 장면에서 감탄하게 된다. 이건 단지 만화라서 가능한 일일까? (㉠) 아니다. 실제로도 이런 일이 있는데 이것은 공이 회전하기 때문이다. (㉡) 공은 회전을 주는 방향에 따라 회전하는 방향과 떨어지는 정도가 다르다. (㉢) 야구에서 투수들은 이런 방법을 사용해 공을 치는 타자가 쉽게 예측할 수 없는 다양한 공을 던진다. 가끔 공이 날아오다가 자기 앞에서 떠오르는 것 같다는 타자들도 있다. (㉣) 그런데도 그렇게 착각하는 것은 공에 회전을 주어 공이 가라앉는 정도를 줄였기 때문이다. 당연히 아래로 떨어질 것이라고 예상했는데 공이 회전을 받아 거의 직선으로 날아오니까 떠오르는 것처럼 보이는 것이다.

46. 다음 문장이 들어가기에 가장 알맞은 곳을 고르십시오.

> 사실 투수가 던진 공은 중력으로 인해 절대로 위로 올라갈 수 없다.

① ㉠   ② ㉡   ③ ㉢   ④ ㉣

47. 이 글의 내용과 같은 것을 고르십시오.

① 중력의 영향으로 회전 방향이 달라진다.
② 회전을 이용하면 공을 떠오르게 할 수 있다.
③ 회전되어 날아오는 공은 타자가 예측하기 쉽다.
④ 투수는 공에 회전을 주어서 다양한 공을 던진다.

※ [48~50] 다음을 읽고 물음에 답하십시오. (각 2점)

현대 사회는 다양한 이익 집단의 관계가 복잡하게 얽혀 있기 때문에 많은 사회적 갈등이 존재한다. 사회 문화적 요소가 포함된 갈등에서부터 경제적 요인이 포함된 갈등, 일상생활과 관련된 갈등까지 사회적 갈등들은 여러 요인에 의해 끊임없이 발생한다. 그런데 이러한 사회적 갈등이 타협을 통해 합리적으로 조정된다면 사회를 통합하는 동력으로 작용할 수 있을 것이다. 따라서 사회적 갈등을 합리적으로 해결하기 위해 사회 구성원 모두가 합의할 수 있는 해결 원칙을 세울 필요가 있다. 먼저 (   ) 해결하는 것이 중요하다. 즉 당사자 간의 자유로운 대화와 협상을 통해 쟁점을 해결하려는 노력이 우선되어야 한다. 다음으로 갈등의 당사자 모두에게 이익이 되는 방향으로 해결해야 한다. 갈등 해결에 따른 이익이 한쪽에만 돌아가면 쟁점을 둘러싼 갈등이 계속 이어지기 때문이다. 또한 국민 전체의 이익과 부합되는 방향으로 해결되어야 그 해결 방안이 국민의 지지를 받을 수 있다는 점도 잊지 말아야 한다.

48. 필자가 이 글을 쓴 목적을 고르십시오.

① 공통된 갈등 해결의 원칙이 필요함을 주장하기 위해
② 국가의 지지를 받는 갈등 해결 방안을 요청하기 위해
③ 현대 사회의 다양한 사회적 갈등에 대해 설명하기 위해
④ 갈등 당사자 모두에게 이익이 돌아가도록 촉구하기 위해

49. (   )에 들어갈 내용으로 알맞은 것을 고르십시오.

① 자율적으로   ② 중립적으로
③ 독창적으로   ④ 창의적으로

50. 밑줄 친 부분에 나타난 필자의 태도로 알맞은 것을 고르십시오.

① 사회적 갈등 발생에 대해 경계하고 있다.
② 타협을 통한 갈등 해결에 대해 회의적이다.
③ 사회 통합의 어려움에 대해 공감하고 있다.
④ 사회적 갈등의 긍정적인 측면을 인정하고 있다.

제41회 한국어능력시험
TOPIK II

1 교시 (듣기)

성 명 (Name)	한국어 (Korean)
	영 어 (English)

수 험 번 호

8

번호	답	란
1	① ② ③ ④
2	① ② ③ ④
3	① ② ③ ④
4	① ② ③ ④
5	① ② ③ ④
6	① ② ③ ④
7	① ② ③ ④
8	① ② ③ ④
9	① ② ③ ④
10	① ② ③ ④
11	① ② ③ ④
12	① ② ③ ④
13	① ② ③ ④
14	① ② ③ ④
15	① ② ③ ④
16	① ② ③ ④
17	① ② ③ ④
18	① ② ③ ④
19	① ② ③ ④
20	① ② ③ ④

번호	답	란
21	① ② ③ ④
22	① ② ③ ④
23	① ② ③ ④
24	① ② ③ ④
25	① ② ③ ④
26	① ② ③ ④
27	① ② ③ ④
28	① ② ③ ④
29	① ② ③ ④
30	① ② ③ ④
31	① ② ③ ④
32	① ② ③ ④
33	① ② ③ ④
34	① ② ③ ④
35	① ② ③ ④
36	① ② ③ ④
37	① ② ③ ④
38	① ② ③ ④
39	① ② ③ ④
40	① ② ③ ④

번호	답	란
41	① ② ③ ④
42	① ② ③ ④
43	① ② ③ ④
44	① ② ③ ④
45	① ② ③ ④
46	① ② ③ ④
47	① ② ③ ④
48	① ② ③ ④
49	① ② ③ ④
50	① ② ③ ④

제41회 한국어능력시험
TOPIK II
2 교시 (읽기)

성명 (Name)	한국어 (Korean)	
	영 어 (English)	

수 험 번 호							8						

번호	답			란
1	①	②	③	④
2	①	②	③	④
3	①	②	③	④
4	①	②	③	④
5	①	②	③	④
6	①	②	③	④
7	①	②	③	④
8	①	②	③	④
9	①	②	③	④
10	①	②	③	④
11	①	②	③	④
12	①	②	③	④
13	①	②	③	④
14	①	②	③	④
15	①	②	③	④
16	①	②	③	④
17	①	②	③	④
18	①	②	③	④
19	①	②	③	④
20	①	②	③	④

번호	답			란
21	①	②	③	④
22	①	②	③	④
23	①	②	③	④
24	①	②	③	④
25	①	②	③	④
26	①	②	③	④
27	①	②	③	④
28	①	②	③	④
29	①	②	③	④
30	①	②	③	④
31	①	②	③	④
32	①	②	③	④
33	①	②	③	④
34	①	②	③	④
35	①	②	③	④
36	①	②	③	④
37	①	②	③	④
38	①	②	③	④
39	①	②	③	④
40	①	②	③	④

번호	답			란
41	①	②	③	④
42	①	②	③	④
43	①	②	③	④
44	①	②	③	④
45	①	②	③	④
46	①	②	③	④
47	①	②	③	④
48	①	②	③	④
49	①	②	③	④
50	①	②	③	④

제41회 한국어능력시험
TOPIK II

1 교시 (쓰기)

주관식 답안은 정해진 답란을 벗어나거나 답란을 바꿔서 쓸 경우 점수를 받을 수 없습니다.
(Answers written outside the box or in the wrong box will not be graded.)

| 성 명 | 한국어 (Korean) | |
| (Name) | 영 어 (English) | |

51	㉠
	㉡
52	㉠
	㉡

53 아래 빈칸에 200자에서 300자 이내로 작문하십시오 (띄어쓰기 포함).
(Please write your answer below; your answer must be between 200 and 300 letters including spaces.)

						50
						100
						150
						200
						250
						300

※ 54번은 뒷면에 작성하십시오. (Please write your answer for question number 54 at the back.)

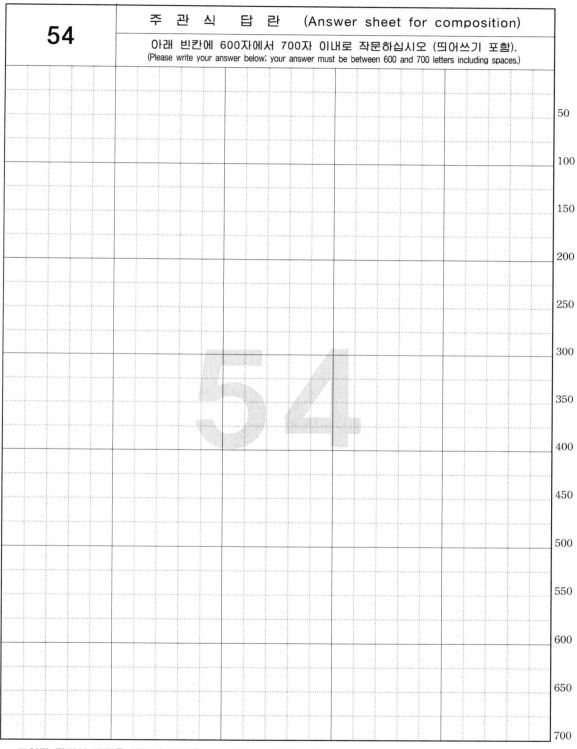

54

주 관 식 답 란 (Answer sheet for composition)

아래 빈칸에 600자에서 700자 이내로 작문하십시오 (띄어쓰기 포함).
(Please write your answer below; your answer must be between 600 and 700 letters including spaces.)

50
100
150
200
250
300
350
400
450
500
550
600
650
700

※ 주어진 답란의 방향을 바꿔서 답안을 쓰면 '0' 점 처리됩니다.
(Please do not turn the answer sheet horizontally. No points will be given.)

제47회 한국어능력시험
The 47th Test of Proficiency in Korean

TOPIK II B

1교시 듣기, 쓰기

수험번호(Registration No.)		
이 름 (Name)	한국어(Korean)	
	영 어(English)	

NIIED 국립국제교육원
NATIONAL INSTITUTE FOR INTERNATIONAL EDUCATION

유 의 사 항
Information

1. 시험 시작 지시가 있을 때까지 문제를 풀지 마십시오.

   Do not open the booklet until you are allowed to start.

2. 수험번호와 이름을 정확하게 적어 주십시오.

   Write your name and registration number on the answer sheet.

3. 답안지를 구기거나 훼손하지 마십시오.

   Do not fold the answer sheet; keep it clean.

4. 답안지의 이름, 수험번호 및 정답의 기입은 배부된 펜을 사용하여 주십시오.

   Use the given pen only.

5. 정답은 답안지에 정확하게 표시하여 주십시오.

   Mark your answer accurately and clearly on the answer sheet.

   marking example ① ● ③ ④

6. 문제를 읽을 때에는 소리가 나지 않도록 하십시오.

   Keep quiet while answering the questions.

7. 질문이 있을 때에는 손을 들고 감독관이 올 때까지 기다려 주십시오.

   When you have any questions, please raise your hand.

TOPIK Ⅱ 듣기 (1번 ~ 50번)

※ [1~3] 다음을 듣고 알맞은 그림을 고르십시오. (각 2점)

1. ①

②

③

④

2. ①

②

③

④

3.
①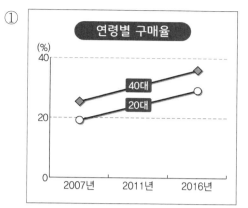
②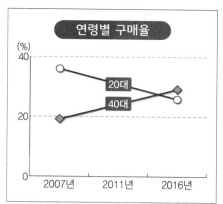

③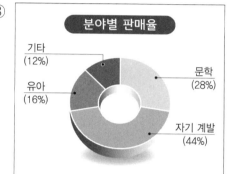
④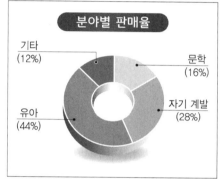

※ [4~8] 다음 대화를 잘 듣고 이어질 수 있는 말을 고르십시오. (각 2점)

4. ① 점심시간이 몇 시예요?
   ② 점심 맛있게 드셨어요?
   ③ 빨리 정리하고 나가죠.
   ④ 지금은 배가 안 고픈데요.

5. ① 농구 경기 보러 꼭 오면 좋겠어요.
   ② 잘할 수 있을 테니까 걱정하지 마세요.
   ③ 바빠서 연습 경기에 많이 못 갔거든요.
   ④ 체육 대회가 끝나고 나니까 피곤하네요.

6. ① 네. 일할 곳을 찾고 있어요.
    ② 네. 제가 대신 해 드릴게요.
    ③ 네. 좀 알아봐 주면 좋겠어요.
    ④ 네. 그 친구는 아르바이트해요.

7. ① 그래요? 그럼 창문을 닫아야겠네요.
    ② 정말요? 그럼 에어컨 좀 켜 주세요.
    ③ 맞아요. 많이 덥지 않아서 다행이에요.
    ④ 글쎄요. 아마 사무실은 열려 있을 거예요.

8. ① 참석자 명단은 아까 드렸는데요.
    ② 회의에 참석해 주셔서 감사해요.
    ③ 이쪽 자리로 와서 앉으시면 돼요.
    ④ 그럼 확실히 정해지면 알려 주세요.

※ [9~12] 다음 대화를 잘 듣고 <u>여자</u>가 이어서 할 행동으로 알맞은 것을
고르십시오. (각 2점)

9. ① 사무실에 전화한다.   ② 컴퓨터를 확인한다.
    ③ 장학금을 신청한다.   ④ 학교 홈페이지를 본다.

10. ① 집에 간다.   ② 자료를 만든다.
    ③ 상품을 정리한다.   ④ 두통약을 사러 간다.

11. ① 자전거를 꺼낸다.   ② 옷을 갈아입는다.
    ③ 공원에서 운동한다.   ④ 동생과 같이 나간다.

12. ① 카드로 계산한다.   ② 안내 센터에 간다.
    ③ 배달 신청을 한다.   ④ 집에서 물건을 받는다.

※ [13~16] 다음을 듣고 내용과 일치하는 것을 고르십시오. (각 2점)

13. ① 여자는 현재 구청에서 일하고 있다.

　　② 남자는 프로그램에 대해 알아볼 것이다.

　　③ 여자는 이 프로그램에 참여한 적이 있다.

　　④ 남자는 이 프로그램에 대해 들은 적이 없다.

14. ① 이 열차는 현재 멈춰 있다.

　　② 이 열차는 서울역에서 출발했다.

　　③ 이 열차는 잠시 후에 대전역에 도착한다.

　　④ 부산으로 가는 KTX 열차가 고장이 났다.

15. ① 오늘부터 한 달 동안 표를 반값에 판매한다.

　　② 작년에도 가족을 위한 할인 티켓을 판매했다.

　　③ 올해는 작년보다 일찍 야외 수영장을 이용할 수 있다.

　　④ 티켓을 한 장 사면 티켓 한 장을 더 주는 행사를 한다.

16. ① 정오의 콘서트는 올해 처음 시작되었다.

　　② 극장을 찾는 사람들의 수가 줄어서 걱정이다.

　　③ 금요일에 카페에서 커피를 마시면 콘서트 티켓을 준다.

　　④ 한 달에 한 번 지휘자가 음악에 대해 설명하는 시간이 있다.

※ **[17~20] 다음을 듣고 남자의 중심 생각을 고르십시오. (각 2점)**

17. ① 여행 갈 때는 새 옷을 사야 한다.
    ② 쇼핑할 때 가격을 따져 봐야 한다.
    ③ 옷은 직접 입어 보고 사는 게 좋다.
    ④ 쇼핑으로 시간을 낭비하면 안 된다.

18. ① 어릴 때는 여러 번 실수해도 괜찮다.
    ② 아이들이 잘못을 해도 예뻐해야 한다.
    ③ 아이들에게 심하게 말을 하면 안 된다.
    ④ 아이들에게 자기 잘못을 알게 해야 한다.

19. ① 연휴에는 여행을 가는 것이 좋다.
    ② 기차를 타면 이동 시간을 줄일 수 있다.
    ③ 차가 많은 연휴에는 조심해서 운전해야 한다.
    ④ 차로 가면 짐을 많이 실을 수 있어서 편하다.

20. ① 끊임없이 노력하는 자세가 중요하다.
    ② 최고가 되기 위해서는 자신을 믿어야 한다.
    ③ 성공을 위해서는 창의적인 생각이 필요하다.
    ④ 식당에 오는 손님들을 첫 번째로 생각해야 한다.

※ [21~22] 다음을 듣고 물음에 답하십시오. (각 2점)

21. 남자의 중심 생각으로 맞는 것을 고르십시오.

　　① 피자 가게의 성공은 맛에 달려 있다.
　　② 치킨 가게가 잘되려면 위치가 중요하다.
　　③ 퇴직 후에도 할 수 있는 일을 찾아야 한다.
　　④ 여러 사람의 의견을 들어야 성공할 수 있다.

22. 들은 내용으로 맞는 것을 고르십시오.

　　① 남자는 회사를 퇴직했다.
　　② 남자는 시장에서 가게를 운영한다.
　　③ 여자는 치킨 가게를 하고 싶어 한다.
　　④ 여자의 친구는 시장에서 치킨 가게를 한다.

※ [23~24] 다음을 듣고 물음에 답하십시오. (각 2점)

23. 남자가 무엇을 하고 있는지 맞는 것을 고르십시오.

　　① 등산로의 위치를 확인하고 있다.
　　② 호텔까지 가는 길에 대해 묻고 있다.
　　③ 여행하려는 곳에 숙박 예약을 하고 있다.
　　④ 호텔에서 진행하는 프로그램에 대해 문의하고 있다.

24. 들은 내용으로 맞는 것을 고르십시오.

　　① '숲속놀이터'는 단체만 이용이 가능하다.
　　② 남자는 가족과 3일간 호텔에서 묵을 예정이다.
　　③ 호텔에서는 가족을 위한 체험 활동을 계획 중이다.
　　④ 자연 체험 교육은 최대 20명까지 수강이 가능하다.

25. 남자의 중심 생각으로 맞는 것을 고르십시오.

　　① 장애인을 위한 시설을 늘려야 한다.
　　② 장애인들에게 세금을 깎아 줘야 한다.
　　③ 정부는 운동선수의 재활을 도와야 한다.
　　④ 장애인의 자립을 위한 일자리가 필요하다.

26. 들은 내용으로 맞는 것을 고르십시오.

　　① 남자는 장애를 극복하고 국가대표가 되었다.
　　② 남자는 사고를 당해 축구를 할 수 없게 되었다.
　　③ 남자는 사업가가 되기 위해 운동을 그만두었다.
　　④ 남자는 정부 지원을 받기 위해 회사를 설립했다.

※ [27~28] 다음을 듣고 물음에 답하십시오. (각 2점)

27. 여자가 남자에게 말하는 의도를 고르십시오.

　　① 기부에 동참한 것에 감사하려고
　　② 가족의 소중함을 일깨워 주려고
　　③ 신발 구매의 의미를 알려 주려고
　　④ 자부심을 높이는 방법에 대해 조언하려고

28. 들은 내용으로 맞는 것을 고르십시오.

　　① 이 신발 한 켤레를 사면 한 켤레를 더 준다.
　　② 이 신발을 가난한 아이들에게 싸게 판매한다.
　　③ 여자는 남자에게 이 신발을 선물한 적이 있다.
　　④ 여자는 신문을 통해서 이 신발에 대해 알게 되었다.

※ **[29~30] 다음을 듣고 물음에 답하십시오. (각 2점)**

29. 남자는 누구인지 고르십시오.

① 라면을 개발하는 사람   ② 라면을 광고하는 사람
③ 라면을 판매하는 사람   ④ 라면을 홍보하는 사람

30. 들은 내용으로 맞는 것을 고르십시오.

① 남자는 평소에도 라면을 즐겨 먹었다.
② 남자는 유명한 식당에서 요리를 배웠다.
③ 국물 맛의 비결을 알아내기가 쉽지 않았다.
④ '왕라면'은 이번 달에 처음으로 판매 1위를 했다.

※ **[31~32] 다음을 듣고 물음에 답하십시오. (각 2점)**

31. 남자의 생각으로 맞는 것을 고르십시오.

① '좌석별 가격 차등제'로 영화 관람의 불편이 줄어들었다.
② '좌석별 가격 차등제'로 관객들은 선택의 기회가 늘었다.
③ '좌석별 가격 차등제'는 관객 입장에서 합리적인 제도이다.
④ '좌석별 가격 차등제'는 극장의 수익을 높이기 위한 제도이다.

32. 남자의 태도로 맞는 것을 고르십시오.

① 새로운 제도의 확대를 염려하고 있다.
② 새로운 제도의 시행을 촉구하고 있다.
③ 새로운 제도의 문제점을 비판하고 있다.
④ 새로운 제도의 필요성에 공감하고 있다.

33. 무엇에 대한 내용인지 맞는 것을 고르십시오.

　　① 기록의 보존 방법
　　② 기록연구사의 역할
　　③ 역사적 기록물의 가치
　　④ 기록을 해야 하는 이유

34. 들은 내용으로 맞는 것을 고르십시오.

　　① 기록연구사는 기록의 보존 여부를 결정한다.
　　② 모든 기록물은 중요하므로 없애서는 안 된다.
　　③ 기록물은 수백 년이 지나도 그대로 보존된다.
　　④ 사라진 자료를 찾아내는 것도 기록연구사의 일이다.

※ [35~36] 다음을 듣고 물음에 답하십시오. (각 2점)

35. 남자는 무엇을 하고 있는지 고르십시오.

　　① 시에서 만든 편의 시설을 소개하고 있다.
　　② 시민이 원하는 것이 무엇인지 조사하고 있다.
　　③ 시민을 위한 정책을 펼칠 것을 다짐하고 있다.
　　④ 시의 발전을 위해 자신을 지지해 달라고 부탁하고 있다.

36. 들은 내용으로 맞는 것을 고르십시오.

　　① 이 도시는 전국에서 가장 큰 의료원을 짓고 있다.
　　② 이 도시는 이번에 살기 좋은 도시로 선정되었다.
　　③ 이 남자는 추진 중이던 정책을 모두 마무리 지었다.
　　④ 이 남자는 여러 번의 도전 끝에 시장으로 선출되었다.

※ [37~38] 다음은 교양 프로그램입니다. 잘 듣고 물음에 답하십시오. (각 2점)

37. 남자의 중심 생각을 고르십시오.

① 기업은 신입 사원의 능력 개발을 장려해야 한다.
② 입사하고 싶은 기업의 선발 기준을 파악하고 있어야 한다.
③ 이력서에 있는 개인 정보가 공정한 선발을 방해할 수 있다.
④ 능력 있는 인재가 되기 위해서는 노력하는 자세가 필요하다.

38. 들은 내용과 일치하는 것을 고르십시오.

① 이 남자는 '익명이력서'에 대해 부정적이다.
② 이 남자는 이력서에 사진이 있어야 한다고 본다.
③ 기업들이 사진 없는 이력서 도입을 계속 미루고 있다.
④ '익명이력서'로는 지원자의 성별과 나이를 알 수 없다.

※ [39~40] 다음은 대담입니다. 잘 듣고 물음에 답하십시오. (각 2점)

39. 이 담화 앞의 내용으로 알맞은 것을 고르십시오.

① 다양한 공공장소에 태양광 시설을 설치하고 있다.
② 많은 기업들이 태양광 시설에 적극적으로 투자하고 있다.
③ 태양광 발전소의 생산성이 생각보다 낮아 문제가 되고 있다.
④ 태양광 발전소 사업자와 주민 사이에 마찰이 빚어지고 있다.

40. 들은 내용과 일치하는 것을 고르십시오.

① 태양광 발전소를 세우는 개인 사업자가 많아지고 있다.
② 태양광 발전소가 생긴 후 농작물의 생산성이 향상되었다.
③ 태양광 발전소의 설치를 원하는 지역 주민들이 늘고 있다.
④ 태양광 발전소로 인한 갈등을 해결해 줄 방안이 마련되었다.

※ [41~42] 다음은 강연입니다. 잘 듣고 물음에 답하십시오. (각 2점)

41. 여자의 중심 생각으로 맞는 것을 고르십시오.

① 석빙고에 대한 역사적 기록을 찾아야 한다.
② 석빙고는 과학적인 원리를 활용해 설계되었다.
③ 석빙고의 우수성을 밝히려는 노력이 필요하다.
④ 석빙고에 얼음을 보관하던 문화를 지켜야 한다.

42. 들은 내용과 일치하는 것을 고르십시오.

① 석빙고의 경사진 바닥은 온도 유지에 도움이 된다.
② 지붕에 구멍을 만들어 석빙고를 아름답게 장식했다.
③ 더운 공기를 빼기 위해 석빙고에 차가운 물을 공급했다.
④ 석빙고에는 얼음을 녹지 않게 해 주는 장치가 달려 있다.

※ [43~44] 다음은 다큐멘터리입니다. 잘 듣고 물음에 답하십시오. (각 2점)

43. 이 이야기의 중심 내용으로 맞는 것을 고르십시오.

① 판의 충돌이 인류의 역사를 발전시켰다.
② 판의 움직임이 자원의 이동을 초래했다.
③ 인류는 판의 경계에 고대 문명을 건설했다.
④ 인류는 판의 충돌로 인한 위험을 극복해 왔다.

44. 많은 주요 도시가 판의 경계에 있는 이유로 맞는 것을 고르십시오.

① 다른 도시 문명과 가까웠기 때문에
② 자연 재해를 피할 수 있었기 때문에
③ 지각이 바뀌면서 경계로 밀려났기 때문에
④ 문명 발달에 필요한 자원을 얻기 쉬웠기 때문에

※ [45~46] 다음은 강연입니다. 잘 듣고 물음에 답하십시오. (각 2점)

45. 들은 내용과 일치하는 것을 고르십시오.

① 4차 산업혁명은 인공지능을 기반으로 한다.
② 4차 산업혁명은 유통 시스템의 자동화를 말한다.
③ 4차 산업혁명 시대는 전문가들의 예상대로 진행될 것이다.
④ 4차 산업혁명에서 전문 지식 서비스는 인간이 담당할 것이다.

46. 여자의 태도로 가장 알맞은 것을 고르십시오.

① 미래 세대의 활약에 기대를 걸고 있다.
② 산업혁명의 부작용에 대해 반성하고 있다.
③ 전문가들의 상황 인식에 우려를 표하고 있다.
④ 산업의 미래에 대해 긍정적으로 전망하고 있다.

※ [47~48] 다음은 대담입니다. 잘 듣고 물음에 답하십시오. (각 2점)

47. 들은 내용과 일치하는 것을 고르십시오.

① 전승자들은 대학에서 재교육을 받을 예정이다.
② 기존의 정책은 전승 종목을 사유화할 우려가 있다.
③ 전승자들의 작품을 인증하는 제도가 사라질 것이다.
④ 젊은 사람들은 전승자와의 일대일 교육을 선호한다.

48. 남자가 말하는 방식으로 가장 알맞은 것을 고르십시오.

① 새로운 정책의 문제점을 예측하고 있다.
② 기존 정책의 개선 방향을 제시하고 있다.
③ 새로운 정책의 시행 결과를 분석하고 있다.
④ 기존 정책의 내용을 기준별로 분류하고 있다.

※ [49~50] 다음은 강연입니다. 잘 듣고 물음에 답하십시오. (각 2점)

49. 들은 내용과 일치하는 것을 고르십시오.

　① 개인들의 관계는 힘의 논리에 의해 결정된다.
　② 도덕적 사회를 이루려면 개인의 도덕이 중요하다.
　③ 집단에 속한 개인은 비도덕적으로 변할 수 있다.
　④ 집단 간의 충돌을 조정할 도덕적 기준이 필요하다.

50. 여자가 말하는 방식으로 가장 알맞은 것을 고르십시오.

　① 발생 가능한 문제를 제기하고 있다.
　② 사회 현상을 논리적으로 분석하고 있다.
　③ 예를 들어 자신의 주장을 증명하고 있다.
　④ 구체적인 사례에서 결론을 유도하고 있다.

TOPIK II 쓰기 (51번 ~ 54번)

※ [51~52] 다음을 읽고 ㉠과 ㉡에 들어갈 말을 각각 한 문장으로 쓰십시오.
(각 10점)

51.

✉ E-mail	▢ ▢ ✕

제목 : 선배님, 빅토르입니다. 2016. 7. 12.

선배님, 안녕하십니까? 빅토르입니다.
부탁드릴 일이 있어 메일을 씁니다.
제가 인터넷으로 (㉠   ).
그런데 카메라가 이번 주 금요일에 배달된다고 합니다.
제가 그날 고향에 가야 해서 카메라를 직접 받을 수 없을 것 같습니다.
혹시 저 대신에 (㉡   )?
어려운 부탁을 드려서 죄송합니다.
그럼 답장 기다리겠습니다.

빅토르 드림

52.

사람의 손에는 눈에 보이지 않는 세균이 많다. 그래서 병을 예방하기 위해서는 자주 (㉠   ). 그런데 전문가들은 손을 씻을 때 꼭 (㉡   ). 비누 없이 물로만 씻으면 손에 있는 세균을 제대로 없애기 어렵기 때문이다.

53. 다음을 참고하여 '국내 외국인 유학생 현황'에 대한 글을 200~300자로 쓰십시오. 단, 글의 제목을 쓰지 마십시오. (30점)

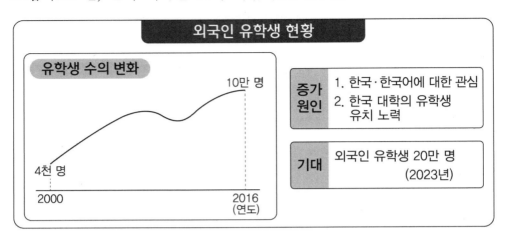

54. 다음을 주제로 하여 자신의 생각을 600~700자로 글을 쓰십시오. 단, 문제를 그대로 옮겨 쓰지 마십시오. (50점)

> '칭찬은 고래도 춤추게 한다'는 말처럼 칭찬에는 강한 힘이 있습니다. 그러나 칭찬이 항상 긍정적인 영향을 주는 것은 아닙니다. 아래의 내용을 중심으로 칭찬에 대한 자신의 생각을 쓰십시오.
> ---
> • 칭찬이 미치는 긍정적인 영향은 무엇입니까?
> • 부정적인 영향은 무엇입니까?
> • 효과적인 칭찬의 방법은 무엇입니까?

* 원고지 쓰기의 예

	사	람	의		손	에	는		눈	에		보	이	지		않	는		세
균	이		많	다	.		그	래	서		병	을		예	방	하	기		위	해

> 제1교시 듣기, 쓰기 시험이 끝났습니다. 제2교시는 읽기 시험입니다.

제47회 한국어능력시험
The 47th Test of Proficiency in Korean

TOPIK II B

2교시	읽기

수험번호(Registration No.)	
이 름 (Name) 한국어(Korean)	
영 어(English)	

NIIED 국립국제교육원
NATIONAL INSTITUTE FOR INTERNATIONAL EDUCATION

유 의 사 항
Information

1. 시험 시작 지시가 있을 때까지 문제를 풀지 마십시오.

   Do not open the booklet until you are allowed to start.

2. 수험번호와 이름을 정확하게 적어 주십시오.

   Write your name and registration number on the answer sheet.

3. 답안지를 구기거나 훼손하지 마십시오.

   Do not fold the answer sheet; keep it clean.

4. 답안지의 이름, 수험번호 및 정답의 기입은 배부된 펜을 사용하여 주십시오.

   Use the given pen only.

5. 정답은 답안지에 정확하게 표시하여 주십시오.

   Mark your answer accurately and clearly on the answer sheet.

   marking example   ① ● ③ ④

6. 문제를 읽을 때에는 소리가 나지 않도록 하십시오.

   Keep quiet while answering the questions.

7. 질문이 있을 때에는 손을 들고 감독관이 올 때까지 기다려 주십시오.

   When you have any questions, please raise your hand.

TOPIK II 읽기 (1번 ~ 50번)

※ [1~2] (   )에 들어갈 가장 알맞은 것을 고르십시오. (각 2점)

1. 내일 친구와 함께 놀이공원에 (   ).

    ① 가는 편이다   ② 가는 중이다

    ③ 가기로 했다   ④ 간 적이 있다

2. 혼자 살다 보니 시간이 (   ) 가족이 그리워진다.

    ① 지나거나   ② 지나도록

    ③ 지나거든   ④ 지날수록

※ [3~4] 다음 밑줄 친 부분과 의미가 비슷한 것을 고르십시오. (각 2점)

3. 아침에 늦게 <u>일어나는 바람에</u> 기차를 놓쳤다.

    ① 일어난 탓에   ② 일어난 김에

    ③ 일어나는 대신   ④ 일어나는 대로

4. 경기에서 이기고 지는 것은 <u>연습하기에 달려 있다</u>.

    ① 연습할 따름이다   ② 연습할 모양이다

    ③ 연습하기 나름이다   ④ 연습하기 십상이다

※ [5~8] 다음은 무엇에 대한 글인지 고르십시오. (각 2점)

5.

비타민이 가득!

하루 필요한 야채가~ 이 한 병에!

① 주스　　　② 콜라　　　③ 우유　　　④ 커피

6.

물놀이 용품 특별 세일

이 기회를 놓치지 마세요!

① 학원　　　② 마트　　　③ 사진관　　　④ 세탁소

7.

살펴봐요. 숨은 불씨!
다시 봐요. 꺼진 불씨!

① 전기 절약　　② 날씨 정보　　③ 건강 관리　　④ 화재 예방

8.

1. 기한 : 2016년 8월 19일(금) 17:00까지
2. 서류 : 원서 1부, 사진 파일
3. 관련 서류는 이메일로 보내 주십시오.

① 구입 안내　　② 접수 방법　　③ 등록 문의　　④ 주의 사항

※ [9~12] 다음 글 또는 그래프의 내용과 같은 것을 고르십시오. (각 2점)

9.

제8회 음식문화축제

- 기　　간 : 2016년 8월 20일(토) ~ 8월 21일(일)
- 장　　소 : 인주 시청 앞 광장
- 행사 내용 : 한국 전통 요리 무료 시식 및 체험 행사

※ 체험을 원하시는 분은 현장에서 직접 신청하시기 바랍니다.

① 축제는 올해 처음 열린다.
② 축제는 주말 이틀 동안 진행된다.
③ 축제에서 체험을 하려면 예약해야 한다.
④ 축제에서 전통 요리를 사 먹을 수 있다.

10.

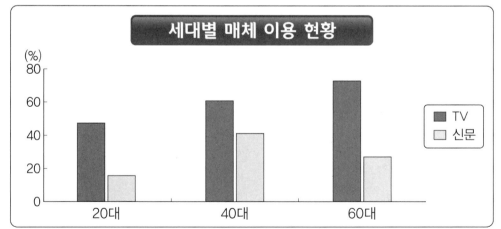

세대별 매체 이용 현황

① 신문을 보는 사람의 비율은 20대와 60대가 같다.
② 모든 세대가 텔레비전보다 신문을 더 많이 본다.
③ 신문을 보는 사람의 비율은 60대가 40대보다 낮다.
④ 텔레비전을 보는 사람의 비율은 20대가 40대보다 높다.

11.
> 만화방이 단순히 만화를 보는 공간에서 벗어나 볼거리, 먹을거리를 함께 즐길 수 있는 '만화카페'로 다시 태어나고 있다. 이 만화카페는 '만화를 보는 공간'이라는 점에서 만화방과 비슷하다. 그러나 밝은 조명과 세련된 분위기에서 고급 커피까지 마실 수 있다는 점이 다르다. 만화방이 주로 남자들에게 인기가 많았다면 만화카페는 10, 20대 여성들에게 인기가 많다.

① 만화카페는 만화방과 실내 분위기가 비슷하다.
② 만화카페는 주로 남성들에게 인기를 끌고 있다.
③ 만화카페는 커피를 마시기 위한 곳으로 새롭게 태어났다.
④ 만화카페는 볼거리와 먹을거리를 모두 즐길 수 있는 곳이다.

12.
> 카카오가 건강에 도움이 된다는 사실이 새롭게 알려졌다. 카카오에 있는 단백질, 지방, 칼슘과 같은 영양 성분이 감기 예방, 집중력 향상 등에 효과가 있다는 것이다. 그러나 카카오는 그 자체로 먹기가 어려워 일반적으로 초콜릿 형태로 먹는다. 그런데 너무 단 초콜릿은 오히려 건강을 해칠 수 있어 많이 먹는 것은 피해야 한다.

① 카카오를 먹으면 집중력을 높일 수 있다.
② 초콜릿은 영양 성분이 풍부해서 많이 먹어야 한다.
③ 카카오보다 초콜릿 형태로 먹는 것이 건강에 더 좋다.
④ 초콜릿의 재료가 카카오라는 사실이 처음으로 알려졌다.

※ [13~15] 다음을 순서대로 맞게 배열한 것을 고르십시오. (각 2점)

13.

> (가) 요즘 꽃차를 즐겨 마시는 사람들이 늘고 있다.
> (나) 마음을 안정시키는 효과를 얻을 수 있기 때문이다.
> (다) 깨끗하게 재배한 꽃으로 차를 만들어 마시는 것이 좋다.
> (라) 그런데 길가에 피어 있는 꽃으로 차를 만드는 것은 피해야 한다.

① (가)-(나)-(라)-(다)   ② (가)-(라)-(나)-(다)
③ (다)-(라)-(가)-(나)   ④ (다)-(가)-(라)-(나)

14.

> (가) 이불을 세탁해서 밖에 널어 두고 장을 보러 나갔다.
> (나) 비가 오는 것을 보고 이웃이 대신 이불을 걷어 준 것이었다.
> (다) 갑자기 비가 내려서 이불이 걱정되어 집으로 서둘러 돌아왔다.
> (라) 도착해 보니 이불을 보관하고 있다는 메모가 문 앞에 붙어 있었다.

① (가)-(다)-(나)-(라)   ② (가)-(다)-(라)-(나)
③ (다)-(나)-(가)-(라)   ④ (다)-(라)-(가)-(나)

15.

> (가) 회의 결과 쓰레기 주소 실명제를 실시하기로 의견을 모았다.
> (나) 시청 직원들이 쓰레기를 줄이는 방안에 대해 회의를 열었다.
> (다) 그러나 주민들은 개인 정보 유출 가능성 때문에 반대하고 있다.
> (라) 주소를 써서 버리면 책임 의식이 생길 것이라고 보았기 때문이다.

① (가)-(나)-(다)-(라)   ② (가)-(다)-(나)-(라)
③ (나)-(가)-(라)-(다)   ④ (나)-(라)-(가)-(다)

16.　　악보 없이 공연하는 것은 피아니스트들의 오랜 전통이다. 이에 대해 일부 사람들은 악보를 외우는 것보다는 (　　　　　　　　) 시간을 써야 한다고 말한다. 그러나 악보를 외우면 작곡가를 좀 더 이해하게 되어 결국 작품에 대한 표현력이 풍성해질 수 있다.

① 전통을 이해하는 데에　　　　　② 표현력을 높이는 데에
③ 공연을 기획하는 데에　　　　　④ 장단점을 설명하는 데에

17.　　자신에게 필요하지 않은 물건을 봉사단체에 기증하는 시민들이 늘고 있다. 그런데 이러한 물건 중에 (　　　　　　　　) 많다. 그래서 쓸 만한 물건을 골라내는 데 많은 인력과 비용이 소모된다. 물건을 기증할 때에는 다른 사람들이 다시 사용할 것이라는 점을 고려해야 할 것이다.

① 구입하기 어려운 것이　　　　　② 보관이 쉽지 않은 것이
③ 재사용하기 곤란한 것이　　　　　④ 용도가 다양하지 않은 것이

18.　　한 가전 업체에서 옷을 태우지 않는 다리미를 내놓았다. 작동 원리는 다림질하다 손을 떼면 다리미 밑판 앞뒤에서 다리가 튀어나와 옷과 다리미 사이에 간격이 생기는 방식이다. 다리미를 다시 잡으면 다리가 들어간다. 별것 아닌 듯한 이 다리미에 시장의 반응은 뜨거웠다. 많은 사람들이 고민하던 (　　　　　　　　) 때문이다.

① 가격을 저렴한 수준으로 낮추었기
② 모양을 적절한 방법으로 바꾸었기
③ 내용을 합리적인 방식으로 설명했기
④ 문제를 새로운 아이디어로 해결했기

※ [19~20] 다음 글을 읽고 물음에 답하십시오. (각 2점)

> 요즘 아빠들은 아이들에게 친구 같은 존재가 되고 싶어한다. (   ) 아이가 어릴 때는 친구 같은 아빠가 필요하다. 서로 사랑하는 마음을 표현하는 과정을 통해 부모와 자식 간의 신뢰가 깊어질 수 있기 때문이다. 그런데 아이의 인성이 완성되는 청소년기에는 '권위 있는 아빠'의 역할도 중요하다. 아빠의 권위 있는 말과 행동은 아이의 삶에 판단 기준이 되어 아이가 바른 길로 가는 데 도움을 줄 수 있기 때문이다.

19. (   )에 들어갈 알맞은 것을 고르십시오.

　① 반면　　　　　② 물론　　　　　③ 차라리　　　　　④ 그러면

20. 위 글의 내용과 같은 것을 고르십시오.

　① 아이들은 자기 스스로 인성을 완성할 수 있다.
　② 청소년기에는 친구 같은 아빠의 역할이 더 중요하다.
　③ 친구 같은 아빠는 아이가 바른 길로 가도록 도움을 준다.
　④ 권위 있는 아빠는 아이에게 삶의 판단 기준을 제시할 수 있다.

최근 동물 대신 식물을 키우려는 사람들이 늘고 있다. 동물은 돌보려면 많은 시간과 비용이 드는 데 비해 식물은 키우기도 쉽고 실내 공기도 깨끗하게 해주기 때문이다. 또한 식물은 이웃과 (   ) 지내는 많은 현대인들에게 외로움을 달래 주거나 정서적으로 위안을 주기도 한다. 이처럼 식물을 삶의 동반자로 생각하는 사람들이 늘면서 '반려식물'이라는 신조어까지 생겼다.

21. (   )에 들어갈 알맞은 것을 고르십시오.

① 담을 쌓고
② 못을 박고
③ 머리를 맞대고
④ 고개를 숙이고

22. 위 글의 중심 생각을 고르십시오.

① 동물을 돌보는 데에 시간과 비용이 많이 든다.
② 삶의 반려자로 식물을 찾는 사람들이 늘고 있다.
③ 식물을 키우면 실내 공기를 깨끗하게 할 수 있다.
④ 정서적 안정을 위해 반려동물을 키우는 것이 좋다.

※ [23~24] 다음 글을 읽고 물음에 답하십시오. (각 2점)

> 계산원으로 일하러 오라는 소식을 듣고 고민에 빠졌다. 마흔을 넘은 늦은 나이 때문이었다. 격려해 주는 남편 덕분에 용기를 냈다. 그러나 계산하는 일은 만만치 않았다. 신입 직원 교육을 받는데 주의 사항을 수첩에 적어 가며 외워도 금방 잊어버리기 일쑤였다. 며칠 뒤 일을 시작한다는 말에 눈앞이 캄캄했다.
>
> 일을 시작한 첫날, 아침부터 밀려드는 손님들로 인해 <u>등에서 땀이 흘렀다.</u> 모든 게 미숙했다. 계산을 잘못 해서 창피한 적도 많았다. 그래도 사람을 대하다 보니 웃을 일도 있었다. 외국인 손님이 왔을 때였다. 서투른 영어를 총동원해서 말을 건네려고 하자, 그가 "봉투 하나 주세요."라며 한국말을 하는 게 아닌가. 순간 놀라면서도 속으로 웃음이 났다.

23. 밑줄 부분에 나타난 '나'의 심정으로 알맞은 것을 고르십시오.

① 짜증스럽다
② 실망스럽다
③ 불만스럽다
④ 당황스럽다

24. 위 글의 내용과 같은 것을 고르십시오.

① 나는 남편의 격려 덕분에 계산 실력이 늘었다.
② 나는 외국인 손님이 왔을 때 영어로 대화했다.
③ 나는 늦은 나이였지만 용기를 내어 일을 시작했다.
④ 나는 신입 직원 교육을 받을 때 수첩을 잃어버렸다.

※ [25~27] 다음 신문 기사의 제목을 가장 잘 설명한 것을 고르십시오. (각 2점)

25.
┌───┐
│ 한류 배우 인기 폭발, 해외 광고 요청 줄 이어 │
└───┘

① 한류 배우는 떨어진 인기로 해외 광고에 출연할 기회가 줄어들었다.
② 한류 배우가 인기를 끌기 위해서는 해외 광고에 많이 출연해야 한다.
③ 한류 배우는 인기에 상관없이 해외에서 광고 출연 요청을 받고 있다.
④ 한류 배우가 큰 인기를 얻으면서 해외 광고 출연 요청이 잇따르고 있다.

26.
┌───┐
│ 황금연휴, 여행 업계 오랜만에 웃어 │
└───┘

① 긴 연휴로 여행 업계가 오랜만에 활기를 찾았다.
② 짧은 연휴에도 여행을 하려는 사람이 여전히 많다.
③ 연휴가 길지 않아 여행을 예약하는 사람이 많지 않다.
④ 연휴 기간 동안 업계는 만족할 만한 여행 상품을 준비했다.

27.
┌───┐
│ 배추 생산 과잉, 농민들 한숨 │
└───┘

① 배추의 생산량이 부족하여 농민들이 실망했다.
② 배추 농사가 잘 되어 농민들이 희망에 차 있다.
③ 배추가 적게 생산되어 농민들의 기대감이 낮아졌다.
④ 배추가 필요 이상으로 생산되어 농민들이 힘들어한다.

※ [28~31] 다음을 읽고 ( )에 들어갈 내용으로 가장 알맞은 것을 고르십시오. (각 2점)

28.

아이에게 맞는 색이 있다. 그래서 색을 ( ) 활용하는 것이 좋다. 예를 들어 소극적인 아이에게는 밝고 따뜻한 색으로 방을 꾸며 주는 것이 좋다. 빨간 꽃그림이 있는 책장으로 아이 방을 장식하면 경쾌한 느낌을 주어 아이의 감정을 밝게 해 줄 수 있기 때문이다. 반대로 아이의 성격이 공격적이라면 초록색이 잘 맞는다. 초록색은 편안한 분위기를 연출하여 마음을 차분하게 가라앉혀 줄 수 있다.

① 방의 구조에 맞게
② 장식에 따라 다르게
③ 아이의 성향에 맞게
④ 그림의 특성이 나타나게

29.

각 분야의 ( ) '사람도서관'이 등장해 화제다. 사람도서관은 표현 그대로 사람을 책처럼 대출할 수 있는 도서관이다. 도서관이 전문적인 지식과 경험을 가진 사람을 '사람책'으로 등록하면 독자는 관심 있는 분야의 사람책을 대출하면 된다. 예를 들어 글을 쓰는 데에 관심이 있는 사람이라면 사람도서관에서 글쓰기 관련 사람책을 대출하여 강의를 들으면 된다. 다만 사람책을 이용하려면 정해진 인원 이상이 모여야 한다.

① 전문가를 활용하는
② 전문가를 양성하는
③ 기술자를 교육하는
④ 기술자를 파견하는

30.　보통 소비자들은 '햄버거 1개가 550칼로리를 함유하고 있다'는 것의 의미를 정확하게 이해하지 못한다. 그래서 식품에 표시된 열량에 민감해 하지 않는다. 그러나 햄버거 겉면에 '햄버거 1개를 먹을 경우 9 km 정도 달려야 한다'고 쓰여 있다면 그것을 본 소비자는 햄버거의 열량이 어느 정도인지 체감하게 될 것이다. 이처럼 식품의 겉면에 열량을 소모하기 위해 (　　　　　　　　) 하는지 표시하면 소비자들의 음식에 대한 생각을 변화시킬 수 있을 것이다.

① 무슨 음식을 선택해야
② 얼마나 몸을 움직여야
③ 어떤 행동에 신중해야
④ 언제 열량에 신경 써야

31.　기한이 정해져 있는 티켓의 경우 기간이 지나면 사용하지 못하게 된다. 그런데 기한이 얼마 남지 않은 티켓이라도 모바일 시장을 이용하면 판매할 수 있다. 이 시장에서는 판매자와 소비자가 실시간으로 필요한 정보를 교환한다. 이 시장을 통해 판매자는 기간이 지나면 (　　　　　　) 상품을 판매할 수 있고, 소비자는 필요한 시점에 싼 가격으로 상품을 구매할 수 있는 것이다.

① 가치가 사라지는
② 가격이 올라가는
③ 수요가 많아지는
④ 생산이 줄어드는

※ [32~34] 다음을 읽고 내용이 같은 것을 고르십시오. (각 2점)

32.
> 동물원의 동물들은 빠른 번식으로 인해 개체 수 조절이 어렵다. 그러다 보면 한정된 공간에 너무 많은 동물들이 함께 있게 되어 스트레스를 많이 받게 된다. 그래서 서울의 한 동물원에서는 사자의 개체 수를 줄이기 위해 많은 수의 사자를 다른 동물원에 보내고 대신 개체 수가 적은 낙타를 들여오는 방법을 썼다. 그 결과 개체 수가 줄어든 사자들은 스트레스를 덜 받게 되었다. 이러한 동물원 간 교류가 동물의 서식 환경 개선을 위한 하나의 방안이 될 수 있을 것이다.

① 동물원의 동물들은 번식으로 개체 수를 조절한다.
② 동물원 간의 교류를 통해 동물의 개체 수를 늘린다.
③ 서식 환경 개선을 위해 많은 새로운 동물을 들여와야 한다.
④ 좁은 공간에 개체 수가 많으면 동물의 스트레스가 증가한다.

33.
> 최근 시간과 비용을 들여 멀리 여행을 떠나는 대신 집에서의 휴식을 중요하게 생각하는 사람들이 늘고 있다. 이러한 사람들은 휴식의 편의를 위해 거실이나 욕실을 새롭게 고쳐 쓰는 등 집을 휴식의 공간으로 꾸미는 데 관심이 많다. 그리고 편안한 휴식을 즐기기 위해 고가의 안락의자나 침대를 구입하는 데도 지출을 아끼지 않는다. 이렇게 사람들의 집에 대한 인식이 단순히 쉬는 공간에서 질 높은 휴식을 위한 공간으로 바뀌고 있다.

① 사람들은 휴식의 질보다는 휴식의 편의를 추구한다.
② 휴식을 위해 여행을 떠나는 사람들이 증가하고 있다.
③ 사람들은 가구를 구입하는 데에 큰 비용을 들이지 않는다.
④ 휴식을 위해 집의 공간을 고쳐 쓰는 사람들이 많아지고 있다.

34.　　문화와 역사적 가치가 높지만 국가에서 관리하지 못하고 있는 토지, 자연, 건물 등이 많이 있다. 이를 관리하고 보존하려는 시민운동이 새롭게 시작되고 있다. 사라질 위기에 처해 있는 중요한 자산을 지키기 위해 시민들이 자발적으로 모금에 나선 것이다. 이러한 시민의 노력으로 최근 희귀식물인 '매화마름'이 보존되는 등 가시적인 성과가 나타나고 있다. 이러한 운동이 앞으로도 지속되기 위해서는 시민들의 적극적인 동참이 필요하다.

① 시민들은 국가의 지원을 받아 모금 활동을 했다.
② 시민들이 국가 토지 관리에 적극 참여하고 있다.
③ 시민들이 역사적 가치가 높은 자산을 보존하기 시작했다.
④ 시민운동이 희귀식물 보존에까지는 미치지 못하고 있다.

※ [35~38] 다음 글의 주제로 가장 알맞은 것을 고르십시오. (각 2점)

35.　　유무선의 통신 수단이 없던 시대에 위급한 상황이 생기면 불이나 연기로 정보를 주고받았다. 보통 멀리서 잘 보이는 산봉우리에서 밤에는 불을, 낮에는 연기를 피우는 방법을 사용했고 이때 알리는 위급의 정도를 다섯 등급으로 나누었다. 그런데 이 방법은 비, 구름, 안개 등의 기상 상태에 영향을 받는다는 문제점이 있었다. 그러나 이러한 한계에도 불구하고 당시에는 국가적인 긴급 상황에 대처하는 데 중요한 역할을 담당했다.

① 불이나 연기는 위험 상황을 알리는 주요 통신 수단이었다.
② 불이나 연기를 쓰는 통신 수단은 날씨의 영향을 많이 받았다.
③ 긴급 상황에는 날씨에 따라 다섯 단계로 나누어 연기를 피웠다.
④ 과거의 통신 수단으로는 국가적 긴급 상황에 대처하기 어려웠다.

36. 숫자 활용 능력은 비즈니스 성패에 중요한 영향을 끼친다. 매출 실적, 재고 사항 등 숫자로 가득한 비즈니스 현장에서 숫자에 강하다는 것은 그만큼 능력을 인정받을 가능성이 높다는 것을 의미한다. 예컨대 신제품 발표회에서 숫자를 활용한 데이터를 제시하면 고객에게 신뢰감을 줄 수 있고, 이 신뢰를 바탕으로 경쟁에서 유리한 위치를 차지할 수 있는 것이다. 비즈니스에서 성공하고 싶다면 숫자 활용 감각을 키우라고 제안하는 이유가 바로 여기에 있다.

① 숫자를 활용하는 능력은 비즈니스 현장에서 배워야 한다.
② 매출 실적을 높이기 위해 숫자를 체계적으로 정리해야 한다.
③ 신제품 발표회에서는 제품의 우수성을 데이터로 제시해야 한다.
④ 성공적인 비즈니스를 위해 숫자를 잘 활용하는 연습을 해야 한다.

37. 혼자 사는 사람들이 많아지면서 외로움을 이겨내는 '고독력'이 주목을 끌고 있다. 고독력이란 홀로 있는 시간을 즐기고 창의적으로 활용하는 능력을 말한다. 이러한 능력을 기르기 위해서는 남의 시선에 얽매이지 않고 외로움과 마주 서는 연습을 해야 한다. 외로움을 받아들이지 못하면 분노와 적개심이 쌓일 수도 있고, 외로움 속에 스스로를 고립시켜 우울증에 걸리기도 한다. 따라서 무엇보다 외로움을 두려워하지 않는 태도가 우선되어야 한다.

① 남의 시선이 두려워 홀로 지내면 우울증에 걸릴 수 있다.
② 혼자 사는 것이 시간을 창의적으로 활용할 수 있는 방법이다.
③ 고독력을 기르기 위해서는 외로움을 받아들이는 연습이 필요하다.
④ 혼자 사는 사람들은 분노와 적개심이 쌓이는 것을 주의해야 한다.

38.　　일반적으로 공짜로 끼워 주는 경품이 있을 경우 소비자들은 구매의 유혹을 더 받게 된다. 그러나 때로 무료 경품은 판매에 도움이 되기보다 오히려 역효과를 낼 수도 있다. 실제로 한 조사에서는 경품으로 준 물건에 대해 소비자들은 그 품질에 비해 낮은 가격을 책정하는 경향을 보였다. 이렇게 소비자들은 공짜로 주는 물건은 별 가치가 없다고 생각하기도 한다. 이런 인식은 제품 가격의 합리성을 의심하는 등 판매에도 부정적인 영향을 미칠 수 있다.

① 소비자들은 무료로 주는 경품의 품질을 믿지 않는다.
② 무료 경품이 제품 판매에 나쁜 영향을 줄 수도 있다.
③ 소비자들은 보통 무료 경품이 있는 제품을 선호한다.
④ 무료 경품 때문에 제품 가격이 비합리적으로 책정된다.

※ [39~41] 다음 글에서 <보기>의 문장이 들어가기에 가장 알맞은 곳을 고르십시오. (각 2점)

39.　　옛날에는 책을 눈으로만 읽지 않고 몸을 움직이며 가락에 맞추어 소리 높여 읽었다. (㉠) 그런데 현대 정보화 사회에 이르러서는 독서 방식이 획기적으로 변하였다. (㉡) 다 같이 소리를 내서 읽는 방식 대신 혼자 읽는 방식을 선호하게 되었다. (㉢) 다양한 연결망을 통해 개인적으로 읽을 글을 선택·변경하고, 자유롭게 영역을 이동하는 검색형 독서 방식이 생겨난 것이다. (㉣) 이와 같이 시대에 따라 독서의 방식은 변화한다.

―――――<보　기>―――――

　　또한 글의 흐름에 따라 처음부터 끝까지 순서대로 읽던 과거의 독서 방식도 바뀌고 있다.

① ㉠　　　　　② ㉡　　　　　③ ㉢　　　　　④ ㉣

40.
  소설가 김병용 씨가 전국의 강 길과 산길을 여행하면서 쓴 글을 엮어 산문집 『길 위의 풍경』을 펴냈다. (㉠) 작가는 길이 자신과 세상을 이어주는 통로이며, 끊임없이 이어지는 길 위에서 자신도 변화하고 성장한다고 말한다. (㉡) 여기에서 소개하는 길을 따라 그곳 사람들의 소박하지만 단단한 일상을 들여다보고 있으면 포기하고 좌절했던 나의 모습들이 부끄러워진다. (㉢) 길이 주는 떨림을 느끼면서 그 속에서 변화·성장하고 싶다면 주저 없이 이 책을 읽기를 권한다. (㉣)

―――――――――――――――<보 기>―――――――――――――――
  그리고 깨닫지 못하는 사이에 다시 일어나 걸을 수 있는 용기를 받는다.

① ㉠   ② ㉡   ③ ㉢   ④ ㉣

41.
  어떤 역사적 사건이나 실존 인물의 실화에 작가의 상상력을 보태어 새로운 이야기로 풀어내는 글쓰기 방식이 있다. (㉠) 사실과 허구가 결합되는 이런 방식은 처음에는 주로 소설 쓰기의 한 기법으로 사용되었는데 이제는 영화, 드라마 등 대중문화계 전체로 확산되어 큰 인기를 끌고 있다. (㉡) 그런데 한편에서는 역사적 사실에 허구를 덧붙이는 것에 대해 우려를 표시하고 있다. (㉢) 상상력으로 표현된 허구를 실제 역사라고 믿을 수 있기 때문이다. (㉣)

―――――――――――――――<보 기>―――――――――――――――
  딱딱한 역사를 허구가 더해진 이야기로 풀어내 쉽고 재미있게 대중들에게 다가갈 수 있었던 것이다.

① ㉠   ② ㉡   ③ ㉢   ④ ㉣

낙천이 아저씨가 돌아가셨다는 소식을 수화기 저편의 아버지에게서 듣는 순간, 내 입에선 아! 짤막한 탄식이 새어 나왔다. 아침부터 희끄무레하던 하늘에서 막 눈이 쏟아지는 참이었다. 수화기를 든 채로 잠시 눈발을 주시했다. 지난 가을 시골집에 들렀을 때 다른 때와는 달리 아버지가 "작은아버지 한번 보고 갈테냐?"고 물었던 일이 떠올랐다. 아버지는 늘 그를 작은 아버지라 지칭했지만 우리들은 그를 낙천이 아저씨라 불렀다. 뒤늦게 깨닫게 되는 일들. 그때 그랬으면 좋았을 텐데 싶은 일들. (중략)

"올 테냐?" 수화기 저편의 아버지가 내 대답을 기다렸다. 귀는 수화기에 대고 있고 시선은 점점 굵어지는 창밖의 눈발을 응시하고 있지만 머릿속은 오늘 일정들을 체크해 보느라 분주하게 움직였다. 지금 열한 시. K와 점심. 한 시 부서 회의. 세 시에 전체 회의. 네 시에 설치 미술가의 기자 간담회에 참석한 뒤 여섯 시에는 인터뷰 약속이 잡혀 있었다. (중략)

"눈이 많이 오네요, 아버지." 수화기 저편의 아버지 목소리에서 힘이 빠졌다. "못 오겠냐아?" 이번에는 내 몸에서 힘이 빠졌다. 당신과 뜻이 달라 실망을 할 때면 상대를 탓하거나 의견을 다시 주장하는 게 아니라 힘이 빠진 목소리로 그러냐며 곧 수납 태세로 들어가는 아버지에게 무력해진 지 오래되었다는 생각.

42. 밑줄 친 부분에 나타난 아버지의 심정으로 알맞은 것을 고르십시오.

① 서운하다   ② 억울하다

③ 조급하다   ④ 괘씸하다

43. 이 글의 내용과 같은 것을 고르십시오.

① 눈이 많이 오자 아버지는 내가 걱정돼서 전화를 하셨다.

② 나는 오늘 일이 많아서 시골집에 가는 것이 망설여진다.

③ 나는 지난 가을 시골집에 갔을 때 낙천 아저씨를 만났다.

④ 낙천 아저씨가 돌아가셨다는 소식에 나는 몸에 힘이 빠졌다.

※ [44~45] 다음을 읽고 물음에 답하십시오. (각 2점)

추상 활동이란 어떤 대상의 특성을 뽑아내어 파악하는 활동이다. 이러한 추상 활동은 피카소의 창작 과정을 통해 쉽게 이해할 수 있다. 피카소는 '황소' 연작물을 시작했을 때 제일 먼저 황소의 모습을 주의 깊게 살펴보고 이를 바탕으로 그 외관의 특징을 아주 사실적으로 묘사했다. 그러다가 평면의 가장자리와 모서리가 황소의 특징을 잘 드러낸다는 것을 깨닫고, 간단한 외곽선 몇 개로 황소를 그렸다. 그리고 마지막에 가서는 황소의 몸을 이루는 요소들을 대부분 제거하고, 머리의 특징을 잡아내어 강조했다. 이 그림은 몸을 이루는 요소가 과도하게 사라졌음에도 실체를 토대로 했기 때문에 '황소다움'의 본질을 잘 보여 준다. 이처럼 추상 활동의 결과물은 (   ) 대상의 특징을 포착하는 데에서 얻어진다.

44. 이 글의 주제로 알맞은 것을 고르십시오.

① 추상 활동은 관찰을 바탕으로 대상을 이해하는 것이다.
② 추상 활동은 외관의 세부적 기술에서 시작되는 것이다.
③ 추상 활동의 단계는 추상화의 창작 과정에 잘 나타난다.
④ 추상 활동의 결과에는 대상의 새로운 측면이 드러난다.

45. (   )에 들어갈 내용으로 가장 알맞은 것을 고르십시오.

① 본질의 왜곡을 통해
② 실체의 강조를 통해
③ 형태적 단순화를 통해
④ 사실적 묘사법을 통해

무인 소형 비행기 '드론'의 대중화에 대한 우려의 목소리에도 불구하고, 국토교통부는 최근 드론을 활용하는 신산업 분야에 투자하기로 결정하였다. (㉠) 정부에서 이처럼 드론 산업을 적극 지원하는 이유는 이 기술을 적용할 수 있는 분야가 무궁무진하기 때문이다. (㉡) 국토 조사를 비롯하여 재해 감시, 인명 구조 활동, 물품 수송, 통신망을 활용한 정보 전달, 여가 활동에 이르기까지 모두 드론 기술의 활용이 가능하다. (㉢) 그러나 이번 투자 결정에 따라 드론 산업이 정부 주도로 본격화됨으로써 드론의 대중화 시기가 한층 앞당겨질 것으로 기대된다. (㉣) 하지만 여전히 사생활 침해와 테러 위험 등의 보안 문제는 드론이 대중화되기 위해 넘어야 할 큰 산이다. 따라서 정부는 드론 활용 기술에 대한 투자 못지않게 드론의 악용과 위험성을 최소화하는 기술에 대한 투자에도 소홀하지 않아야 한다.

46. 위 글에서 <보기>의 글이 들어가기에 가장 알맞은 것을 고르십시오.

―――――――<보 기>―――――――

이런 밝은 전망과 달리 사실 드론 산업은 드론 사용의 위험성에 대한 문제 제기로 인해 그동안 번번이 좌절을 겪어 왔다.

① ㉠   ② ㉡   ③ ㉢   ④ ㉣

47. 위 글의 내용과 같은 것을 고르십시오.

① 드론 활용 및 악용 방지 기술에 대한 투자가 병행되고 있다.
② 드론의 안전성 검증에 대한 필요성이 꾸준히 제기되어 왔다.
③ 정부의 투자 결정으로 드론의 대중화를 둘러싼 논란이 잠잠해졌다.
④ 정부가 드론 기술에 관심을 보임에 따라 드론 산업이 가속화되었다.

※ [48~50] 다음을 읽고 물음에 답하십시오. (각 2점)

> 젊은 인재들이 아이디어 하나로 세상을 바꿔 나가는 일이 거듭되면서, 미국의 실리콘밸리는 전 세계적으로 '창의적 기술 혁신'의 상징이 되었다. 이 모든 것이 한데 어우러져 (   ) 최적의 환경을 만들어 낸 것이다. 그런데 실리콘밸리의 모델을 한국의 여러 도시에서 다양한 형태로 적용하려는 움직임이 활발히 이루어지고 있어 고무적이다. 인주시의 경우, 첨단과학기술단지를 조성하여 입주 기업들이 자신의 역량을 펼칠 수 있도록 하였다. 투자 예산 확대나 세금 감면 혜택 등을 통해 창의적 기업 활동의 길을 활짝 열어 준 것이다. 그 결과 기업들은 인주 지역 경제 활성화와 일자리 창출에 핵심적 역할을 하고 있다. 실리콘밸리의 성공 모델을 모방하기는 했지만 지역의 특수성을 고려한 인주시의 첨단과학기술단지는 새로운 경제 성장 동력의 한 모델이 될 수 있을 것이다. 향후 여러 도시에서도 각자의 여건에 맞추어 창의적인 기업 활동 지원책을 마련할 필요가 있다.

48. 위 글을 쓴 목적으로 알맞은 것을 고르십시오.

① 실리콘밸리의 주요 성장 동력을 분석하려고
② 기업의 역량적 활동을 지원하는 방안을 제시하려고
③ 첨단과학 중심으로 조직된 기업 단지를 소개하려고
④ 여건에 맞는 경제 환경 조성의 중요성을 제기하려고

49. (   )에 들어갈 내용으로 알맞은 것을 고르십시오.

① 문화가 창출될 수 있는   ② 실패가 용납될 수 있는
③ 자본력이 형성될 수 있는   ④ 창의성이 발휘될 수 있는

50. 밑줄 친 부분에 나타난 필자의 태도로 알맞은 것을 고르십시오.

① 경제 활성화를 위한 다양한 시도의 긍정적 측면을 인정하고 있다.
② 경제 성장의 성공 사례가 활발히 도입되는 현상을 경계하고 있다.
③ 경제의 성공 방식을 해외에서 찾으려는 노력에 대해 감탄하고 있다.
④ 경제의 성공 요인을 다르게 파악하려는 자세에 대해 비판하고 있다.

제47회 한국어능력시험
TOPIK II
1 교시 (듣기)

성 명 (Name)	한 국 어 (Korean)	
	영 어 (English)	

수험번호											
					8						
⓪	⓪	⓪	⓪	⓪		⓪	⓪	⓪	⓪	⓪	⓪
①	①	①	①	①		①	①	①	①	①	①
②	②	②	②	②		②	②	②	②	②	②
③	③	③	③	③		③	③	③	③	③	③
④	④	④	④	④		④	④	④	④	④	④
⑤	⑤	⑤	⑤	⑤		⑤	⑤	⑤	⑤	⑤	⑤
⑥	⑥	⑥	⑥	⑥		⑥	⑥	⑥	⑥	⑥	⑥
⑦	⑦	⑦	⑦	⑦		⑦	⑦	⑦	⑦	⑦	⑦
⑧	⑧	⑧	⑧	⑧	●	⑧	⑧	⑧	⑧	⑧	⑧
⑨	⑨	⑨	⑨	⑨		⑨	⑨	⑨	⑨	⑨	⑨

※결 시 확인란	결시자의 영어 성명 및 수험번호 기재 후 표기	

※답안지 표기 방법(Marking examples)	
바른 방법(Correct)	바르지 못한 방법(Incorrect)

※ 위 사항을 지키지 않아 발생하는 불이익은 응시자에게 있습니다.

※감독관 확 인	본인 및 수험번호 표기가 정확한지 확인	(인)

번호	답 란			
1	①	②	③	④
2	①	②	③	④
3	①	②	③	④
4	①	②	③	④
5	①	②	③	④
6	①	②	③	④
7	①	②	③	④
8	①	②	③	④
9	①	②	③	④
10	①	②	③	④
11	①	②	③	④
12	①	②	③	④
13	①	②	③	④
14	①	②	③	④
15	①	②	③	④
16	①	②	③	④
17	①	②	③	④
18	①	②	③	④
19	①	②	③	④
20	①	②	③	④

번호	답 란			
21	①	②	③	④
22	①	②	③	④
23	①	②	③	④
24	①	②	③	④
25	①	②	③	④
26	①	②	③	④
27	①	②	③	④
28	①	②	③	④
29	①	②	③	④
30	①	②	③	④
31	①	②	③	④
32	①	②	③	④
33	①	②	③	④
34	①	②	③	④
35	①	②	③	④
36	①	②	③	④
37	①	②	③	④
38	①	②	③	④
39	①	②	③	④
40	①	②	③	④

번호	답 란			
41	①	②	③	④
42	①	②	③	④
43	①	②	③	④
44	①	②	③	④
45	①	②	③	④
46	①	②	③	④
47	①	②	③	④
48	①	②	③	④
49	①	②	③	④
50	①	②	③	④

제47회 한국어능력시험
TOPIK II
2 교시 (읽기)

| 성 명
(Name) | 한국어 (Korean) | |
| | 영 어 (English) | |

수 험 번 호

8

※ 결시
확인란 : 결시자의 영어 성명 및 수험번호 기재 후 표기 ○

※ 답란지 표기 방법(Marking examples)
바른 방법(Correct) ●
바르지 못한 방법(Incorrect) ⊗ ⊙ ⊖ ◑

※ 위 사항을 지키지 않아 발생하는 불이익은 응시자에게 있습니다.

감독관
확 인 : 본인 및 수험번호 표기가
정확한지 확인 (인)

번호	답 란
1	① ② ③ ④
2	① ② ③ ④
3	① ② ③ ④
4	① ② ③ ④
5	① ② ③ ④
6	① ② ③ ④
7	① ② ③ ④
8	① ② ③ ④
9	① ② ③ ④
10	① ② ③ ④
11	① ② ③ ④
12	① ② ③ ④
13	① ② ③ ④
14	① ② ③ ④
15	① ② ③ ④
16	① ② ③ ④
17	① ② ③ ④
18	① ② ③ ④
19	① ② ③ ④
20	① ② ③ ④

번호	답 란
21	① ② ③ ④
22	① ② ③ ④
23	① ② ③ ④
24	① ② ③ ④
25	① ② ③ ④
26	① ② ③ ④
27	① ② ③ ④
28	① ② ③ ④
29	① ② ③ ④
30	① ② ③ ④
31	① ② ③ ④
32	① ② ③ ④
33	① ② ③ ④
34	① ② ③ ④
35	① ② ③ ④
36	① ② ③ ④
37	① ② ③ ④
38	① ② ③ ④
39	① ② ③ ④
40	① ② ③ ④

번호	답 란
41	① ② ③ ④
42	① ② ③ ④
43	① ② ③ ④
44	① ② ③ ④
45	① ② ③ ④
46	① ② ③ ④
47	① ② ③ ④
48	① ② ③ ④
49	① ② ③ ④
50	① ② ③ ④

제47회 한국어능력시험
TOPIK II
1 교시 (쓰기)

성명 (Name)	한국어 (Korean)	
	영어 (English)	

주관식 답안은 정해진 답란을 벗어나거나 답란을 바꿔서 쓸 경우 점수를 받을 수 없습니다.
(Answers written outside the box or in the wrong box will not be graded.)

51	㉠
	㉡
52	㉠
	㉡

53 아래 빈칸에 200자에서 300자 이내로 작문하십시오 (띄어쓰기 포함).
(Please write your answer below; your answer must be between 200 and 300 letters including spaces.)

[빈 원고지 / blank answer grid with markers at 50, 100, 150, 200, 250, 300]

※ 54번은 뒷면에 작성하십시오. (Please write your answer for question number 54 at the back.)

주 관 식 답 란 (Answer sheet for composition)

아래 빈칸에 600자에서 700자 이내로 작문하십시오 (띄어쓰기 포함).
(Please write your answer below; your answer must be between 600 and 700 letters including spaces.)

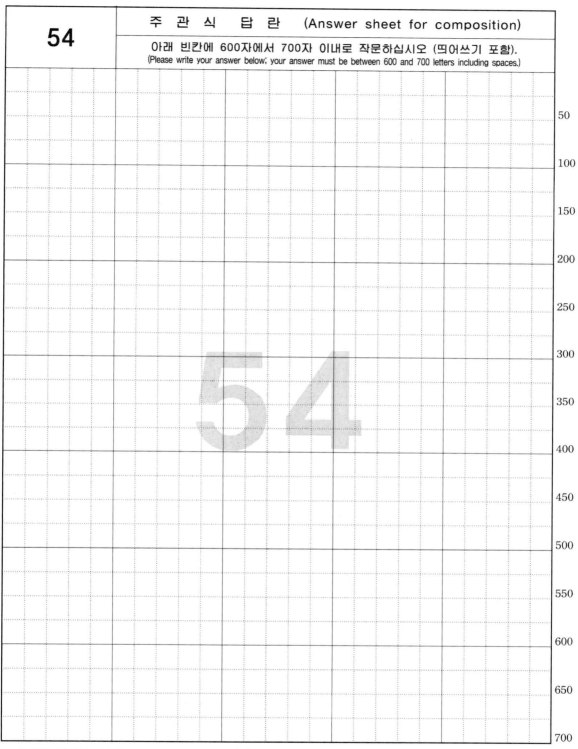

50

100

150

200

250

300

350

400

450

500

550

600

650

700

※ 주어진 답란의 방향을 바꿔서 답안을 쓰면 '0' 점 처리됩니다.
(Please do not turn the answer sheet horizontally. No points will be given.)

제52회 한국어능력시험
The 52nd Test of Proficiency in Korean

TOPIK II ⓑ

| 1교시 | 듣기, 쓰기
(Listening, Writing) |

扫一扫, 听试题音频

· 第一次先勾选 "连续播放" 听完整音频模考,
· 第二次取消 "连续播放" 分题听音频进行复习。

수험번호(Registration No.)	
이 름 (Name) 한국어(Korean)	
영 어(English)	

국립국제교육원
National Institute for International Education

유 의 사 항
Information

1. 시험 시작 지시가 있을 때까지 문제를 풀지 마십시오.

   Do not open the booklet until you are allowed to start.

2. 수험번호와 이름을 정확하게 적어 주십시오.

   Write your name and registration number on the answer sheet.

3. 답안지를 구기거나 훼손하지 마십시오.

   Do not fold the answer sheet; keep it clean.

4. 답안지의 이름, 수험번호 및 정답의 기입은 배부된 펜을 사용하여 주십시오.

   Use the given pen only.

5. 정답은 답안지에 정확하게 표시하여 주십시오.

   Mark your answer accurately and clearly on the answer sheet.

   marking example

6. 문제를 읽을 때에는 소리가 나지 않도록 하십시오.

   Keep quiet while answering the questions.

7. 질문이 있을 때에는 손을 들고 감독관이 올 때까지 기다려 주십시오.

   When you have any questions, please raise your hand.

TOPIK Ⅱ 듣기 (1번 ～ 50번)

※ [1~3] 다음을 듣고 알맞은 그림을 고르십시오. (각 2점)

1.

①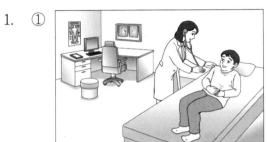

②

③

④

2.

①

②

③

④

3. ①
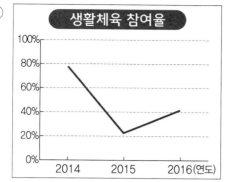

②

③
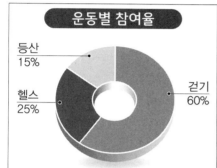

④

※ [4~8] 다음 대화를 잘 듣고 이어질 수 있는 말을 고르십시오. (각 2점)

4. ① 찾아서 다행이네요.
    ② 천천히 잘 찾아봐요.
    ③ 가방을 찾고 있는데요.
    ④ 아무리 찾아도 없어서요.

5. ① 점심 먹으러 갈래요?
    ② 점심시간이 언제예요?
    ③ 식사 맛있게 하셨어요?
    ④ 다른 데 가서 먹을까요?

6. ① 다행히 잘 본 것 같아요.
   ② 생각보다 시험이 쉬웠어요.
   ③ 떨지 말고 면접시험 잘 보세요.
   ④ 열심히 준비했으니까 잘 될 거예요.

7. ① 학교 홈페이지에 있던데요.
   ② 다음 학기에 신청하려고 해요.
   ③ 이미 교환 학생 신청을 했어요.
   ④ 벌써 학생 선발이 끝난 것 같아요.

8. ① 화장품 좀 주문하려고 하는데요.
   ② 그럼 언제쯤 다시 받을 수 있을까요?
   ③ 이 화장품 써 보니까 정말 좋은데요.
   ④ 주문하신 날짜를 말씀해 주시겠어요?

※ [9~12] 다음 대화를 잘 듣고 <u>여자</u>가 이어서 할 행동으로 알맞은 것을
   고르십시오. (각 2점)

9. ① 옷을 맡긴다.   ② 코트를 산다.
   ③ 세탁소에 간다.   ④ 우편물을 가져온다.

10. ① 안내 책자를 꺼낸다.   ② 안내 책자를 받는다.
    ③ 거래처 직원을 만난다.   ④ 상자를 책상 밑에 둔다.

11. ① 전등을 산다.   ② 전등을 찾는다.
    ③ 전등을 바꾼다.   ④ 전등을 가져온다.

12. ① 현황을 확인한다.   ② 부장님께 보고한다.
    ③ 인사과에 연락한다.   ④ 지원자 명단을 본다.

※ [13~16] 다음을 듣고 내용과 일치하는 것을 고르십시오. (각 2점)

13. ① 남자는 모임에 참석했다.
    ② 여자는 교통사고를 당했다.
    ③ 여자는 어제 모임에 안 갔다.
    ④ 남자는 얼마 전에 자동차를 샀다.

14. ① 이 세일 행사는 어제부터 시작했다.
    ② 모든 고객에게 양말을 선물로 준다.
    ③ 선물을 받으려면 행사장으로 가야 한다.
    ④ 행사장에 가면 청바지를 만 원에 살 수 있다.

15. ① 비는 오늘 밤에 그칠 것이다.
    ② 제주 지역에는 눈이 내릴 것이다.
    ③ 모레는 기온이 떨어져 추워질 것이다.
    ④ 내일 낮부터 전국적으로 비가 올 것이다.

16. ① 여자는 한 달 전에 다리를 다쳤다.
    ② 여자는 운동을 시작한 지 1년이 됐다.
    ③ 여자는 지금 다른 나라에서 선수 생활을 한다.
    ④ 여자는 처음에 팀 동료들과 사이가 안 좋았다.

※ [17~20] 다음을 듣고 남자의 중심 생각을 고르십시오. (각 2점)

17. ① 결혼식을 하는 데 너무 많은 돈을 쓰면 안 된다.
    ② 결혼은 많은 사람들의 축하를 받으면서 해야 한다.
    ③ 결혼식 장소는 사람들이 찾아오기 편한 곳이 좋다.
    ④ 결혼을 결정할 때 가족들의 의견을 고려해야 한다.

18. ① 회사 일은 회사에서 끝내야 한다.
    ② 소비자들의 의견을 잘 들어야 한다.
    ③ 일을 같이 하는 사람들과 잘 지내야 한다.
    ④ 발표 내용은 짧고 분명하게 하는 것이 좋다.

19. ① 물건은 마트에서 사는 것이 싸다.
    ② 물건은 조금씩 사면 돈이 더 든다.
    ③ 물건은 가격이 쌀 때 사 두어야 한다.
    ④ 물건은 필요할 때 조금씩 사는 게 좋다.

20. ① 노래를 하는 사람은 정기적으로 앨범을 내야 한다.
    ② 음악을 만들 때는 여러 악기를 사용하는 것이 좋다.
    ③ 악기 없이 가수의 목소리만으로도 아름다운 음악이 된다.
    ④ 혼자 노래하는 것보다 여럿이 모여 노래하는 것이 좋다.

※ [21~22] 다음을 듣고 물음에 답하십시오. (각 2점)

21. 남자의 중심 생각으로 알맞은 것을 고르십시오.

① 우산이 홍보에 더 효과적이다.
② 우산을 만들 때 색깔이 중요하다.
③ 수첩에 학교 이름이 들어가야 한다.
④ 수첩에 메모하는 습관을 길러야 한다.

22. 들은 내용으로 맞는 것을 고르십시오.

① 올해 처음으로 홍보 용품을 만들었다.
② 홍보 용품으로 수첩을 제작할 예정이다.
③ 여자는 남자에게 홍보 용품을 보여 줬다.
④ 홍보 용품의 색깔은 다음에 정하기로 했다.

※ [23~24] 다음을 듣고 물음에 답하십시오. (각 2점)

23. 남자가 무엇을 하고 있는지 고르십시오.

① 박물관 관람 예약을 하고 있다.
② 박물관의 위치를 안내하고 있다.
③ 박물관 이용에 대해 문의하고 있다.
④ 박물관에 사전 예약을 확인하고 있다.

24. 들은 내용으로 맞는 것을 고르십시오.

① 이 박물관의 관람권은 환불 받을 수 없다.
② 이 박물관에는 음식을 가지고 들어갈 수 없다.
③ 이 박물관은 표를 예매하지 않아도 이용이 가능하다.
④ 이 박물관에서는 자체적으로 식당을 운영하고 있다.

※ [25~26] 다음을 듣고 물음에 답하십시오. (각 2점)

25. 남자의 중심 생각으로 알맞은 것을 고르십시오.

① 기업은 시민 영웅을 채용해야 한다.
② 기업은 사회에 도움이 되는 일에 앞장서야 한다.
③ 시민 영웅은 사회를 위해 자신을 희생해야 한다.
④ 언론은 숨어 있는 시민 영웅을 찾아 알려야 한다.

26. 들은 내용으로 맞는 것을 고르십시오.

① 이 기업에 입사한 수상자가 있다.
② 이 상은 시상식을 따로 하지 않는다.
③ 이 남자는 최근에 시민 영웅상을 받았다.
④ 이 상은 시민들이 기부금을 모아 만들었다.

※ [27~28] 다음을 듣고 물음에 답하십시오. (각 2점)

27. 남자가 여자에게 말하는 의도를 고르십시오.

① 임시 공휴일을 지정하게 된 이유를 알려 주기 위해
② 임시 공휴일에 못 쉬는 것에 대한 불만을 제기하기 위해
③ 임시 공휴일이 회사 운영에 미치는 영향을 파악하기 위해
④ 임시 공휴일 지정으로 얻을 수 있는 효과를 강조하기 위해

28. 들은 내용으로 맞는 것을 고르십시오.

① 유치원은 임시 공휴일에 쉬지 않는다.
② 남자는 임시 공휴일에 여행을 가려고 한다.
③ 여자는 아이를 맡길 곳이 없어서 걱정하고 있다.
④ 정부는 이번에 처음으로 임시 공휴일을 지정했다.

※ **[29~30] 다음을 듣고 물음에 답하십시오. (각 2점)**

29. 남자는 누구인지 맞는 것을 고르십시오.

   ① 식물의 향기를 분석하는 사람
   ② 문제가 생긴 식물을 관리하는 사람
   ③ 식물의 재배 방법을 연구하는 사람
   ④ 식물을 활용해 사람들을 치료하는 사람

30. 들은 내용으로 맞는 것을 고르십시오.

   ① 남자는 식물의 향기를 이용해 약을 만든다.
   ② 정원에서 재배하는 식물은 판매하지 않는다.
   ③ 남자는 환자들에게 정원 가꾸는 법을 배웠다.
   ④ 식물을 재배하는 활동은 운동 능력을 향상시킨다.

※ **[31~32] 다음을 듣고 물음에 답하십시오. (각 2점)**

31. 남자의 생각으로 알맞은 것을 고르십시오.

   ① 유동 인구가 많은 곳에 매장을 만들어야 한다.
   ② 매장의 임대료가 매년 상승하는 것은 바람직하지 않다.
   ③ 지역에 따라 동일 제품의 가격이 다른 것은 불합리하다.
   ④ 매장의 관리 비용을 고려하여 커피 값을 책정해야 한다.

32. 남자의 태도로 알맞은 것을 고르십시오.

   ① 현재의 상황을 비판하고 있다.
   ② 자신의 주장을 합리화하고 있다.
   ③ 문제에 대한 해결책을 제시하고 있다.
   ④ 상대방의 의견을 긍정적으로 평가하고 있다.

33. 무엇에 대한 내용인지 맞는 것을 고르십시오.

① 지명이 만들어진 배경
② 지명을 연구하는 이유
③ 지명을 분류하는 방법
④ 지명이 변천하는 과정

34. 들은 내용으로 맞는 것을 고르십시오.

① 토끼실은 지형이 토끼의 귀 모양을 닮은 곳이다.
② 두물머리는 한강의 물길이 하나로 합쳐지는 곳이다.
③ 소목은 소를 많이 키우는 지역에 붙여진 이름이다.
④ 땅끝마을은 한국의 가장 남쪽 끝에 있는 섬 이름이다.

35. 남자는 무엇을 하고 있는지 고르십시오.

① 졸업생들의 업적을 소개하고 있다.
② 전문 지식의 습득을 강조하고 있다.
③ 인격 함양의 중요성을 당부하고 있다.
④ 생명과학의 발전 가능성을 진단하고 있다.

36. 들은 내용으로 맞는 것을 고르십시오.

① 이 학교의 졸업생들은 해외 진출에 어려움을 겪고 있다.
② 이 학교는 앞으로 선후배 간의 교류를 위해 노력할 것이다.
③ 이 학교는 과학 분야에서 세계 10위권 진입을 앞두고 있다.
④ 이 학교의 학생들은 재학 중에 현장에서 실습할 기회가 있다.

※ [37~38] 다음은 교양 프로그램입니다. 잘 듣고 물음에 답하십시오. (각 2점)

37. 여자의 중심 생각으로 알맞은 것을 고르십시오.

　① 숙면을 돕는 보조 용품이 다양해져야 한다.

　② 수면 장애는 인간의 심리에 영향을 미친다.

　③ 불면증 치료법 개발에 적극적으로 나서야 한다.

　④ 수면 장애가 생긴 원인을 파악하는 것이 중요하다.

38. 들은 내용과 일치하는 것을 고르십시오.

　① 수면 보조 용품은 심리적인 문제를 해결해 준다.

　② 수면 산업의 시장 규모가 빠르게 확대되고 있다.

　③ 수면 산업은 생활 습관을 바꾸는 것을 목적으로 한다.

　④ 수면 보조 용품 사용은 장기적인 측면에서 효과가 있다.

※ [39~40] 다음은 대담입니다. 잘 듣고 물음에 답하십시오. (각 2점)

39. 이 담화 앞의 내용으로 알맞은 것을 고르십시오.

　① 서울시에서 차도를 줄이고 인도를 넓혔다.

　② 서울시에서 불법 주차 단속을 강화하고 있다.

　③ 서울시가 주민 설명회에 소극적으로 임하고 있다.

　④ 서울시가 일방통행로를 양방향 도로로 변경하기로 했다.

40. 들은 내용과 일치하는 것을 고르십시오.

　① 이 사업으로 차량 흐름이 원활해진 곳이 있다.

　② 이 사업의 시행에 반대하는 주민들이 늘고 있다.

　③ 이 사업은 주차 공간 부족이라는 문제를 남겼다.

　④ 이 사업에서는 도로의 제한 속도를 낮추는 방안을 검토 중이다.

※ [41~42] 다음은 강연입니다. 잘 듣고 물음에 답하십시오. (각 2점)

41. 이 강연의 중심 내용으로 맞는 것을 고르십시오.

① 방백은 배우의 실력을 판단하는 중요한 요소이다.
② 관객들은 방백보다 배우의 연기에 집중해야 한다.
③ 방백은 관객이 등장인물을 이해하는 데 도움이 된다.
④ 관객들은 방백의 내용을 파악하려는 노력을 해야 한다.

42. 들은 내용과 일치하는 것을 고르십시오.

① 방백은 관객들의 반응을 유도하기 위해 사용된다.
② 현대극에서는 배우가 방백을 하는 것이 허용된다.
③ 19세기 말에는 연극에서 방백이 활발히 활용되었다.
④ 방백은 부자연스러워서 로마 시대에는 사용되지 않았다.

※ [43~44] 다음은 다큐멘터리입니다. 잘 듣고 물음에 답하십시오. (각 2점)

43. 이 이야기의 중심 내용으로 맞는 것을 고르십시오.

① 나방에 대해 잘못 알려져 있는 부분이 많다.
② 사람들은 나방의 유해성에 관심을 가져 왔다.
③ 나방과 나비는 유사한 행동 양식을 가지고 있다.
④ 나방의 애벌레는 생태계에서 중요한 역할을 한다.

44. 나방에 대한 설명으로 맞는 것을 고르십시오.

① 나방의 애벌레는 새들에게 피해를 입힌다.
② 나방은 나비와 달리 꽃가루를 모으지 않는다.
③ 나방의 몸에 있는 가루는 우리 몸에 해롭지 않다.
④ 나방은 개체 수가 많아서 숲의 생태계를 위협한다.

※ [45~46] 다음은 강연입니다. 잘 듣고 물음에 답하십시오. (각 2점)

45. 들은 내용과 일치하는 것을 고르십시오.

① 우유 단백질 포장재는 산소 차단율이 높다.
② 탄수화물 포장재는 환경오염의 주된 원인이다.
③ 탄수화물 포장재의 미세 구멍을 줄이는 데 성공했다.
④ 우유 단백질 포장재는 음식으로 만든 최초의 포장재이다.

46. 여자가 말하는 방식으로 가장 알맞은 것을 고르십시오.

① 친환경 제품의 문제점을 비판하고 있다.
② 과학 기술이 지닌 한계점을 지적하고 있다.
③ 환경오염 실태를 자료를 바탕으로 분석하고 있다.
④ 과학 기술 분야의 노력을 예를 들어 설명하고 있다.

※ [47~48] 다음은 대담입니다. 잘 듣고 물음에 답하십시오. (각 2점)

47. 들은 내용과 일치하는 것을 고르십시오.

① 미래 사회를 위한 새로운 복지 모델을 찾았다.
② 기본 소득을 바라보는 두 가지 입장이 존재한다.
③ 많은 나라에서 국민들에게 기본 소득을 지급하고 있다.
④ 기본 소득은 노동에 대한 최소한의 대가를 보장하는 것이다.

48. 남자의 태도로 가장 알맞은 것을 고르십시오.

① 기본 소득의 효과에 대한 결론을 유보하고 있다.
② 기본 소득이 노동에 미칠 영향을 우려하고 있다.
③ 기본 소득이 인간의 본성에 어긋남을 지적하고 있다.
④ 기본 소득의 필요성에 대해 적극적으로 동의하고 있다.

49. 들은 내용과 일치하는 것을 고르십시오.

   ① 붕당은 초반부터 심한 갈등을 겪었다.
   ② 현대의 정당 정치는 탕평책에서 비롯되었다.
   ③ 탕평책은 여론을 효율적으로 모으기 위한 정책이다.
   ④ 붕당 정치의 폐단을 해결하기 위해 탕평책이 나왔다.

50. 여자의 태도로 가장 알맞은 것을 고르십시오.

   ① 조선 시대 정치 형태의 문제점을 분석하고 있다.
   ② 정치 이념의 부재로 인한 혼란을 경계하고 있다.
   ③ 정치적 균형을 위한 제도의 필요성을 제기하고 있다.
   ④ 여론을 바탕으로 한 정치의 효율성을 역설하고 있다.

TOPIK Ⅱ 쓰기 (51번 ~ 54번)

※ [51~52] 다음을 읽고 ㉠과 ㉡에 들어갈 말을 각각 한 문장으로 쓰시오.
(각 10점)

51.

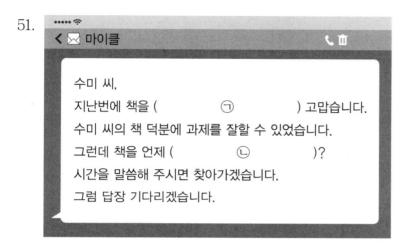

수미 씨,
지난번에 책을 (㉠   ) 고맙습니다.
수미 씨의 책 덕분에 과제를 잘할 수 있었습니다.
그런데 책을 언제 (㉡   )?
시간을 말씀해 주시면 찾아가겠습니다.
그럼 답장 기다리겠습니다.

52.
　　우리는 기분이 좋으면 밝은 표정을 짓는다. 그리고 기분이 좋지 않으면
표정이 어두워진다. 왜냐하면 (㉠   ). 그런데 이와 반대로
표정이 우리의 감정에 영향을 주기도 한다. 그래서 기분이 안 좋을 때 밝은
표정을 지으면 기분도 따라서 좋아진다. 그러므로 우울할 때일수록
(㉡   ) 것이 좋다.

53. 다음을 참고하여 '아이를 꼭 낳아야 하는가'에 대한 글을 200~300자로 쓰시오. 단, 글의 제목을 쓰지 마시오. (30점)

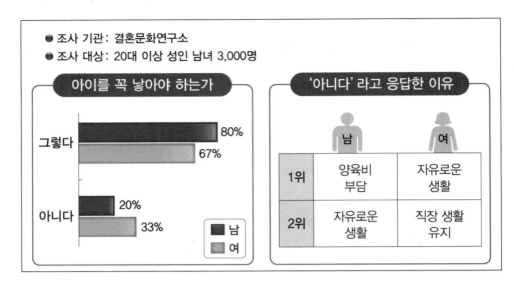

54. 다음을 주제로 하여 자신의 생각을 600~700자로 글을 쓰시오. 단, 문제를 그대로 옮겨 쓰지 마시오. (50점)

> 우리는 살면서 서로의 생각이 달라 갈등을 겪는 경우가 많다. 이러한 갈등은 의사소통이 부족해서 생기는 경우가 대부분이다. 의사소통은 서로의 관계를 유지하고 발전시키는 데 중요한 요인이 된다. '의사소통의 중요성과 방법'에 대해 아래의 내용을 중심으로 자신의 생각을 쓰라.
>
> • 의사소통은 왜 중요한가?
> • 의사소통이 잘 이루어지지 않는 이유는 무엇인가?
> • 의사소통을 원활하게 하는 방법은 무엇인가?

* 원고지 쓰기의 예

	우	리	는		기	분	이		좋	으	면		밝	은		표	정	을
짓	는	다	.		그	리	고		기	분	이		좋	지		않	으	면		표

> 제1교시 듣기, 쓰기 시험이 끝났습니다. 제2교시는 읽기 시험입니다.

제52회 한국어능력시험
The 52nd Test of Proficiency in Korean

TOPIK II B

2교시	읽기 (Reading)

수험번호(Registration No.)	
이 름 (Name)	한국어(Korean)	
	영 어(English)	

국립국제교육원
National Institute for International Education

유 의 사 항
Information

1. 시험 시작 지시가 있을 때까지 문제를 풀지 마십시오.

   Do not open the booklet until you are allowed to start.

2. 수험번호와 이름을 정확하게 적어 주십시오.

   Write your name and registration number on the answer sheet.

3. 답안지를 구기거나 훼손하지 마십시오.

   Do not fold the answer sheet; keep it clean.

4. 답안지의 이름, 수험번호 및 정답의 기입은 배부된 펜을 사용하여 주십시오.

   Use the given pen only.

5. 정답은 답안지에 정확하게 표시하여 주십시오.

   Mark your answer accurately and clearly on the answer sheet.

   marking example ① ● ③ ④

6. 문제를 읽을 때에는 소리가 나지 않도록 하십시오.

   Keep quiet while answering the questions.

7. 질문이 있을 때에는 손을 들고 감독관이 올 때까지 기다려 주십시오.

   When you have any questions, please raise your hand.

TOPIK Ⅱ 읽기 (1번 ~ 50번)

※ [1~2] (   )에 들어갈 가장 알맞은 것을 고르십시오. (각 2점)

1. 해가 뜨는 것을 (   ) 아침 일찍 일어났다.

① 보아야   ② 보려고

③ 보거나   ④ 보는데

2. 무슨 일을 (   ) 열심히 하는 것이 중요하다.

① 하든지   ② 하도록

③ 하다가   ④ 하더니

※ [3~4] 다음 밑줄 친 부분과 의미가 비슷한 것을 고르십시오. (각 2점)

3. 계속 웃고 다니는 걸 보니 좋은 일이 <u>있나 보다</u>.

① 있는 척한다   ② 있을 뿐이다

③ 있을 지경이다   ④ 있는 모양이다

4. 다음 주가 개강이니 방학도 다 <u>끝난 거나 마찬가지이다</u>.

① 끝난 셈이다   ② 끝난 탓이다

③ 끝나기 마련이다   ④ 끝나기 나름이다

※ [5~8] 다음은 무엇에 대한 글인지 고르십시오. (각 2점)

5.

눕는 순간 잠이 솔솔~
아침까지 편안하게

① 수건   ② 침대   ③ 시계   ④ 신발

6.

신선한 재료! 부담 없는 가격!
가족 모임, 단체 환영

① 은행   ② 식당   ③ 세탁소   ④ 편의점

7.

푸른 숲, 맑은 강
다 함께 지켜 가요!

① 자연 보호   ② 시간 절약   ③ 자리 양보   ④ 안전 관리

8.

● 오후 1시까지 구매하면 그날 가져다 드립니다.
● 주문이 많을 때는 늦어질 수 있습니다.

행복마트

① 사용 설명   ② 배달 안내   ③ 이용 순서   ④ 교환 방법

※ [9～12] 다음 글 또는 그래프의 내용과 같은 것을 고르십시오. (각 2점)

9.

2017 도서 신청 안내

필요한 도서를 신청하십시오.

▶ 신청 기간: 4월 17일(월) ～ 4월 30일(일)
▶ 신청 방법: 도서관 홈페이지
▶ 1인 10권 이내 신청 가능(잡지, 어학 교재 제외)

※ 책이 도착하면 이메일로 알려 드립니다.

① 신청할 수 없는 책 종류가 있다.
② 책이 도착하면 전화로 연락해 준다.
③ 사월 한 달 동안 도서 신청을 받는다.
④ 필요한 책은 이메일로 신청을 해야 한다.

10.

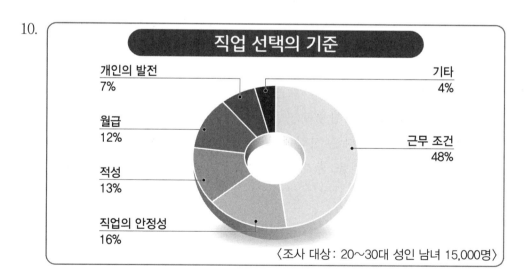

〈조사 대상: 20～30대 성인 남녀 15,000명〉

① 직업의 안정성을 중요하게 생각하는 사람이 가장 적다.
② 월급과 적성을 중요하게 생각하는 사람의 비율이 같다.
③ 개인의 발전보다 월급을 중요하게 생각하는 사람이 더 많다.
④ 근무 조건을 중요하게 생각하는 사람이 전체의 반을 넘는다.

11.　　지난 13일 인주경찰서에 편지 한 통이 배달되었다. 편지를 보낸 사람은 지난달 인주시를 방문했다가 지갑을 잃어버린 외국인 관광객 장 모 씨였다. 장 씨는 말이 통하지 않아 지갑을 찾는 데 어려움을 겪었다. 그때 한 경찰이 사전과 몸짓을 이용해 장 씨와 이야기하며 잃어버린 지갑을 찾는 데 도움을 주었다. 이에 장 씨가 고마움을 담은 감사 편지를 보낸 것이다.

① 관광객이 경찰에게 감사하는 마음을 표현했다.
② 관광객이 잃어버린 지갑을 찾지 못하고 돌아갔다.
③ 경찰이 지갑을 잃어버린 관광객에게 편지를 썼다.
④ 경찰이 관광객의 말을 이해하지 못해 도와줄 수 없었다.

12.　　최근 공연을 혼자 보는 사람들이 많아졌다. 친구나 연인이 함께 보는 장르로 생각했던 뮤지컬, 연극 등도 혼자 보는 사람들이 늘어난 것이다. 한 조사 결과에 따르면 열 명 중 네 명이 혼자 공연을 관람하는 것으로 나타났다. 혼자 공연을 보는 사람들은 함께 간 사람에게 신경을 쓰지 않고 공연에만 집중할 수 있어서 좋다고 말한다.

① 사람들은 연극과 뮤지컬을 혼자 보는 장르로 생각한다.
② 혼자 공연을 보면 공연에 집중할 수 있다는 장점이 있다.
③ 사람들은 공연을 볼 때 다른 사람에게 신경을 쓰지 않는다.
④ 조사 결과에 따르면 공연을 혼자 보는 사람들이 줄고 있다.

※ [13~15] 다음을 순서대로 맞게 배열한 것을 고르십시오. (각 2점)

13.
> (가) 개와 고양이는 사이가 나쁜 것으로 유명하다.
> (나) 개가 앞발을 드는 행동은 함께 놀고 싶다는 의미이다.
> (다) 그런데 고양이는 이런 행동을 공격하는 것으로 오해하는 것이다.
> (라) 둘 사이가 안 좋은 이유는 표현을 서로 다르게 받아들이기 때문이다.

① (가)-(라)-(나)-(다) ② (가)-(나)-(라)-(다)
③ (나)-(다)-(가)-(라) ④ (나)-(가)-(다)-(라)

14.
> (가) 시대가 변하면서 회식 문화가 바뀌고 있는 것이다.
> (나) 직장에서는 좋은 업무 분위기를 위해서 회식을 한다.
> (다) 예전에는 직장에서 회식을 할 때 주로 술을 많이 마셨다.
> (라) 그러나 요즘에는 회식 대신에 공연을 관람하거나 맛집을 탐방하는
>   경우가 늘고 있다.

① (나)-(다)-(가)-(라) ② (나)-(다)-(라)-(가)
③ (다)-(가)-(나)-(라) ④ (다)-(나)-(라)-(가)

15.
> (가) 아들은 보물을 찾기 위해 밭을 파 봤지만 아무것도 나오지 않았다.
> (나) 아들은 실망했지만 힘들게 밭을 판 것이 아까워서 밭에 씨를 뿌렸다.
> (다) 한 농부가 게으른 아들에게 밭에 보물을 숨겼다는 말을 남기고 죽었다.
> (라) 시간이 흘러 많은 열매가 맺혔고 아들은 그때서야 아버지의 뜻을 알게
>   되었다.

① (가)-(라)-(나)-(다) ② (가)-(나)-(라)-(다)
③ (다)-(가)-(나)-(라) ④ (다)-(나)-(가)-(라)

※ [16~18] 다음을 읽고 (   )에 들어갈 내용으로 가장 알맞은 것을 고르십시오. (각 2점)

16.
    사람들은 일반적으로 쓴맛을 꺼린다. 이것은 (   ) 본능과 관계가 있다. 식물 중에는 독성이 있어 몸에 해로운 것들이 있다. 그런데 이런 독이 있는 식물은 보통 쓴맛이 난다. 따라서 사람들은 무의식적으로 쓴맛이 나는 것을 위험하다고 여기고 이를 거부하게 되는 것이다.

    ① 지나친 과식을 피하려는   ② 자신의 몸을 보호하려는
    ③ 맛없는 음식을 멀리하려는   ④ 입맛이 변하는 것을 막으려는

17.
    대화를 원활하게 하기 위해서는 상대방에게 내가 그의 말을 잘 듣고 있다는 느낌을 주어야 한다. 이때 (   ) 행동을 하면 좋다. 대부분의 나라에서 이런 행동은 긍정을 나타낸다. 따라서 머리를 위아래로 움직이는 행동을 하면 상대방을 존중하고 이야기에 공감하고 있다는 인상을 줄 수 있다.

    ① 손뼉을 치는   ② 고개를 끄덕이는
    ③ 질문하면서 듣는   ④ 들으면서 기록하는

18.
    사용 여부에 관계없이 물건을 못 버리고 저장해 두는 사람들이 있다. 습관이나 취미로 수집하는 정도를 넘어 생활에 방해가 될 정도로 심할 경우 이는 치료가 필요한 행동 장애로 본다. 연구에 따르면 주변 사람들에게 사랑을 충분히 받지 못한 사람이 물건에 지나치게 집착한다고 한다. 따라서 인간관계에서 안정을 찾으면 (   ) 행동은 사라질 수 있다.

    ① 사람들을 피하려고 하는   ② 불필요한 물건들을 사는
    ③ 물건들을 집에 쌓아 두는   ④ 쓰레기를 함부로 버리는

※ [19~20] 다음을 읽고 물음에 답하십시오. (각 2점)

> 인터넷으로 회원 가입을 할 때 설정하는 비밀번호는 초기에는 숫자 네 개면 충분했다. 하지만 최근에는 보안 강화를 위해 특수 문자까지 넣어 만들어야 한다. (   ) 비밀번호 변경도 주기적으로 해야 한다. 이 때문에 가입자는 번거로운 것은 물론이고 자주 바뀌는 비밀번호를 기억하지 못해 스트레스를 받는다. 개인 정보 보호를 가입자에게만 요구하지 말고 기업도 보안 기술 개발에 적극 투자해야 한다.

19. (   )에 들어갈 알맞은 것을 고르십시오.

① 그러면   ② 게다가   ③ 반면에   ④ 이처럼

20. 위 글의 내용과 같은 것을 고르십시오.

① 가입자는 비밀번호 변경으로 스트레스를 받는다.
② 초기의 비밀번호는 숫자 네 개로는 만들 수 없었다.
③ 가입자는 기업에 비밀번호 설정을 까다롭게 요구한다.
④ 비밀번호 설정 시에 숫자와 문자 중 하나를 선택해야 한다.

> 어떤 사람들은 연예인을 열광적으로 좋아하는 청소년들을 부정적으로 본다. 학교생활에는 소홀하면서 (   ) 무조건 연예인만 쫓아 다닌다고 생각하기 때문이다. 하지만 청소년들이 연예인을 좋아하는 것을 그렇게 부정적으로만 볼 일은 아니다. 취향이 비슷한 친구들을 사귈 수도 있고 또 공부나 입시로 인한 부담감에서 벗어날 수도 있기 때문이다. 그들을 너무 부정적으로만 보지 말고 이해하려는 노력이 필요하다.

21. (   )에 들어갈 알맞은 것을 고르십시오.

① 앞뒤를 재고
② 발을 빼지 않고
③ 발걸음을 맞추고
④ 앞뒤를 가리지 않고

22. 위 글의 중심 생각을 고르십시오.

① 청소년 시기에 인간관계를 넓히는 것이 좋다.
② 연예인을 좋아해도 성적에 영향을 주면 안 된다.
③ 청소년들에게 입시의 부담감을 지나치게 주지 않아야 한다.
④ 연예인을 좋아하는 청소년에 대해 이해하는 마음을 가져야 한다.

※ [23~24] 다음을 읽고 물음에 답하십시오. (각 2점)

> 친정아버지가 손자들이 보고 싶다며 오랜만에 우리 집에 오셨다. 내가 집안일을 하는 사이에 아버지는 큰애를 데리고 놀이터에 다녀온다며 나가셨다. 한 시간쯤 지났는데 아버지가 다급한 목소리로 전화를 하셨다. 아이가 다쳐서 병원 응급실로 데리고 가신다는 것이었다. 나는 너무 놀라 허둥지둥 응급실로 달려갔다. 아이는 이마가 찢어져 치료를 받고 있었다. 나도 모르게 "아버지, 애 좀 잘 보고 계시지 그러셨어요?"라며 퉁명스럽게 말했다. 아버지는 아무 말씀 없이 치료받는 아이의 손만 꼭 잡고 계셨다. 집에 와서 아이를 재우고 나서야 아버지 손등의 상처가 눈에 들어왔다. 아이의 상처에는 그렇게 가슴 아파하면서 아버지의 상처는 미처 살피지 못했다. <u>나는 아버지에게 홧김에 내뱉은 말을 생각하며 약을 발라 드렸다.</u>

23. 밑줄 친 부분에 나타난 '나'의 심정으로 알맞은 것을 고르십시오.

① 억울하다

② 허전하다

③ 후회스럽다

④ 부담스럽다

24. 위 글의 내용과 같은 것을 고르십시오.

① 나는 친정아버지를 모시고 살고 있다.

② 아버지는 다친 큰애를 데리고 응급실에 가셨다.

③ 나는 병원에서 아이가 다쳤다는 전화를 받았다.

④ 아버지는 매일 큰애와 놀이터에서 놀아 주셨다.

25. 소비 심리 '봄바람', 백화점 매출 기지개

① 소비자들의 구매 욕구가 살아나 백화점 매출이 늘어나고 있다.
② 날씨의 영향으로 백화점에서 물건을 구입하는 사람들이 많아졌다.
③ 백화점에서 매출을 늘리기 위해 행사를 하자 사람들이 모여들었다.
④ 소비자들의 심리를 반영한 백화점의 매출 전략이 호응을 얻고 있다.

26. 연휴 마지막 날 교통 체증, 고속도로 몸살 앓아

① 연휴의 마지막 날에 고속도로에서 심각한 교통사고가 발생했다.
② 연휴에 실시한 고속도로 공사 때문에 사람들이 큰 불편을 겪었다.
③ 연휴가 끝나는 날 고속도로에 몰린 차들로 인해 길이 많이 막혔다.
④ 연휴 때마다 발생하는 교통 혼잡을 해결하기 위해 고속도로를 확장했다.

27. 시청자 사로잡는 드라마 음악, 시청률 상승 효과 '톡톡'

① 시청자에게 익숙한 음악을 활용해 드라마의 시청률을 높이려고 했다.
② 시청자들은 시청률이 높은 드라마에 더 많은 음악이 나오기를 원했다.
③ 드라마 음악을 시청자와 함께 만들어 시청률에 긍정적인 영향을 주었다.
④ 드라마 음악이 시청자에게 사랑을 받으며 시청률을 높이는 역할을 했다.

※ [28~31] 다음을 읽고 (   )에 들어갈 내용으로 가장 알맞은 것을 고르십시오. (각 2점)

28.
　　한 연구에 따르면 과거에 비해 요즘 사람들의 손톱이 더 빨리 자란다고 한다. 80년 전 사람들은 손톱이 한 달에 3mm 정도 자랐지만 최근에는 그보다 길게 3.5mm 정도 자란다는 것이다. 손톱 주변을 (   ) 세포 활동이 활발해져 손톱이 더 빨리 자란다. 연구팀은 최근 컴퓨터나 휴대전화의 자판을 누르는 등 손가락 끝을 사용하는 일이 많아지면서 손톱이 자라는 것에 영향을 준 것으로 보았다.

① 깨끗하게 관리하면
② 감싸서 보호해 주면
③ 자극하는 활동을 하면
④ 건조하지 않게 해 주면

29.
　　한국에서는 보통 명절에 여러 가지 나물을 만들어 먹는다. 집집마다 조금씩 다르지만 뿌리채소, 줄기채소, 잎채소를 재료로 해서 세 가지 종류의 나물을 만드는 것이 기본이다. 이 세 가지 나물은 (   ) 상징적 의미를 담고 있다. 뿌리는 조상, 줄기는 부모, 잎은 자손을 뜻하기 때문이다. 뿌리, 줄기, 잎이 어우러져 하나의 나무가 되듯 한 집안도 이러한 결합을 통해 이루어짐을 나타내는 것이다.

① 식물의 성장과 번식이라는
② 조상과 후손의 연결이라는
③ 자연과 인간의 화합이라는
④ 음식의 장만과 나눔이라는

30.

전자레인지는 보통 음식을 따뜻하게 데울 때 사용된다. 그런데 전자레인지는 직접 열을 가하는 것이 아니라 음식에 포함된 물 분자의 움직임을 이용하여 음식을 데운다. 음식물에 전자레인지의 전자파가 닿으면 음식물 안에 있는 물 분자들이 진동하면서 열이 발생하는 것이다. 한편 얼음은 전자레인지의 전자파가 닿아도 녹지 않는다. 얼음 속의 물 분자가 얼어 있어서 (   ) 때문이다.

① 부피가 커지기
② 결합이 안 되기
③ 움직이지 못하기
④ 열을 모두 반사하기

31.

최근 일부 대기업을 중심으로 '기업 쪼개기'가 이루어지고 있다. 이는 (   ) 의도에서 비롯된 것이다. 그동안 대기업들은 큰 몸집 탓에 복잡한 결재 절차를 거쳐야 했다. 그런데 최근 시장 환경이 급변하면서 의사 결정 속도가 곧 기업의 경쟁력인 시대가 되었다. 이에 기업들은 계열사를 독립적인 회사로 분리하고 각 회사에 최종 결정 권한을 넘김으로써 시장 변화에 신속히 대처하고 있다.

① 회사의 이미지를 바꾸려는
② 시장의 흐름을 변화시키려는
③ 기업 간에 정보를 공유하려는
④ 의사 결정 단계를 단순화하려는

※ [32~34] 다음을 읽고 내용이 같은 것을 고르십시오. (각 2점)

32.
　　물감은 섞거나 덧칠할수록 색이 탁해진다. 그래서 19세기 화가들은 점을 찍어 색을 표현하는 점묘법을 생각해 냈다. 이 기법은 예를 들어 빨간색과 파란색의 작은 점을 촘촘히 찍어서, 조금 떨어진 곳에서 볼 때 점들이 섞여 보라색으로 보이도록 한 것이다. 이렇게 표현한 색은 물감을 섞어서 만든 색보다 훨씬 더 맑고 부드러운 느낌을 준다. 이 때문에 점묘법은 회화의 대표적인 표현 기법으로 자리 잡게 되었고 현대 화가들도 즐겨 사용하고 있다.

① 이 기법으로 그림을 그리면 그림이 부드럽게 느껴진다.
② 이 기법은 19세기 이후에는 화가들의 외면을 받게 되었다.
③ 이 기법은 가까운 곳에서 봐야 색이 섞여 보이는 효과가 있다.
④ 이 기법으로 그림을 그릴 때는 넓은 간격으로 점을 찍어야 한다.

33.
　　생물들은 환경 변화에 민감하게 반응하기 때문에 환경오염을 나타내는 지표 역할을 한다. 한 예로 나팔꽃은 대기 오염의 지표가 된다. 나팔꽃에 흰색 반점이 생기면 공기가 오염되었다는 것을 알 수 있다. 또 물고기는 수질 오염 정도를 보여 준다. 은어가 살면 깨끗한 1급수의 물이라는 것을, 미꾸라지가 살면 깨끗하지 않은 3급수의 물이라는 것을 뜻한다. 이처럼 복잡한 측정 장비 없이도 지표 생물로 그 지역 환경의 오염 정도를 알 수 있다.

① 대기 오염의 여부는 지표 생물로 판별하기 어렵다.
② 자연 환경이 깨끗한 곳에서는 미꾸라지를 발견할 수 있다.
③ 물속에 사는 물고기의 종류로 물이 오염되었는지 파악할 수 있다.
④ 나팔꽃은 크기의 변화를 통해 환경 변화를 알려 주는 지표 생물이다.

34.　정부는 환자의 의약품 처방 이력을 제공하는 '의약품 안전 사용 서비스'를 실시하고 있다. 이 제도는 의료 기관에서 의약품을 처방하기 전에 환자가 다른 기관에서 어떤 약을 처방받았는지 온라인으로 점검하도록 하는 것이다. 함께 먹으면 안 되는 약이나 같은 약이 여러 번 처방될 경우 생기는 부작용을 방지하려는 목적이다. 이 제도를 통한 적절한 의약품 처방이 국민의 건강 증진에 도움이 될 것으로 기대된다.

① 이 제도를 온라인에서 이용할 수 있도록 할 예정이다.
② 환자들은 의약품을 처방받기 전에 이 제도를 이용해야 한다.
③ 환자들은 의료 기관에 방문하지 않고 의약품을 처방받을 수 있다.
④ 의약품의 부적절한 처방을 예방하기 위해 이 제도가 시행되고 있다.

※ [35~38] 다음 글의 주제로 가장 알맞은 것을 고르십시오. (각 2점)

35.　현대인들은 통계를 이용해 실상을 파악하는 경우가 많다. 하지만 통계가 절대적인 사실을 반영하는 것만은 아니다. 예컨대 오이의 가격이 1월에 1,000원이고 2월에 3,000원이며 현재 2,000원이라고 가정해 보자. 현재의 오이 값을 통계에 근거해서 평가할 때 1월을 기준으로 하면 물가가 큰 폭으로 오른 것이 되고 2월을 기준으로 삼으면 대폭 하락한 것으로 이해될 수 있는 것이다.

① 통계 수치에 근거하면 실상을 파악할 수 있다.
② 현실이 반영되지 않는 통계 수치는 무의미하다.
③ 통계를 통해 물가 상승률과 하락률을 알 수 있다.
④ 통계는 기준 설정에 따라 다양하게 해석될 수 있다.

36.
> 철새는 종에 따라 수만에서 수십만 개체가 무리를 지어 일정한 대형으로 이동한다. 이때 대형의 선두에서 나는 새가 무리의 리더인데, 이 새는 무리를 안전하게 이끄는 역할을 맡는다. 이를 위해서 이 새는 거친 바람을 맨 앞에서 맞서 비행하며 최적의 항로와 고도를 찾아낼 수 있는 경험을 두루 갖추고 있어야 한다. 또한 어떤 위기 상황이 발생하더라도 신속하게 대처할 수 있는 판단 능력도 있어야 된다.

① 철새는 최적의 항로로 신속하게 이동해야 한다.
② 철새의 리더는 경험과 판단 능력을 갖춰야 한다.
③ 철새는 위험에 대처하기 위해 무리를 지어야 한다.
④ 철새의 리더가 되려면 대형의 선두에서 비행해야 한다.

37.
> 어떤 사람들은 경제적 여유를 얻게 되면서 삶의 무료함을 느끼기도 한다. 그런데 사람들은 이런 무료함을 별것 아닌 사소한 것으로 여기는 경향이 있다. 하지만 무료함은 개인의 행복한 삶을 저해하는 하나의 요소가 될 수도 있다. 돈이나 명예로는 남부럽지 않을 것 같은 사람들이 무료함 때문에 사회적 일탈 행동을 하기도 하고 무료함이 심해져 우울증으로까지 발전하는 경우도 있기 때문이다. 무료함은 간과해도 되는 사소한 것이 아니다.

① 경제적 여유가 있는 사람들이 무료함에 빠지기 쉽다.
② 사회적 일탈 행동은 돈과 명예가 없는 데에서 기인한다.
③ 무료함을 가볍게 여기지 말고 그 심각성을 인식해야 한다.
④ 행복한 삶을 위해서는 우울증을 예방하려고 노력해야 한다.

38.   사과를 할 때 진심 없이 건성으로 하는 사람들이 있다. 또한 어떤 사람들은 사과를 할 때 선한 의도로 행한 것이었음을 강조하면서 행위에 대한 책임을 회피하려고 한다. 하지만 사과는 어떤 일의 결과에 책임을 지는 행위가 되어야 한다. 의도가 선한 것이었든 악한 것이었든 자신의 행위가 상대방에게 고통을 주었다면 그에 대한 책임을 져야 진정한 사과가 되는 것이다. 사과를 하는 사람들이 먼저 알아야 하는 것이 바로 이것이다.

① 일의 결과를 책임지는 것이 진정한 사과이다.
② 잘못을 해도 의도가 선하다면 용서를 해야 한다.
③ 사과는 잘못을 반복하지 않기 위해 하는 것이다.
④ 악의적인 의도로 상대방에게 고통을 주면 안 된다.

※ [39~41] 다음 글에서 <보기>의 글이 들어가기에 가장 알맞은 곳을 고르십시오. (각 2점)

39.   한 연구팀이 냄새가 나지 않는 무취 상태의 조건을 알아냈다. (㉠) 사람의 코는 다양한 냄새 중에 농도가 짙은 것 위주로 냄새를 맡는다. (㉡) 그런데 서로 다른 냄새 입자를 동일한 양으로 섞으면 사람의 코는 냄새가 거의 나지 않는 것처럼 느낀다는 것이다. (㉢) 여기에서 착안해 악취를 없애는 기술을 연구하고 있다. (㉣) 이 기술이 개발되면 심한 악취 환경에서 작업하는 사람들의 어려움을 줄여 줄 수 있을 것이다.

─────<보 기>─────

악취에 동일한 양의 다른 냄새들을 더해 악취를 느끼지 못하게 하는 것이 목표이다.

① ㉠   ② ㉡   ③ ㉢   ④ ㉣

40.
　　요리사 박찬일 씨가 에세이집 『미식가의 허기』를 펴냈다. (　㉠　)
이 책에는 서민들이 일상적으로 먹던 음식들이 계절별로 소개되어 있다.
(　㉡　) 그러나 음식에 대한 내용만 담겨 있는 것은 아니다. (　㉢　)
산지에서 음식 재료를 생산하기 위해 애쓰는 사람들, 그 재료로 뜨거운 불
앞에서 음식을 준비하는 사람들에 대한 이야기도 있다. (　㉣　) 이 책은
미각을 자극하기보다는 한 끼 식사가 마련되는 과정의 어려움을 일깨운다.

―――――――――――＜보　기＞――――――――――

작가는 따뜻한 한 끼의 음식과 그것을 만들기까지 수고한 사람들에 대한
이야기를 담고 싶었던 것이다.

① ㉠　　　　　② ㉡　　　　　③ ㉢　　　　　④ ㉣

41.
　　지금 우리는 기계가 인간의 인지적인 영역까지 대신하는 제2의 기계
시대로 접어들고 있다. (　㉠　) 이러한 비약적인 기계 발전의 시대가
인간의 삶을 더 윤택하게 할지 더 소외시킬지 단정 지을 수는 없다.
(　㉡　) 하지만 급속한 기술의 발달로 현재의 산업 구조가 크게 바뀐다는
것만은 분명하다. (　㉢　) 그래서 지금 초등학교에 진학하는 아이들의
65%는 현재에는 없는 직업을 갖게 될 것으로 전망된다. (　㉣　)

―――――――――――＜보　기＞――――――――――

산업 구조의 변화에 따라 당연히 일자리의 변동성도 커질 것이다.

① ㉠　　　　　② ㉡　　　　　③ ㉢　　　　　④ ㉣

예쁘고 멋쟁이인 박영은 선생님을 새 담임으로 맞이한 것은 우리 모두에게 가슴 떨리는 일이었다. 먼젓번 담임 선생님의 말은 죽어라고 안 듣던 말썽꾸러기들이 박 선생님 앞에서는 고개도 제대로 못 들고 수줍어했다. 우리 반은 당장 전교에서 제일 말 잘 듣고 가장 깨끗한 반이 되었다. 나도 박 선생님에게 잘 보이고 싶은 마음이 태산 같았지만 늘 그렇듯이 머리가 따라 주지를 않았다. 아마 이번 시험에서도 모든 과목이 50점을 넘지 못했을 것이다. 아이들이 모두 떠난 교실에서 나는 몸을 비비 꼬며 창밖에서 놀고 있는 아이들에게 시선을 주고 있었다. (중략) 선생님이 마침내 입을 연 것은 20분이나 시간이 지나서였다. (중략)

"동구를 가만히 보면, 아는데 말을 못하는 적도 많은 것 같아. 그러다 보니 자신감도 없어지고."

<u>나의 간지럽고 아픈 부분을 이렇게나 간결하게 짚어 준 사람이 내 인생에 또 있으랴.</u> 공부 못하는 죄를 추궁당하는 것이 아니라 공부 못하는 서러움을 이해받는 것은 생애 처음 있는 일이었다. 안 그래도 물러 터진 내 마음은 완전히 물에 만 휴지처럼 흐물흐물해져서, 예쁘고 멋진 데다 현명하기까지 한 박 선생님 앞에서 때 아닌 눈물까지 한 방울 선을 보일 뻔했다.

42. 밑줄 친 부분에 나타난 '나'의 심정으로 알맞은 것을 고르십시오.

① 난처하다 　　　　　　　　② 담담하다
③ 감격스럽다 　　　　　　　④ 의심스럽다

43. 위 글의 내용과 같은 것을 고르십시오.

① 나는 담임 선생님께 인정을 받고 싶다.
② 반 아이들은 요즘 교실 청소를 잘 하지 않는다.
③ 반 아이들은 예전 담임 선생님 말을 잘 들었다.
④ 담임 선생님은 내가 공부를 못해서 화를 내셨다.

※ [44~45] 다음을 읽고 물음에 답하십시오. (각 2점)

> 보편적 디자인이란 성별, 연령, 장애의 유무 등에 관계없이 누구나 편리하게 이용할 수 있도록 제품이나 사용 환경을 만드는 것을 말한다. 산업 혁명 시대에는 대량 생산을 목적으로 생산의 효율성을 추구하였다. 따라서 디자인을 할 때 (   ). 그러다 보니 여기에 속하지 못한 대상들은 불편을 겪을 수밖에 없었다. 이에 대한 비판과 반성에서 출발한 것이 보편적 디자인이다. 대표적인 예가 계단이 없는 저상 버스인데 이 버스는 타고 내리기 쉬워 어린이와 노인, 임산부와 장애인 등 모두가 편리하게 이용할 수 있다. 다양한 대상의 특성을 고려한 보편적 디자인은 최대한 많은 사람들이 차별 없이 생활할 수 있는 환경을 조성하는 데 큰 몫을 하고 있다.

44. 위 글의 주제로 알맞은 것을 고르십시오.

① 과거와는 다른 새로운 디자인의 개발이 요구된다.
② 보편적 디자인을 사용해야 제품의 대량 생산이 가능하다.
③ 보편적 디자인은 사회의 여러 계층을 고려한 디자인이다.
④ 제품을 디자인할 때 가장 중요한 것은 생산의 효율성이다.

45. (   )에 들어갈 내용으로 가장 알맞은 것을 고르십시오.

① 생산할 제품의 특성을 최대한 반영하였다
② 편리한 사용 환경을 마련해 주고자 하였다
③ 당시 널리 퍼져 있던 유행의 흐름을 따랐다
④ 표준이라 여기는 다수만을 기준으로 하였다

보수와 진보의 개념은 정치뿐만 아니라 경제 분야에서도 사용된다. (㉠) 자유를 중시하는 보수주의자들은 자유가 최대한 보장될 때 경제 성장이 가능하다고 본다. 그래서 경제를 시장의 자율에 맡기고 정부는 최소한의 역할만을 담당해야 한다고 주장한다. (㉡) 반면 평등을 우선시하는 진보주의자들은 시장을 자율에 맡기기보다 국가가 개입해야 한다고 생각한다. (㉢) 그래야 시장 경제 체제의 문제점인 불평등을 해소할 수 있다고 주장한다. 보수와 진보 중 어느 하나의 입장만이 옳다고 단정하기는 어렵다. 경제 발전을 위해서는 보수가 추구하는 바가 필요하며 경제 발전에 따른 문제점을 해결하기 위해서는 진보의 정책들이 요구된다. 보수와 진보가 서로 보완하여 상호 균형을 이룰 때 경제는 더 발전적인 방향으로 나아갈 수 있을 것이다. (㉣)

46. 위 글에서 <보기>의 글이 들어가기에 가장 알맞은 곳을 고르십시오.

―――――――――<보 기>―――――――――

경제적 관점에서 보수와 진보는 시장 경제를 조절하는 두 축인 시장과 국가의 역할에 대한 견해에 따라 구분된다.

① ㉠   ② ㉡   ③ ㉢   ④ ㉣

47. 위 글의 내용과 같은 것을 고르십시오.

① 경제 성장을 위해서는 국가가 시장을 주도해야 한다.
② 시장 경제를 제어할 수 있는 주체는 시장이 유일하다.
③ 진보주의자가 보수주의자에 비해 자유에 더 가치를 둔다.
④ 경제 성장으로 인한 문제 해결에는 진보적 관점이 필요하다.

※ [48~50] 다음을 읽고 물음에 답하십시오. (각 2점)

> 특허법은 독창적인 기술을 최초로 발명한 사람에게 기술에 대한 독점적 사용권을 부여하는 대신 그 기술을 사회에 공개할 의무를 부과한다. 공개된 기술 공유를 통해 사회 전체의 기술력을 높이는 것이 특허의 취지이다. <u>이런 취지에 부합하여 실제로 특허 제도는 기술 혁신과 산업 발전에 크게 이바지해 왔다.</u> 그런데 최근 들어 특허의 본래 취지가 변질되어 기술 개발보다 독점권 확보를 우선하는 현상이 두드러지게 나타나고 있다. (   ) 상태에서 마구잡이 특허 출원으로 권리부터 선점해 놓고 기술을 개발하려는 경우가 비일비재한 것이다. 이 때문에 정작 신기술 개발에 힘들게 성공한 사람들이 권리를 확보하지 못하는 경우가 자주 발생하곤 한다. 특허는 발명의 대가로 당연히 보호받을 가치가 있다. 하지만 그것은 기술 개발에 성공해 사회 발전에 공헌하는 경우에 한해서이다. 무분별한 특허 출원으로 기술 발전을 저해한다면 이는 특허가 가진 본래의 취지를 훼손하는 것이다.

48. 위 글을 쓴 목적으로 알맞은 것을 고르십시오.

① 특허 심사 절차를 설명하기 위해서
② 특허권의 필요성을 역설하기 위해서
③ 특허의 실질적 가치를 분석하기 위해서
④ 특허 출원 남용의 문제를 제기하기 위해서

49. (   )에 들어갈 내용으로 가장 알맞은 것을 고르십시오.

① 특허가 만료되지 않은　　　　　② 신기술을 특허로 인정받은
③ 기술이 완벽하게 개발되지 않은　④ 기존의 기술과 차별성을 확인한

50. 밑줄 친 부분에 나타난 필자의 태도로 알맞은 것을 고르십시오.

① 특허 출원 감소를 심각하게 우려하고 있다.
② 특허권자의 독점권을 강하게 옹호하고 있다.
③ 특허 제도의 정책적 보완을 강력히 요구하고 있다.
④ 특허 제도가 사회에 기여한 바를 높이 평가하고 있다.

제52회 한국어능력시험

TOPIK II

1 교시 (듣기)

성 명 (Name)	한국어 (Korean)
	영 어 (English)

수험번호

| 홀수형 | 짝수형 |

※ 결시자의 영어 성명 및 수험번호 기재 후 표기
결시확인란 ○

※ 답안지 표기 방법(Marking examples)
바른 방법(Correct)	틀린 방법(Incorrect)
●	⊘ ⊙ ⊖ ⊗ ⦿

※ 위 사항을 지키지 않아 발생하는 불이익은 응시자에게 있습니다.

| 감독관 확 인 | 본인 및 수험번호 표기가 정확한지 확인 (인) |

번호	답란
1	① ② ③ ④
2	① ② ③ ④
3	① ② ③ ④
4	① ② ③ ④
5	① ② ③ ④
6	① ② ③ ④
7	① ② ③ ④
8	① ② ③ ④
9	① ② ③ ④
10	① ② ③ ④
11	① ② ③ ④
12	① ② ③ ④
13	① ② ③ ④
14	① ② ③ ④
15	① ② ③ ④
16	① ② ③ ④
17	① ② ③ ④
18	① ② ③ ④
19	① ② ③ ④
20	① ② ③ ④

번호	답란
21	① ② ③ ④
22	① ② ③ ④
23	① ② ③ ④
24	① ② ③ ④
25	① ② ③ ④
26	① ② ③ ④
27	① ② ③ ④
28	① ② ③ ④
29	① ② ③ ④
30	① ② ③ ④
31	① ② ③ ④
32	① ② ③ ④
33	① ② ③ ④
34	① ② ③ ④
35	① ② ③ ④
36	① ② ③ ④
37	① ② ③ ④
38	① ② ③ ④
39	① ② ③ ④
40	① ② ③ ④

번호	답란
41	① ② ③ ④
42	① ② ③ ④
43	① ② ③ ④
44	① ② ③ ④
45	① ② ③ ④
46	① ② ③ ④
47	① ② ③ ④
48	① ② ③ ④
49	① ② ③ ④
50	① ② ③ ④

제52회 한국어능력시험
TOPIK II
2 교시 (읽기)

성 명 한 국 어 (Korean)
(Name) 영 어 (English)

번호	답			란
1	①	②	③	④
2	①	②	③	④
3	①	②	③	④
4	①	②	③	④
5	①	②	③	④
6	①	②	③	④
7	①	②	③	④
8	①	②	③	④
9	①	②	③	④
10	①	②	③	④
11	①	②	③	④
12	①	②	③	④
13	①	②	③	④
14	①	②	③	④
15	①	②	③	④
16	①	②	③	④
17	①	②	③	④
18	①	②	③	④
19	①	②	③	④
20	①	②	③	④

번호	답			란
21	①	②	③	④
22	①	②	③	④
23	①	②	③	④
24	①	②	③	④
25	①	②	③	④
26	①	②	③	④
27	①	②	③	④
28	①	②	③	④
29	①	②	③	④
30	①	②	③	④
31	①	②	③	④
32	①	②	③	④
33	①	②	③	④
34	①	②	③	④
35	①	②	③	④
36	①	②	③	④
37	①	②	③	④
38	①	②	③	④
39	①	②	③	④
40	①	②	③	④

번호	답			란
41	①	②	③	④
42	①	②	③	④
43	①	②	③	④
44	①	②	③	④
45	①	②	③	④
46	①	②	③	④
47	①	②	③	④
48	①	②	③	④
49	①	②	③	④
50	①	②	③	④

수 험 번 호

						8						
⓪	⓪	⓪	⓪	⓪	⓪		⓪	⓪	⓪	⓪	⓪	⓪
①	①	①	①	①	①		①	①	①	①	①	①
②	②	②	②	②	②		②	②	②	②	②	②
③	③	③	③	③	③		③	③	③	③	③	③
④	④	④	④	④	④		④	④	④	④	④	④
⑤	⑤	⑤	⑤	⑤	⑤		⑤	⑤	⑤	⑤	⑤	⑤
⑥	⑥	⑥	⑥	⑥	⑥		⑥	⑥	⑥	⑥	⑥	⑥
⑦	⑦	⑦	⑦	⑦	⑦		⑦	⑦	⑦	⑦	⑦	⑦
⑧	⑧	⑧	⑧	⑧	⑧	●	⑧	⑧	⑧	⑧	⑧	⑧
⑨	⑨	⑨	⑨	⑨	⑨		⑨	⑨	⑨	⑨	⑨	⑨

※ 결 시 결시자의 영어 성명 및
확인란 수험번호 기재 후 표기

○

※ 답안지 표기 방법(Marking examples)

바른 방법(Correct) 바르지 못한 방법(Incorrect)
● ⊙ ⊘ ⊗ ⊕

※ 위 사항을 지키지 않아 발생하는 불이익은 응시자에게 있습니다.

※ 감독관 본인 및 수험번호 표기가 (인)
  확 인 정확한지 확인

제52회 한국어능력시험
TOPIK II

1 교시 (쓰기)

성명
(Name)
| 한국어 (Korean) | |
| 영어 (English) | |

주관식 답안은 정해진 답란을 벗어나거나 답란을 바꿔서 쓸 경우 점수를 받을 수 없습니다.
(Answers written outside the box or in the wrong box will not be graded.)

51	ㄱ	
	ㄴ	
52	ㄱ	
	ㄴ	

아래 빈칸에 200자에서 300자 이내로 작문하십시오 (띄어쓰기 포함).
(Please write your answer below; your answer must be between 200 and 300 letters including spaces.)

53

53

※ 54번은 뒷면에 작성하십시오. (Please write your answer for question number 54 at the back.)

수험번호

8

주 관 식 답 란 (Answer sheet for composition)

아래 빈칸에 600자에서 700자 이내로 작문하십시오 (띄어쓰기 포함).
(Please write your answer below; your answer must be between 600 and 700 letters including spaces.)

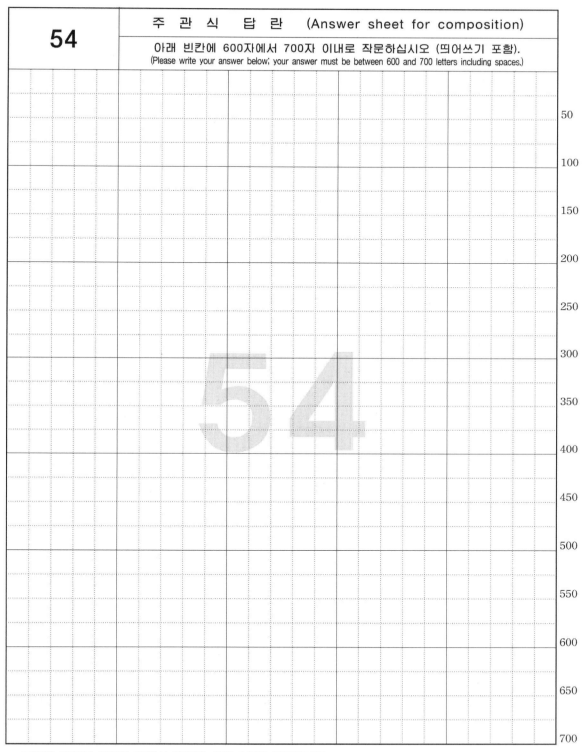

50
100
150
200
250
300
350
400
450
500
550
600
650
700

※ 주어진 답란의 방향을 바꿔서 답안을 쓰면 '0'점 처리됩니다.
(Please do not turn the answer sheet horizontally. No points will be given.)

第41回 TOPIK II 真题 正确答案

听力 듣기 영역

1	2	3	4	5	6	7	8	9	10
②	①	②	②	③	②	①	④	①	③
11	12	13	14	15	16	17	18	19	20
③	②	①	③	③	④	①	③	④	①
21	22	23	24	25	26	27	28	29	30
④	②	④	④	①	②	③	①	③	②
31	32	33	34	35	36	37	38	39	40
②	④	③	④	③	④	②	①	②	④
41	42	43	44	45	46	47	48	49	50
①	②	②	②	④	③	③	①	①	④

写作 쓰기 영역

请参考答案解析

阅读 읽기 영역

1	2	3	4	5	6	7	8	9	10
①	②	②	①	②	②	①	①	③	③
11	12	13	14	15	16	17	18	19	20
④	④	③	①	③	④	④	①	①	①
21	22	23	24	25	26	27	28	29	30
④	③	①	②	③	④	③	②	③	①
31	32	33	34	35	36	37	38	39	40
②	④	③	①	②	②	③	③	④	②
41	42	43	44	45	46	47	48	49	50
③	②	③	④	③	④	④	①	①	④

听力（1~50题）

※[1~3] 听录音，请选择正确的图画。

1. 正确答案：②

> 女：咦？为什么饭还没熟？
> 男：我来看看，原来是电饭锅的按钮没按。
> 女：真奇怪，明明按了的……

解析：根据对话可知，场景应和做饭相关。据此可排除③④选项，③为买电饭锅，④为修电饭锅；男子说电饭锅没按按钮，所以饭还没熟不能用餐，①错误，②正确。

☆关键词："밥솥"(电饭锅)、"버튼"(按钮)、"분명히"(明明)、"누르다"(按压)

2. 正确答案：①

> 女：民秀，这棵树是要种在这里吗？
> 男：是的，还需要再挖深一点才行，麻烦你拿着它，稍等一会儿。
> 女：知道了，但种完之后得多浇点水。

解析：根据对话可知，两人正在一起种树，女子拿着树苗，而男子在挖土，女子认为种完之后应该浇水。②中两人已经种完，③中两人正在浇水，④中男子拿着树苗，故均予以排除，①正确。

☆关键词："심다"(种植)、"파다"(挖掘)、"잠깐"(一会儿)、"들다"(拿，持)

3. 正确答案：②

> 男：各位在乘坐飞机时是否有过行李丢失或晚到的经历呢？根据一份报告显示，从 2006 年到 2014 年，飞机的

行李运输事故次数在 2010 年达到最高值，此后逐年递减。从事故种类来看，行李晚到的延迟事故最多，其次是包内物品破碎的破损事故，遗失事故紧随其后。

解析：根据原文可知，2010年的行李事故最多，之后逐年递减，因此①错误，②正确；从事故种类的比例来看，延迟>破损>遗失，故③④均错误。

☆关键词："수하물"(行李)、"지연"(延迟)、"깨지다"(破碎)、"파손"(破损)、"분실"(丢失)

※[4~8] 听对话，请选择接下来的话。

4. 正确答案：②

> 女：英秀，发布会顺利结束了吗？我没能去成，很抱歉。
> 男：没关系，不是说有急事嘛。
> 女：_____

① 发布会什么时候开始？
② 本来要去的，结果没去成。
③ 无论如何时间好像都不行。
④ 是突然出什么事了吗？

解析：根据对话可知，女子为没去成男子的发表会而感到抱歉，男子表示没关系，女子应对男子的原谅作出回应。由于发表会已经结束，①③错误；④应是男子对女子的提问；只有②最合理。

☆重点语法："-(으)ㄴ다면서(요)"，接在动词后，通常用于对所听说的事实进行确认、强调时使用。

예 동욱이가 수지를 좋아한다면서?
听说栋旭喜欢秀智？

예 서울에는 지금 눈이 많이 온다면서요?
听说首尔现在雪下得很大？

5. 正确答案：③

男：妈妈，我的零花钱不够，能不能再给我点？

女：（用惊讶的语调）啊？上周才给的，已经全花完了？

男：＿＿＿＿＿＿＿＿＿＿＿

① 希望以后省着点用。

② 给了很多零花钱，足够了。

③ 虽然还有剩余，但有东西要买。

④ 需要的话，随时都会管您要的。

解析：根据对话可知，妈妈对于孩子又要零花钱感到惊讶，并提出疑问，男子应对妈妈的疑问进行回答解释，故③正确；①为妈妈的叮嘱，②零花钱充足与题意相反，④是暂时不需要，这三项均不符合题意。

☆关键词："용돈"(零花钱)、"부족하다"(不足)、"어조"(语调)、"아끼다"(珍惜)、"충분하다"(充足)、"언제든지"(随时)

6. 正确答案：②

男：姐姐，你在干什么？有点无聊，我们一起出去打羽毛球吧。

女：好啊，但如果像上次那样输了就发火可不行。

男：＿＿＿＿＿＿＿＿＿＿＿

① 这次也是我赢了吧？

② 我什么时候那样了？

③ 打羽毛球没意思。

④ 继续发火的话就再也不打了。

解析：根据对话可知，弟弟喜欢打羽毛球，想约姐姐一起去，还没有开始打，故①③错误；通过姐姐说的话可知，弟弟上次打羽毛球输了并发火了，她希望弟弟这次不要像上次一样，因此弟弟应对姐姐的要求做出回答，④应是姐姐的态度，②是对与姐姐的反驳，故②正确。

☆关键词："심심하다"(无聊)、"배드민턴"(羽毛球)、"치다"(打)、"지다"(输)、"이기다"(赢)

7. 正确答案：①

男：智英，下周金敏浩要办乔迁宴，你收到邀请了吧？

女：啊，对了，敏浩要办乔迁宴对吧？我给忘得一干二净了。

男：＿＿＿＿＿＿＿＿＿＿＿

① 可能是因为太忙才忘了吧。

② 为了准备应该很忙的。

③ 感谢你的招待。

④ 不知道有乔迁宴，没去。

解析：根据对话可知，女子收到了乔迁宴邀请，但是忘记了，他们还没去参加，④错误；②③应是对要办乔迁宴的金敏浩说的话；①是男子对女子忘记邀请的原因进行的推测，是对女子的一种安慰，故①正确。

☆关键词："집들이"(乔迁宴)、"초대"(邀请)、"깜빡"(一迷糊)

8. 正确答案：④

男：李老师，有很多人报名参加围棋大赛吗？

女：没有，院长。虽然给学生们发了报名表，但到现在为止报名的并不多。

男：＿＿＿＿＿＿＿＿＿＿＿

① 那大约什么时候能填好报名表呢？

② 是吗？比赛顺利结束太好了。

③ 是吗？报名的学生很多啊。

④ 那因为还有些时间，再等等看吧？

解析：根据对话可知，两人正在谈论学生们报名参加围棋大赛的情况，比赛还没有开始，②错误；女子说参赛的学生并不多，③错误；对话没有涉及填报的问题，①错误；④是男子对参赛学生少做出的回应，故④正确。

☆关键词："바둑"(围棋)、"신청서"(申请表)、"나누다"(分发)、"완성되다"(完成)、"다행"(万幸)

※[9~12] 听对话，请选择女子接下来的行动。

9. 正确答案：①

> 男：老婆，如果不忙的话，来帮我系下领带，这个系不好呢。
>
> 女：知道了，咦？衬衫扣子掉了，马上就给你缝上，给我吧。
>
> 男：啊，给你。没看到这个呢，刚才穿的时候还挺好的……
>
> 女：马上就好了，稍等一下。

① 缝扣子。　　　　② 递衬衫。
③ 穿衬衫。　　　　④ 系领带。

解析：根据对话可知，丈夫本想让妻子帮忙系领带，结果妻子发现丈夫衬衫的扣子掉了，要给他缝扣子，男子把衬衫递给了妻子，因此女子接下来会为丈夫缝衬衫的扣子，故①正确。

☆**重点语法**："-(으)ㄹ 테니까"，主语是第一人称时表示意志，相当于汉语的"我会……"；主语是第二、三人称时表示推测，通常用于共动句、祈使句中。

예　나는 책장을 정리할 테니까 너는 옷장을 닦아.
　　我来整理书柜，你把衣橱擦一擦。

예　날씨가 추울 테니까 옷을 많이 입으세요.
　　天气会很冷，多穿点衣服吧。

10. 正确答案：③

> 女：好困，要看的书还有很多……
>
> 男：困了的话，就回宿舍早点睡，早上起来再看呗……
>
> 女：我早上觉比较多没法早起。为了清醒一下得出去散散步。学长，回来的时候要给你买杯咖啡吗？
>
> 男：不用了。之前刚喝过了。

① 看书。　　　　② 买咖啡。
③ 散步。　　　　④ 回宿舍。

解析：根据对话可知，女子困了，男子劝她回宿舍休息，明天早起再看，但女子因为早上起不来拒绝了男子的建议，决定出去散步清醒一下，所以女子接下来的动作是应是出去散步，故③正确。

☆**关键词**："졸리다"(犯困)、"아침잠"(懒觉)、"깨다"(醒)

11. 正确答案：③

> 男：你去哪儿啦？部长一直在找你。
>
> 女：刚刚去宣传部拿文件了，因为什么事情找我呢？
>
> 男：说是发给客户的照片和产品不符，为了确认这个来的。快点联系一下吧!
>
> 女：知道了，拜托你帮我复印一下这些文件。

① 复印文件。　　　　② 去一趟宣传部。
③ 联系部长。　　　　④ 给客户发照片。

解析：根据对话可知，部长有事找女子，男子让女子马上联系部长，女子拜托男子帮忙复印文件，所以女子接下来要去联系部长，故③正确。

☆**关键词**："갔다오다"(去了一趟)、"홍보부"(宣传部)、"거래처"(客户)、"제품"(产品)、"연락하다"(联系)、"복사하다"(复印)

12. 正确答案：②

> 女：金敏秀先生，今天要用的食材到了吗？
>
> 男：是的，不久前刚到。主厨，在整理过程中发现有的食材还没到，怎么办呢？
>
> 女：把还没到的告诉我，我会重新确认一下订单，再给商家打电话。
>
> 男：好的，那我先把操作室前面放着的食材搬到保管仓库去。

① 给商家打电话。
② 确认订单。
③ 把材料挪到仓库。
④ 告知漏掉的材料。

解析：根据对话可知，女子询问今天要用的食材的情况，男子回答有一些食材还没到，女子让男子告知其未到的食材，她打算重新确认一下订单后再给商家打电话，所以女子接下来首先要做的事应是确认订单而并非给商家打电话，故②正确。

예 그녀를 매일 보다 보니 정이 들었다.
每天和她见面，久而久之产生了感情。

예 모바일 게임을 하다 보니까 시간 가는 줄 모르겠다.
一直玩手机游戏，时间不知不觉就过去了。

※[13~16] 听录音，请选择与内容相符的内容。

13. 正确答案：①

> 女：哥哥，今天要不要去百货店给妈妈买礼物？买衣服怎么样？
> 男：妈妈会喜欢吗？上次给她买的衬衫都没怎么穿。比起衣服，送商品券怎么样？
> 女：我觉得和送商品券相比，还是让妈妈自己去挑选更好……
> 男：那下周末带妈妈一起去吧。

① 男子给妈妈买过衬衫。
② 男子今天和妈妈去了一趟百货店。
③ 女子想把商品券作为礼物送给妈妈。
④ 女子今天会去买妈妈的礼物。

解析： 从对话可知，男子和女子正在商量给妈妈送什么礼物，男子之前给妈妈买过衬衫，①正确；男子提议送商品券，③错误；两人打算下周带着妈妈一起去买礼物，②④错误。

☆关键词："블라우스"(女式衬衫)、"상품권"(商品券)、"모시다"(陪同)

14. 正确答案：③

> 女：感谢各位莅临我校参观访问，下面我简单介绍一下今天的日程安排。首先，在礼堂里观看大约20分钟的学校介绍视频后，依次参观图书馆、体育馆和宿舍。接下来在宿舍负一层学生食堂用餐之后，日程全部结束。希望大家返程的时候一定要在食堂入口处领取我们准备的纪念品。

① 第一个日程是访问图书馆。
② 最后要去的地方是体育馆。

③ 用餐之后可以拿到纪念品。
④ 参观完宿舍之后看视频。

解析： 根据原文可知，女子正在介绍日程安排，首先要去讲堂看视频，①④错误；最后要在食堂用餐，②错误；用餐之后要去食堂入口领取纪念品，③正确。

☆重点语法："-(으)ㄹ 예정이다"，接在动词或形容词后，表示意图或预定做某事。

예 내일 아침에 떠날 예정이에요. 打算明早起程。

예 내년 가을에 시험을 볼 예정입니다.
预定明年秋天参加考试。

15. 正确答案：③

> 男：以下为事故报道。今早六时许在仁州市附近的道路上发生了一起货车与私家车相撞的事故。该事故导致货车司机和私家车内一名20岁左右的男子受伤，伤者目前正在仁州医院接受治疗。警察认为这起事故是由于大雾导致前方视线受阻造成的。为获得更确切的事故原因，正在对双方司机进行调查。

① 伤者接受治疗后回家了。
② 发生了两辆私家车相撞事故。
③ 认为事故是由大雾引起的。
④ 对于事故驾驶员的调查结束了。

解析： 根据原文可知，伤者在医院接受治疗并未回家，①错误；发生的是货车和私家车相撞事故，②错误；警察认为事故是由于大雾导致前方视线受阻造成的，③正确；正在对双方司机进行调查，④错误。

☆关键词："사건"(事件)、"화물차"(货车)、"승용차"(小轿车)、"충돌하다"(相撞)、"부상"(受伤)、"짙다"(浓)、"파악하다"(把握)、"귀가하다"(回家)

16. 正确答案：④

> 男：老师您退休之后一直在从事宣传地区文化遗产的工作，请问是什么原因促使您开始从事这份工作呢？

女：我从事教育行业三十年，一直教历史。原本还在苦恼退休以后怎么度过老年生活。是我的儿子告诉我可以去做这件事情，这样还可以充分利用我的教学经验。所以从上个月开始每个周日都在文化中心教授介绍我们地区文化遗产的课程。

① 女子的儿子反对这件事。
② 女子从事了三十年的宣传文化遗产工作。
③ 女子从退休前开始就在做这件事了。
④ 女子每周都在地区文化中心授课。

解析： 根据对话可知，儿子是积极支持这件事的，①错误；女子从事教育工作三十年，一直教历史，②错误；女子在退休之后才开始宣传文化遗产，③错误；从上个月开始每周都在文化中心授课，④正确。

☆关键词："퇴직하다"(退休)、"문화재"(文化遗产)、"계기"(契机)、"교직"(教学职务)、"노후"(晚年)、"적극"(积极)

※[17~20] 听录音，请选择男子的中心思想。

17. 正确答案：①

女：敏浩白天在游乐场玩的时候又受伤了。孩子总是受伤，我觉得很难过。看来不能再送他到游乐场玩了。

男：不就是玩的时候受伤了嘛，有什么大惊小怪的。就得那样摔倒受伤，下次才会为了不摔倒而小心啊，孩子们不都是那么长大的吗？

女：即便如此，孩子总受伤也是令人担心。

① 孩子们都是在受伤中长大的。
② 有管理游乐场设施的必要性。
③ 孩子们应该在游乐场跑着玩。
④ 应该提醒孩子要小心。

解析： 根据对话可知，男子认为孩子在玩的时候受伤很正常，都是那样长大的，①正确；②③文中没有提及；男子认为孩子摔倒后自己就会变得小心，并非叮嘱孩子小心，④错误。

☆重要语法："-기(게) 마련이다"，接在动词或形容词后，表示必然的结果，相当于汉语的"总是……""必然……"。

예 무슨 일이든지 시작되면 끝나기 마련이다.
事情开始了的话，总会有个结束。

예 노력한 만큼 좋은 결과가 나타나게 마련이죠.
一分耕耘，一分收获。

18. 正确答案：③

女：哎哟，看看这个，刚才在地铁上站在我前面的那个人把我划伤了，真是的！包非要背在后面吗？

男：谁说不是呢，背双肩包的人得注意才行啊。在乘坐公共交通工具的时候，最好是背在前面或者放在腿下或架子上。

① 应该经常使用公共交通工具。
② 在使用公共交通工具时，即使不方便也要忍着才行。
③ 在公共交通工具里不能给别人带来伤害。
④ 在公共交通工具里应该好好保管物品，不要遗失。

解析： 根据对话可知，两人正在谈论乘坐公共交通工具时如何背包的问题，①②④在原文中均未提及，可以直接排除，故选③。

☆关键词："긁히다"(划伤)、"메다"(背)、"돌리다"(转变)、"밑"(下面)、"선반"(架子)、"챙기다"(准备)

19. 正确答案：④

女：现在还有公用电话啊，我还以为都没有了呢……

男：这是什么话。紧急的时候需要用，没有的话不行。还有没有手机的人呢。

女：一定要用的时候向别人借手机不就行了嘛，谁会用公用电话啊？

男：即便如此，也有借不到手机的情况呀。

① 应该增加公用电话的设置。
② 应该减少手机的使用时间。
③ 有手机的话紧急时能够使用。
④ 公用电话在紧急的时候需要，不能没有。

解析：根据对话可知，男子认为在紧急情况下没有公用电话是不行的，故选④，其余各项文中均未提及。

☆**关键词**："공중전화"(公用电话)、"없어지다"(消失)、"늘리다"(增加)、"줄이다"(减少)

20. 正确答案：①

> 女：老师,这次您将世界名著翻译成了韩语，有评论说您的翻译非常符合韩国人的表达习惯。请问在这次的翻译过程中您将重点放在了哪个部分呢？
>
> 男：我认为把原作品精确地翻译成韩语固然重要，但更重要的是不让读者感受到浓浓的翻译腔。因此翻译这部作品时，为了把主人公的性格和出场人物的关系等表现得更加符合韩国人的情感花了很多心思。

① 翻译的时候应该反映出韩国人的情感。
② 翻译应该原封不动地照搬原作的表达。
③ 应该将翻译重点放在主人公的性格上。
④ 翻译家应该具备高水准的词汇能力。

解析：根据对话可知，男子在这次的作品中为了把主人公的性格和出场人物的关系等表现得更符合韩国人的情感花了很多心思，故选①。

☆**关键词**："옮기다"(转化)、"표현하다"(表达)、"작업"(工作)、"못지않다"(不亚于)、"번역하다"(翻译)、"정서"(情感)、"어휘력"(词汇能力)

※[21~22] 听录音，请回答问题。

> 男：李科长，很快就到中秋节了。中秋活动企划进行得怎么样了？这次的中秋节比去年早，所以要提前准备才行。

> 女：打算这次也像去年那样，从中秋前一个月开始，礼物套盒买十送一。去年顾客的反应相当不错呢。
>
> 男：那个活动不是去年开始的吧？已经做了好几年了，不是吗？今年就不要做一样的了，策划一场新的活动吧。
>
> 女：好的。下周之前准备好，再向您汇报。

21. 请选择符合男子中心思想的选项。
① 需要每年观察顾客的反应。
② 重大活动的准备越快越好。
③ 重复反应好的活动比较好。
❹ 需要准备和以前不同的新活动。

解析：根据对话可知，男子表示因为今年中秋来得早，所以要提前准备活动，并要求女子做一个跟去年不同的活动方案，故选④；①对话中并未涉及，②是对提前准备活动的错误解读，③是女子的观点，故都应排除。

22. 请选择与所听内容相符的一项。
① 女子策划了新活动。
❷ 去年中秋做的活动很有效果。
③ 男子需要在下周之前做报告。
④ 今年也会进行和去年相同的活动。

解析：根据对话可知，女子打算做像去年一样的活动，没有准备新活动，①错误；去年顾客对于买十送一的反应很好，②正确；是女子需要在下周之前准备好汇报，③错误；根据男子的指示今年会和去年进行不一样的活动，④错误。

☆**关键词**："추석"(中秋)、"세트"(套装)、"진행하다"(进行)、"반응"(反应)、"살피다"(观察)、"반복하다"(反复)、"효과적"(有效的)

※[23~24] 听录音，请回答问题。

> 男：（电话铃声）请问是首尔酒店吧？我想预约一下会议室。
>
> 女：好的，顾客，需要什么样的会议室呢？

男：能容纳差不多100人就行了。在会场安置了发表的时候可以使用的电脑和麦克风吧？

女：当然了，我们有能够容纳150人的大规模会议室。并且所有的会场内都备有发表必需的设备。如果您使用会场的话可以免费提供饮料。如果您要亲自来视察一下场地，我们会为您详细介绍。

23. 男子在做什么？

① 正在推荐会议室。

② 正在检查会议室的设备。

③ 正在打听酒店位置。

❹ 为了租会议室，正在咨询。

解析：根据对话可知，男子给酒店打电话想要预约一处能容纳100人的会议室，所以选④。

24. 请选择与所听内容相符的一项。

① 使用会议室的话饮料打折。

② 只有大规模会场配备电脑。

③ 没有能容纳100人以上的会场。

❹ 如果亲自访问可以听到更详细的说明。

解析：根据原文可知，使用会场的话可以免费提供饮料，①错误；所有的会议室内都有发表用的设备，②错误；有能够容纳150人的大型会场，③错误；如果亲自来视察场地，会进行详细介绍，故选④。

☆**重点语法**："-ㄹ/을 겸"，接在动词后，表示前后动作一同实现，相当于汉语的"兼……"

예 살도 뺄 겸 스트레스도 풀 겸 운동을 시작했다.
减减肥，顺便舒缓下压力，就开始运动了。

예 사람도 만날 겸 소식도 들을 겸 친구을 찾아갔다.
我去找朋友了，既可见见他们，又可打听的消息。

※[25~26] 听录音，请回答问题。

女：听说您不顾一些环保组织的反对，不久前在仁州山的山顶装了梯子。急着装梯子的理由是什么呢？

男：仁州山的山顶岩石多、很陡峭，经常发生滑坡事故。因此，为了防止登山游客发生事故，我认为一定要有梯子才行。尽管确实有人说那样会破坏自然环境及周围景观。但我们认为登山游客的安全才是最重要的。期待今后有更多的登山客来到仁州山。

25. 请选择符合男子中心思想的选项。

❶ 人的安全比自然环境更重要。

② 人与自然应和谐共处。

③ 如果安全优先的话，环境有可能被破坏。

④ 人们应该找到可以享受自然的方法。

解析：根据对话可知，男子虽然承认安装梯子会破坏环境和景观，但还是坚持主张登山客的安全是最重要的，故①正确，③错误；②④文章中并未提及。

26. 请选择与所听内容相符的一项。

① 所有人都同意装梯子。

❷ 过去在仁州山发生过安全事故。

③ 提过为了景观而禁止登山的建议。

④ 今后来仁州山的登山客将会减少。

解析：根据对话可知，一些环保组织反对装梯子，所以并非所有人都同意装梯子，①错误；山顶岩石多、很陡峭，经常发生滑坡事故，②正确；③④文中并未提及。

☆**关键词**："불구하다"(不顾)、"정상"(顶峰)、"사다리"(梯子)、"서두르다"(匆忙)、"경사"(倾斜)、"미끄럼"(打滑)、"훼손되다"(破坏)

※[27~28] 听录音，请回答问题。

男：听说有接受捐赠正装的团体，我昨天捐了一套。

女：还有那样的地方？我也有不穿的衣服，要不捐过去？但是有点过时，不知道行不行。

男：没关系，据说会把人们捐赠的衣物修改成流行款式，所以只要是正装，无论什么款式的都可以捐赠。如果我们寄过去的话，经过修改和清洗之后，会以低廉的价格租给需要的人。

女：免费租的话就好了，为什么要收钱呢？

男：听说要用那些钱给家境困难的学生发奖学金。因为是做好事，所以你也捐一次怎么样？

27. 请选择男子对女子说话的意图。

① 为了告知正装捐赠的重要性

② 为了宣传正装捐赠团体的活动

❸ 为了劝说其加入正装捐赠

④ 为了说明需要捐赠正装的理由

解析： 根据对话可知，男子向女子说明了捐赠的条件和意义，其意图是为了劝说女子也捐赠正装，③正确；①②④并非男子的直接意图。

28. 请选择与所听内容相符的一项。

❶ 男子捐赠过正装。

② 可以免费租借被捐赠的正装。

③ 正装在捐赠之前需要清洗。

④ 女子没有正装，打算租借。

解析： 根据对话可知，男子昨天捐了一套，①正确；正装是以低廉的价格租借而不是免费租借，②错误；捐赠后会有人修改清洗，捐之前没要求，③错误；女子打算捐而不是借，④错误。

☆ **关键词：** "기증받다" (接受捐赠)、"수선" (修补)、"저렴하다" (低廉)、"대여하다" (出租)、"형편" (家境)

※ [29~30] 听录音，请回答问题。

女：您在比赛期间一直在场上奔跑，请问您不累吗？

男：累，当然累了。但因为需要精确地观察选手的动作并快速判断，所以不得不跑啊。因为及时处罚犯规的选手，才能保证比赛顺利进行。

女：不仅是体力，瞬间的判断也很重要啊。您应该会很有压力吧！

男：在决赛或是重要的国际比赛的时候确实有压力。因为如果在重要的瞬间做了错误的决定，有可能会改变两个队的胜负。但是在没有大的失误平安无事地结束比赛时，也会感觉到很有意义。

29. 请选择男子的身份。

① 足球选手　　　　② 足球教练

❸ 足球比赛裁判　　④ 足球比赛解说员

解析： 根据对话可知，男子的职责是给犯规的选手处罚，保证比赛顺利进行，所以男子的身份应该是裁判，故选③。

30. 请选择与所听内容相符的一项。

① 男子致力于不给予处罚。

❷ 男子必须快速且精确地做判断。

③ 男子对于在运动场上奔跑很有压力。

④ 男子在重要比赛奔跑的时候感觉到有意义。

解析： 根据对话可知，①原文并未提及，故排除；男子需要精确地观察选手的动作并快速判断，②正确；男子对奔跑并没有感到负担，③错误；男子在没有大的失误平安无事地结束比赛时感觉到很有意义，④错误。

☆ **重点语法：** "-(으)ㄹ 수밖에 없다"，接在动词后，表示"除些之外别无他法"，相当于汉语的"只能……"。

예 길이 막혀서 오던 길로 되돌아갈 수밖에 없다.
道路不通，只得原路返回。

예 정보력이 없다면 시대에 뒤떨어질 수밖에 없다.
如果没有信息获取能力，必将落后于时代。

※ [31~32] 听录音，请回答问题。

女：即便是烟价上涨，吸烟率也没有下降。由此看来，提高烟价似乎并不是什么好的禁烟政策。

男：（以认同的语调）是那样的。还有研究结果表明，提高烟价对降低吸烟率并不会带来什么影响。我认为禁烟只有在自发参与的情况下才有可能实现。

女：虽然主动参与也很重要，但难道就不需要更强硬的禁烟政策吗？

男：强制性的禁烟政策可能反而会造成负面影响。吸烟者只有自己意识到了严重性后再去戒烟才能够成功。我认为扩大那些帮助吸烟者戒烟的门诊或咨询中心会更加有效。

31. 请选择与男子想法相符的选项。

① 提高烟价有助于降低吸烟率。

❷ 禁烟最重要的是吸烟者的主动参与。

③ 为了降低吸烟率需要更加强硬的政策。

④ 与咨询中心相比，提高烟价是更有效的政策。

解析：男子反对政策禁烟，主张通过吸烟者的自发参与来戒烟，故②正确。

32. 请选择与所听内容相符的一项。

① 批判研究结果。

② 支持禁烟政策。

③ 代表吸烟者的立场。

❹ 同意对方的部分意见。

解析：男子同意女子所说的提高烟价来禁烟并不是好方法的看法，但反对女子所说的禁烟需要强有力的禁烟政策，因此男子并没有完全认同女子的看法，选④。

☆关键词："담뱃값"(烟价)、"흡연율"(吸烟率)、"동조하다"(认同)、"자발적"(自发性)、"강력하다"(强力)、"오히려"(反而)、"부정적"(消极)、"깨닫다"(意识到)

※[33~34] 听录音，请回答问题。

女：各位会用怎样的态度倾听别人的故事呢？有没有过不放下手头的事，心不在焉地倾听的经历？在这里有一个实验，展示了听者的态度有多重要。某学校有一位教师因上课无聊而出名。一名心理学家并没有告知那位教师，只是指示听课的学生们做了几件事情。第一，集中注意力倾听教师的话；第二，面带微笑并点头示意；第三，偶尔提出与授课内容有关的问题等。各位，一个学期后发生了怎样的变化呢？（片刻后）教师的授课态度发生了明显的变化，她开始灵活运用多种授课方法打造趣味课堂了。

33. 这是关于什么的内容？

① 正确的上课态度

② 教学法与课程的关系

❸ 积极反应的效果

④ 教师和学生的对话方式

解析：女子通过一个课堂实验来说明听者态度的重要性，即：积极反应的效果，故选③。

34. 请选择与所听内容相符的一项。

① 学生们向教师提出关于授课方式的问题。

② 教师为了改变授课方式参与到了实验中。

③ 心理学家向学生们指示了消极的行为。

❹ 学生们在实验后听到了有趣的课。

解析：根据原文可知，①原文并未提及，可排除；教师对实验并不知情，②错误；心理学家指示学生的并非消极行为，③错误；一个学期后教师开始灵活运用多种授课方法打造趣味课堂，④正确。

☆关键词："멈추다"(停止)、"건성"(敷衍)、"경청하다"(倾听)、"띠다"(带着)、"끄덕이다"(点头)、"올바르다"(正确)

※[35~36] 听录音，请回答问题。

男：（以演说的语调）祝表演系的各位顺利毕业！今天能够站在这里，相信大家都是通过刻苦地练习演技，找到了属于自己的个性。但如果步入社会，等待各位的将会是一次又一次的拒绝。在试镜中即便是向导演展示了自己的能力和才华，最终也多是无功而返。当然遭到拒绝会很痛苦，但那并不是各位的错。因为导演只是在找符合自己作品的演员而已。如果因为遭到无数的拒绝而感到受挫就放弃的话，我也不会站在这里了。各位也只有经历了这样的过程才能找到适合自己的角色。现在请勇敢地走出去抓住那个机会吧！

35. 男子正在干什么？
① 正在评价演技的价值。
② 正在强调能力的必要性。
❸ 正在强调不停地挑战。
④ 正在主张机会的重要性。

解析： 男子的演说是围绕表演系的毕业典礼展开的，想要告诉毕业生，即使被拒绝也不要放弃，要不断勇于尝试，只有经历这样的过程才能找到适合自己的角色，故③正确。

36. 请选择与所听内容相符的一项。
① 导演在寻找不断挑战的演员。
② 必须等待适合自己个性的角色。
③ 在校期间经历了各种试镜的过程。
❹ 想要抓住机会，就要忍受被拒绝的痛苦。

解析： 根据原文可知，导演寻找的是适合自己作品的演员，①错误；需要不断尝试才能找到适合自己个性的角色，②错误；③原文没有提及，故排除；想要抓住机会，就不能因为遭到拒绝而放弃，④正确。

☆关键词："연설"(演说)、"톤"(语调)、"피나다"(刻苦)、"끊임없다"(不断)、"거절"(拒绝)、"좌절하다"(受挫)、"배역"(角色)、"역설하다"(强调)

※[37~38] **下面是一期教养节目，听录音，请回答问题。**

> 男：　"植物细密画"的概念是第一次听说呢，请您详细地说明一下植物细密画是什么可以吗？
>
> 女：如果把它与普通的植物画相比较，应该就比较容易理解了。植物画中不是会融入画家的情感，表现植物的美感嘛。但植物细密画是排除个人情感，画出植物本身的形态。可能会有人问为什么不用照片而用画记录植物，那是因为照片在表现植物的微细结构方面有局限。比如说在生态界记录中重要的花瓣数或根的形状等。所以在植物学界，比起照片来说更重视植物细密画。但可惜的是植物细密画还为数不多。

37. 请选择女子的中心思想。
① 植物画是能够记录植物的恰当的方式。
❷ 植物细密画在植物学里发挥着重要作用。
③ 植物学界应该在识别植物的形态上下功夫。
④ 应该多点展现植物美学的植物画。

解析： 女子叙述了植物细密画的特点、重要性及现状，但重点是叙述植物细密画在植物学里不可替代的作用，故选②。

38. 请选择与所听内容相符的一项。
❶ 植物画和植物细密画作画的目的不同。
② 植物细密画包含了画家的主观情感。
③ 为了记录植物的形态，使用照片。
④ 植物学界存在着无数的植物细密画。

解析： 根据原文可知，植物画是为了表现美感，植物细密画是为了记录植物的形态，①正确；植物画包含情感而植物细密画排除情感，②错误；为了记录植物形态采用的是植物细密画，③错误；植物学界目前植物细密画还不多，④错误。

☆重点语法："-(으)ㄴ 채(로)"，接在动词后，表示事物所处的状态继续保持下去。

예 그는 눈을 감은 채 소파에 앉아 있다.
他闭着眼睛坐在沙发上。

예 어젯밤에 너무 피곤해서 옷 입은 채로 잠들었다.
昨晚太累了，穿着衣服就睡着了。

※[39~40] 下面是一场访谈。听录音，请回答问题。

> 女：双腿分开站立与肩同宽，保持抬头挺胸的姿势似乎对脊椎健康有很大的帮助。博士，除此之外还有怎样的效果呢？
>
> 男：是的，与蜷曲的姿势不同，挺胸的姿势会降低压力荷尔蒙的分泌量，增加雄性荷尔蒙的分泌量。由于雄性荷尔蒙的变化，我们身体呈现出抵御危险的特性。给人一种积极且充满自信的感觉，成为一个堂堂正正、充满力量的人。事实上据调查，这种姿势也会有助于提高工作绩效或者面试合格率。姿势是并不需要很多投资也能够轻松使自身发生变化的秘诀。

39. 请选择对话前面的内容。
① 挺胸姿势能提高业绩。
❷ 挺胸姿势对身体健康有帮助。
③ 挺胸姿势使人积极主动。
④ 挺胸姿势使荷尔蒙分泌量产生变化。

解析：从女子的第一句话"双腿分开站立与肩同宽，保持抬头挺胸的姿势似乎对脊椎健康有很大的帮助"可知，前面的内容在讲挺胸姿势有益于身体健康，其余均是后文中提到的内容，故选②。

40. 请选择与所听内容相符的一项。
① 蜷曲的姿势是准备迎接危险的姿势。
② 挺胸姿势和雄性荷尔蒙无关。
③ 蜷曲的姿势降低压力荷尔蒙的分泌量。
❹ 挺胸姿势对面试有积极影响。

解析：根据对话可知，挺胸姿势是预备迎接危险的姿势并会降低压力荷尔蒙的分泌量，①③错误；挺胸姿势可以增加雄性荷尔蒙分泌量，②错误；挺胸姿势也会有助于提高面试合格率，④正确。

☆关键词："너비"(宽度)、"벌리다"(分开)、"활짝"(展开)、"척추"(脊椎)、"웅크리다"(蜷曲)、"호르몬"(激素)、"분비량"(分泌量)、"넘치다"(充满)、"합격률"(合格率)、"능동적"(能动性)

※[41~42] 下面是一段演讲。听录音，请回答问题。

> 男：（以演讲的语调）今天让我带大家来了解一下"康科德费用的谬误"。康科德虽然一开始野心勃勃地想研制超音速客机，但很快显现出没有经济效益。而又因为初期投入了大量资金，所以没能当机立断，以至于后来遭受了更大的损失。像这样执迷于前期投入的资金而遭受更大损失的现象就被称为"康科德费用的谬误"。这样的现象为什么会出现呢？原因在于承认既有的错误决定时，往往会伴随着巨大的心理痛苦。因为只想着避免这种痛苦，所以才没能很好地看清眼下的损失。因此下决定的时候优柔寡断，从而导致了更大的损失。各位，如果想要避免更大的损失，冷静地直视现实比什么都重要。

41. 请选择男子的中心思想。
❶ 应该好好地认识现在的状况。
② 应该尽快从心里的痛苦中脱离。
③ 不要重复错误的决定。
④ 应该投资有前景的事业。

解析：男子讲述"康科德费用的谬误"现象的定义及原因，是为了让大家避免更大的损失，冷静地直视现实，故选①。

42. 请选择与所听内容相符的一项。
① 康科德事业找回了投资的本金。
❷ 因为心里痛苦，所以会持续地做出错误的决定。
③ 康科德费用是开始开发的时候花费的费用。
④ 正确地把握开发费用就不会遭受损失。

解析： 根据原文可知，由于心里痛苦会导致错误的决定持续，所以损失也会一直持续，①错误，②正确；③④文章中并未提及。

☆**重点语法：** "-다가"，与持续性动词连用，表示动作的转换或动作进行的同时，附加后一动作。

예 회사에 가다가 친구를 만났어요.
去上班的路上遇见了朋友。

예 길을 걷다가 문득 네 생각이 났어요.
走着走着突然间想起了你。

※[43~44] 下面是一期纪实节目。听录音，请回答问题。

> 男：（以纪录片的语调）这里展示的玻璃珠曾挂在新罗时期统治阶级使用的项链上。仔细观察的话，直径1.8厘米的这颗小玻璃珠里面竟然雕刻着人脸，但并不是新罗人的脸。鼻子和眼睛、皮肤等都具有异国特征。当时新罗的玻璃制作工艺并不发达，那这颗珠子会是从哪里来的呢？我们开始寻找它的出处，最终在东南亚的一座岛上找到了相似的玻璃珠。这正是那颗珠子。珠子里的脸和制作工艺全都和在新罗发现的玻璃珠一样。原来是1500年前这个地方的珠子传到了新罗。我们可以从这颗小小的玻璃珠里发现，往日的新罗和5300km以外的国家开展贸易的证据。

43. 请选择符合本文中心内容的选项。
① 新罗时期存在着各种阶层。
❷ 新罗时期曾和其他文化圈有过交流。

③ 新罗时期曾有过重视文化的思想。
④ 新罗时期玻璃制造工艺很发达。

解析： 男子讲述了一颗玻璃珠的故事，是为了印证新罗曾经和东南亚岛屿有过贸易往来和文化交流，其重点在后面，而不是玻璃珠本身，故②正确。

44. 请选择符合关于玻璃球说明的选项。
① 玻璃珠是在新罗制作出来的。
❷ 上层阶级使用过这颗玻璃珠。
③ 这颗玻璃珠有人脸那么大。
④ 在玻璃珠里刻着新罗人的脸。

解析： 根据原文可知，新罗的玻璃制作工艺还没有很发达，做不出这种玻璃珠，①错误；统治阶级曾经把玻璃珠挂在项链上，②正确；玻璃珠直径1.8厘米，③错误；人脸是异国人的脸，④错误。

☆**关键词：** "유리구슬"(玻璃珠)、"지배층"(统治阶级)、"목걸이"(项链)、"살펴보다"(观察)、"지름"(直径)、"새겨지다"(雕刻)、"출처"(出处)、"마침내"(最终)、"교역"(贸易)、"계급"(阶层)

※[45~46] 下面是一段演讲。听录音，请回答问题。

> 女：地球上每年会发生几次地震呢？（稍作停顿）发生50万次，只不过是我们没有感受到而已。在人类历史的长河中，人们一直经历着地震，有几次大地震甚至改变了人类历史。其中1755年的里斯本大地震是进行过科学研究的最早的地震，在这一点上是很有意义的。因为在那时首次开展了了解地震状况的调查。这是在试图进行科学的解释。大地震以后人们并未软弱地倒下，而是不断努力找出那场地震的原因。那样的努力促成了地震学的诞生，使现在的我们可以积极地防备地震。

45. 请选择与所听内容相符的一项。

① 地震是罕见的自然灾害。

② 大地震之后人们变得软弱。

③ 人们对于地震的认识没有改变。

❹ 大地震以前没有开展科学的调查。

解析：根据原文可知，地震发生得相当频繁，一年有50万次，①错误；大地震之后人们并没有倒下而是积极探索原因，②错误；大地震时的首次科学调查促成了地震学的诞生，改变了人们对于地震的认识，③错误，④正确。

46. 请选择最符合女子说话方式的选项。

① 正在阐明地震发生的原因。

② 正在分析地震学的研究成果。

❸ 正在介绍地震学的由来。

④ 正在按不同阶段说明地震的发生过程。

解析：女子用地震发生的次数引入话题，讲述了1755年的里斯本大地震促成了地震学的诞生，故③正确。

☆**重点语法："-던"**，和谓词搭配使用，修饰后面的名词，表示回想耳闻目睹的过去进行中的动作或经常持续发生的行为。因为反映动作的进行，所以表示未完成的状态。

例 그는 작업실로 쓰던 다락방에 불이 났어요.
他用作工作室的阁楼发生了火灾。

例 이 음식은 단골집에서 먹던 것과는 다른 맛이다.
这道菜的味道与我们常去的那家不一样。

※[47~48] 下面是一场访谈。听录音，请回答问题。

女：这些年，我市成功举办的各种国际活动成为地区发展的原动力。因为在准备活动的过程中，城市的基础设施也越来越完善，而且提高了城市的知名度。在此基础上，如果能够举办本次国际博览会，我市将作为国际化都市脱颖而出。那么怎样才能让我市被选定为博览会举办城市呢？

男：我认为为了申办博览会，需要设定与之前不同的目标。过去把举办博览会的目的定位在基础设施扩建或者城市宣传上，现在应该把博览会打造成交流和庆典的平台。最初的博览会是一个所有人都能享受其中的有趣庆典。我们必须再次找回早期博览会的意义。为此，首先应该探索的是可以引发国民的共鸣并让大家都能参与进来的方案。

47. 请选择与所听内容相符的一项。

① 这座城市公共基础设施不足。

② 这座城市没有举办国际活动的经验。

❸ 这座城市希望举办国际博览会。

④ 这座城市举办博览会的目的在于城市宣传。

解析：根据原文可知，这座城市已经具备丰富的基础设施，①错误；这座城市已经举办过各种国际活动，②错误；男子正在为申办博览会积极探索方案，③正确；这座城市举办博览会的目的不再是基础设施扩建或者城市宣传，④错误。

48. 请选择最符合男子说话方式的选项。

❶ 正在提出事业的推进方向。

② 正在要求探讨事业内容。

③ 正在反对推进事业的方式。

④ 正在证明事业实行方法的恰当性。

解析：男子认为举办博览会的目的应该从以前的基础设施扩建和城市宣传转移到打造交流和庆典的平台上来，找回最初博览会的意义，故选①。

☆**重点语法："-았/었/였던"**，接在动词后，表示回想、叙述耳闻目睹的过去已完了的事情。

例 우리가 갔던 바다는 아주 푸릅니다.
我们去过的大海很蓝。

例 말 못 했던 아픔들은 마음속에 남겨둡니다.
把没有说出口的伤痛都留在心底。

※[49~50] 下面是一段演讲。听录音，请回答问题。

> 女：过去认为，如果住在同一地区，政治倾向也会相似。因此以地域为中心的选举运动大行其道。但是最近发现，即便住在同一个地方，个人的政治倾向也有可能会不同，于是最近的选举运动正朝着反映个人特性的方向转变。所以最近候选人阵营中，在拟定选举运动所用的邮件时，也会制作很多不同内容的邮件。并且会考虑选民的性别、职业、关心的问题等精准发送。这样的话，选民只会收到适合自己口味的公约，所以很可能会暴露在单一片面的信息中。那么选民就只能失去可以客观评价候选人的机会。在这样的情况下，选民真的能够做出正确的选择吗？

49. 请选择与所听内容相符的一项。

❶ 最近的选举运动反映了个人的取向。

② 同一地区人们的政治倾向相似。

③ 能够评价候选人的机会正在增加。

④ 选民可以多角度获得候选人的信息。

解析：根据原文可知，最近的选举运动正朝着反映个人特性的方向转变，①正确；即便住在同一个地方，个人的政治倾向也有可能不同，②错误；选民失去了可以客观评价候选人的机会，③错误；选民只会收到适合自己口味的公约，无法多角度获得信息，④错误。

50. 请选择最符合女子态度的选项。

① 对本次选举运动持乐观态度。

② 期待着选举运动的积极变化。

③ 对选民对待选举的态度很失望。

❹ 正担心新的选举策略的副作用。

解析：根据原文可知，女子对最近的选举运动持否定态度，她担心根据选民的性别、职业、关心

的问题等精准发送邮件，会使选民失去可以客观评价候选人的机会，最终导致选民不能做出正确的选择，故选④。

> ☆关键词："유사하다"(类似)、"대세"(大势)、"진영"(阵营)、"유권자"(选民)、"고려하다"(考虑)、"구미"(口味)、"공약"(公约)、"노출되다"(暴露)、"박탈당하다"(被剥夺)、"다각적"(多角度)、"우려하다"(忧虑)

写作（51~54题）

51. 正确答案：

㉠ 제가 선생님을 집으로 초대하고 싶습니다.
我想邀请老师来家里做客。
저도 선생님을 우리 집으로 초대하고 싶습니다. 我也想邀请老师来我家做客。

㉡ 오후에는 / 언제든지 다 괜찮습니다.
下午 / 任何时间都可以。

收件人	李载正（korteach@hk.edu）
题目	老师，我是小明。

致李载正老师：

　　您好，我是小明。

　　非常感谢您上周邀请我到府上做客。

　　托老师的福，我度过了快乐的时光。

　　这次（　㉠　）。

　　下周一和下周三当中，哪一个时间更好呢？

　　我（　㉡　）。

　　如果您方便下午过来的话，那就再好不过了。

小明 敬上

解析：这是一封与"回请"相关的邮件，老师上周邀请了小明去家里做客，小明这次想要回请老师。故㉠处应该填写与小明邀请意愿相关的内容；㉡前面询问了老师的时间，后面表达了希望老师来的时间，故㉡应填写小明方便的时间。

52. 正确答案：

㉠ 머리는 저녁에 감는 것이 좋다.
晚上洗头比较好。

㉡ 자기 전에 머리를 말리고 자야 한다.
睡觉之前应把头发弄干。

> 什么时候洗头发好呢？人们一般在早上洗头发。但是因为只有把脏头发洗干净之后再睡觉才对发质有好处，所以（　㉠　）。但头发没干直接睡觉的话，发质很容易受损。所以（　㉡　）。如果弄干头发很困难的话，还是早上洗头比较好。

解析：这是一则跟洗头发相关的文章，㉠应是反对早上洗头发，根据㉠前面叙述的反对原因和后面假设的内容可知，㉠处应填写和"晚上洗头好"相关的内容；㉡与前面"湿着头发睡觉的话，发质很容易受损"构成因果关系，故㉡处应填写和"睡前弄干头发"相关的内容。

53. 参考范文：

교사와 학생 300명을 대상으로 글쓰기 능력을 향상시키는 방법에 대해 설문 조사를 실시하였다. 그 결과 교사와 학생의 생각이 다르다는 것을 알 수 있었다. 교사의 경우 글을 잘 쓰려면 책을 많이 읽어야 한다가 45%로 가장 높게 나타났지만 학생의 경우에는 다양한 주제로 연습하기가 65%로 가장 높았다. 다음으로 교사는 좋은 글을 따라 써야 한다가 30%, 다양한 주제로 연습해야 한다가 25%를 차지했다. 반면에 학생들은 책을 많이 읽어야 한다가 25%로 나타났고, 좋은 글을 따라 써야 한다는 10%에 그쳤다.

以教师和学生300人为调查对象，进行了关于如何提高写作水平的问卷调查。调查结果显示，教师和学生的想法有所不同。教师中，认为想要文笔好就要多读书的最多，占45%；学生中，认为应该练习多种主题写作的最多，高达65%。30%的教师认为应该模仿佳文写作，25%的教师认为应该练习多

样的主题。与此相反，25%的学生认为应该多读书，只有10%的学生认为应该模仿佳文写作。

54. 参考范文：

지난날에 대한 반성 또는 위대한 업적 등이 후대에게 전해지기를 바라는 마음이 기록으로 이어지고 그것이 바로 우리가 지금 '역사'라고 부르는 것이다. 우리가 역사를 기록하는 이유는 지금 일어나는 사실을 다음 세대에게 전달하는 데 그 목적이 있다.

이러한 역사는 우리에게 지금의 '나'를 이해할 수 있는 기회를 제공해 준다. 현재는 과거에서 비롯된 것이므로 과거를 살펴봄으로써 현재 일어나고 있는 일에 대해 이해하도록 돕는다. 그리고 역사는 과거에 있었던 가슴 아픈 사건이 다시 반복되지 않도록 우리에게 교훈을 주기도 한다.

더불어 역사의 기록을 통해 우리는 앞으로 일어날 일을 예측하고 이를 준비할 수도 있다. 얼마 전 신문 기사에 따르면 한 연구자가 옛 문서에 기록된 역사적인 사실을 분석하여 오늘날의 우리가 겪고 있는 심한 가뭄을 미리 알리면서 대비를 경고한 바 있다. 이는 역사의 가치를 보여주는 한 예라 할 수 있을 것이다.

이렇듯 역사는 과거의 사실을 아는 데에서 출발하여 현재의 '나'를 이해하고 더 나은 미래를 향한 방향을 제시해 줄 수 있다는 점에서 중요하다. 결국 과거의 역사는 현재로, 현재는 다시 미래의 역사로 이어지는 연속적인 관계 속에 존재하기 때문이다.

希望对过去的反省或丰功伟绩等被后世广为流传而记录的，正是我们所说的"历史"。我们记载历史的目的在于把现在所发生的事实传递给下一代。

这样的历史给我们提供了能够了解现今的"我"的机会。因为现在源于过去，回首过去有助于我们了解现如今发生的事情。并且，历史能让经发

生的心痛事件不再重蹈覆辙，给予我们教训。

再加上通过历史记载，我们能够预测未来即将发生的事情并为此做好准备。不久前报纸上有过一则报道，某研究者通过对记载在古籍的历史事实的分析，提前得知我们正遭受的严重旱灾，并警示我们采取预防措施。这可以算是一个能够展现历史价值的例子。

就这样，历史从了解过去的事实出发，到理解现在的"我"，乃至能够提示对未来的方向，均有其重要的意义。毕竟，过去的历史连接着现在，现在又成为将来的历史，因为我们始终存在于这种连续性的关系中。

阅读（1~50题）

※[1~2] 请选择最适合填入（　　）的选项。

**1. 正确答案：① **

> 哥哥（　　）很冷，内心很温暖。

① – 아 / 어 / 여도：表示让步，即使肯定前面的事实，也不影响后面的事实。

② – 아 / 어 / 여야：表示前面的事实是后面状况的必要条件。

③ – 다가：表示某一动作或状态中断而转变成其他动作或状态。

④ – 든지：表示无条件包括或选择。

解析：解决此题的关键在于要理清"外表冷漠"和"内心温暖"两者的关系。前后可以构成让步转折关系，即便外表冷漠但内心温暖，故①正确。

☆关键词："차갑다"(冰冷)、"따뜻하다"(温暖)

**2. 正确答案：② **

> 回家（　　）开始下雨了。

① – 거나：罗列两个以上的动作或事物，表示选择，相当于汉语的"或者"。

② -(으) 니까：表示原因、理由或进行前面的动作后才知道后面的状况。

③ – 거든：表示条件。

④ -(으) 려고：表示目的或意图。

解析：解决此题的关键在于要理清"回家"和"开始下雨"的关系。回到家之后发现开始下雨，故②正确。

☆关键词："내리다"(下)、"시작하다"(开始)

※ [3~4] 请选择与画线处意思相近的选项。

**3. 正确答案：② **

> 孩子在睡觉，<u>为了不吵醒他</u>安静地进房间。

① – 는지：表示疑问或不确定的语气。

② – 도록：表示程度、目的，相当于汉语的"……直到……""为了……而……"。

③ – 더니：表示回想过去的事实，前后事实对比转折或前面事实是后面事实的原因。

④ – 느라：表示目的性原因。

解析：连接语尾"-게"与连接语尾"-도록"都表示前面的内容是后面动作的目的，故选②。

☆关键词："깨다"(醒)、"조용히"(安静)、"들어가다"(进去)

**4. 正确答案：① **

> <u>为了提高韩语能力</u>，经常看韩国报纸和节目。

① – 기 위해서：表示做某事的目的或意图，相当于汉语的"为了……"。

② – 기 무섭게：表示某事结束后连着发生另一件事，相当于汉语的"一……就"。

③ -(으) ㄴ / 는 대신에：表示代替或补偿。

④ – 는 반면에：表示与前面内容相反的内容。

解析：连接语尾"-고자"和惯用型"-기 위해서"都表示做某事的目的、意图，相当于汉语的"为了……"，故选①。

☆关键词："실력"(能力)、"신문"(报纸)、"방송"(节目)

※[5~8] 请选择文章的主题。

5. 正确答案：②

> 遇上凉爽的风
> 清新、干净的自然感觉依旧！

① 吸尘器   ② 电风扇
③ 洗衣机   ④ 电话

解析：根据"凉爽""风"等信息可以看出，这是与电风扇相关的广告，故选②。

☆关键词："시원하다"(凉爽)、"맑다"(清新)、"깨끗하다"(干净)

6. 正确答案：②

> 为了安稳的明天！
> 我们会珍视顾客的钱包。

① 医院   ② 银行   ③ 店铺   ④ 补习班

解析：根据"安稳的明天""顾客的钱包"等不难看出，这是与投资相关的广告，故选②。

☆关键词："안정되다"(安稳)、"소중히"(珍视)

7. 正确答案：①

> "妈妈，我回来了。"
> 真是令人高兴的一句话！
> 请守护我们孩子上学的路。

① 交通安全   ② 节约用电
③ 礼仪教育   ④ 环境保护

解析：根据"上学路""守护"等信息不难看出，这应该是关于交通安全的公益广告，故选①。

☆关键词："반갑다"(高兴)、"지키다"(守护)、"예절"(礼仪)

8. 正确答案：①

> 面向世界！面向未来！
> 等待将与大韩汽车共同成长的各位。

① 职员招聘   ② 旅行介绍
③ 产品说明   ④ 销售指南

解析：从"等待与公司共同成长的各位"可以看出，

希望大家加入大韩汽车公司共同发展，故选①。

☆关键词："성장하다"(成长)、"기다리다"(等待)

※ [9~12]请选择与文章或图表内容一致的选项。

9. 正确答案：③

> 2015 青少年科学社团支援事业
> 仁州市为各位的梦想和希望加油。
>
> ⊙申请对象：
> 有 5 名以上的初中生、高中生的社团
> ※（需包含 1 名老师）
> ⊙支援金额：最多 200 万韩元
> ⊙支援时间：2015 年 7 月 1 日～ 12 月 31 日

① 社团支援将持续一年的时间。
② 社团只能由高中生组成。
③ 社团活动费可以达到 200 万韩元。
④ 只有两三名社团成员也可以申请。

解析：这是一则关于青少年科学社团工作的支援通知。从通知中可知社团支援时间是从7月到12月，不会持续一年，①错误；这次社团申请对象包括初中生和高中生，②错误；社团活动费用最高能支援200万韩元，③正确；这次报名的社团人员至少得5人，④错误。

☆关键词："응원하다"(支援)、"포함되다"(包含)、"구성되다"(组成)

10. 正确答案：③

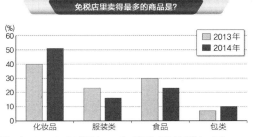

① 与 2013 年相比，食品购买量增加了。
② 与 2013 年相比，包类商品的销量减少了。
③ 两年都是化妆品卖得最多。
④ 2014 年，服装的销量比食品多。

解析：从图表可知，①错误，与2013年相比，食品购买量减少了；②错误，与2013年相比，包类商品的销量应该是增加了；③正确，化妆品比其他种类都卖得多；④错误，2014年，服装的销量比食品少。

☆**关键词**："팔리다"(被卖)、"구입"(购买)、"판매"(销售)

11. 正确答案：④

> 最近，购买绿豆芽的主妇正逐渐增多。黄豆芽一般用黑布覆盖，在昏暗的地方培育。但是绿豆芽不用布遮盖，放在明亮的地方生长。吸收阳光变成绿色的豆芽比黄豆芽的营养价值更高。特别是绿豆芽比黄豆芽富含更多的维生素，有助于从疲劳中恢复。

① 黄豆芽在阳光下生长。
② 绿豆芽是用黑布覆盖培育的。
③ 黄豆芽比绿色豆芽更容易消除疲劳。
④ 绿豆芽比黄豆芽的营养价值更高。

解析：根据原文可知，①错误，是绿豆芽在阳光下生长，而不是黄豆芽；②错误，是黄豆芽使用黑布覆盖培育，而不是绿豆芽；③错误，是绿豆芽比黄豆芽更易消除疲劳；④正确，绿豆芽比黄豆芽营养价值更高，还富含更多维生素。

☆**重点语法**："-에 비해서"，接在体词后，表示比较，相当于汉语的"比……"。

🗨 그는 아버지에 비해서 키가 더 커요.
　他比爸爸的个子还要高。

🗨 김밥이 국수에 비해서 먹기가 쉬워요.
　紫菜包饭比面条吃起来要容易。

12. 正确答案：④

> 手的活动与大脑有关。所以，经常活动手的话大脑机能会变好。尤其是活动不经常用的手的时候更能有效地刺激大脑。平时经常用右手的人就活动左手，经常用左手的人就活动右手。哪怕是做类似开门

和关门这样简单的事情，也有助于维持大脑机能。

① 脑部健康和手的活动没有关系。
② 和我们的身体不同，大脑不会因为简单的事受到刺激。
③ 为了活动大脑，最好用熟悉的方法使用手。
④ 如果使用不常用的手，大脑就会变得活跃起来。

解析：文章主要讲的是手和大脑之间的联系，①错误；哪怕做开门、关门这样简单的事情，也会使大脑活跃，②错误；为了有效刺激大脑，文章指出最好活动不经常使用的手，这样大脑会变得更活跃，③错误，④正确。

☆**关键词**："움직이다"(活动)、"오른손"(右手)、"왼손"(左手)、"유지하다"(维持)、"익숙하다"(熟悉)、"활발해지다"(变得活跃)

※**[13~15] 请选择排列正确的选项。**

13. 正确答案：③

> (가) 用它制造的茶在夏季饮用效果特别好。
> (나) 五味子据说因其有5种味道而得名。
> (다) 因为它有防止出汗、改善腹泻的效果。
> (라) 而且能帮助炎热天气中感到疲惫的人提高食欲。

解析：四个句子中，只有(나)句首没有关联词和第三人称"它"，是总领句；(가)指出喝茶效果好，具体效果在(다)和(라)中说明，所以(가)是第二句。(다)和(라)是并列关系，从连接副词"또한"可以看出(라)放在(다)之后，所以(나)之后是(가)，然后是(다)，最后是(라)，故选③。

☆**重点语法**："-ㄴ/은/는 데"，一般与动词连用，与"-는 것""-는 때"意义相似，常与"효과가 있다/없다, 효과적이다, 필요하다,도움이 되다"等连用。

🗨 얕은 데서 깊은 데로 들어가다. 由浅入深。

🗨 피로를 푸는 데 잠이 제일 효과적이다.
　睡觉对解除疲劳最有效。

14. 正确答案：①

> （가）虽然也有感受到这种幸福的时候，但偶尔也有又累又苦的时候。
> （나）但是每次教他们的时候，我都把自己当成国家代表。
> （다）用韩语与不同文化圈的学生交流真是件幸福的事情。
> （라）因为我通过他们看到了世界，他们通过我看到了韩国。

解析： 四个句子中只有（다）句首没有关联词，故（다）是总领句，（가）说的是虽然有感到幸福的时候，但也有累的时候，显然（다）与（가）是转折关系，所以第二句是（가）。（나）和（라）是因果关系，从终结词尾 "기 때문이다" 可以看出（나）应该放在（라）的前面。所以（다）之后是（가），然后是（나），最后是（라），故选①。

☆关键词："국가대표"(国家代表)、"문화권"(文化圈)、"교류하다"(交流)

15. 正确答案：③

> （가）对政府提建议时就可以使用这个地方。
> （나）如今 "网络鸣冤鼓" 起到了这样的作用。
> （다）过去设置 "鸣冤鼓" 这样的鼓来倾听百姓的心声。
> （라）虽然时代不同，但国家听取国民意见的努力在持续着。

解析： 第一句应该是（다），引出过去设置 "鸣冤鼓" 的作用，紧接着就是（나），现在的 "网络鸣冤鼓" 也起到这样的作用，（가）对（나）中提到的 "网络鸣冤鼓" 指出了使用方法，显然（나）之后是（가）。最后是（라），作为总结句。所以（다）之后是（나），然后是（가），最后是（라），故选③。

☆关键词："건의하다"(建议)、"활용하다"(活用)、"신문고"(鸣冤鼓)、"역할하다"(起作用)、"북"(鼓)

※[16~18] 请选择最适合填入（　）的选项。

16. 正确答案：④

> 有这样一种授课形式，在小棍子上写上学生的名字插进桶里，然后逐个抽出来发表。这是（　　　　）的方式。如果积极的学生先举手回答问题的话，消极的学生就会失去回答的机会。这种方式具有让所有学习者均能参与课堂的积极效果。

① 为了尽快记住学生的名字
② 为了让教学进度统一
③ 为了让授课更加温和地进行
④ 为了给积极性差的学生机会

解析： 从原文可知，括号中填入的是怎样的方式，这种方式在括号后面有提示，以前的授课形式对积极的学生有利，对消极学生不利，现在的授课模式是为了顾及积极性差的学生，故选④。

☆关键词："막대"(棍子)、"꽂다"(插)、"시키다"(使)、"소극적"(消极)、"놓치다"(失去)、"골고루"(均匀)、"참여하다"(参与)、"동일적"(统一性)

17. 正确答案：④

> 从小就能熟练操作数码产品的青少年被称作 "数字原住民"。他们把一天大部分的时间都用在使用数码产品上，在虚拟空间获取信息或与其他人建立关系。而且他们害怕追赶不上潮流。所以不能（　　　　）时，会感到不安。

① 受到父母的关心　　② 学习成绩提高
③ 获取陌生人的信息　④ 买新上市的产品

解析： 从原文可知，"数字原住民" 主要是指把大部分时间用在数码产品上的青少年，括号前的 "그래서" 是对上一个句子的总结，因此找出与 "怕赶不上潮流" 相关的内容就可以了，四个选项中只有买不到新上市的产品与此相关，故正确答案为④。

예 음식물 반입하거나 큰 소리로 떠들면 안돼.
　　禁止携带食物入内或大声喧哗。

예 좋거나 싫거나 해는 언제나 제시간에 뜬다.
　　不管你喜不喜欢，太阳总是会按时升起。

18. 正确答案：①

在东方，我们体内流淌的能量被称为"气"。中医学认为，气通畅的人是健康的人，气不通畅或堵塞的人容易生病。因气被堵住而生病的人，中医学会用针灸来治疗。这时针刺激气被堵塞的地方使（　　　）。

① 气的流淌畅通无阻
② 确认气的方向
③ 预防患者的疾病
④ 诊断患者的病痛

解析：从原文可知，中医学上气通畅的人就是健康的，对气不通畅或堵塞的病人用针灸来刺激那个地方。不难看出括号内要填入的是针灸的目的，按照中医原理可推测出，用针刺激被堵塞的地方是为了使气的流淌畅通，故正确答案为①。

☆关键词："흐르다"(流淌)、"에너지"(能量)、"한의학"(中医学)、"막히다"(堵住)、"바늘"(针)、"원활하다"(进展顺利)、"통증"(疼痛)

※[19~20] 阅读下文，请回答问题。

射箭虽然看起来简单，但这是一项需要判断力和耐心的运动。在射箭中，箭射出的瞬间最重要。（　　）判断何时射箭才是核心。而且还需要屏住呼吸耐心等待直到箭射出的瞬间。因此对于缺乏判断力或耐心的人来说，这是一项很好的运动。

19. 请选择适合填入（　　）的选项。
❶ 尤其　　② 或者　　③ 原来　　④ 果然
解析：括号前面说的是射箭最重要的是瞬间，括号后面说的是判断射箭时间才是核心，不难看出后句是前句的进一步说明，故正确选项是①。

20. 请选择与本文内容相符的一项。
❶ 射箭可以提高判断力。
② 射箭的核心是屏住呼吸。
③ 射箭难培养耐性。
④ 射箭因是单纯的运动，所以备受关注。
解析：根据原文可知，①正确，射箭对于缺乏判断力或耐心的人来说是项很好的运动；②错误，射箭的核心是判断何时射箭；③错误，射箭有助于培养耐性；④错误，文中没有提及。

☆关键词："활쏘기"(射箭)、"판단력"(判断力)、"인내심"(耐心)、"핵심"(核心)、"요구되다"(需要)、"참을성"(耐性)、"주목"(关注)

※[21~22] 阅读下文，请回答问题。

最近，一位老爷爷把自己扫大街积攒而来的一百多万韩元以奖学金的形式捐了出来。俗话说（　　　），这是过去五年间老爷爷将丢在地上的10韩元硬币一枚枚捡起来而攒成的钱。人们通常认为只有有很多钱才能帮助别人。但是真正的捐赠，重要的不是钱的金额，而是对别人的爱心。

21. 请选择适合填入（　　）的选项。
① 情人眼里出西施　　② 覆水难收
③ 便宜没好货　　　❹ 积少成多
解析：括号的内容后面已给出提示，即那一百多万韩元是"把一枚枚10韩元硬币捡起来而攒成的钱"，故选④。

22. 请选择这篇文章的中心思想。
① 要提高生活中硬币的利用率。
② 要想帮别人就应该攒很多钱。

❸ 真正的捐赠应该先考虑别人，而不是自己。
④ 要想攒很多钱，应该养成节俭的习惯。

解析：文章通过老爷爷捐钱的故事表达了对捐赠的观点，最后一句是作者的主张，也是本文的中心思想，即：真正的捐赠是对别人的爱心，故选③；①②④在文中均未提及。

☆关键词："모으다"(攒)、"내놓다"(拿出)、"바닥"(地面)、"참되다"(真正)、"기부"(捐赠)、"액수"(金额)、"엎질러지다"(洒)、"티끌"(尘土)

※[23~24] 阅读下文，请回答问题。

> 把奶奶留在乡下，独自回首尔的步伐并不轻松。但是沉重的心情并没有持续几天。刚开始奶奶每天都打来电话，终于她自己也来到了首尔。奶奶是没有办法不爱自己孙子的。奶奶开始洗衣服、打扫卫生，甚至把在我眼里看不到的各种家务都找出来做。我原本想让奶奶休息休息就回乡下去，<u>但是无论怎么说，她都像没听见一样。</u>年过三十的我，在奶奶眼里仍是个孩子。在首尔不过生活了几周，就已经在陌生的小区交到朋友的奶奶，在跟着朋友去市场时摔倒了。我接到医院的通知后，非常担心立马慌慌张张地跑到医院，却发现奶奶和同一病房的人正聚在一起愉快地聊着天，笑得很开心，她腿上还缠着绷带。看到这样的场景，我实在说不出话来。

23. 请选择符合画线部分中"我"心情的选项。
❶ 郁闷　　② 畅快　　③ 尴尬　　④ 繁杂

解析：根据原文可知，画线部分前面提到我的本意是让奶奶不用这么劳累，休息几日之后回老家，但是怎么说奶奶就像没听见一样，由此推测此时我的心情是郁闷的，故选①。

24. 请选择符合本文内容的选项。
① 奶奶经常听我的话。

❷ 奶奶去市场伤了腿。
③ 奶奶让我做了很多家务。
④ 奶奶来首尔是为了见朋友。

解析：根据原文可知，①错误，我原本想让奶奶休息休息就回乡下，但是奶奶像没听见一样，所以奶奶是不怎么听我的话；②正确，奶奶和朋友一起去市场时腿受了伤；③错误，是奶奶帮我做了很多家务；④错误，奶奶来首尔是为了见孙子。

☆重点语法："-더니"，连接词尾，接在动词后，表示回想过去某一段时间发生的事情，这件事是后面发生的情况的原因、理由、根据。

예 그 직원은 밤을 새서 일하더니 지친 것 같아요.
那名职员熬夜工作，好像疲惫至极。

예 빈속에 두 잔이나 마셨더니 좀 취한 것 같아요.
空腹喝了两杯，有点醉意。

※[25~27] 请选择最符合新闻标题的选项。
25. 正确答案：③

> 白天晴朗，晚上开始局部地区雨点"哗啦哗啦"

① 白天阴天，从晚上开始全国降雨。
② 白天晴朗，但从晚上开始全国降雨。
③ 白天晴朗，但从晚上开始部分地区降雨。
④ 白天阴天，从晚上开始部分地区大雨如注。

解析：通过标题可知，白天晴朗且前后两句互为转折关系，选项②③符合，另外后半句中下雨的地方不是全国而是局部地区，故③符合题意。

☆关键词："낮"(白天)、"화창"(风和日丽)、"빗방울"(雨点)、"뚝뚝"(哗啦哗啦)、"쏟아지다"(倾泻)

26. 正确答案：④

> 即便在经济不景气的情况下，葡萄酒消费"嗖嗖"，热火朝天的销售竞争

① 即便在经济不景气的情况下，由于企业之间的竞争，葡萄酒的消费增加了。

② 即便在经济不景气的情况下，因葡萄酒的销量减少，葡萄酒的消费也减少了。

③ 即便在经济不景气的情况下，由于过度的销售竞争，葡萄酒的供应增加了。

④ 即便在经济不景气的情况下，因葡萄酒消费增加，葡萄酒的销售竞争变得激烈。

解析：通过标题可知，"经济不景气"与后面的内容是让步转折关系，按照逻辑判断"껑충（嚕嚕）"应是消费增加，因葡萄酒消费的增加使销售竞争变得激烈，故④符合题意。

☆**关键词：**"불황"(不景气)、"껑충"(蹦跳)、"불붙다"(着火)、"경쟁"(竞争)、"공급"(供应)

27. 正确答案：③

> 村里的老人们扮演着"守护者"的角色，居民的脸上洋溢着笑容

① 老人们满足于村民的帮助。

② 老人们在村民的帮助下工作得很愉快。

③ 因村里老人们为了安全而费心，居民们的心情很好。

④ 居民们感谢那些努力做好工作的老人。

解析：通过标题可知，前后两句应互为因果关系，即因为村里老人充当了"守护者"的角色，所以村民们心情很好，笑容满面，故③符合题意。

☆**关键词：**"어르신"(老人)、"지킴이"(守护者)、"톡톡히"(充分地)、"가득"(充满)、"애쓰다"(努力)

※[28~31] 阅读下文，请选择最适合填入（ ）的选项。

28. 正确答案：②

> 大多数人都认为童话是儿童读的书。但是最近通过童话（　　　）的成年人越来越多。童话中的故事可以唤醒人们过去的记忆和珍贵的事物，引导成年人找回童真。这是因为不论年纪大小、贫穷还是富有，在童话中有能让所有人产生共鸣的故事。

① 想要教育孩子的

② 想要回顾童年的

③ 想要确认家人的爱的

④ 想要为孩子写东西的

解析：括号中填写的是什么样的成年人越来越多，这个在括号后的句子中有提示，即童话故事唤醒过去的记忆和引导成年人找回童真，故选②。

☆**重点语法：**"-든"，接在谓词后，常以"-든…든"或"-든…말든"的形式出现，列举出意义相反的一对词语，表示无论做出什么选择都可以。

예 오빠가 사귀는 사람이 누구든 괜찮아. 无论哥哥你和谁交往都没关系。

예 방이 좁든 넓든 그런 것은 문제가 되지는 않을 것이다. 房间无论是宽还是窄，都不是问题。

29. 正确答案：③

> 优秀的艺术家在从事艺术创作活动的过程中，如果遇到了阻碍就会寻找突破口。对于画家来说，（　　　）不是"毒"，而是"药"。一位因手颤动而无法作画的画家通过剪纸、涂上颜料后再粘贴的方法开启了新的作品世界。还有由于贫穷而买不起画画材料的画家在香烟的包装纸上素描。通过这样的艺术作品，他们构筑了只属于自己的艺术世界。

① 材料不足和好奇心

② 经济贫困和艺术性

③ 身体缺陷和恶劣的环境

④ 艺术的界限和精神上的痛苦

解析：括号后面两句是对括号所在句的举例说明，因手颤动不能作画的画家代表的是身体缺陷，因贫穷买不起材料的画家代表的是经济环境恶劣，故选③。

☆**关键词：**"훌륭하다"(优秀)、"부딪히다"(被撞)、"돌파구"(突破口)、"물감"(颜料)、"칠하다"(涂)、"스케치"(素描)、"구축하다"(构筑)、"열악하다"(恶劣)

30. 正确答案：①

> 　　橡皮擦有一种与其他文具长期接触就会粘一块儿的特性。这是因为制作橡皮擦时加入了特殊物质。在制作橡皮擦的材料橡胶中放入化学物质的话，橡胶分子就会结合在一起。但是，放入橡胶里的化学物质一旦进到塑料中，它就会（　　　）。因此，如果将橡皮擦和塑料文具一起放置就容易粘在一起。

① 粘上橡胶　　　　　② 橡胶变硬
③ 与文具类不粘一块儿　④ 不接触文具类

解析：括号中填的是橡胶里的化学物质放到塑料里会产生的结果，这个结果根据前后文可以推断出来，因为化学物质不会使橡胶产生黏性，所以橡胶和塑料黏合的话只能是加入化学物质的塑料产生黏性了，故选①。

☆关键词："닿다"(触及)、"달라붙다"(粘住)、"성질"(特性)、"특수하다"(特殊)、"고무"(橡胶)、"결합하다"(结合)、"플라스틱"(塑料)、"딱딱하다"(硬)

31. 正确答案：②

> 　　嘻哈可以以自我陶醉的形式出现，也可以采取集体的形式。嘻哈在同歌共舞中体现了彼此鼓励和安慰个人痛苦的（　　　）。对于怀揣梦想也是种奢侈的人来说，嘻哈是相互交流想法的身体动作和呐喊。对于他们来说，嘻哈还类似于一种使其确认自我存在价值的意识。

① 形式上的动作　　　② 集体意识
③ 多样的面貌　　　　④ 发展的未来

解析：第一句话提出了嘻哈的两种形式，自我陶醉形式和集体形式，后面紧接着就对两种形式做了说明。通过"同歌共舞""彼此鼓励"等关键词可以看出括号里应是集体意识，故选②。

☆重点语法："-(이)며"，接在名词后，表示并列关系。

> 예 　이것은 영한사전이며 저것은 한영사전입니다.
> 这是一本英韩词典，那是一本韩英词典。

> 예 　이분은 우리의 선생님이시며 학회의 이사장이십니다. 这位是我们的老师，也是学会的理事长。

※[32~34] 阅读下文，请选择内容一致的选项。
32. 正确答案：④

> 　　包袱布被用于包裹东西这种实用型用途。其中用剩的碎布拼成的包袱布叫拼接包袱布。做这包袱布时，用祈求使用者能得到福气的心态来进行缝补。现如今，这样的包袱布在艺术层面也得到了认可。因为用颜色、模样、大小都不同的布片连接起来做成的包袱布蕴含着自由奔放的美感与和谐。

① 比起实用性，拼接包袱布更注重艺术性。
② 拼接包袱布是由一块大布剪成许多小碎布而做成的。
③ 拼接包袱布是用颜色一样，形状不同的布块拼接的。
④ 拼接包袱布中蕴含着祈求福气的诚心。

解析：根据原文可知，①错误，文中只提到拼接包袱布在艺术层面上得到认可，对两者的比较没有提到；②错误，拼接包袱布不是由一块大布裁剪而成，而是用许多不同的小碎布条拼接而成；③错误，拼接包袱布用颜色、模样、大小不同的布片拼接而成；④正确，拼接包袱布在缝补时，蕴含了缝补人对使用人的祈福心意。

☆关键词："보자기"(包袱)、"실용적"(实用型)、"조각보"(包袱皮)、"취하다"(采取)、"바느질"(针线活)、"자유분방하다"(自由奔放)、"정성스럽다"(精诚)

33. 正确答案：③

> 　　朝鲜王朝时代有记录历史的史官。记录国王周边发生的一切事情的史官不受任

何人的干涉。即使是国王也看不到和自己相关的记录。另外，史官不会在记录上留下自己的名字，所以在政治上也不用承担任何责任。朝鲜王朝时期，史官的作用是让国王注意自己的言行，最终它作为使国王不能随意使用权力的机构而发挥了作用。

① 记录历史的书上写着史官的名字。
② 在需要的时候，国王可以查看史官的记录内容。
③ 因为史官的记录，国王对自己的言行变得谨慎了。
④ 史官把周围发生的事情都报告给了国王。

解析： 根据原文可知，①错误，史官没有在记录上留下自己的名字；②错误，即使是国王也无法查看史官的记录；③正确，史官的作用是让国王注意自己的言行，制约着国王滥用权力；④错误，史官记录国王周边发生的事情，不受任何人干预，更不会报告给国王。

☆**重点语法：**"-조차"，表示包含，相当于汉语"连……也都……"的意思，一般用于消极的现象并带有不利、不满的意思,常与助词"커녕"连用。

예 날씨가 추운데 바람조차 불었어요.
　　天气不但冷,还刮风。

예 복습은 커녕 숙제조차 안 하려고 합니다.
　　别说是复习了,就连作业也不打算做。

34. 正确答案：①

北极熊是一种能快速适应高脂肪食物的动物。北极熊身体的 50% 是脂肪，连给幼崽喂的奶水中脂肪也达到 27%。如果人类有这么多的脂肪，可能会患上心血管疾病等成人疾病而失去生命。但是北极熊的血液内含有过滤脂肪的基因，它可以防止因脂肪引起的副作用。如果研究该动物的基因，有望对治疗人类的成人疾病带来帮助。

① 北极熊不易患心血管疾病。
② 北极熊主要摄取脂肪少的食物。
③ 北极熊的身体 27% 是脂肪。
④ 通过研究北极熊，人类的成人病正得到治疗。

解析： 根据原文可知，①正确，因为北极熊的血液内含有过滤脂肪的基因；②错误，北极熊主要摄取的食物文中没有提到，文中只说它是快速适应高脂肪食物的动物；③错误，北极熊的身体 50% 是脂肪；④错误，不是正得到治疗，是有望对治疗人类成人病带来帮助。

☆**关键词：**"북극곰"(北极熊)、"고지방"(高脂肪)、"적응하다"(适应)、"젖"(乳汁)、"심혈관"(心血管)、"질환"(疾病)、"거르다"(过滤)、"유전자"(基因)

※ [35~38] 请选择最符合文章主题的选项。

35. 正确答案：②

发邮件或者短信的时候我们用表情符号来表达感情。表情符号创作的初期主要是用文字或脸部表情，后来慢慢发展到使用漫画人物，也能发出声音，还会加上动作来搞笑。自 20 世纪 80 年代初表情符号产生以来，它一直在发展变化。尽管一些人批判表情符号会使语言表现力退步，但现在表情符号已经作为不可或缺的一种语言站稳了脚跟。

① 初创期表情符号大部分都是脸部表情。
② 表情符号成为表达感情的另一种语言。
③ 表情符号的持续使用会降低语言表现力。
④ 现在已经到了如果没有表情符号就很难收发信息的程度。

解析： 文章首先引出人们用表情符号来表达感情的话题，之后举出表情符号的发展过程，最后提出自己的主张，即：表情符号是一种不可或缺的语言，这也是文章的重点，故选②。

☆**重点语法：**"-에도 불구하고"，接在名词后面，表示前面内容未影响到后面内容，相当于汉语"尽管……还是……"的意思。

예 악천후에도 불구하고 운동회는 진행됐다.
尽管天气恶劣，运动会仍然进行。

예 우리 팀은 수적 열세에도 불구하고 승리했다.
我队尽管数量上存在劣势，但依然取得了胜利。

36. 正确答案：②

> 有这样一则寓言故事，有个孩子想喂自己喜爱的小鸟吃各种肉，但受了惊吓的鸟一点肉都没吃就死掉了。这是由于孩子没有真正站在鸟的立场去考虑它真正需要的东西是什么而导致的结果。但是想要关怀他人的时候，先站在对方的立场考虑这并不像说的那么容易。那是因为要完全理解对方的立场真的很难。因此，我们应该首先认识到，不成熟的关怀反而会伤害对方。

① 事实上，完全理解对方几乎是不可能的。
② 要知道不成熟的关怀会伤害到对方。
③ 我们可以通过寓言学习真正的关怀。
④ 在关怀时，考虑对方的立场没有太大意义。

解析：文章用一则寓言故事来说明关怀别人应站在对方立场考虑，后面又提到完全理解对方立场很难，最后笔者提出结论"不成熟的关怀反而会伤害对方"这是对全文的总结，故选②。

☆关键词："먹이다"(喂)、"우화"(寓言)、"진정"(真正)、"배려하다"(关怀)、"완벽하다"(完美)、"어설프다"(轻率)

37. 正确答案：③

> 人们认为蜂蜜是有益健康的食品。因此，他们认为蜂蜜对糖尿病患者也有好处，而且它跟白糖不一样，不会引起肥胖。虽然蜂蜜营养丰富，但是因为会增加血糖，所以对糖尿病患者来说，并不比白糖更好。我们所认为的蜂蜜的好处大部分都没有经过科学验证。蜂蜜和白糖的决定性差异只是消费者的意识，而并非实际的优缺点。

① 蜂蜜是比白糖更健康的替代食品。
② 糖尿病患者要摄取蜂蜜来代替白糖。
③ 人们认为的蜂蜜的优点可能不是事实。
④ 蜂蜜对健康的影响得到了科学验证。

解析：根据原文可知，文章首先提出蜂蜜有益健康的观点并予以说明，接着便对这个观点进行反驳并举例说明，最后表达观点进行总结"蜂蜜和白糖的决定性差异只是消费者的意识，而并非实际的优缺点"，故选③。

☆重点语法："-(와)과 달리"，主要接在名词后，表示两者的不同。

예 여름과 달리 겨울에는 낮 시간이 짧아진다.
与夏天不同，冬天的白昼时间变短。

예 우려와 달리 열띤 홍보로 부쩍 몰린 사람들 많아요. 与担心的相反，被热情的宣传吸引而聚过来的人很多。

38. 正确答案：③

> 使用网络时，往往很多情况下需要同意提供个人信息。像这种表示同意的文章被称为'协议文'，里面包含社会承诺或规定。协议文在个人之间的利害关系出现分歧时起着解决纷争的作用。因此，想要在网上沟通的人应该准确掌握协议文，并评价其是否公正合理。只有这样，自己的权利才不会受到不当侵害。

① 对协议文的公正性需留意阅读。
② 准确掌握协议文的内容最重要。
③ 要正确理解和追究协议文的内容。
④ 为了使用协议文需要提供个人信息。

解析：文章先解释说明了"协议文"的定义和作用，最后提出观点进行总结"准确掌握协议文的内容和评价的公正性"，故选③。

☆重点语法："-고자"，表示说话者的意图、计划或行动的目的，主要用于文章、演讲和采访。

예 저는 1년 동안 한국어를 배우고자 합니다.
我打算学习一年韩国语。

（예）오늘은 한국의 노령화 문제에 대해 이야기하고
자 합니다. 今天我们讨论一下韩国老龄化问题。

※ [39~41] 请选择最适合填入〈示例〉的位置。

39. 正确答案：④

> 仁州商社这个月开始引入"自律工作制"。(㉠)这项制度规定本人可以自由决定工作时间,现有的上下班时间将会消失。(㉡)该公司计划,截至今年10月,对所有职员试行自律工作制度。(㉢)试行期间结束后,将对这项制度的优缺点进行分析完善,然后再正式实施。(㉣)其他企业也对仁州商社实行的自律工作制非常关注。

—————— <示例> ——————
> 并且以引进这项制度作为契机,为了改善组织文化而进行的多种类型的尝试将继续进行。

① ㉠   ② ㉡   ③ ㉢   ④ ㉣

解析：这段话主要介绍了自律工作制,根据示例中的"나아가"可知,它是实施完自律工作制的后续行为,是对该项制度的扩大和完善,所以放在㉣处最合适,故选④。

☆关键词："자율근무제"(自律工作制)、"도입하다"(引入)、"출퇴근"(上下班)、"시범"(示范)、"보완하다"(完善)、"나아가"(进一步)

40. 正确答案：②

> (㉠)"梅迪奇效果"是指将毫无关联的领域相结合,从而创造出前所未有的创造性的结果的现象。(㉡)当时梅迪奇家族赞助了拥有不同力量的艺术家和学者们在一起工作。这使得佛罗伦萨地区的文化水平得到了进一步提高。(㉢)具有创新技术和艺术家风格的设计相结合的事例在国内也可以看到。(㉣)仁州电子的最尖端技术和欧洲的名品设计公司共同创制的"天使手机"就是其中的例子。

—————— <示例> ——————
> 这个术语是用对文艺复兴的诞生和发展起到很大作用的梅迪奇家族命名的。

① ㉠   ② ㉡   ③ ㉢   ④ ㉣

解析：这段话主要介绍了梅迪奇效果的含义、作用及现代事例。不难看出示例是对梅迪奇效果的进一步解释,而佛罗伦萨地区的事例则是对于例子的具体说明,所以放在㉡处最合适,故选②。

☆关键词："분야"(领域)、"창의적"(创意性)、"창출하다"(创造出)、"가문"(家门)、"후원하다"(后援)、"피렌체"(佛罗伦萨)、"한층"(进一步)、"혁신적"(革新的)、"르네상스"(文艺复兴)

41. 正确答案：③

> 在郑志友教授编写的《电影,说物理》一书中把科学故事讲述得津津有味。(㉠)既是物理学家,又是作家的郑教授从科学的角度解释了电影当中隐含的科学原理。(㉡)这本书讲述了在电影里登场的透明人和人工智能机器人等。(㉢)如果通过这本书能理解到科学原理的话,那么就可以更有趣地观赏电影了。(㉣)并且同时还可以体验到科学所带来的神秘世界。

—————— <示例> ——————
> 这样的素材以科学知识为基础在电影里把人类的想象力进行了具体化。

① ㉠   ② ㉡   ③ ㉢   ④ ㉣

解析：这段话主要介绍了郑志友教授编写的《电影,说物理》这本书的内容及阅读效果,不难看出,示例中提到的"这样的素材"指的应是"电影里登场的透明人和人工智能机器人等",所以放在㉢处最合适,故选③。

☆关键词："흥미진진하다"(津津有味)、"들여다보다"(窥视)、"다루다"(处理)、"흥미롭다"(有趣)、"신비롭다"(神秘)、"소재"(素材)、"구체화하다"(具体化)

※ [42~43] 阅读文章, 请回答问题。

> 别的店都不能与这儿相提并论。这家店可能是世界上最好吃的店吧。这家店别有格调地展示着比萨的美学。虽然面饼像纸张一样薄, 但它富有弹性又酥酥的。面饼上面展开的是绝味的全景。大比萨, 大满足。
>
> 潇洒而又和蔼可亲的女主人拿着菜单走了过来。我要点的比萨早就已经定好, 孩子们也一样。没有任何问题。
>
> "要点些什么呢?" 她拿着铅笔问我。
>
> "我要玛格丽塔。"
>
> "我也是, 但是不要放芝士。" 大女儿说。
>
> "不在比萨里放芝士?" <u>女主人好像中枪了一样</u>。
>
> "怎么了? 不可以吗?" 女儿追问着。
>
> "不是不可以, 但是不好吃啊!" 很尴尬的口气。(中略) 小女儿点了放罗勒香料的比萨。但是要求不要放罗勒。女主人用好奇的眼光扫了我一眼。到底我是怎么教孩子的? 一个不要芝士, 另一个不要罗勒, 为什么都这么倔呢?

42. 请选择画线部分女主人的心情。

① 尴尬　　❷ 荒唐　　③ 生疏　　④ 惋惜

解析: 通过原文可知, 我带两个女儿去吃比萨, 大女儿点跟我一样的比萨却说不要芝士。众所周知比萨美味的原因就在于芝士, 然而当有人说不要放芝士时, 女主人肯定会觉得很荒唐不可接受, 故正确答案为②。

43. 请选择符合本文内容的选项。

① 我没点同样的比萨。

② 大女儿喜欢放罗勒香料的面包。

❸ 我无法理解孩子们的行为。

④ 小女儿点了酥脆的比萨。

解析: 文中并未提及我有没有点同样的比萨, ①错

误; 文中并没有提到大女儿喜欢面包, ②错误; 我对于两个孩子的行为确实难以理解, ③正确; 小女儿点的是不放罗勒香料的比萨、④错误。

☆**重点语法**: "-기는 하다", 表示强调确认某一事实, 相当于汉语的 "……是……", 常用于表示转折关系的句子中。

예 좋기는 하지만 돈이 없어서 못 사겠다.
　　好是好, 没钱买不了。

예 지금 감기가 좀 낫기는 했지만 상태를 더 두고 봐야 돼요. 现在感冒好是好一些, 但还要看情况。

※ [44~45] 阅读下文, 请回答问题。

> 最近韩国企业的竞争力在国内外都得到了认可。这些企业在国内外成功的理由便是快速的经营方式、有条不紊的领导能力等韩国式的企业运营方式。只是, 为了韩国企业日后的持续发展, 韩国人需要扬长补短的经营模式。即需要只有韩国人才具有的 (　　　)。那么韩国人固有的特征是什么呢? 很多人都会想起 "快点快点" 文化。"快点快点" 文化一直被认为具有没耐心且急躁的负面意义。但是在现代社会它反而成为长处。那是因为现代社会日新月异, 能够 "快点快点" 适应, 是有利于取得成功的。

44. 请选择符合本文主题的选项。

① 韩国企业很好地适应了剧变的时代。

② "快点快点" 文化是韩国人独有的国民性文化。

③ 韩国企业有不暴露缺点的倾向。

❹ 韩国人的 "快点快点" 文化对企业发展有积极影响。

解析: 文章通过叙述韩国企业在国内外成功的原因, 引出韩国人特有的 "快点快点" 文化, 然后描述对这种文化的传统认识, 最后提出观点否定了这种传统认识, 这是本文的重点, 故选④。

45. 请选择适合填入（　　）的选项。

① 制造象征意义的

② 改变否定性认识的

❸ 具有差别化竞争力的

④ 追求普遍性领导力的

解析：解题的关键在于括号所在句子中的"即（즉）"，不难看出这句话是对前面内容的重复说明，前文提到了为了持续发展提高竞争力韩国人需要扬长补短的经营模式，后文也再次提到了括号中的内容"固有的特征"，因此括号中应填写和韩国人特有的竞争力相关的内容，故选③。

☆关键词："일사불란하다"(一丝不乱)、"리더십"(领导能力)、"고유하다"(固有)、"떠올리다"(想起)、"여겨지다"(认为)、"유리하다"(有利于)、"급변하다"(剧变)、"요인"(要因)、"상징적"(象征性)、"보편적"(普遍性)

※ [46~47] 阅读下文，请回答问题。

我们看棒球漫画的时候总会为球上下左右强烈晃动的场面而感叹。这只有在漫画中才能实现吗？（ ㉠ ）不是的。在现实当中也有这种情况，这是因为球在旋转。（ ㉡ ）球根据受力方向的不同，旋转的方向和落点也有所不同。（ ㉢ ）在棒球比赛中，投手利用这种方法投出让击球手无法预测的多样的球。有些击球手表示，有时觉得球飞到眼前后，突然升起来了。（ ㉣ ）即使这样，有这种错觉是因为给了球旋转力，缩短了球降落下来的程度。原本预想着球会往下降落，但是球受到了旋转，基本上直线飞过来，所以就感觉球像升起来一样了。

46. 请选择最适合填入〈示例〉的位置。

————— <示例> —————

事实上，投手投出的球因重力绝对不会往上升。

① ㉠　　② ㉡　　③ ㉢　　**❹ ㉣**

解析：原文开头通过漫画里的场景引出旋转力，接着阐明球旋转的原理，最后通过棒球比赛说明旋转力的应用。示例中的内容跟棒球比赛相关，是对棒球上升的反向说明，故放在㉣处最合适。

47. 请选择符合本文内容的选项。

① 受重力的影响球旋转的方向发生了改变。

② 利用旋转可以使球上升。

③ 旋转飞来的球，击球手容易预测。

❹ 投手给球旋转力，能投出多样的球。

解析：根据原文可知，球根据受力的方向、旋转的方向和落点有所不同，与重力无关，①错误；利用旋转可以使球像升起来一样，球因重力是绝对不会往上升的，②错误；因投手利用给球旋转力的方法投出多样的球，让击球手无法预测，③错误，④正确。

☆关键词："상하좌우"(上下左右)、"휘다"(使弯曲)、"감탄하다"(感叹)、"회전하다"(旋转)、"투수"(投手)、"예측하다"(预测)、"던지다"(投)、"떠오르다"(浮上来)、"착각하다"(搞错)、"중력"(重力)

※ [48~50] 阅读下文，请回答问题。

现代社会因多种利益集团的关系错综复杂，存在着许多社会矛盾。从包含社会文化因素的矛盾到包含经济因素的矛盾，再到日常生活纠纷，社会矛盾由于各种因素不断发生。但这种社会矛盾如果通过妥协合理地调解，就可以成为社会和谐的动力。因此，为了合理解决社会矛盾，有必要树立社会成员都能和解的解决原则。首先（　　）解决很重要。即首先应努力通过当事人之间的自由对话和协商解决争议。其次，要往对所有矛盾当事人都有利的方向进行解决。因为如果解决矛盾的利益只倾向于一方，围绕争议的矛盾就会继续下去。而且，要记住只有向着符合国民整体利益的方向解决，其解决方案才能得到国民的支持。

48. 请选择笔者写这篇文章的目的。

❶ 为了主张共同矛盾解决原则的必要性

② 为了寻求国家支持的矛盾解决方案

③ 为了说明现代社会多样的社会矛盾

④ 为了敦促将利益返还给所有矛盾当事人

解析：文章先举出社会矛盾种类的多样性，接着为了解决这些矛盾提出自己的观点，即"为了合理解决社会矛盾，有必要树立社会成员都能和解的解决原则。"最后对于自己提出的观点进行了详细说明，故正确答案为①。

49. 请选择适合填入括号内的内容。

❶ 自律性的　　　　② 中立性的

③ 独创性的　　　　④ 创意性的

解析：解决此题的关键在于括号所在句子后面的"即（즉）"，"通过当事人之间的自由对话和协商首先应努力解决争议。"是对括号所在句子的解释说明，这是一种矛盾当事人自我解决问题的方法，故正确答案为①。

50. 请选择画线部分笔者的态度。

① 警惕社会矛盾的发生。

② 对通过妥协来解决矛盾持怀疑态度。

③ 对社会团结面临的困难有同感。

❹ 认同社会矛盾积极的一面。

解析：画线部分中"就可以成为社会和谐的动力"指的是社会矛盾合理调解会促进社会和谐，表明作者认可社会矛盾积极的一面，故选④。

☆关键词："이익 집단"(利益集团)、"얽히다"(纠缠)、"갈등"(矛盾)、"타협"(妥协)、"조정되다"(调整)、"통합하다"(联合)、"작용하다"(起作用)、"구성원"(成员)、"원칙"(原则)、"협상"(协商)、"쟁점"(争端)、"우선되다"(当务之急)、"둘러싸다"(围绕)

1

여자 : 어, 왜 밥이 안 됐지?
남자 : 어디 봐. 밥솥 버튼을 안 눌렀나 보네.
여자 : 이상하다. 분명히 눌렀는데……

2

여자 : 민수 씨, 이거 여기에 심을 거예요?
남자 : 네. 조금만 더 파면 되니까 잠깐만 들고 계세요.
여자 : 알았어요. 그런데 다 심고 나면 물 좀 많이 줘야겠어요.

3

남자 : 여러분, 혹시 비행기를 이용하면서 짐이 없어지거나 늦게 도착한 적이 있으십니까? 한 보고서에 따르면 2006년부터 2014년까지 비행기 수하물 사고 수는 2010년에 최고였다가 감소하고 있습니다. 사고 종류로는 짐이 늦게 도착하는 지연 사고가 가장 많았고 가방 안의 물건이 깨지는 파손 그리고 분실이 각각 그 뒤를 이었습니다.

4

여자 : 영수 씨, 발표회 잘 끝났어요? 못 가서 미안해요.
남자 : 아니에요. 급한 일이 있었다면서요.

5

남자 : 엄마, 저 용돈이 부족한데 좀 더 주시면 안 될까요?

여자 : (놀란 어조로) 아니, 지난주에 준 건 벌써 다 쓴 거야?

6

남자 : 누나, 뭐 해? 심심한데 나가서 배드민턴 치자.
여자 : 좋아. 그런데 지난번처럼 졌다고 화내기 없기다.

7

남자 : 지영 씨, 다음 주 김민호 씨 집들이에 초대 받았지요?
여자 : 어, 맞다. 민호 씨 집들이 하죠? 깜박 잊고 있었어요.

8

남자 : 이 선생님, 바둑 대회 신청은 많이 들어왔습니까?
여자 : 아니요, 원장님. 학생들한테 신청서를 나눠 줬지만 아직까지는 많지 않은데요.

9

남자 : 여보, 바쁘지 않으면 넥타이 매는 것 좀 도와줘요. 이게 잘 안 매지네요.
여자 : 알겠어요. 어? 근데 셔츠에 단추가 떨어졌네요. 금방 달아 줄 테니까 줘 봐요.
남자 : 아, 여기. 이걸 못 봤네요. 아까 입을 때는 괜찮았는데……
여자 : 지금 바로 돼요. 잠깐만 기다려 봐요.

10

여자 : 너무 졸리다. 아직 읽어야 될 책도 많은데……

남자 : 졸리면 기숙사에 들어가서 일찍 자고 아침에 일어나서 하든지……

여자 : 전 아침잠이 많아서 일찍 못 일어나요. 잠 좀 깨게 잠깐 나가서 산책해야겠어요. 들어올 때 커피라도 사 올까요, 선배?

남자 : 아니야, 됐어. 좀 전에 마셨어.

11

남자 : 어디 갔다 오셨어요? 부장님께서 계속 찾으시던데요.

여자 : 잠깐 서류 받으러 홍보부에 다녀왔는데요. 무슨 일로 찾으셨어요?

남자 : 거래처에 보낸 사진이 제품하고 다르다고 확인하러 오셨었어요. 빨리 연락부터 드려 보세요.

여자 : 알겠어요. 그럼 이 서류 복사 좀 부탁드릴게요.

12

여자 : 김민수 씨, 오늘 사용할 음식 재료는 들어왔습니까?

남자 : 네, 조금 전에 들어왔습니다. 그런데요, 주방장님. 정리하다 보니 안 들어온 것들이 있는데 어떻게 할까요?

여자 : 빠진 걸 알려 주면 제가 주문서를 다시 확인하고 업체에 전화해 보겠습니다.

남자 : 네. 그럼 조리실 앞에 있는 재료들은 먼저 보관 창고로 옮기겠습니다.

13

여자 : 오빠, 오늘 백화점에 가서 엄마 선물 살까? 옷은 어때?

남자 : 좋아하실까? 지난번에 사 드린 블라우스는 잘 안 입으시던데. 옷보다 상품권을 드리는 건 어때?

여자 : 그것보단 엄마가 보고 직접 고르시는 게 제일 좋은데……

남자 : 그럼 다음 주말에 모시고 가자.

14

여자 : 우리 대학교를 방문해 주셔서 감사합니다. 오늘 일정에 대해 간단히 말씀드리겠습니다. 먼저 강당에서 약 20분 동안 학교 소개 동영상을 보신 후에 도서관과 체육관 그리고 기숙사 순으로 둘러보실 예정입니다. 그리고 기숙사 지하 학생 식당에서 식사를 하시면 일정이 모두 끝납니다. 돌아가실 때에는 식당 입구에서 저희가 준비한 기념품을 꼭 받아 가시기 바랍니다.

15

남자 : 다음은 사건 사고 소식입니다. 오늘 아침 6시쯤 인주시 부근 도로에서 화물차와 승용차가 충돌한 사고가 있었습니다. 이 사고로 화물차 운전자와 승용차에 탄 20대 남성 한 명이 부상을 당해 인주병원에서 치료를 받고 있습니다. 경찰은 짙은 안개로 앞이 보이지 않아 사고가 난 것으로 보고 있습니다. 보다 정확한 사고 원인을 파악하기 위해 운전자들을 상대로 조사 중입니다.

16

남자 : 선생님께서는 퇴직하신 후에 지역 문화재를 알리는 일을 하고 계시는데요. 특별히 이 일을 하게 된 계기가 있으신가요?

여자 : 저는 30년 동안 교직에 있으면서 역사를 가르쳤습니다. 퇴직하고 어떻게 노

후를 보낼까 고민하고 있었어요. 그런데 아들이 제 경험을 살려 보라며 이 일을 적극 권했습니다. 그래서 지난달부터 일요일마다 문화센터에서 우리 지역 문화재를 소개하는 강의를 하고 있죠.

17
여자 : 민호가 낮에 놀이터에서 놀다가 또 다쳤어요. 애가 자꾸 다쳐서 너무 속상해요. 놀이터에 보내지 말아야겠어요.
남자 : 놀다가 다친 건데 뭘 그래요. 그렇게 넘어지고 다쳐 봐야 다음에 안넘어지려고 조심하죠. 그러면서 크는 거 아니겠어요?
여자 : 그래도 애가 자꾸 다치니까 걱정이 돼요.

18
여자 : 어휴, 이것 좀 봐. 아까 지하철에서 내 앞에 서 있던 사람 때문에 긁혔지 뭐야. 가방을 꼭 그렇게 뒤로 메야 돼?
남자 : 그러게 말이야. 배낭 가방을 메고 다니는 사람들은 조심할 필요가 있어. 대중교통을 이용할 때는 가방을 돌려서 앞으로 안는다든지 아니면 다리 밑이나 선반 위에 두면 좋잖아.

19
여자 : 아직도 공중전화가 있네. 난 이제 없어진 줄 알았는데……
남자 : 무슨 소리야. 급할 때 써야 하는데 없으면 안 되지. 휴대 전화가 없는 사람도 있을 텐데.
여자 : 꼭 필요할 때는 다른 사람에게 휴대 전화를 빌리면 되지, 누가 공중 전화를 쓰겠어?
남자 : 그래도 빌려 쓸 수 없는 상황도 있을 수 있잖아.

20
여자 : 선생님, 이번에 세계적으로 유명한 소설을 한국어로 옮기셨는데요. 한국 상황에 맞게 잘 표현했다는 평을 듣고 계십니다. 이번 작업을 하시면서 어떤 부분에 가장 중점을 두셨어요?
남자 : 한국어로 정확하게 옮기는 것 못지않게 번역한 느낌이 나지 않도록 하는 것을 중요하게 생각했습니다. 그래서 이번 작품에서도 주인공의 성격과 등장인물들과의 관계 등을 한국 정서에 맞게 표현하려고 많은 애를 썼습니다.

21~22
남자 : 이 과장님, 곧 추석인데요. 추석 행사 기획은 어떻게 됐습니까? 이번 추석은 작년보다 빨라서 미리 준비해야 합니다.
여자 : 이번에도 작년처럼 추석 한 달 전부터 선물 세트를 열 개 사면 하나를 더 주는 행사를 진행할까 하는데요. 작년에 고객들의 반응이 꽤 괜찮았거든요.
남자 : 그 행사는 작년뿐만 아니라 몇 년째 하고 있는 행사 아닙니까? 올해도 똑같이 하지 말고 새로운 행사를 기획해 보세요.
여자 : 네, 알겠습니다. 다음 주까지 준비해서 말씀드리겠습니다.

23~24
남자 : (전화벨 소리) 거기 서울호텔이죠? 회의장 좀 예약하려고 하는데요.
여자 : 네, 고객님. 어떤 회의장을 찾으세요?
남자 : 100명 정도 들어갈 수 있으면 되는데요. 회의장에는 발표할 때 사용할 수 있는 컴퓨터와 마이크가 설치되어 있지요?

여자 : 그럼요 . 150 명까지 들어갈 수 있는 대규모 회의장이 마련되어 있습니다 . 그리고 모든 회의장에는 발표에 필요한 시설이 갖춰져 있습니다 . 회의장을 이용하시면 음료는 무료로 제공해 드립니다 . 장소를 둘러보실 겸 직접 방문해 주시면 자세하게 상담해 드리겠습니다 .

25~26

여자 : 일부 환경 단체의 반대에도 불구하고 얼마 전 인주산 정상에 사다리를 설치하셨는데요 . 서둘러 설치하신 이유가 뭡니까 ?

남자 : 인주산 정상은 바위가 많고 경사가 심해서 미끄럼 사고가 자주 발생하는 곳입니다 . 그렇기 때문에 등산객들의 사고 방지를 위해서는 사다리가 반드시 있어야 한다고 판단했어요 . 자연 환경이 훼손되고 주변 경관이 나빠진다는 이유로 반대하는 목소리가 있었던 것도 사실입니다 . 하지만 저희는 등산객의 안전을 최우선으로 생각했습니다 . 앞으로 더욱 많은 등산객들이 인주산을 찾아 줄 것으로 기대하고 있습니다 .

27~28

남자 : 정장을 기증받는 단체가 있다고 해서 어제 한 벌 보냈어 .

여자 : 그런 데가 있어 ? 나도 안 입는 옷이 있는데 보내 볼까 ? 근데 유행이 좀 지나서 괜찮을지 모르겠네 .

남자 : 괜찮아 . 사람들이 보내준 옷을 유행에 맞게 고친다고 하니까 정장이면 어떤 것이든 다 기증해도 된대 . 우리가 보내면 수선과 세탁을 해서 필요한 사람들에게 저렴하게 대여해 주는 거지 .

여자 : 무료로 대여해 주면 좋을 텐데 왜 돈

을 받는 거지 ?

남자 : 그 돈으로 형편이 어려운 학생들에게 장학금을 준다고 들었어 . 좋은 일이니까 너도 한번 해 보면 어때 ?

29~30

여자 : 경기 내내 운동장을 뛰어다니시던데요 . 힘들지 않으신가요 ?

남자 : 네 , 정말 힘들지요 . 하지만 선수들의 움직임을 정확하게 보고 빨리 판단해야 하기 때문에 뛰어다닐 수밖에 없습니다 . 반칙한 선수들에게는 그 자리에서 바로 벌칙을 줘야 경기가 원활하게 진행되니까요 .

여자 : 체력뿐만 아니라 순간적인 판단도 중요한 일이군요 . 부담감이 크시겠어요 .

남자 : 결승전이나 중요한 국제 경기에 들어갈 때는 부담스러운 게 사실입니다 . 중요한 순간에 결정을 잘못 내리면 양 팀의 승패가 바뀔 수도 있으니까요 . 하지만 큰 실수 없이 무사히 경기를 마쳤을 때는 보람을 느끼기도 합니다 .

31~32

여자 : 담뱃값이 올랐는데도 흡연율이 떨어지지 않는 걸 보니 담뱃값 인상은 별로 좋은 금연 정책이 아닌 것 같습니다 .

남자 : (동조하는 어투로) 네 , 그렇습니다 . 담뱃값 인상은 흡연율 감소에 별로 영향을 주지 않는다는 연구 결과도 있습니다 . 금연은 자발적인 참여가 있을 때만 가능하다고 봅니다 .

여자 : 자발적 참여도 중요하지만 더 강력한 금연 정책이 필요하지 않겠습니까 ?

남자 : 강한 금연 정책은 오히려 부정적인 영향을 줄 수도 있습니다 . 흡연자 스스로가 심각성을 깨닫고 금연을 해야 성공할 수 있습니다 . 그런 흡연자들을 돕

기 위한 금연 클리닉이나 상담 센터를 확대하는 게 더 효과적이라고 생각합니다.

33~34

여자 : 여러분은 어떤 태도로 남의 이야기를 들으세요? 하던 일을 멈추지 않고 건성으로 들은 적은 없으신가요? 여기 듣는 사람의 태도가 얼마나 중요한지 보여 주는 실험이 하나 있습니다. 어느 학교에 수업이 재미없기로 유명한 교사가 있었는데요. 한 심리학자가 그 교사에게 알리지 않고 수업을 듣는 학생들에게만 몇 가지 행동을 하도록 지시했습니다. 첫째, 교사의 말에 주의를 집중하면서 경청할 것. 둘째, 얼굴에 미소를 띠면서 고개를 끄덕여 줄 것. 셋째, 가끔 수업 내용과 관계있는 질문을 할 것 등이었습니다. 여러분, 한 학기 후에 어떤 변화가 일어났을까요? (잠시 후) 교사의 수업 태도는 눈에 띄게 달라졌습니다. 다양한 교수 방법을 활용하여 재미있는 수업을 만들기 시작한 겁니다.

35~36

남자 : (연설 톤으로) 연기학과 여러분, 졸업을 축하합니다. 지금까지 여러분은 피나는 연기 연습을 통해 자신만의 개성을 찾아 이 자리에 섰습니다. 하지만 사회로 나가면 여러분을 기다리는 건 끊임없는 거절의 연속일 겁니다. 오디션에서 감독에게 자신의 능력과 끼를 보여 줘도 결국 돌아오는 건 대부분 거절일 겁니다. 물론 거절 당하는 건 고통스럽겠죠. 하지만 그건 여러분의 잘못이 아닙니다. 왜냐하면 감독은 그저 자기 작품에 맞는 배우를 찾고 있

는 것뿐이니까요. 수많은 거절에 좌절해서 도전을 포기했다면 저도 지금 이 자리에 없었을 겁니다. 여러분도 이러한 과정을 겪으면서 자신에게 맞는 배역을 찾을 수 있을 겁니다. 이제 용감하게 나가서 그 기회를 잡으십시오.

37~38

남자 : 작가님, '식물세밀화'라는 말을 처음 들어보는데요. 식물세밀화가 무엇인지 자세히 설명해 주시겠습니까 ?

여자 : 식물화와의 차이점을 말씀드리면 이해하기가 쉬우실 것 같아요. 식물화는 화가가 감정을 넣어 식물의 아름다움을 표현하잖아요. 그런데 식물세밀화는 감정을 배제한 채 식물의 형태를 있는 그대로 자세히 그려요. 식물의 기록을 사진으로 남기지 않고 왜 그림으로 그리냐고 묻겠지만, 사진은 식물의 미세구조까지 표현하는 데에 한계가 있습니다. 생태계 기록에 중요한 꽃잎의 개수나 뿌리 모양 같은 거 말이죠. 그래서 식물학계에서는 사진보다 식물세밀화를 중시합니다. 하지만 여전히 식물세밀화가 많지 않은 점은 아쉽습니다.

39~40

여자 : 다리를 어깨 너비로 벌리고 가슴을 활짝 편 자세가 척추 건강에 많은 도움이 되고 있는 것 같은데요. 박사님, 이 밖에 어떤 효과가 있습니까 ?

남자 : 네, 웅크린 자세와 달리 가슴을 편 자세는 스트레스 호르몬의 분비량을 줄이고 남성 호르몬의 분비량을 늘립니다. 이러한 남성 호르몬의 변화로 우리 신체는 위험을 감수하려는 특성을 보이는데요. 이 때문에 적극적이고 자

신감이 넘치는 사람으로 보이게 된다는 겁니다. 당당하고 힘을 느낄 수 있는 사람이 되는 거죠. 실제로 이런 자세가 업무의 성과를 높이거나 면접시험의 합격률에도 영향을 미치는 것으로 나타났습니다. 자세는 많은 투자를 하지 않고도 쉽게 자신을 변화시킬 수 있는 비법인 거죠.

41~42

남자 : (강연 톤으로) 오늘은 '콩코드 비용의 오류'에 대해 알아보겠습니다. 콩코드는 초음속 여객기로 야심 차게 개발을 시작했지만 곧 사업성이 없는 것으로 드러났습니다. 그러나 초기에 들어간 막대한 비용 때문에 결정을 주저하다가 결국 더 큰 손해를 보고 중단하게 됐죠. 이처럼 그동안 투자한 비용에 미련을 두다 더 큰 손해를 보는 것을 콩코드 비용의 오류라 부릅니다. 이러한 현상은 왜 나타나는 걸까요? 그 이유는 기존의 잘못된 결정을 인정하는 데 심리적 고통이 따르기 때문입니다. 그 고통을 피하려고만 하니까 현재의 손실을 제대로 파악하지 못하는 거죠. 그래서 결정을 지연하다가 더 큰 손해를 보게 되는 겁니다. 여러분, 더 큰 손해를 피하려면 현실을 냉정히 직시하는 것이 무엇보다 중요합니다.

43~44

남자 : (다큐멘터리 톤으로) 여기 보이는 이 유리구슬은 신라 시대의 지배층이 사용한 목걸이에 달려 있던 것이다. 자세히 살펴보면 놀랍게도 지름 1.8 센티미터의 이 작은 유리구슬 안에 사람의 얼굴이 새겨져 있다. 그런데 신라인의 얼굴은 아니다. 코와 눈, 피부 등이 매우 이국적이다. 그 당시 신라에는 유리 제작 기술이 발달하지 않았는데 그럼 이 구슬은 어디에서 온 것일까? 우리는 그 출처를 찾아 나섰다. 그리고 마침내 동남아시아의 한 섬에서 비슷한 유리구슬을 찾았다. 이것이 바로 그것이다. 구슬 안의 얼굴과 제작 기법이 모두 신라에서 발견된 유리구슬과 같다. 1500 년 전 이곳의 구슬이 신라로 전해졌던 것이다. 우리는 이 작은 유리구슬에서 그 옛날 신라가 5300km 나 떨어진 나라와 교역을 했다는 증거를 발견할 수 있었다.

45~46

여자 : 한 해 지구 상에 지진이 몇 번 발생할까요? (잠시 후) 50 만 번이나 일어납니다. 우리는 잘 느끼지 못하지만요. 인간은 인류 역사가 시작될 때부터 계속 지진을 겪어 왔고 몇몇 큰 지진들은 인류 역사를 바꿔 놓기도 했죠. 그 중에서 1755 년 리스본 대지진은 과학적 연구가 이루어진 최초의 지진이라는 점에서 의미가 있습니다. 그때 처음으로 지진 상황을 파악하기 위한 조사가 실시됐거든요. 과학적인 해석을 시도한 거죠. 대지진 이후 사람들은 무기력하게 쓰러져 있던 것이 아니라 오히려 그 지진을 통해 원인을 찾으려고 노력했어요. 그런 노력이 지진학의 탄생을 가져왔고 현재 우리는 지진을 적극적으로 대비할 수 있게 된 것입니다.

여자 : 우리 시가 그동안 성공적으로 치렀던 다양한 국제 행사는 지역 발전의 원동력이었습니다. 그 행사들을 준비하면서 풍부한 도시 기반 시설을 갖출 수 있었죠. 우리 시의 인지도도 높일 수 있었고요. 거기에다 이번 국제 박람회

까지 개최하게 된다면 우리 시는 세계적인 도시로 우뚝 설 수 있을 텐데요. 어떻게 하면 우리 시가 박람회 개최 도시로 선정될 수 있을까요?

남자 : 박람회를 유치하기 위해서는 기존과 다른 목적을 설정해야 한다고 봅니다. 과거에는 박람회의 목적을 기반 시설 확충이나 도시 홍보에 두었는데요. 이제는 박람회가 소통과 축제의 장이 되도록 해야 합니다. 초창기의 박람회는 모두가 즐길 수 있는 하나의 재미있는 축제였어요. 다시 초기 박람회의 의미를 찾아야 합니다. 그러기 위해서는 먼저 모두가 공감하고 참여할 수 있는 방안을 모색해야겠지요.

49~50

여자 : 과거에는 같은 지역에 살면 정치적 성향이 유사할 거라고 생각했어요. 그래서 지역 중심의 선거 운동이 대세였죠. 그러나 한 지역에 살더라도 개인의 정치적 성향이 다를 수 있다는 것이 밝혀졌고, 최근에는 개인별 특성을 반영하는 방향으로 선거 운동이 변화하고 있습니다. 그래서 요즘은 후보자 진영에서 선거 운동용 이메일을 작성할 때도 다른 내용으로 여러 개를 만듭니다. 그리고 유권자의 성별이나 직업, 관심사 등을 고려하여 그에 맞는 메일을 보내지요. 이렇게 되면 유권자는 구미에 맞는 공약만을 전달받게 돼서 한쪽으로 치우친 정보에 노출될 가능성이 커집니다. 그럼 유권자는 후보자를 객관적으로 평가할 수 있는 기회 자체를 박탈 당할 수밖에 없지요. 이런 상황에서 과연 유권자는 올바른 선택을 할 수 있을까요?

听力　듣기 영역

1	2	3	4	5	6	7	8	9	10
②	①	②	③	②	③	①	④	①	④
11	12	13	14	15	16	17	18	19	20
①	②	②	③	③	④	③	④	②	①
21	22	23	24	25	26	27	28	29	30
②	③	④	③	④	②	③	④	①	③
31	32	33	34	35	36	37	38	39	40
④	③	②	①	③	①	③	④	④	①
41	42	43	44	45	46	47	48	49	50
②	①	①	④	①	④	②	②	③	②

写作　쓰기 영역

请参考答案解析

阅读　읽기 영역

1	2	3	4	5	6	7	8	9	10
③	④	①	③	①	②	④	②	②	③
11	12	13	14	15	16	17	18	19	20
④	①	①	②	③	②	③	④	②	④
21	22	23	24	25	26	27	28	29	30
①	②	④	③	④	①	④	③	①	②
31	32	33	34	35	36	37	38	39	40
①	④	④	③	①	④	③	②	③	③
41	42	43	44	45	46	47	48	49	50
②	①	②	①	③	③	②	④	④	①

听力（1~50题）

※[1~3] 听录音，请选择正确的图画。

1. 正确答案：②

> 男：欢迎光临。有什么能够帮您的吗？
> 女：嗯……我是来提交新员工应聘材料的。
> 男：去三楼就可以了，请使用那边的电梯。

解析：根据对话可知，男子在指引女子去三楼提交材料，对话场所的附近应该有电梯，并且两人都应在电梯外面，故②正确；①中没有电梯，③中男女均在电梯里面，④是男子帮女子捡材料的场景，这三项均与对话场景不符。

☆关键词："신입 사원"(新职员)、"엘리베이터"(电梯)

2. 正确答案：①

> 男：你要喝什么？咖啡？
> 女：嗯，我要喝一杯热咖啡。
> 男：那你先去找个座位坐下，我拿过去。

解析：根据对话可知，男子询问女子喝不喝咖啡，女子说要喝热咖啡，男子让女子去找位子，自己拿过去，因此可以推测出双方还没有拿到咖啡，排除②③④，故正确答案为①。

☆关键词："커피"(咖啡)、"자리잡다"(占据位置)

3. 正确答案：②

> 男：出版市场的消费层正在发生变化。根据过去十年不同年龄层的图书购买率来看，曾经占据最大比重的 20 多岁的购买率正在减少，40 多岁的购买率有

所提高。从领域划分来看，"文学"最多，"自我开发""幼儿"紧随其后。

解析：从不同年龄层的购买率来看，过去十年间 20 多岁的购买率下降而 40 多岁的购买率增加，故①错误，②正确；从不同领域的销量来看，文学>自我开发>幼儿，故③④错误。

☆关键词："소비층"(消费层)、"연령별"(各年龄段)、"차지하다"(占据)、"분야별"(各领域)

※[4~8] 听对话，请选择接下来的话。

4. 正确答案：③

> 男：到午饭时间了，一起出去吃饭吧。
> 女：都已经到午饭时间了吗？怪不得我肚子饿了。
> 男：＿＿＿＿＿＿＿＿＿＿

① 午饭时间是几点？
② 午饭吃得好吗？
③ 快点整理一下出去吧。
④ 现在肚子不饿。

解析：根据对话可知，到了午饭时间男子邀请女子一起出去吃饭，女子也委婉地答应了，那么接下来两人应该要准备去吃饭了，①②④均与情景不符，只有③符合题意。

☆关键词："식사하다"(吃饭)、"고프다"(饿)

5. 正确答案：②

> 女：民秀，听说这次运动会你要参加篮球比赛？
> 男：是的，但练习得太少了，不知道能不能打好比赛。
> 女：＿＿＿＿＿＿＿＿＿＿

① 希望你一定要来看篮球比赛。

② 你肯定能打好的，别担心。

③ 因为忙，没能经常去参加练习赛。

④ 运动会结束了，好疲惫啊。

解析：根据对话可知，男子因为没能充分练习所以担心自己比赛发挥不好，女子应该对男子的忧虑作出回应。①错误，应该是男子说的；②正确，是对男子的安慰和鼓励；③错误，是对男子话语的重复；④错误，这应该是运动会结束后说的话。

☆**关键词**："체육 대회"(运动会)、"농구"(篮球)

6. 正确答案：③

> 男：智英，你朋友中有没有能做兼职的人呢？
> 女：这个嘛，不太清楚，要不我问问朋友？
> 男：＿＿＿＿＿＿＿＿＿＿

① 好的，正在找工作的地方。

② 好的，我来帮你做吧。

③ 好的，能帮忙打听一下就最好了。

④ 好的，那个朋友做兼职。

解析：根据对话可知，男子正在找能做兼职的人，女子问需不需要帮忙打听一下，接下来男子要对女子的疑问进行回应。①②④与女子的疑问无关，均可排除；只有③正确，是对女子的回应，希望她能帮忙问问。

☆**重点语法**："-(으)ㄹ 만하다"，接在动词后，表示说话者的评价，相当于汉语的"能够"或者"值得"。

예 그 장편 소설은 읽을 만하다.
这本长篇小说值得一读。

예 나도 한국어로 쓴 책을 읽을 만하다.
我也能读韩语书。

7. 正确答案：①

> 女：现在办公室好像很热，我们开一下空调吧？

> 男：空调已经开了，可能是我刚才为了通风把窗户打开了才那样的吧。
> 女：＿＿＿＿＿＿＿＿＿＿

① 是吗？那把窗户关上吧。

② 真的吗？那请开一下空调吧。

③ 对啊，幸好还不是很热。

④ 这个嘛，可能办公室开着呢。

解析：根据对话可知，女子觉得热想开空调，男子告诉女子空调开着，只不过自己开了窗户才有点热，接下来女子应对男子的解释进行回应。①正确，因为她感觉热，所以拜托男子关上窗户；②③与情景内容不符，④与对话内容无关，均予以排除。

☆**重点语法**："-아/어/여 놓다"，接在他动词及使动形动词后，表示该动作完了，动作的结果、状态保持着。

예 이 케이크를 식탁에 올려 놓아라.
把这个蛋糕放到餐桌上。

예 모두가 꾸준히 노력하여 기초를 튼튼히 닦아 놓았다. 大家由于辛勤的努力，打好了牢固的基础。

8. 正确答案：④

> 女：金老师，能把参加这次会议的人员名单给我吗？因为要做座位安排表。
> 男：啊，好的。但目前参会人员还没定下来。
> 女：＿＿＿＿＿＿＿＿＿＿

① 刚才给了您参会人员名单。

② 感谢您前来参加会议。

③ 可以来这边的位子坐。

④ 那确定好了再告诉我吧。

解析：根据对话可知，女子要求男子提供参会名单，但男子说参会人员尚未确定，不能提供名单，接下来女子应该对出现的问题作出回应。④正确，是对问题的一种处理方法和态度；其余各项均与情景不符。

☆**关键词**："참석자"(参加者)、"명단"(名单)、"배치표"(安排表)、"확실하다"(确定)

9. 正确答案：①

> 女：电脑好像不行呢,必须在今天之内申请奖学金的。
>
> 男：你说什么?奖学金申请截止到今天?确定吗?
>
> 女：学校的官网上是那么写的。要不我给办公室打个电话?
>
> 男：嗯,打吧。我来看一下电脑。

① 给办公室打电话。　② 确认电脑。
③ 申请奖学金。　　　④ 查看学校官网。

解析: 男女围绕申请奖学金展开了对话,两人对申请的截止时间产生了疑问,女子想给办公室打电话确认,男子表示支持,因此接下来女子最先做的应该是打电话,然后再进行奖学金申请的相关事宜,故①正确。

☆关键词:"정확하다"(确定)、"홈페이지"(官网)、"사무실"(办公室)

10. 正确答案：④

> 女：我去一趟药店,得吃点头痛药了。
>
> 男：如果身体不舒服的话,就赶紧回家休息吧。剩下的展会商品我来整理。
>
> 女：不用了,说明资料到现在还没做呢。
>
> 男：好的,那你快去(药店)吧。这个我来整理。

① 回家。　　　　　② 制作资料。
③ 整理商品。　　　④ 去买头痛药。

解析: 根据对话可知,女子不舒服,想去买药吃,男子劝她回家休息,由于还有很多工作要做,她拒绝了男子的建议,最后男子也同意她去买药,因此接下来女子应先去买药,然后再回来工作,故④正确。

☆关键词:"두통약"(头痛药)、"나머지"(剩下)、"전시회"(展会)

11. 正确答案：①

> 女：俊基,自行车放在哪里了?
>
> 男：在阳台……姐,你要骑自行车?帮你拿出来吗?
>
> 女：不用了,我自己拿。你要不要一起去?天气这么好,跟我去公园运动吧。
>
> 男：好吧,那我换件衣服就出来。

① 拿自行车。
② 换衣服。
③ 在公园运动。
④ 和弟弟一起出去。

解析: 根据对话可知,女子想要自己去阳台拿自行车,然后出去运动,她还劝说男子一起出去,男子也同意了,所以接下来两人都要为出去做准备,女子去取自行车,男子去换衣服,故①正确;②是弟弟要做的事,③④都是后续行为,均予以排除。

☆关键词:"자전거"(自行车)、"베란다"(阳台)、"꺼내다"(拿出)、"갈아입다"(换衣服)

12. 正确答案：②

> 男：顾客,一共是 12 万韩元。
>
> 女：请用这张卡结账,请问能送货上门吗?
>
> 男：当然了,请收好小票。拿着这个去服务中心申请就可以了。
>
> 女：啊,好的,谢谢。那大约什么时候能收到物品呢?
>
> 男：一般要花两三个小时。

① 刷卡结账。　　　　② 去服务中心。
③ 申请送货。　　　　④ 在家收货。

解析: 根据对话可知,女子刷卡付完款后问能不能送货上门,男子告诉女子拿着小票去服务中心申请就可以,因此女子接下来的动作应该是去服务中心,②正确;已经结算完,①错误;③④都是后续行为,予以排除。

☆关键词:"계산하다"(结账)、"배달"(送货)、"물론"(当然)、"영수증"(收据)

※[13~16] 听录音,请选择与内容相符的内容。

13. 正确答案:②

> 女:听说区政府办了就业咨询项目。
>
> 男:嗯,我也听说了。听说还给免费测试该职业是否适合你的个性。
>
> 女:是吗?那还真值得试一试了,怎样申请呢?
>
> 男:我咨询一下再告诉你。

① 女子现在正在区政府上班。
② 男子将会打听关于项目的事。
③ 女子参加过这个项目。
④ 男子没有听说过这个项目。

解析: 文中并未涉及女子的工作问题,①错误;男子先咨询一下再告诉女子,由此可知两人都未参加过,②正确,③错误;男子也听说过这个节目,④错误。

☆关键词:"구청"(区政府)、"프로그램"(节目)、"적성"(职业能力倾向)

14. 正确答案:③

> 男:下面播报一则消息。开往首尔的本次列车现在正在经过施工区间,所以减速慢行。本次列车为让行开往釜山的KTX列车,稍后将会在下一个停车站大田站再停留10分钟。给各位乘客造成不便,我们深感抱歉。

① 这趟列车现在停下了。
② 这趟列车从首尔出发。
③ 这趟列车稍后到达大田车站。
④ 开往釜山的KTX列车发生了故障。

解析: 根据原文可知,这趟列车正在减速慢行,并没有停,①错误;列车是开往首尔的,并不是从首尔发出的,②错误;下一站是大田,在大田站会停留十分钟,③正确;文中并没有提到KTX列车发生故障,④排除。

☆关键词:"공사"(施工)、"구간"(区间)、"정차"(停车)、"멈추다"(停)

15. 正确答案:③

> 男:下面是一则生活信息。最近大家感到很热吧?因为提前到来的酷暑,汉江公园的室外游泳馆比去年提前一周开业。开业首周可以享受半价。另外,据说从今年开始会出售家庭套票。4人同行,1人免单入场。所以趁此机会提前去休假如何呢?

① 从今天开始一个月内卖半价票。
② 去年也为家庭出售了打折票。
③ 今年可以比去年提前使用室外游泳馆。
④ 搞买一送一的购票活动。

解析: 根据原文可知,开业首周卖半价票,①错误;今年才开始出售家庭套票,②错误;因为今年比去年热得早,游泳馆提前一周开放,③正确;没有买一送一的活动,④错误。

☆关键词:"야외"(野外)、"정상가"(正常价格)、"티켓"(票)、"반값"(半价)

16. 正确答案:④

> 女:听说在首尔艺术中心举办的"正午演唱会"最近很受欢迎。
>
> 男:是的,我觉得给观众们准备的多样服务很有效。每个月的最后一个星期四,安排了指挥家向观众讲解音乐的"音乐故事"特别版块。并且星期五观看演出的时候,一楼咖啡厅里免费提供咖啡。因此"正午演唱会"的观众人数好像比去年增加了很多。

① 正午演唱会今年第一次举办。
② 因为来剧场的人数减少了,所以很担心。
③ 星期五在咖啡厅喝咖啡的话送演唱会门票。
④ 每个月有一次指挥家讲解音乐的时间。

解析: 根据对话可知,该演唱会去年已经办过了,①错误;演唱会最近很受欢迎,观众人数好像比去年增加了很多,②错误;周五看演唱会免费提供咖啡,③错误;每个月的最后一个星期四，指挥家会向观众讲解关于音乐的"音乐故事"，④正确。

☆**重点语法**："-(으)ㄴ/는 것 같다"，表示推测，相当于汉语的"好像……""可能……"。

예 폭신한 가죽 의자에 앉은 것 같다.
像坐在软绵绵的皮椅里一样。

예 결혼 적령기가 늦어지는 것은 남녀 공통의 추세인 것 같다. 婚龄逐年推迟似乎是男女共同趋势。

※[17~20] 听录音，请选择男子的中心思想。

17. 正确答案：③

> 男：智恩，在干什么呢？
> 女：啊，下周我要去旅行，打算在网上买件衣服。比亲自去百货店或商场更省时间，而且价格也很便宜。
> 男：我觉得在网上买也要花很多时间。不管怎么说，衣服还是去试穿之后再挑选更好吧？很多情况下颜色或款式是和图片不符的。

① 去旅行的时候需要买新衣服。
② 购物的时候要货比三家。
③ 衣服亲自试穿之后再买比较好。
④ 不可以因购物浪费时间。

解析：男子认为网上买衣服也会花很多时间，而且经常出现图片和实物不符的情况，最好是试穿之后再挑选，故③正确；①②是女子的行为和观点，④对话中并未提及，这三项均可排除。

☆**关键词**："쇼핑몰"(商场)、"꽤"(颇为)、"따지다"(考虑)

18. 正确答案：④

> 男：现在的父母为什么孩子做错也不说呢？无条件的溺爱好像还真是个问题。
> 女：那是因为孩子们年龄小吧，如果孩子一犯错大人就批评也不好吧？

> 男：再怎么年幼，也要及时告诉他自己做错了什么啊，只有那样下次才不会犯同样的错误。

① 年幼的时候犯很多错也没关系。
② 即使孩子犯错也要宠着才行。
③ 不能对孩子过分责备。
④ 需要让孩子知道自己的错误。

解析：男子认为无条件宠爱孩子不行，要让孩子知道自己做错了什么下次才不会犯相同错误，故④正确；①②③偏向于女子的观点，予以排除。

☆**关键词**："잘못하다"(做错)、"무조건"(无条件)、"예뻐하다"(溺爱)

19. 正确答案：②

> 女：哎哟，也许是因为长假吧，车很堵。
> 男：所以我说一起坐火车嘛，坐火车的话更有旅游的感觉啊。
> 女：可是孩子们的行李也很多，还有送父母的礼物，开车不是更方便吗？
> 男：那些我来拿就行了，搞不好在车里的时间比看父母的时间还要长。

① 在长假的时候去旅游比较好。
② 坐火车可以减少在路上花费的时间。
③ 在车多的长假里开车要小心。
④ 开车去可以载很多行李所以很方便。

解析：男子认为开车的话，搞不好在车里的时间比看父母的时间还长，所以主张坐火车，故②正确；①③在对话中没有提及，故排除；④是女子的看法。

☆**关键词**："막히다"(堵)、"뵙다"(拜见)、"싣다"(装载)

20. 正确答案：①

> 女："世界第二美食店"这个餐厅名真有意思。老板，给餐厅起这样的名字有什么特别的原因吗？

男：最近好像人们不管做什么都想成为第一，但比起成为第一名，我更想成为一直朝着第一名前进的人。因为当你感到自己是最厉害的，就会止步不前了。我觉得这世上总有比我更优秀的人，今后也会一直竭尽全力的。

① 不停努力的姿态很重要。
② 为了成为第一，要相信自己才行。
③ 为了成功，要有创意性的想法。
④ 要把来餐厅的客人们放在第一位。

解析：根据对话可知，比起成为第一名，男子更想成为一直朝着第一名前进的人，因为自己变成第一就会满足现状止步不前，故①正确；②③④文中均未涉及，予以排除。

☆关键词："이름짓다"(起名字)、"최선"(全力)、"다하다"(用尽)

※[21~22] 听录音，请回答问题。

女：老公，等你退休后，我们一起开一家炸鸡店怎么样？
男：自己开店……当然好，但好像不能想得太简单呢。那种店要在人流量大的地方开才行，可那种地方店铺租金也很贵。
女：有一个在市场开比萨店的朋友说过，只要味道好不管店在哪里，客人都会找过来的。
男：即便如此，那不也得在客人容易找得到的地方开吗？

21. 请选择符合男子中心思想的选项。
① 比萨店的成功与否取决于味道。
❷ 要想炸鸡店运营好的话位置很重要。
③ 退休之后应该找能做的事情。
④ 只有听很多人的意见才能成功。

解析：男子一直在强调选址的重要性，即"店铺开在人流量大的地方才能成功"，故②正确；①是女

子的观点，③④文中并未提及，这三项均可排除。

22. 请选择与所听内容相符的一项。
① 男子从公司退休了。
② 男子在市场开店。
❸ 女子想开炸鸡店。
④ 女子的朋友在市场开炸鸡店。

解析：根据对话可知，女子说的是如果男子退休的话想开店，可见男子尚未退休，①错误；在市场开店的是女子的朋友，②错误；女子想开炸鸡店，③正确；女子的朋友开的是比萨店，④错误。

☆**重点语法**："-아/어/여야"，表示必需的条件，相当于汉语的"只有……才……"，常与"-ㄹ/을 수 있다"搭配使用。

예 이렇게 해야 문제를 해결할 수 있다.
只有这样做，才能解决问题。

예 물건을 저울에 달아 보고 사야 속지 않고 살 수 있다. 只有先用秤称好再买，才不会受骗。

※[23~24] 听录音，请回答问题。

男：喂？请问是绿树酒店吧？
女：是的，顾客。有什么可以帮您的吗？
男：我们预订了下周六的房间，是三人住一晚，现在想预订酒店里正在举办的自然体验教育。
女：自然体验教育只有 20 人以上的团体才可以预订。
男：啊，这样啊，那有没有能和孩子一起参加的家庭体验项目呢？
女：很抱歉，目前为家庭开设的体验项目正在筹备中。但是酒店后面的登山路上新建了可供孩子们玩耍的"丛林游乐园"。您试一下这个怎么样？

23. 男子正在干什么？
① 正在确认登山路的位置。
② 正在问去酒店的路。
③ 正在预订想去的旅行地的住宿。
❹ 正在咨询酒店里运营的项目。

解析：根据对话可知，男子已经预订了房间，现在正在询问有关自然体验教育的问题，故④正确，①②③错误。

24. 请选择与所听内容相符的选项。
① "丛林游乐园"只有团体才能用。
② 男子计划和家人在酒店住3天。
❸ 酒店里为家庭开设的体验活动正在筹划中。
④ 自然体验教育最多只能给20人授课。

解析：根据对话可知，"丛林游乐园"是供孩子们玩耍的，没有人数限制，①错误；男子预订的是三人一晚，②错误；目前为家庭开设的体验项目正在筹备中，③正确；自然体验教育只有20人以上的团体才可以预订，④错误。

☆关键词："예약하다"(预约)、"진행하다"(举办)、"단체"(团体)、"숲속"(丛林中)

※[25~26] 听录音，请回答问题。

> 女：很荣幸邀请到前国家队足球运动员金敏秀先生来和我们分享，听说您在经营一家雇佣残疾人的企业。
>
> 男：是的，大家应该都知道，我是因为交通事故造成残疾才放弃了足球。成为残疾人之后维持生计就成了问题。我认为这不仅仅是我，而是所有残疾人都会经历的困难。当然政府虽然对残疾人提供税收优惠等很多扶持，但我认为不管怎么样残疾人都要自力更生。所以跟与我志同道合的人合伙开办了雇佣残疾人的公司。

25. 请选择符合男子中心思想的选项。
① 应该为残疾人增加便利设施。
② 应该给残疾人减税。
③ 政府应该帮助运动选手重新开始。
❹ 需要为残疾人的自立提供岗位。

解析：男子认为最重要的是残疾人要自力更生，所以他开办了雇佣残疾人的公司，故④正确，政府已经提供了税收优惠等政策支持，②错误；①③文中没有提及，予以排除。

26. 请选择与所听内容相符的选项。
① 男子克服了障碍，进了国家队。
❷ 男子遭遇事故，不能踢足球了。
③ 男子为了成为企业家，放弃了运动。
④ 男子为获得政府支援，成立了公司。

解析：根据对话可知，男子是因为交通事故造成残疾而放弃了足球，故①③错误，②正确；④文章中并未提及，予以排除。

☆重点语法："-고 나니(까)"，表示前面的动作结束后，后面的内容就发生了。

예 밀렸던 일을 다 하고 나니 가슴이 시원했다.
堆积的工作都做完了，心里轻松了。

예 바닷가를 산책을 하고 나니 기분이 상쾌해졌다.
在海边散了散步，心情变得舒畅。

※[27~28] 听录音，请回答问题。

> 男：怎么买了这么多鞋？
>
> 女：昨天在报纸上看到的，说这家公司每卖出一双鞋就会给贫困儿童捐一双鞋。又有意义鞋子又漂亮，就连家人的鞋子也一起买了。
>
> 男：只不过是给一双鞋，孩子们的生活能有多大改变呢？
>
> 女：当然，鞋子不能解决贫困。但是这双鞋可以说是他们人生中第一次拥有的属于自己的物品。所以拿到新鞋子的孩子们自信心也会提高。以小事件为契机改变人生的人不也很多嘛，对于孩子们来说，这双鞋也有可能帮助他们改变人生。怎么样？很棒吧？

27. 请选择女子对男子说话的意图。
① 想要感谢共同参与捐赠

② 想要提醒家人的珍贵
❸ 想要告知买鞋的意义
④ 想要建议提高自信心的方法

解析： 根据对话可知，因为公司每卖出一双鞋就会给贫困儿童捐一双鞋，获得了新鞋子的孩子们会提高对自己的自信心，也许会改变人生，为此女子买了很多鞋，故③正确；①②④文中并未提及，均可排除。

28. 请选择符合所听内容的选项。
① 鞋子买一送一。
② 把鞋子便宜卖给贫困儿童。
③ 女子给男子送过这鞋子当礼物。
❹ 女子通过报纸了解了这鞋子。

解析： 根据对话可知，鞋子买一捐一，①②错误；③文章中并未提及；女子昨天在报纸上看到了这个消息，故④正确。

☆**重点语法：**"-ㄴ/는 대요/(이)래요"，为"-ㄴ/는 다고 해요"或"-(이) 라고 해요"的缩略形，表示间接引用。

예 10월 9일은 한글날이래요.
据说10月9日是韩文节。

예 내일 아침 8시에 학교 정문 앞에서 만난대요.
据说明天早上8点在学校正门前见面。

※[29~30] 听录音，请回答问题。

女：最近"王拉面"的人气真是很旺呢，继上一个月之后，这个月又占据了销量第一的位置。成功的秘诀是什么？
男：秘诀啊，最重要的当然是在于汤的味道。我为了做出美味的汤，跑遍了全国有名的餐厅。但是味道的秘诀人家是不会轻易告诉你的。曾经有一家餐厅，我整整央求了一个多月请他们教我，店主大婶拗不过，在我答应保密后才教了我秘诀。学了那些秘诀后，我在实验室里做了无数次各种各样的实验。

其实我本人是不太喜欢拉面的，但是为了做出"王拉面"，甚至有"一天吃拉面超过十次"的经历。

29. 请选择男子的身份。
❶ 开发拉面的人
② 给拉面打广告的人
③ 卖拉面的人
④ 宣传拉面的人

解析： 根据对话可知，男子为了做出"王拉面"跑遍了全国有名的餐厅并在实验室里做了无数次实验，所以应该是开发拉面的人，故①正确。

30. 请选择符合所听内容的选项。
① 男子平时也很喜欢吃拉面。
② 男子在有名的餐厅里学过做料理。
❸ 打听出汤味道好的秘诀并不容易。
④ "王拉面"这个月第一次当上销量冠军。

解析： 根据对话可知，男子说自己不算是喜欢拉面的人，故①错误；男子去有名的餐厅缠着别人让别人教汤好喝的秘诀，并没有学做饭，②错误；曾经有一家餐厅，男子整整央求了一个月才得到秘诀，③正确；上个月也是销量第一，④错误。

☆**关键词：**"대단하다"(了不起)、"비결"(秘诀)、"찾아다니다"(到处寻找)、"매달리다"(纠缠)、"마지못하다"(不得不)、"실험실"(实验室)

※[31~32] 听录音，请回答问题。

男：最近几家电影院正在试行"座席价格差别制"。就是说像前排那样看电影不太舒服的座位价格便宜，而舒服的座位价格要高。我认为这种制度是存在问题的。
女：我觉得，这好像是非常合理的制度。看电影时，不舒服的前排也要和舒服的位子掏一样的钱难道合理吗？这样还能给观众选择的机会。

男：但如果是我的话，不管多便宜好像都不会坐在前排。像我一样的人好像即便是多掏钱也要坐舒服的位子，这最终不就成了电影院为了挣更多钱而制订的制度吗？

31. 请选择符合男子想法的选项。

① "座席价格差别制" 减少了观看电影的不便。

② "座席价格差别制" 增加了观众选择的机会。

③ 从观众立场上看，"座席价格差别制" 是合理的制度。

❹ "座席价格差别制" 是为了提高剧场收益而制订的制度。

解析：男子认为这种制度会成为电影院为了挣更多钱而制订的制度，故④正确；①文章中并未提及，②③均为女子的观点，均可排除。

32. 请选择符合男子态度的选项。

① 正在担心新制度的扩大。

② 正在敦促新制度的试行。

❸ 正在批判新制度的问题。

④ 正在认同新制度的必要性。

解析：男子认为这种制度是有问题的，对此持批评的态度，故选③。

> ☆**重点语法**："-더라도"，接在动词或形容词后，表示假设性让步，相当于汉语的"即使……也……"。

> 예 화가 나더라도 참으세요. 即使发火，也忍着吧。

> 예 문제가 쉽더라도 잘 생각해서 대답하세요. 即使问题简单，也请认真思考后回答。

※ **[33~34] 听录音，请回答问题。**

男：众所周知的《朝鲜王朝实录》是在全世界范围内都获得价值认可的记录物。尘封了数百年的实录能被保存到现在，可以说留存记录的人们贡献很大。最

近也有像这样负责记录的人，他们就是"记录研究师"。可以毫不夸张地说现代社会是记录的洪流，没有哪一样是不记录的。这些记录中有的是可有可无的，但也有的是必须保存的，比如像外交文书。在无数的记录当中，决定要保留还是要抛弃，就是记录研究师要做的重要事情之一。记录研究师就是这样从事着决定记录物寿命的非常重要的工作。

33. 这是关于什么的内容？

① 记录的保存方法　　❷ 记录研究师的职责

③ 历史记录物的价值　④ 必须做记录的理由

解析：文章用《朝鲜王朝实录》引题，重点叙述记录研究师这一职业，并强调其价值，故②正确；其他三项文中均未提及。

34. 请选择与所听内容相符的一项。

❶ 记录研究师决定记录的保存与否。

② 因为所有的记录都很重要，所以不能删除。

③ 记录物即便过了数百年也被原封不动地保存。

④ 找出消失的资料也是记录研究师的工作。

解析：根据原文可知，在无数的记录当中，决定要保留还是要抛弃，就是记录研究师要做的重要事情之一，①正确，②错误；文章说《朝鲜王朝实录》被保存至今，并不是说记录物都要原封不动地保存数百年，③错误；④文中并未提及。

> ☆**关键词**："조선왕조실록"(朝鲜王朝实录)、"기록물"(记录物)、"묻다"(深藏)、"보존되다"(保存)、"공헌"(贡献)、"담당하다"(负责)

※ **[35~36] 听录音，请回答问题。**

男：非常感谢广大市民朋友们继上次选举后，这次又继续支持我，请允许我在此向各位表达我的敬意。看来大家对于我在上届任期内切实履行各项承诺这一点给予了很高的评价。因此又给

予我这次机会，是让我能够完成现在正在推进的各项措施，使我市向着全世界100大宜居城市的目标更进一步。为此首先我会敦促正在建设中的全国最大规模的医疗院争取在最短的时间内完工，给市民提供良好的医疗服务。我承诺将为让市民生活感到幸福而不懈努力！

35. 男子正在干什么？

① 正在介绍市里建造的便利设施。

② 正在调查市民想要的是什么。

❸ 正在承诺会开展利民的政策。

④ 正在为了城市发展请求支持自己。

解析：根据原文可知，男子的身份是该市连任的市长，正在发表连任感言，首先对选民的支持表示了感谢，然后承诺了连任后即将开展的各项举措，故选③。

36. 请选择与所听内容相符的一项。

❶ 该市正在建全国最大的医疗院。

② 该市这次被选定为宜居城市。

③ 该男子把所有推进中的政策全部收尾了。

④ 该男子在多次挑战后最终当上了市长。

解析：根据原文可知，男子连任后会敦促正在建设中的全国最大的医疗院尽快完工，①正确；该市正在向宜居城市迈进，还没有被选定为宜居城市，②错误；各项政策正在推进中，③错误；④文中并未提及。

☆重点语法："-아/어/여 달라고 하다"，接在动词后，是"-아/어/여 주십시오"的间接引语形式，仅用于当提出要求的主体要求对方为自己做某事时。

예 그는 자신의 처지를 이해해 달라고 했다.
他请求理解他的难处。

예 너는 나이가 몇 살인데 아직까지도 부모님께 용돈을 달라고 하냐? 你都几岁了，还跟父母要零花钱？

※[37~38] 下面是一期教养节目，听录音，请回答问题。

女：最近采用无照片简历的企业正在增加。原因是什么呢？

男：我们一般使用的简历一定要贴照片才行，对吧？但很难保证人事部负责人看到照片之后不受任何影响。因此为了选拔的公正性，就出现了无照片简历。以后好像也会出现被称为"匿名简历"的新形式简历。在"匿名简历"中，别说是照片，就连姓名、性别、出生年月之类的个人信息也完全没有记载。我认为这可能会成为公正选拔有能力的人才的好对策。

37. 请选择男子的中心思想。

① 企业必须奖励新员工的能力开发。

② 必须掌握想要入职的企业的选拔标准。

❸ 简历里的个人信息有可能妨碍公正选拔。

④ 为了成为有能力的人才需要努力的姿态。

解析：男子解释了简历不贴照片的原因是要保持人才选拔的公正性，并预测了"匿名简历"的发展趋势，故③正确；其他三项均未涉及。

38. 请选择与所听内容相符的一项。

① 该男子否定"匿名简历"。

② 该男子认为简历需要有照片才行。

③ 企业一直在推迟采用无照片简历。

❹ 通过"匿名简历"无法得知申请者的性别和年龄。

解析：根据对话可知，男子是支持"匿名简历"的，①②错误；③文中并未提及，故排除；在"匿名简历"中没有照片、姓名、性别、出生年月等个人信息，故④正确。

☆重点语法："-(으)ㄹ까 싶다"，接在动词或形容词后，表示推测，相当于"可能……""应该……"。还可以表示话者的主观意愿或打算。

예 혹시 애기가 아플까 싶어서 약을 준비했어요.
孩子可能病了，所以准备了药。

예 중요한 것은 공약을 지키는 진지한 태도가 아닐까 싶어요. 我认为重要的应该是坚守承诺的真挚态度。

※[39~40] 下面是一场访谈。听录音，请回答问题。

> 女：这样的矛盾是源于私营业主在住宅区附近建太阳能发电站。住宅区和发电站之间的距离缩小，因此而受到伤害的居民开始出面反对了。
>
> 男：对，是那样的。据调查发现，发电站释放的热能及反射的光能不仅影响了居民们的健康，并且对农作物的生长及家畜的繁殖都造成了不好的影响。随着设立太阳能发电站的私营业主逐渐增多，这种现象也愈加严重。为了解决因太阳能发电站所造成的矛盾，需要完善相关法律来规范发电站选址。

39. 请选择对话前面的内容。
① 正在各种各样的公共场所设置太阳能设施。
② 很多企业正在积极投资太阳能设施。
③ 太阳能发电站的生产性能比预想的低，这是个问题。
❹ 太阳能发电站经营人与居民之间的摩擦正在形成。

解析：女子一开始叙述了矛盾发生的原因，故前文应该对矛盾的相关内容进行了叙述，故选④。

40. 请选择与所听内容相符的一项。
❶ 建立太阳能发电站的私营业主正在变多。
② 太阳能发电站产生后农作物的产量提高了。
③ 想设置太阳能发电站的小区居民正在增多。
④ 能够解决因太阳能发电站产生的矛盾的方案已经准备好了。

解析：根据对话可知，建立太阳能发电站的私营业主逐渐增多，①正确；太阳能发电站会对农作物及家畜的繁殖造成不好的影响，②错误；居民反对设置太阳能发电站，③错误；男子说需要完善相关法律来规范发电站选址，但目前还未实施，④错误。

☆关键词："태양광 발전소"(太阳能发电站)、"거주"(居住)、"반사되다"(反射)、"농작물"(农作物)、"축산"(畜牧业)、"빚어지다"(发生)

※[41~42] 下面是一段演讲。听录音，请回答问题。

> 女：据史料记载，在过去，盛夏时节，人们使用了冰块。据说是在冬天把江里面开采的冰块保存好，在需要的时候拿出来使用。但是冰块是如何保存的呢？是的，是有个被叫作石冰库的冰块仓库。即便是没有特殊的冷冻装置，石冰库的温度也能维持在零度以下。其中的秘诀虽然和位置、建筑材料等多种因素有关，但其中科学的构造可以说是起着最重要的作用。一半在地下、一半在地上的构造使石冰库的温度变化最小化，并在屋顶扎孔使热空气直接散出去。并且地板做成倾斜的，冰块化成的水就可以直接流到外面去从而维持了零下的温度。

41. 请选择女子的中心思想。
① 应该寻找关于石冰库的历史记录。
❷ 石冰库是利用科学原理设计而成的。
③ 为了发掘石冰库的优越性需要努力。
④ 需要保护在石冰库里保存冰块的文化。

解析：女子由盛夏使用冰块的记录入题，讲述了石冰库保存冰块的工作原理，故选②；其他三项均未涉及。

42. 请选择与所听内容相符的一项。

❶ 石冰库倾斜的地板有助于维持温度。

② 在屋顶扎孔把石冰库装饰得更漂亮。

③ 为了散去热空气向石冰库内供给冷水。

④ 石冰库里安装了不让冰融化的装置。

解析：根据原文可知，石冰库地板做成倾斜的使冰块化成的水可以直接流到外面去从而维持零下的温度，①正确；屋顶的孔是为了散热，②错误；冰块化的水要流出去而不是向里供水，③错误；④文中并未提及。

☆**重点语法：**"-는데도"，惯用型，用于动词、形容词词干后，表示转折，相当于汉语的"但是……"。

⑨ 어젯밤에는 일찍 잤는데도 졸려요.
昨晚睡得很早，仍然犯困。

⑨ 평소에 열심히 공부하는데도 시험을 못 봐요.
平时那么努力学习，但考试却考不好。

※[43~44] 下面是一期纪实节目。听录音，请回答问题。

男：地球的表面是由很多个板块组成的。因为板块在不停地运动，板块和板块撞击的地点就会发生地震或火山爆发之类的自然灾害。但是换个角度看，这种碰撞也给人类带来了必需的资源。因为随着板块碰撞、地壳变迁，在地球深处储藏的铜、金、石油等资源就会浮到地球表面。人类利用铜等材料制作坚硬的工具，这使得人类文明快速发展。所以就像在地图上看到的那样，最重要的 13 处古代文明中的 11 处，以及现存的 20 个世界最大城市中的 10 个地方都在板块边界附近。人类一方面承受着板块碰撞所带来的危险，另一方面又享受着其带来的恩泽。

43. 请选择符合本文中心内容的选项。

❶ 板块碰撞使人类历史发展。

② 板块运动导致了资源的移动。

③ 人类在板块的边界建立了古代文明。

④ 人类克服了板块碰撞带来的危险。

解析：男子重点叙述了板块运动的好处，即：人类利用板块运动带来了资源，促进了人类文明快速发展，故①正确；②只是板块运动后果的一部分，不是男子强调的重点；③只是板块运动促进人类文明发展的例证；④文章中并未涉及。

44. 请选择许多主要城市在板块边界的理由。

① 因为与其他城市文明相近

② 因为可以避免自然灾害

③ 因为随着地壳变迁被挤到了边界

❹ 因为容易获得文明发展所需的资源

解析：根据原文可知，板块附近有丰富的资源，人类利用这些资源制作坚硬的工具，使得人类文明快速发展，故选④。

☆**关键词：**"표면"(表面)、"부딪치다"(撞击)、"지점"(地点)、"화산폭발"(火山爆发)、"역설적"(悖论性)、"지각"(地壳)、"구리"(铜)、"단단하다"(坚硬)、"연장"(工具)、"극복하다"(克服)

※[45~46] 下面是一段演讲。听录音，请回答问题。

女：世界第四次工业革命的时代已经到来。如果说第三次工业革命意味着通过电脑实现了生产和流通的自动化，那么第四次工业革命说的就是赋予机器和产品人工智能进而创造出新的价值。为了帮助理解，用测量步数的计步器举个例子怎么样？具有人工智能的计步器会把步数，也就是测量出来的运动量发送给保险公司。那样的话，保险公司就会给坚持做运动的人在保险费上打折。以后在法律或经营等多个领域，提供专家水准的知识服务的机器人也将登场。专家们说第四次工业革命即将带来一个无法预知的巨大变化的未来。但有一点可以确定的是，作为一种新的成长动力，它将成为增强国家竞争力的主要根基。

45. 请选择与所听内容相符的一项。
❶ 第四次工业革命是以人工智能为基础的。
② 第四次工业革命指的是流通系统的自动化。
③ 第四次工业革命时代会按照专家的预想进行。
④ 在第四次工业革命中将由人类担当专业知识服务。

解析： 根据原文可知，第四次工业革命说的就是赋予机器和产品人工智能进而创造出新的价值，①正确；通过电脑实现了生产和流通的自动化是第三次工业革命，②错误；专家不可预知第四次工业革命，③错误；专家水准服务由机器人提供，④错误。

46. 请选择最符合女子态度的选项。
① 正在期待下一代的活跃。
② 正在反省工业革命的副作用。
③ 正在表达对专家状况认识的忧虑。
❹ 正在积极展望工业的未来。

解析： 女子对于第四次工业革命持积极态度，认为它将成为增强国家竞争力的主要根基，故④正确，②③错误；①文中并未涉及。

☆重点语法："-(으)ㄹ 텐데"，接在动词和形容词后，主语为第一人称时表示意志，主语为第三人称时表示推测。

例 제가 내일 출장 못 갈 텐데 어떡하지요?
我明天好像不能去出差了，怎么办呢？

例 지원자들이 궁금한 게 많을 텐데 질문 시간을 줍시다. 申请者可能会有很多疑惑，给大家一些提问的时间吧。

※[47~48] 下面是一场访谈。听录音，请回答问题。

女：为了使传统工艺得到发展，很多人认为需要出台培养和保护传承者的新政策。您怎么看呢？
男：目前为止的政策主要是把传承者指定为非物质文化遗产，他们一对一教育弟子并传承传统工艺。但是这种方式有诸多缺点，因为它不仅有可能将传承项目私有化，而且最近年轻人也不怎么喜欢这种方式。所以我认为需要出台稍微新一点的传承政策，比如说在大学开设传统工艺相关课程，对其进行财政和人力的支持。让传承者们到大学讲课，一边参与研究中，一边开放式培养人才。并且政府对传承者的作品给予认证。

47. 请选择与所听内容相符的一项。
① 传承者们将会在大学里接受再教育。
❷ 现有的政策存在传承项目私有化的忧虑。
③ 认证传承者们作品的制度将会消失。
④ 年轻人喜欢与传承者一对一的教学。

解析： 根据对话可知，是让传承者们去大学授课而不是接受再教育，①错误；目前的政策可能会将传承项目私有化，②正确；男子认为认证作品的制度是好的新政策，③错误；最近年轻人也不怎么喜欢这种一对一教育的传承方式，④错误。

48. 请选择最符合男子说话方式的选项。
① 正在预测新政策的问题。
❷ 正在提出现有政策的改善方向。
③ 正在分析新政策的试行结果。
④ 正在按基准分类现有政策的内容。

解析： 男子认为现有的政策存在问题，并提出了具体的改善建议，故选②。

☆关键词："전승자"(传承者)、"육성하다"(培养)、"지정하다"(指定)、"제자"(弟子)、"사유화"(私有化)、"선호하다"(偏爱)、"출강하다"(去讲课)

※[49~50] 下面是一段演讲。听录音，请回答问题。

> 女：看电影的时候，经常会出现下面这一情形，曾经平凡而慈祥的人物在作为某个集体的一员行动的时候，会变得非常凶恶可怕。社会学者们指出，即便是个人层面上有道德的人，在集体中也有可能变得自私和暴力。在集体中，彼此间个人亲密度也会下降，形成谁都不能向谁问责的复杂关系。因此，个人的道德意识就会变淡，只要是集体组织让你做的，你就会毫不犹豫地去做，不去思考这种做法是否公正合理。这就是暴力结构化的原因和过程。所以即便是有道德的人组成的社会，也会按照各个集体的属性和利害关系展现出民族的、种族的冲突或是私心。因此很多情况下与道德相比，这种集体间的关系，更需要根据力学关系进行政治上的调整。

49. 请选择与所听内容相符的一项。

① 个人的关系取决于力学逻辑。

② 想要实现道德式社会，个人的道德很重要。

❸ 属于集体的个人可能变得不道德。

④ 需要能调整集体间冲突的道德标准。

解析：根据原文可知，集团间的关系需要根据力学关系进行政治上的调整，①错误；②文章中并未提及；个人在集体中有可能会合流到不分黑白的非道德行为当中去，③正确；与道德相比，集体间的关系更需要根据力学关系进行政治上的调整，④错误。

50. 请选择最符合女子说话方式的选项。

① 正在提出可能发生的问题。

❷ 正在有逻辑地分析社会现象。

③ 正在例证自己的主张。

④ 正在从具体的事例中得出结论。

解析：女子由电影现象入题，讲述了集体改变个人道德的现象及其原理，逻辑性很强，故①错误，②正确；暴力结构化是社会学者的主张，并非女子的主张，③错误；女子由电影事例入题，来解释这一现象，并非得出结论，④错误。

☆关键词："평범하다"(平凡)、"자상하다"(慈祥)、"끔찍하다"(可怕)、"도덕적"(道德的)、"이기적"(自私的)、"친밀도"(亲密度)、"면하다"(免除)、"비도덕성"(非道德)、"합류하다"(合流)

写作（51~54题）

※ [51~52] 阅读下文，请填写合适的句子。

51. 正确答案：

㉠ 카메라를 주문했습니다 订购了相机
　카메라를 구입했습니다 购入了相机
　카메라를 샀습니다　　买了相机

㉡ 카메라를 받아 주실 수 있으십니까
　能给收一下相机吗

> 题目：前辈，我是维克多。2016.7.12
>
> 　前辈，您好，我是维克多。
> 　之所以写这封邮件，是有事要拜托您。
> 　我在网上（　㉠　）。
> 　但说是相机这周五派送。
> 　我那天要回老家，好像不能亲自接收相机了。
> 　或许代我（　㉡　）？
> 　让您为难，深感歉意。
> 　等待您的回复。
>
> 　　　　　　　　　　维克多敬上

解析：这是一封和拜托相关的邮件，从后文的"派送""接收"可推测出我在网上购买了相机，故㉠处应填写和购买相机相关的内容；因为自己不能接收所以要拜托别人代收，故㉡处应填写和接收手机相关的内容。

52. 正确答案:

㉠ 손을 씻어야 한다　　　　　应该洗手

㉡ 비누를 사용하라고 한다　　使用香皂

　　비누로 씻으라고 한다　　用香皂洗

> 　　人的手上有很多肉眼看不见的细菌。所以为了预防疾病经常（　㉠　）。但是专家们指出，洗手的时候一定（　㉡　）。因为如果不用香皂只用水洗的话，很难去除手上的细菌。

解析: 这是一则和洗手相关的文章。㉠后面专家的话是对㉠这句话的递进，故从"洗手的时候"可推测出㉠处应填写和应该洗手相关的内容；"因为如果不用香皂只用水洗的话，很难去除手上的细菌"是对㉡的原因说明，所以㉡处应填写和用香皂洗手相关的内容，并且从"一定"可知㉡这句话是专家的建议，故要用表示命令的间接引用。

53. 参考范文:

　　최근 국내에서 유학하는 외국인 유학생이 급증했다. 2000년에 4천 명이던 유학생이 가파른 상승세를 보이다 잠시 주춤하더니 다시 증가세를 보이며 2016년에 이르러 10만 명이 되었다. 이러한 증가의 원인으로 우선 외국인들의 한국과 한국어에 대한 관심이 증가한 것을 들 수 있다. 한국 대학에서 유학생을 유치하려는 노력도 유학생의 증가에 큰 영향을 미친 것으로 보인다. 이런한 영향이 계속 이어진다면 2023년에는 외국인 유학생이 20만 명에 이를 것으로 기대된다.

　　最近，赴韩留学的外国留学生人数激增。从2000年的四千名留学生，开始呈现出急剧上升趋势，一度有所放缓，但之后再次大幅增加，至2016年人数达到十万名。如此快速增加的首要原因是外国人对韩国和韩语的兴趣不断增加。其次，韩国的大学也在努力吸引留学生，这对留学生人数的增加

起到了决定性的影响。如果该影响一直持续下去，到2023年外国人留学生人数有望达到20万。

54. 参考范文:

　　우리는 칭찬을 들으면 일을 더 잘하고 싶어질 뿐만 아니라 좀 더 나은 사람이 되고 싶은 마음이 든다. 그리고 자신감이 생겨 공부나 일의 성과에도 긍정적인 영향을 미친다. 그래서 자신이 가진 능력 이상을 발휘하고 싶어지는 도전 정신이 생기기도 하는 것이다. 한 마디로 말해 칭찬은 사람을 한 단계 더 발전시키는 힘을 가지고 있다.

　　그런데 이러한 칭찬이 독이 되는 경우가 있다. 바로 칭찬이 상대에게 기쁨을 주는 것이 아니라 부담을 안겨 주는 경우이다. 칭찬을 들으면 그 기대에 부응해야 한다는 압박감 때문에 자신의 실력을 제대로 발휘하지 못하게 되는 일이 생기게 된다. 칭찬의 또 다른 부정적인 면은 칭찬 받고 싶다는 생각에 결과만을 중시하게 되는 점이다. 일반적으로 칭찬이 일의 과정보다 결과에 중점을 두고 행해지는 경우가 많기 때문이다.

　　그래서 우리가 상대를 칭찬할 때에는 그 사람이 해낸 일의 결과가 아닌, 그 일을 해내기까지의 과정과 노력에 초점을 맞추는 것이 중요하다. 그래야 칭찬을 많이 해 주는 것이 중요하다고 생각하는데 칭찬은 그 방법 역시 중요하다는 것을 잊지 말아야 할 것이다.

　　我们一听到称赞的话语，不仅想把工作做得更好，而且一心想变成更好的人。它还会让我们产生自信心，对学习或工作都会产生积极的影响，随之会产生想发挥出超越自己能力的挑战精神。总而言之，称赞具有让人更上一层楼的力量。

　　然而，这样的称赞也有可能会成为毒药。这种情况下，称赞不仅没有给对方带来快乐，反而成为负担。因为听到称赞会有一种不能辜负其期待的压迫感，就会产生不能好好地发挥自己实力的情况。称赞

可能会带来的另一个消极影响就是因为想得到称赞而只注重结果。因为比起工作的过程，称赞更看重结果。

因此，当我们称赞对方的时候，应把重点放在完成工作期间的过程和努力上，而不是放在工作的结果上。只有这样，听到称赞的人才能享受工作本身。而且也会从听到称赞后一定要做好的负担中脱离出来。我们一般认为多多称赞很重要，但不能忘记的是，称赞的方式也很重要。

阅读（1~50题）

※[1~2] 请选择最适合填入（ ）的选项。

1. 正确答案：③

| 明天（   ）和朋友一块去游乐园。|

① -(으)ㄴ/는 편이다：表示比较倾向于某方面，相当于汉语的"算是……"。

② - 는 중이다：表示某一动作正在进行中，相当于汉语的"……中"。

③ - 기로 하다：表示约定或决定某事，相当于汉语的"决定""打算"。

④ -(으)ㄴ 적이 있다：表示曾经有过某种行为，相当于汉语的"……过"。

解析： 从题干可知，明天要和朋友做某事，句子应为将来时态，③表示决定做某事，可与将来时搭配，故选③。

☆关键词："친구"(朋友)、"놀이공원"(游乐园)。

2. 正确答案：④

| 一个人独自生活，时间（   ）思念家人。|

① - 거나：罗列两个以上的动作或事物，表示选择，相当于汉语的"或者"。

② - 도록：表程度目的，相当于汉语的"……直到……""为了……而……"。

③ - 거든：表示条件，相当于汉语的"如果……"。

④ -(으)ㄹ 수록：表示递进，相当于汉语

的"越……越……"。

解析： 解决此题的关键在于要理清"时间流逝"和"思念家人"的关系，两者构成递进关系，故选④。

☆关键词："가족"(家人)、"그리워하다"(想念)

※ [3~4] 请选择与画线处意思相近的选项。

3. 正确答案：①

| 由于早上起晚了，错过了火车。|

① -(으)ㄴ/는 탓에：表示原因，多造成不好的结果。

② -(으)ㄴ/는 김에：表示借助某种机会同时进行，相当于汉语的"顺便"。

③ -(으)ㄴ/는 대신：表示代替或补偿。

④ -(으)ㄴ/는 대로：表示按照前面的动作或状态做某事，相当于汉语的"按照"。

解析： "-는 바람에"与"-(으)ㄴ/는 탓에"都是表示原因的惯用型，多表示由于前面的结果，造成了后面不好的影响，故选①。

☆关键词："기차"(火车)、"놓치다"(错过)

4. 正确答案：③

| 比赛的胜败取决于练习。|

① -(으)ㄹ 따름이다：表示没有选择的余地，只能那样做。

② -(으)ㄴ/는/(으)ㄹ 모양이다：表示客观的推测，相当于汉语中的"好像"。

③ - 기 나름이다：表示某件事取决于怎么做，相当于汉语的"取决于……"。

④ - 기 십상이다：形容事情发生的概率较高，相当于汉语中的"十有八九"。

解析： 惯用型 "-기에 달려 있다"和"-기 나름이다"都表示为了得到某种结果，前面的内容发挥决定性的作用，相当于汉语的"取决于"，故选③。

☆关键词："경기"(比赛)、"이기다"(赢)、"지다"(输)、"연습하다"(练习)

※[5~8] 请选择文章的主题。

5. 正确答案：①

> 富含维生素！
> 一天所需的蔬菜营养，都在这一瓶里！

① 果汁　② 可乐　③ 牛奶　④ 咖啡

解析：根据"维生素""蔬菜"等信息不难看出，这是和果汁或蔬菜汁等饮料相关的广告，故选①。

☆关键词："비타민"(维生素)、"가득"(充满)

6. 正确答案：②

> 戏水玩具大甩卖
> 走过路过不要错过！

① 培训学校　　　　② 超市
③ 照相馆　　　　　④ 洗衣店

解析：根据"玩具""甩卖"等信息不难看出，这应该是和卖场大甩卖相关的广告，故选②。

☆关键词："물놀이"(戏水玩具)、"세일"(甩卖)

7. 正确答案：④

> 查看一下，隐藏的火种！
> 再看一下，熄灭的火种！

① 节约用电　　　　② 天气预报
③ 健康管理　　　　④ 预防火灾

解析：根据"火种""查看"等信息不难看出，这应该是和预防火灾相关的广告，故选④。

☆关键词："살펴보다"(观察)、"숨다"(隐藏)、"꺼지다"(熄灭)

8. 正确答案：②

> 1. 截止日期：2016 年 8 月 19 日
> 　　　　　　17：00（星期五）
> 2. 材料：一份申请书，照片文件
> 3. 相关材料请邮件发送

① 购买指南　　　　② 接收方式
③ 注册咨询　　　　④ 注意事项

解析：从接收时间、材料内容、发送方式不难看出，这是一个和如何接收材料相关的说明，故选②。

☆关键词："원서"(申请书)、"파일"(文件)、"관련"(相关)

※[9~12] 请选择与文章或图表内容一致的选项。

9. 正确答案：②

> 第 8 届 美食文化节
> 日　　　期：2016 年 8 月 20 日（星期六）～
> 　　　　　　8 月 21 日（星期日）
> 地　　　址：仁州市政府前的广场
> 活动内容：韩国传统料理免费试吃和体验
> 　　　　　　活动
> ※ 有意体验本次活动的人请在现场直接报
> 　　名申请。

① 今年第一次举办文化节。
② 文化节在周末两天举办。
③ 想要体验文化节的话需要提前预约。
④ 在文化节中可以买传统料理吃。

解析：这是一则关于美食文化节的举办通知。通过原文可知，本次文化节是第8次举办，①错误；本次文化节在8月20日至8月21日周末两天举办，②正确；不需预约，在现场报名即可，③错误；本次文化节免费试吃传统料理，④错误。

☆关键词："축제"(庆典)、"행사"(活动)、"현장"(现场)

10. 正确答案：③

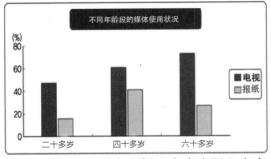

① 看报纸的人所占比例二十多岁跟六十多岁的相同。

② 所有年龄段看报纸的比例都比看电视的高。

③ 看报纸的人所占比例六十多岁比四十多岁的低。

④ 看电视的人所占比例二十多岁比四十多岁的高。

解析：从图表可知，看报纸的人所占比例为四十多岁>六十多岁>二十多岁，①错误，③正确；所有年龄段看电视的人所占比例都比看报纸的高，②错误；看电视的人所占比例为六十多岁>四十多岁>二十多岁；④错误。

☆关键词："세대별"(不同年龄段)、"매체"(媒体)、"비율"(比率)

11. 正确答案：④

> 以前的漫画房只是单纯看漫画的空间，现如今一种集阅读、美食为一体的"漫画咖啡屋"横空出世。从"看漫画的空间"这一角度来说，漫画咖啡屋和漫画房是相似的。但是，在漫画咖啡屋那明亮的灯光和精致的氛围里可以品尝高级咖啡，从这一点来说，两者又有所不同。如果说漫画房深受男生们的欢迎，那漫画咖啡屋则深受十几岁、二十几岁女生们的追捧。

① 漫画咖啡屋和漫画房室内氛围一样。

② 漫画咖啡屋主要受男生欢迎。

③ 漫画咖啡屋是为了喝咖啡而出现的地方。

④ 在漫画咖啡屋可以同时享受阅读和美食的乐趣。

解析：从原文可知，①错误，漫画咖啡屋的室内氛围更精致；②错误，漫画房深受男生欢迎，漫画咖啡屋深受女生欢迎；③错误，漫画咖啡屋不是光为了喝咖啡而出现的地方，在这里还可以享受阅读、美食的乐趣；④正确。

☆关键词："만화방"(漫画房)、"단순히"(单纯)、"세련되다"(干练)

12. 正确答案：①

> 可可豆因有益于身体健康而被人们重新认识。据说可可豆里面蕴含的蛋白质、脂肪、钙等营养成分具有预防感冒、提高注意力等功效。因可可豆很难直接食用，所以一般都是以巧克力的形式食用。但是吃太甜的巧克力反而对健康是有害的，应当避免过量食用。

① 食用可可豆可以提高注意力。

② 因为巧克力含有丰富的营养成分，所以应该大量食用。

③ 相比食用可可豆，以巧克力的形态食用更健康。

④ 巧克力的材料是可可豆的事实第一次被人们所知晓。

解析：由原文可知，①正确，可可豆具有预防感冒，提高注意力的功效；②错误，吃太甜的巧克力对健康有害，应避免过量食用；③错误，可可豆很难直接食用，一般都是以巧克力的形式食用；④错误，因有益于身体健康而被人们重新认识。

☆关键词："카카오"(可可豆)、"단백질"(蛋白质)、"칼슘"(钙)、"집중력"(注意力)、"초콜릿"(巧克力)

※[13~15] 请选择排列正确的选项。

13. 正确答案：①

> (가) 最近喜欢喝花茶的人正在增多。
>
> (나) 这是因为它具有安定心神的效果。
>
> (다) 最好用无公害栽培的花做成茶来喝。
>
> (라) 但是不要将路边盛开的花做成茶来喝。

解析：四句中唯一没有关联词和人称代词"它"的就是(가)，因此(가)为总领句。而人们喜欢花茶的原因(나)已经给出答案了，(가)与(나)是因果关系，所以第二句是(나)。通过"그런데"这个连接副词，可以看出之后先是(라)再是(다)，先说野花不能做花茶，最后提出建议，所以(가)之后是(나)，然后是(라)，最后是(다)，故选①。

14. 正确答案:②

> (가) 我把洗完的被子拿到外面晾晒, 然后去赶集了。
>
> (나) 原来邻居看到下雨就帮忙把被子收起来了。
>
> (다) 突然下雨了, 我担心被子被淋湿就赶紧往家跑。
>
> (라) 到家之后看到门上贴着一张纸条, 上面写着我已经替你保管好被子了。

解析: 首先从句意可以看出第一句应该是(가), 引出话题, 紧随其后的应该是(다), 因(나)和(가)没有关联, 而(라)之前应该有个回家的缘由, 所以离家赶集的我突遇下雨, 怕被子湿赶紧往家跑的(다)放在(가)之后, 然后就是有关到家后的句子(라), 最后是说明缘由的(나)。所以(가)之后是(다), 然后是(라), 最后是(나), 故选②。

☆重点语法: "-아/어/여 보니(까)", 接在动词后, 表示进行了前一动作, 知道了后面的事情。

예 혼자 살아 보니 힘들어요.
一个人生活后, 感觉很辛苦。

예 그 사람과 사귀어 보니까 믿을 만한 사람이더군요.
和那个人交往后, 发现他是个值得信赖的人。

15. 正确答案:③

> (가) 会议最终对实施垃圾住址实名制统一了意见。
>
> (나) 市政府工作人员就减少垃圾这一问题召开了会议。
>
> (다) 但是市民们以担心个人信息被泄露为由反对这一举措。
>
> (라) 他们认为, 在垃圾上写上家庭住址后丢掉的话会激发市民的责任意识。

解析: 四句中唯一没有关联词和人称代词"他们"的就是(나), 一般都是开会之后才可能有结果, 所以紧随其后的应该是(가)。而(라)是对(가)的解释说明, 所以(라)放在(가)的后面, (라)中的他们指的就是参会的工作人员, 工作人员觉得这样会激发市民的责任感, 而表明市民态度的(다)与(라)是转折关系, 所以(다)放在(라)之后。所以(나)之后是(가), 然后是(라), 最后是(다), 故选③。

☆重点语法: "-기로 하다", 接在动词后, 表示和他人达成某种约定或表明自己的决心, 相当于汉语的"决定……""打算……"。

예 주말에 남친과 제주도에 가기로 해요.
打算周末和男朋友去济州岛。

예 다음 주 목요일에 선생님을 찾아뵙기로 했어요.
决定下周四去拜访老师。

※ [16~18] 阅读下文, 请选择最适合填入( )的选项。

16. 正确答案:②

> 脱离乐谱演奏是钢琴家们自古以来的传统。对此一部分人认为相比背乐谱, 更应该把时间用在( )。但是如果能背乐谱, 就能更好地理解作曲家的创作意图, 从而使演出更加具有表现力。

① 理解传统方面
② 提高表现力方面
③ 策划演出方面
④ 说明优缺点方面

解析: 括号内的内容与背乐谱是一种对比关系, 即: 人们认为括号中的内容要比背乐谱更重要。话者在后文中将比较的对象点了出来, 并认为两者是相互促进的, 因此可以推测出括号内应是提高表现力方面, 故选②。

☆关键词: "악보"(乐谱)、"피아니스트"(钢琴家)、"작곡가"(作曲家)、"표현력"(表现力)、"풍성하다"(丰盛)

17. 正确答案：③

最近，将自己闲置的物品捐赠给公益服务团体的市民正在增多。但是这些物品中（　　　）很多。所以，挑选出可以使用的物品要花费大量的人力和资金。因此在捐赠物品的时候应考虑到别人能否再次使用这一点。

① 很难买到的东西
② 难以保管的东西
③ 不能再利用的东西
④ 用途不够广泛的东西

解析：括号内的内容与前文提到的市民捐赠的物品有关，并且括号中的内容也是挑选过程中造成人力和资金浪费的原因，最后一句更是提出了与括号中内容相反的希望，故③符合题意。

☆关键词："봉사단체"(公益服务团体)、"소모되다"(消耗)、"고려하다"(考虑)

18. 正确答案：④

一家家电企业推出了一款不会烫坏衣服的电熨斗。其工作原理是在熨烫衣服的过程中，如果手脱离电熨斗，电熨斗底板前后两端会伸出支架，将衣服与电熨斗隔离。当用手再次拿起电熨斗，支架就会自动缩回去。虽然这款电熨斗看起来不怎么起眼，但是一经问世，在市场上卖得很火。因为让很多人头疼的（　　　）。

① 降低了价格
② 以适当的方法改变了外形
③ 以适当的方式说明了内容
④ 用创意解决问题

解析：文章主要介绍了这款新型熨斗的工作原理，通过独特的设计解决了衣服被烫坏的问题，这一新设计让人们免除了烫坏衣服的苦恼。所以④正确；①③在文中均未体现；这一设计并没有改变电熨斗的外形，而是通过在底板设置一个隔离支架实现免烫坏功能，②错误。

☆重点语法："-듯하다"，接在动词后，表示推测，相当于汉语的"好像……"。

예 하늘을 보니까 오늘 비가 올 듯하다.
看天空的样子，今天好像要下雨。

예 이 책을 너무 빨리 봐서 본듯 말듯하다.
这本书看得太快，所以看了也像没看似的。

※[19~20] 阅读下文，请回答问题。

最近爸爸们都希望自己成为孩子的朋友。（　　　）孩子小时候需要像朋友一样的爸爸。因为通过表达彼此的爱，父母和孩子间的信赖会不断加深。但是在孩子品性得以形成的青少年时期，"有权威的爸爸"的角色也很重要。因为爸爸的权威言行会成为孩子在生活中的判断标准，这对孩子走向正途会起到一定的作用。

19. 正请选择适合填入（　　　）的选项。

① 与之相反　　　❷ 当然
③ 不如　　　　　④ 那样的话

解析：括号前面引出话题，爸爸们想在孩子面前成为朋友一样的角色，括号后面讲的是孩子小时候需要这样的爸爸，后面内容是对前文的进一步补充，故选②。

20. 请选择与本文内容相符的一项。

① 孩子们的品性会自动形成。
② 青少年时期像朋友一样的爸爸角色更重要。
③ 像朋友一样的爸爸有助于孩子走向正道。
❹ 有权威的爸爸能够给孩子提供生活的判断标准。

解析：通过原文可知，孩子们的品性要依靠外力实现，即：爸爸的权威言行会成为孩子在生活中的判断标准，①错误、④正确；在孩子的品性形成的青少年时期更需要有权威的爸爸，这对孩子走向正途会起到一定作用，②③错误。

☆关键词："표현하다"(表达)、"신뢰"(信赖)、"인성"(品性)、"권위"(权威)

※[21-22] 阅读下文，请回答问题。

> 最近，以栽培植物代替养宠物的人在增多。这是因为和养宠物会花费许多时间与金钱相比，养植物更加容易，而且还可以净化室内空气。并且植物会缓解和邻居（　　　）过日子的现代人的孤独或者给予他们情绪上的安慰。随着把植物当成伴侣的人不断增多，还出现了像"伴侣植物"这样的新造词。

21. 正请选择适合填入（　　）的选项。
❶ 老死不相往来　　　② 承诺好
③ 一起想办法　　　　④ 低头

解析：括号内的内容跟邻居相关，从后文提到的"孤独"和"伴侣植物"等关键词可以推测出邻里关系是比较疏远的，故选①。

22. 请选择这篇文章的中心思想。
① 照顾动物会花费大量的时间和金钱。
❷ 作为生活伴侣，寻找植物的人越来越多。
③ 栽培植物可以让室内空气变得清新。
④ 为了情绪稳定，最好养伴侣动物。

解析：整篇文章都是围绕第一句展开的，首先说明养植物的人呈现增多的趋势，然后又说明增多的原因，最后又对第一句进行了补充说明，故选②；①③是文章的一部分，④与文章内容相反，均可排除。

> ☆关键词："돌보다"(照顾)、"깨끗하다"(干净)、"정서적"(情绪的)、"위안"(安慰)、"동반자"(伴侣)、"신조어"(新造词)

※ [23~24] 阅读下文，请回答问题。

> 接到让我当收银员的消息后，我陷入了苦闷。因为我已经年过四十。在丈夫的鼓励下，我鼓起了勇气。可是，收银的工作却没那么简单。虽然接受了新人培训并把注意事项写到了笔记本上，但是前脚记后脚就忘了。想到几天后就要开始工作，

眼前发黑。

> 工作第一天，一大早蜂拥而至的客人，让我汗流浃背。一切都不熟练。因为算错而羞愧过好多次，但是经常与人打交道也有高兴的时候。那是一位外国人过来的时候。本来想用生涩的英语搭话，但他却用韩语说了一句"给我一个袋子吧"。虽然感觉有些吃惊，但是心里却乐开了花。

23. 请选择符合画线部分中"我"心情的选项。
① 不耐烦　② 失望　③ 不满　❹ 慌张

解析：根据原文可以看出，笔者本来就对收银员这份工作缺乏自信，再加上第一天上班时人还很多，所以内心肯定慌张，以至于后背流汗。再者从后面提到的多次因算错而羞愧也可以印证心慌这一点，故正确答案为④。

24. 请选择符合本文内容的选项。
① 多亏丈夫的鼓励，我的计算能力得到提升。
② 外国客人来时我用英语对话。
❸ 虽然我年龄有点大，但我鼓起勇气开始工作。
④ 我在新人培训的时候弄丢了笔记本。

解析：由原文可知，①④在文中并未提到；遇到外国人本来我想用生涩的英语交流，外国人自己却说了韩语，②错误；我已经年过四十，但在丈夫的鼓励下鼓起勇气去工作，③正确。

> ☆重点语法："-기 일쑤이다"，接在动词后，表示那些具有否定意义的行为经常发生。

예 버스 오는 게 들쭉날쭉하여 지각하기 일쑤다. 公交车有快有慢，所以经常迟到。

예 그는 중요한 자리에서 뒷걸음으로 물러나기 일쑤이다. 他动不动就从重要场合开溜。

※ [25~27] 请选择最能反映新闻标题的选项。
25. 正确答案：④

> 韩流演员大受追捧，
> 海外广告邀约接连不断

① 由于韩流演员人气下降，导致出演海外广告的机会减少。

② 为了提高韩流演员的人气，应多多出演海外广告。

③ 与人气无关，韩流演员收到海外广告的邀约。

④ 随着韩流演员大受欢迎，海外广告邀约持续不断。

解析：通过标题可知，前后两句互为因果关系，即因韩流演员大受欢迎，所以海外广告邀约不断，故④符合题意。

☆关键词："한류"(韩流)、"폭발"(爆发)、"요청"(邀请)、"출연하다"(出演)、"잇따르다"(接二连三)

26. 正确答案：①

黄金长假，旅游业露出久违的笑容

① 长假使旅游业找到了久违的活力。

② 短假想出去旅游的人仍然很多。

③ 假期时间不长，预约旅游的人也不多。

④ 休假期间，旅游行业准备了丰厚的旅行商品。

解析：通过标题可知，不景气的旅游行业因黄金长假的到来露出笑容是一种拟人的手法，指的是长假给旅游业带来了生机，使其焕发活力，故①符合题意。

☆关键词："황금연휴"(黄金长假)、"오랜만"(隔了好久)、"활기"(活力)

27. 正确答案：④

白菜产量过剩，农民们一声叹息

① 白菜的产量低，农民非常失望。

② 白菜收成很好，农民充满希望。

③ 白菜产量很低，农民降低期待值。

④ 白菜产量超过需求，农民备感艰辛。

解析：通过标题可知，前后两句互为因果关系，即因白菜产量过剩，农民一声叹息，故④符合题意。

☆关键词："과잉"(过剩)、"한숨"(叹气)、"생산량"(产量)、"기대감"(期待)

※ [28~31] 阅读下文，请选择最适合填入
( )的选项。

28. 正确答案：③

对孩子来说，有适合自己的颜色。所以最好能（　　）运用色彩。比如对于心态消极的孩子，最好使用明亮的暖色装饰房间。这是因为用印有红色花朵图案的书柜来装饰房间，可以给孩子一种轻松的感觉，能让他们心情愉悦。相反，如果孩子是攻击型性格的话，绿色会很适合他们。绿色可以营造一种舒适的氛围，使情绪平稳下来。

① 对应房间结构　　② 按照装饰不同地

③ 对应孩子的性格　　④ 凸显画的特征

解析：根据原文可知，括号的前句引出孩子有适合自己的颜色，括号后面是对括号所在句的举例说明，所以此题的关键是在选项中找出与举例有关的选项。文章分别对消极性格和攻击型性格的孩子举例说明了其适合的颜色，故正确答案为③。

☆关键词："소극적"(消极的)、"꾸미다"(装扮)、"장식하다"(装饰)、"경쾌하다"(轻松)、"공격적"(攻击的)、"차분하다"(沉静)、"가라앉히다"(沉住气)

29. 正确答案：①

最近登场的各个领域的（　　　　）"人物图书馆"引发了热议。顾名思义，在人物图书馆里，能把人像书一样借出。如果图书馆将具有专业知识和经验的人以"人物书"的方式进行登记的话，读者将所关注领域的人物书借出即可。比如说如果是对写作感兴趣的话，去人物图书馆借走跟写作相关的人物书听课即可。只是想要使

用人物书这种方式的话，必须凑齐规定人数以上的使用者。

① 活用专家的　　　　② 培养专家的
③ 教育技术员　　　　④ 派遣技术员

解析：通过后文可知，"人物图书馆"将各个领域的专家像书一样登记备案，借阅人有需要的话可以像借书一样借出各个领域的专家，故"人物图书馆"是活用专家的一种制度，故正确答案为①。

☆**重点语法**："-(으)려면"，接在动词后，用于说明某事的目的及其条件，相当于汉语的"如果想……"。

예 한국말을 배우려면 한국인과 많이 이야기하세요. 想学会韩语的话，就和韩国人多多交流。

예 창조적 사유능력을 키워주려면 취미를 찾아보세요. 要培养创造性思维能力，培养一下兴趣吧。

30. 正确答案：②

一般消费者都不能正确理解"一个汉堡包含有 550 卡路里"的意思。所以对食品包装上的热量提示并不敏感。但是如果汉堡包包装外面写着"吃一个汉堡包要跑9 千米"的话，消费者就能切身体会到汉堡包所含的热量了。像这样在食品的外包装上为了消耗这些热量而写明（　　）的话，消费者将会改变对食物的想法。

① 应当选择什么食物
② 需要运动多久
③ 需要慎重做出哪些行为
④ 什么时候需要注意热量

解析：括号中的内容应和包装外面写的内容相关，前文提到包装外所写的"吃一个汉堡包要跑9千米"，这是为了便于理解，用运动量代替了热量，由此推断出括号内容应与运动量有关，故正确答案为②。

☆**关键词**："햄버거"(汉堡)、"칼로리"(卡路里)、"함유하다"(含有)、"민감하다"(敏感)、"달리다"(跑步)、"체감하다"(体会)、"소모하다"(消耗)。

31. 正确答案：①

有时间限制的票，如果过了使用期限就无法使用。但即将到期的票可以使用移动市场进行买卖。在移动市场中，买卖双方可以实时进行信息交换。通过这一平台，卖方可以将一旦过期就（　　）商品卖掉，买方可以在需要的时间以相对低廉的价格买到商品。

① 失去价值的　　　　② 价格上涨的
③ 需求变大的　　　　④ 产量下降的

解析：根据原文可知，有时间限制的票，如果过了使用期限就无法使用，所以有一定时间期限的物品一旦过期将失去价值，故①符合题意。

☆**重点语法**："-(이)라도"，接在名词后，表示让步，相当于"即使……"，或表示甲得不到，退一步取乙。

예 아이들이라도 알겠는데 어른들이 모를 리가 있나? 就算是孩子们也知道，大人会不知道？

예 아버지께서 못 오시면 형님이라도 오시면 좋겠어요. 父亲来不了的话，哪怕是哥哥来一趟也好。

※ [32~34] 阅读文章,请选择内容一致的选项。
32. 正确答案：④

动物园的动物因为繁殖速度快而很难控制个体数量。这样的话，大量的动物会因挤在有限的空间内受到很大的压力。因此首尔的一家动物园为了减少狮子数量，把很多狮子送给其他动物园，同时作为换，把数量少的骆驼引了进来。结果数量减少的狮子所受的压力逐渐少了。由此看来，动物园之间的这种交流也不失为一种改善动物栖息环境的方案。

① 动物园的动物通过繁殖来调节个体数量。
② 通过动物园间的交流增加动物的个体数量。
③ 为了改善动物的栖息环境，应该大量引入新动物。
④ 大量的个体挤在狭窄的空间里，会增加动物的压力。

解析：根据原文可知，因为动物繁殖速度快很难控制个体数量，①错误；动物园之间的交流是为了平衡动物数量，②错误；为了改善动物的栖息环境，应增加动物园之间的交流，而不是大量引入新动物，③错误；大量的动物都挤在有限的空间会受到很大压力，④正确。

☆**关键词**："동물원"(动物园)、"번식"(繁殖)、"조절"(控制)、"한정되다"(限定)、"스트레스"(压力)、"낙타"(骆驼)、"서식"(栖息)

33. 正确答案：④

> 最近，越来越多的人比起花费时间和金钱去远方旅行，更重视待在家里休息。这些人为了方便休息，将客厅或浴室重新装修，在家庭装修上花很多心思，着力把家装饰成休息的空间。并且为了更好地休息，不惜花重金购买昂贵的安乐椅或床。这样一来，人们对家的认识已不仅仅停留在单纯的休息空间，而是变成高品质的休息空间。

① 人们比起休息的质量，更加追求休息的便利性。
② 为了休息，去旅行的人越来越多。
③ 人们在家具购置上花的钱不多。
④ 为了休息，装修改造家里空间的人正在增多。

解析：从原文可知，人们对家的认识已不仅仅停留在单纯的休息空间，而是变成高质量的休息空间，①错误；越来越多的人认为休息比旅行更重要，②错误；人们为了更好地休息，不惜花重金购买昂贵的安乐椅或床，甚至很多人为了休息，重新装修家里的空间，③错误，④正确。

☆**重点语法**："-(으)ㄴ/는 대신에"，意为用后一内容代替前一内容，或者是对前一内容的一种补偿，或用于对可能相互代替的两个相反特征进行比较说明。

| 예 | 여행 같이 못 가는 대신에 식사라도 같이 할까요? 为弥补不能一起旅行，一起吃个饭怎么样？ |
| 예 | 그는 침착한 대신에 박력이 없는 것이 흠이지요. 他处事冷静，但没有魄力是他的缺点。 |

34. 正确答案：③

> 具有较高的文化、历史价值，但未能得到国家管理的土地、自然及建筑有很多。最近，市民们自发开展了一场管理和保存这些资源的运动。为了保护那些濒临消失的重要资产，市民们自发进行募捐。在市民们的努力下，最近对稀有植物"梅花藻"的保护取得了良好成效。为了能让这样的保护活动持续开展，需要市民们的积极参与。

① 市民们得到国家的支持进行了募捐活动。
② 市民们积极参与国家土地管理。
③ 市民们开始保护历史价值高的资产。
④ 市民运动未涉及稀有植物的保护。

解析：从原文可知，市民们为了保护濒临消失的资产，自发进行募捐，①错误；②在文中并没有明确指出，可排除；市民们自发开展了管理和保护文化和历史价值高的资源运动，③正确；在市民们的努力下，稀有植物得到了保护，④错误。

☆**关键词**："토지"(土地)、"처하다"(处于)、"자발적"(自发性)、"모금"(募捐)、"희귀식물"(稀有植物)、"가시적"(可见的)

※[35~38] 请选择最符合文章主题的选项。

35. 正确答案：①

> 在没有无线和有线通信手段的时代，出现危急情况时往往会使用火或者烟雾来收发情报。一般在视线较好的山顶上，白天用烟、晚上用火来传递情报，将告知的危急程度分为 5 个等级。但是这种方式容易受到雨、云、雾等气象条件的影响。虽然有诸多限制，这种方式在当时应对国家紧急状况方面，还是发挥了巨大作用。

① 火或者烟雾曾是告知危急情况的主要通信手段。

② 使用火或者烟的通信手段受天气很大影响。

③ 紧急状况下，根据天气状况分为5个阶段放烟。

④ 用过去的通信手段难以应对国家紧急状况。

解析： 文章围绕古代发生危险状况时应对的方法展开叙述，文章在最后引出了主题，即：使用火或者烟雾是在当时应对危险状况的主要通信手段，故正确答案为①。

☆关键词："유무선"(有无线)、"위급하다"(危急)、"주고받다"(收发)、"산봉우리"(山顶)、"기상"(气象)、"대처하다"(应对)

36. 正确答案：④

> 灵活运用数字，对商业的成败起到重要影响。在销售业绩、库存状况等充斥着各种数字的商业现场，数字能力强意味着相应地其能力获得认可的可能性就大。比如在新产品发布会中如果使用数据进行展示，就可以得到顾客的信赖，以此信赖感为基础，将有利于在商业竞争中占优势。这就是为什么有人提议，如果想在商业中获得成功最好要培养数字活用能力。

① 必须在商业现场中学习活用数字的能力。

② 为了提高销售业绩，需要系统整理数字。

③ 在新产品发布会上应该用数据展示产品的优越性。

④ 要想获得商业成功，必须练习数字的灵活运用。

解析： 文章首先说明了灵活运用数字对商业成败的重要性，然后通过举例来说明其数字活用带来的好处，最后文章提出了自己的主张"如果想在商业中获得成功最好要培养数字活用能力"，这也是全文的主题，故正确答案为④。

☆关键词："비즈니스"(商业)、"성패"(成败)、"실적"(业绩)、"재고"(库存)、"예컨대"(比如)、"데이터"(数据)、"신뢰감"(信赖感)、"제안하다"(提议)

37. 正确答案：③

> 随着独居人士的增多，一种被称为战胜孤独感的"孤独力"受到了世人的关注。所谓孤独力，指的就是享受独处时间，并创意活用独处时间的能力。想要培养这种能力，就必须做到不在意别人的眼光，学会直面孤独。如果不能接受孤独，愤怒仇恨的情感就会堆积，使自己孤立在孤独感中，甚至还会患上忧郁症。因此，最重要的是要先培养不惧怕孤独的态度。

① 因害怕别人的眼光而独自生活的话可能会得忧郁症。

② 独居生活是创意活用时间的方法。

③ 为了培养孤独力，需要进行承受孤独的练习。

④ 独居的人们应注意愤怒和仇恨的积累。

解析： 文章首先引出"孤独力"这一新词，然后解释孤独力的定义及没有孤独力会导致的后果，最后引出个人观点，即："培养孤独力要先培养不惧怕孤独的态度"，这也是全文的中心，故正确答案为③。

☆关键词："이겨내다"(战胜)、"주목"(关注)、"홀로"(单独)、"기르다"(培养)、"얽매이다"(被束缚)、"받아들이다"(接受)、"적개심"(仇恨)

38. 正确答案：②

> 一般来说，当有免费的礼品赠送时，往往能激起消费者的购买欲。但有的时候赠品不仅不能促进销售，反而会起反作用。实际上，有调查结果显示，对于送赠品的商品，比起商品的质量，消费者往往会觉得商品的价格低，还会觉得免费赠送的物品没什么价值。这种认识往往会对销售产生不利影响，诸如怀疑商品价格的合理性等。

① 消费者们对免费给的赠品的质量表示怀疑。

② 赠品可能对商品的销售产生不利影响。

③ 消费者们偏爱有赠品的商品。

④ 因赠品的原因，商品的价格往往定得不
合理。

解析：文章首先引出话题，指出免费礼品会激发
购买欲，然而话者并同意这一观点，并提出了自
己的观点"有时赠品不仅不能促进销售，反而会
起反作用"，紧接着笔者例证了自己的观点，整
篇文章都是围绕话者的观点展开的，故正确答案
为②。

☆关键词："공짜"(免费)、"끼우다"(夹)、"경
품"(礼品)、"유혹"(诱惑)、"역효과"(反作用)、
"책정하다"(策划确定)

※ [39~41] 请选择最适合填入〈示例〉的位置。

39. 正确答案：③

> 古时候，人们读书不只是用眼睛看，
> 同时还晃动着身子、带着节奏大声朗读。
> (㉠) 但是已进入信息化社会的现代，
> 读书方式产生了划时代的变化。(㉡)
> 比起一起发出声音读书的方式，人们更喜
> 欢一个人读书的模式。(㉢) 通过连接
> 各种网络，选择或更换自己要读的文章，
> 产生了可随意转换领域的检索型读书方式。
> (㉣) 随着时代的变迁，读书方式也在
> 不停地发生改变。

> ───── <示例> ─────
> 而且过去随着文章的脉络，按照文章顺序
> 从头读到尾的读书方式也在发生改变。

① ㉠   ② ㉡   ③ ㉢   ④ ㉣

解析：文章主要介绍了从过去到现代读书方式的
转变，文章的结构是先讲过去，再讲现在。"按
照文章顺序从头读到尾"是过去的读书方式，与
现在的检索型读书方式形成了对比，所以放在㉢
处最合适，故选③。

☆关键词："가락"(节奏)、"획기적"(划时代)、"연
결망"(连接网络)、"영역"(领域)、"검색형"(检索
型)、"흐름"(流程)

40. 正确答案：③

> 小说家金炳榕先生在游览全国的山水
> 时所写的文章，被编纂成散文集《路上的
> 风景》出版。(㉠) 作家说，路是一条
> 连接自己和世界的通道，走在无边无际的
> 路上自己也在变化和成长。(㉡) 沿着
> 书中介绍的路细细观察那些当地人朴素而
> 又充实的日常生活，不禁对曾经放弃和挫
> 败的自己感到了羞愧。(㉢) 如果想要
> 感受路给我们带来的震撼，并在其中改变、
> 成长的话，请不要犹豫，抓紧时间去读一
> 读这本书吧。(㉣)

> ───── <示例> ─────
> 并且在迷茫的时候重新获得走下去的勇气。

① ㉠   ② ㉡   ③ ㉢   ④ ㉣

解析：文章主要介绍了金炳榕先生对于路的感
悟，不难看出"并且在迷茫的时候重新获得走下
去的勇气"是对在旅行途中感悟的补充说明，与
"对曾经放弃和挫败的自己感到了羞愧"的感悟
相呼应，所以放在㉢处最合适，故选③。

☆关键词："엮다"(编)、"산문집"(散文集)、"펴
내다"(展开)、"통로"(道路)、"소박하다"(朴素)、
"좌절하다"(挫折)、"떨림"(震撼)

41. 正确答案：②

> 有一种写作方式，是在历史事实或真
> 人真事的基础上，加入作家的想象力改编
> 成全新的故事。(㉠) 这种将事实和虚
> 幻结合在一起的方式最初主要是小说创作
> 的一种手法，现如今，这种手法在电影、
> 电视剧等大众文化界广泛使用并且很受欢
> 迎。(㉡) 但也有人对于在历史事实上
> 添加虚构的内容一事也表现出了担忧。
> (㉢) 因为人们很容易将发挥想象力所
> 表现的虚构当成是历史事实。(㉣)

<示例>
把枯燥的历史上加入虚构的故事重新推出，能够更轻松容易地走近大众。

① ㉠　　② ㉡　　③ ㉢　　④ ㉣

解析：文章主要叙述虚实结合的创作手法的由来、现状及缺点，"把枯燥的历史上加入虚构的故事重新推出，能够更轻松容易地走近大众"是这种创作手法的优点，与其广泛应用和大受欢迎的现状形成呼应，所以放在㉡处最合适，故选②。

☆关键词："실화"(真实故事)、"보태다"(补充)、"풀어내다"(解开)、"허구"(虚幻)、"기법"(手法)、"덧붙이다"(添加)、"딱딱하다"(枯燥)

※[42~43] 阅读下文，请回答问题。

在与父亲通话中得知洛川大叔去世的消息，"啊!"瞬间我发出了一声叹息。从早上开始就一直灰蒙蒙的天空飘起了雪花。我拿着话筒注视了一会儿大雪，脑海中浮现出去年秋天回老家时的那一幕。和往常不一样，父亲问我"要不要去看望一下叔叔再走？"虽然父亲总让我们喊他叔叔，但我们还是喊他洛川大叔。醒悟得太晚了，如果那个时候去看望他一下就好了。(中略)

"你能来吗？"电话那头的父亲等待着我的回答。虽然我的耳朵贴着听筒，眼睛凝视着窗外越来越大的雪花，但在脑海里忙碌地确认着今天的日程安排。现在是 11 点，中午和 K 一块吃午饭，下午 1 点有部门会议，3 点有全体会议，4 点参加装置美术家的记者见面会，5 点安排了采访。（中略）

"爸，雪下得好大。"听筒那边父亲的声音软了下来："不能回来吗？"这次，我全身发软。每当违背爸爸的意愿，让爸爸失望时，爸爸从不责怪对方，也不再主张自己的意见，而是无力地说声："是吗？"一副马上要接受的态势，我对这样的父亲感觉很无力。

42. 请选择画线部分女主人的心情。

❶ 惋惜　　② 委屈　　③ 焦急　　④ 可恨

解析：通过原文可知，洛川大叔去世了，但是我因为日程繁忙无法回老家，此时父亲问了一句"不能回来吗？"意思是父亲觉得工作再忙也希望我能够回去一趟，而我却不能回去，此时心情是遗憾惆怅的，故正确答案为①。

43. 请选择符合本文内容的选项。

① 雪一下大，父亲就因为担心我而给我打电话。

❷ 因为今天的事很多，我有些犹豫要不要回老家。

③ 我去年秋天回老家的时候见到了洛川大叔。

④ 洛川大叔去世的消息让我全身发软。

解析：由原文可知，父亲是因为洛川大叔去世而给我打电话，①错误；对于父亲的问话，因我的日程繁忙脱不开身，所以我犹豫要不要回去，②正确；去年秋天回老家时我没有去看洛川大叔，③错误；听到洛川大叔去世的消息，我发出的是叹息，父亲问的那句"不能回来吗？"才让我浑身发软，④错误。

☆重点语法："-는 참이다"，接在动词后，相当于汉语的"正想……"。

예 나도 따라가려는 참이다. 我也正想跟着去呢。

예 그는 직장에서 막 돌아오는 참이다.
他刚从公司回来。

※[44~45] 阅读下文，请回答问题。

所谓抽象活动，是指能够把握住某个对象特征的活动。通过毕加索的创作过程可以很容易理解这样的抽象活动。毕加索在开始创作《黄牛》连环画时，先仔细观察了黄牛的模样，然后以此为基础非常生动地画出黄牛的外观特征。在创作的过程中他领悟到：平面的棱和角可以将黄牛的特征很好地表现出来，于是用了几根简单的外廓线就画出了黄牛。到了最后，他将构成黄牛身体的大部分要素都去除，着重刻画黄牛的头部。虽然忽略了构成黄牛身体的要素，但是这张画以黄牛为原型进行了创作，所以很好地体现了"黄牛"的本质。像这样，抽象活动的产物（　　）捕捉到对象的特征。

44. 请选择符合本文主题的选项。

❶ 抽象活动是以观察为基础理解对象的活动。

② 抽象活动是从外观的细微刻画开始的活动。

③ 抽象活动的阶段体现在抽象化的创作过程中。

④ 抽象活动的产物表现了对象新的一面。

解析：本文通过毕加索的创作过程来介绍什么是抽象活动。毕加索在画黄牛时，先观察黄牛的模样，然后以观察为基础生动地画出黄牛，所以抽象活动就是通过观察来把握事物的本质特征，故①正确。

45. 请选择适合填入（　　）的选项。

① 通过歪曲本质

② 通过强调实体

❸ 通过形态的单纯化

④ 通过写实的表现手法

解析：解题的重点在于要找"像这样"所指代的内容，联系上下文可知，与"像这样"对应的内容是毕加索的领悟，即：平面的棱和角可以将黄牛的特征很好地表现出来，这是通过形态的单纯化来捕捉对象的特征，故正确答案为③。

☆**关键词：**"뽑아내다"(选出)、"파악하다"(把握)、"피카소"(毕加索)、"창각"(创作)、"연작물"(连环画)、"묘사하다"(描绘)、"가장자리"(沿角)、"모서리"(棱角)、"외곽선"(外廓线)、"제거하다"(去除)

※[46~47] 阅读下文，请回答问题。

最近国土交通部不顾大家对无人小型飞机"无人机"普及化的担忧，决定对使用无人机的新产业领域进行投资。（ ㉠ ）政府之所以积极支持这种无人机产业，是因为无人机可以涉及的领域非常广泛。（ ㉡ ）不仅仅是国土调查、灾害监测、救援活动、物品运输、网络信息传达甚至休闲活动都可以使用无人机技术。（ ㉢ ）但是，随着此次投资的决定，无人机产业在政府的主导下会更加正规化，无人机普及化的时代会提前到来。（ ㉣ ）但是，对于侵犯个人私生活和恐怖袭击威胁等安保问题，目前仍是无人机普及无法回避的问题。因此，政府不应该只对无人机运用技术进行投资，还应该在减少无人机的恶意利用、降低其危险性的技术方面进行投资。

46. 请选择最适合填入〈示例〉的位置。

——— < 示例 > ———
事实上，与这样光明的前景不同，无人机产业因为无人机的危险性问题，这段时间频繁受挫。

① ㉠　　② ㉡　　**❸** ㉢　　④ ㉣

解析：文章开头引出对无人机普及化投资的话题，接着说明无人机将涉及的领域与前景，而"事实上，与这样明朗的前景不同，无人机产业因为无人机的危险性问题，这段时间频繁受挫"这句话恰恰是对其前景的否定，应紧接其后，所以放在㉢处最合适。

47. 请选择符合本文内容的选项。

① （政府）对无人机使用和防止恶用技术同时进行投资。

❷ 一直提起对无人机的安全性鉴定的重要性。

③ 因为政府的投资决定，关于无人机普及

化的议论趋于平静。

④ 因政府对无人机技术的关注，无人机产业在加速发展。

解析： 作者呼吁政府不仅在无人机运用上进行投资，还应对无人机的恶意利用上进行投资，显然政府对这两项不是同时进行投资，①错误；对侵犯隐私及受到恐怖袭击威胁等安全问题一直是待解决的问题，②正确；③在原文中并未提及，故排除；文中指出因政府对无人机的关注，无人机普及时代会提前到来，并没有提到无人机产业已经加速发展，④错误。

☆**重点语法：** "-(으)로써"，接在名词或动词的名词形后，表示手段、工具、材料等。

예 성실히 일함으로써 인정을 받았다.
　　通过踏实的工作获得了肯定。

예 에너지 절약대책을 취함으로써 원가를 저하시켰다. 采取节约能源措施，以此降低了成本。

※[48~50] 阅读下文，请回答问题。

> 　　因年轻人才的一个想法而改变世界的事情屡见不鲜，美国硅谷已成为全世界"创新型技术革命"的象征。这些创意融合在一起，打造了一个（　　　）最佳环境。<u>韩国正在将硅谷的模式灵活运用到国内各大城市，这是一件十分令人鼓舞的事。</u>以仁州市为例，建造高新技术园区，力图使入驻企业能够发挥自己的力量。通过扩大投资预算、减免税收等方式，为各种富有创意的企业活动敞开大门。这些举措不仅提供了大量的就业岗位，也在仁州地区的经济发展中发挥了重要作用。积极吸取硅谷的成功经验，立足于本地区特殊环境的仁州市高新技术产业园区即将打造一种新的经济增长模式。今后各座城市也有必要根据自身的条件有必要制定出创意性的企业活动支援政策。

48. 请选择笔者写这篇文章的目的。
① 为了分析硅谷的主要增长动力

② 为了提出支持企业活动的方案
③ 为了介绍被建设成高科技中心的产业园区
❹ 为了提出建设符合条件的经济环境的重要性

解析： 文章首先举例说明了创意改变世界的现象，指出硅谷成为创新型技术革命的象征，举出仁州市根据自身特点运用硅谷模式的成功案例，最后作者提出了自己的观点，即：各座城市也有必要根据自身条件，制定创意企业支援政策来营造一种增长的经济环境，故正确答案为④。

49. 请选择适合填入括号内的内容。
① 能够创造文化的
② 能够允许失败的
③ 能够形成资本力的
❹ 能够发挥创意性的

解析： 全文围绕创意、创新技术的应用阐述，括号前面的句子指出硅谷成为全世界"创新型技术革命"的象征，括号所在的句子中提到"这些创意融合在一起"，后面举例证明创意的重要性，因此括号内应填入与创意性有关的内容，故正确答案为④。

50. 请选择画线部分笔者的态度。
❶ 认可为了发展经济而进行的多种积极尝试。
② 警惕积极引入经济增长的成功事例。
③ 感叹到海外努力寻找经济发展的成功模式。
④ 批判从不同角度把握经济成功主要因素的态度。

解析： 画线部分中"韩国将硅谷的模式灵活运用到国内各大城市"是指各大城市都积极尝试硅谷模式；"十分令人鼓舞"表明作者对此十分认可，故正确答案为①。

☆**关键词：** "아이디어"(想法)、"거듭되다"(反复)、"실리콘밸리"(硅谷)、"혁신"(革新)、"어우러지다"(融合)、"모델"(模式)、"첨단"(尖端)、"감면"(减免)、"모방하다"(模仿)、"용납되다"(包容)

1

남자 : 어서 오십시오 . 무엇을 도와드릴까요 ?

여자 : 저 , 신입 사원 지원 서류를 내러 왔는
데요 .

남자 : 3 층으로 가시면 됩니다 . 저쪽 엘리베
이터를 이용하세요 .

2

남자 : 넌 뭐 마실래 ? 커피 ?

여자 : 응 . 난 따뜻한 커피 한 잔 마실래 .

남자 : 그럼 먼저 가서 자리 잡고 앉아 있어 .
내가 가지고 갈게 .

3

남자 : 출판 시장의 소비층이 변하고 있습니
다 . 지난 10 년간 연령별 도서 구매율
에 따르면 가장 많은 비중을 차지했던
20 대의 구매율은 감소하고 40 대의
경우는 높아진 것으로 나타났습니다 .
분야별로는 '문학'이 가장 많았으며 '자
기 계발','유아'가 그 뒤를 이었습니다 .

4

남자 : 점심시간인데 식사하러 갑시다 .

여자 : 벌써 시간이 그렇게 됐어요 ? 그러고
보니 배가 고프네요 .

남자 : 빨리 정리하고 나가죠 .

5

여자 : 민수 씨 , 이번 체육 대회에 농구 선수
로 나간다면서요 ?

남자 : 네 . 그런데 연습을 많이 못 해서 잘할

수 있을지 모르겠어요 .

여자 : 잘할 수 있을 테니까 걱정하지 마세
요 .

6

남자 : 지영 씨 , 혹시 친구 중에 아르바이트
할 만한 사람이 있을까요 ?

여자 : 글쎄요 . 잘 모르겠는데 친구들한테 한
번 물어볼까요 ?

남자 : 네 . 좀 알아봐 주면 좋겠어요 .

7

여자 : 지금 사무실이 많이 더운 것 같지 않
아요 ? 에어컨 좀 켤까요 ?

남자 : 에어컨은 켰어요 . 제가 환기하려고 좀
전에 창문을 열어 놔서 그런가 봐요 .

여자 : 그래요 ? 그럼 창문을 닫아야겠네요 .

8

여자 : 김 선생님 , 이번 회의 참석자 명단 좀
주시겠어요 ? 자리 배치표를 만들어야
해서요 .

남자 : 아 , 네 . 그런데 아직 참석 인원이 확실
하지 않은데요 .

여자 : 그럼 확실히 정해지면 알려 주세요 .

9

여자 : 컴퓨터가 안 되네 . 오늘까지 장학금을
신청해야 하는데 .

남자 : 뭐라고 ? 장학금 신청이 오늘까지였어 ?
정확한 거야 ?

여자 : 학교 홈페이지에서 그렇게 봤어 . 내가

사무실에 전화해 볼까?
남자 : 그래, 해 봐. 컴퓨터는 내가 확인해 볼게.

10

여자 : 잠깐 약국 좀 다녀올게요. 두통약 좀 먹어야겠어요.
남자 : 몸이 안 좋으면 빨리 집에 가서 쉬세요. 나머지 전시회 상품은 제가 정리할 테니까요.
여자 : 아니에요. 아직 설명 자료도 못 만들었는데요.
남자 : 네, 그럼 다녀오세요. 이건 제가 정리하고 있을게요.

11

여자 : 준기야, 자전거 어디에 뒀니?
남자 : 베란다에 있는데……. 누나, 자전거 타려고? 꺼내 줄까?
여자 : 아니. 내가 꺼낼게. 너도 같이 안 나갈래? 날씨도 좋은데 공원에서 같이 운동하자.
남자 : 그래. 그럼 옷 좀 갈아입고 나올게.

12

남자 : 손님, 모두 12만 원입니다.
여자 : 여기 이 카드로 계산해 주세요. 그런데 집까지 배달도 해 주시나요?
남자 : 물론이죠. 여기 영수증 있습니다. 이거 가지고 안내 센터에 가서 신청하면 됩니다.
여자 : 아, 네. 고맙습니다. 그런데 언제쯤 물건을 받을 수 있을까요?
남자 : 보통 두세 시간 정도 걸립니다.

13

여자 : 구청에서 진로 상담 프로그램을 운영한대.

남자 : 응. 나도 들었어. 무료로 적성 검사도 해 준다고 그러던데.
여자 : 그래? 한번 해 볼 만하겠다. 어떻게 신청하면 되는 거지?
남자 : 음. 내가 문의해 보고 알려 줄게.

14

남자 : 안내 말씀드리겠습니다. 서울로 가는 우리 열차는 지금 공사 구간을 지나가고 있어서 천천히 운행하고 있습니다. 그리고 우리 열차는 부산으로 가는 KTX 열차를 먼저 보내기 위해 잠시 후 다음 정차역인 대전역에서 10분간 더 정차하겠습니다. 손님 여러분께 불편을 드려 죄송합니다.

15

남자 : 다음은 생활 정보입니다. 요즘 많이들 더우시죠? 때 이른 더위로 한강공원의 야외 수영장이 작년보다 일주일 빨리 개장한다는 소식입니다. 개장 후 일주일 동안은 정상가의 50%로 이용이 가능합니다. 또한 올해부터 가족 티켓 판매를 시작한다고 하는데요. 4인 가족 방문 시 1명은 무료로 입장이 가능하다고 하니 이번 기회에 미리 휴가 다녀오시는 게 어떨까요?

16

여자 : 서울아트센터에서 하는 '정오의 콘서트'가 요즘 큰 인기를 얻고 있다고 들었는데요.
남자 : 네. 관객을 위해 다양한 서비스를 마련한 것이 효과적이었다고 생각합니다. 매달 마지막 목요일에는 지휘자가 관객들에게 음악에 대해 해설해 주는 '음악 이야기' 시간을 갖습니다. 그리고 금요일 공연을 관람하는 경우 1층 카페에

서 무료로 커피를 제공하고 있습니다. 그래서 작년에 비해 '정오의 콘서트' 관람객 수가 많이 늘어난 것 같습니다.

17

남자 : 지은 씨, 뭐 하세요?

여자 : 아, 다음 주에 여행 가는데 인터넷으로 옷 하나 사려고요. 백화점이나 쇼핑몰에 직접 가는 것보다 시간도 아낄 수 있고 가격도 저렴하거든요.

남자 : 저는 인터넷으로 사는 것도 시간이 꽤 걸리던데요. 그리고 아무래도 옷은 가서 입어 보고 고르는 게 좋지 않아요? 색깔이나 모양이 화면으로 보는 것과 다른 경우도 많잖아요.

18

남자 : 요즘 부모들은 아이들이 잘못해도 왜 아무 말도 안 하지? 무조건 예뻐만 하는 건 문제인 것 같아.

여자 : 아이들이 어려서 그러는 건데 그때마다 뭐라고 하는 건 안 좋은 거 아니야?

남자 : 아무리 어려도 자기가 무엇을 잘못했는지는 바로 알려 줘야지. 그래야 다음에 같은 실수를 반복하지 않지.

19

여자 : 어휴, 연휴라 그런지 차가 많이 막히네.

남자 : 그래서 내가 기차 타자고 했잖아. 기차 타면 여행 기분도 더 날 텐데 말이야.

여자 : 하지만 애들 짐도 많고 부모님 선물도 있고 하니까 차가 편하지 않아?

남자 : 그거야 내가 들면 되지. 잘못하다가는 부모님 뵙는 시간보다 차 안에 있는 시간이 더 많겠어.

20

여자 : '세상에서 두 번째로 맛있는 집'이라는 식당 이름이 참 재미있는데요. 사장님, 가게 이름을 이렇게 지으신 특별한 이유가 있으신가요?

남자 : 요즘 사람들은 무엇이든지 1등이 되고 싶어 하는 것 같습니다. 하지만 저는 최고가 되기보다는 계속 최고를 향해 가는 사람이 되고 싶습니다. 내가 최고라고 생각하는 순간 거기에 만족하게 되니까요. 나보다 더 나은 사람이 있을 거라 생각하며 저는 앞으로도 항상 최선을 다할 겁니다.

21~22

여자 : 여보, 당신 퇴직하면 우리 치킨 가게 하나 해 볼까요?

남자 : 우리 가게……. 좋지요. 하지만 만만하게 생각해서는 안 될 것 같은데요. 그런 가게는 사람들이 많이 오가는 곳에 차려야 성공할 수 있는데 그런 데는 가게도 비싸고요.

여자 : 시장에서 피자 가게 하는 친구가 그러는데 맛만 좋으면 가게가 어디에 있든지 손님들이 다 알아서 찾아온대요.

남자 : 그래도 손님들이 쉽게 가게를 찾을 수 있는 곳이어야 하지 않을까요?

23~24

남자 : 여보세요. 나무호텔이죠?

여자 : 네, 고객님. 무엇을 도와드릴까요?

남자 : 다음 주 토요일에 3명, 1박 예약했는데요. 호텔에서 진행하는 자연 체험 교육을 예약하고 싶어서요.

여자 : 자연 체험 교육은 20명 이상 단체만 가능합니다.

남자 : 아, 그렇군요. 그러면 아이하고 할 수

있는 가족 체험 프로그램은 없나요?

여자 : 죄송하지만 가족을 위한 체험 프로그램은 현재 준비 중에 있습니다. 대신 호텔 뒤 등산로에 아이들이 놀 수 있는 '숲속놀이터'를 새로 만들었는데요. 이걸 이용해 보시는 건 어떨까요?

25~26

여자 : 전 국가대표 축구 선수 김민수 씨를 모시고 이야기 나누고 있는데요. 장애인 고용 기업을 운영하고 계시다고요.

남자 : 네. 모두 아시겠지만 저는 교통사고로 장애를 입어 축구를 그만두게 됐습니다. 장애인이 되고 나니 생계를 유지하기가 어려웠죠. 이건 저뿐만 아니라 모든 장애인이 겪는 어려움일 거라고 생각합니다. 물론 정부에서 장애인에게 세금 혜택 등 여러 가지 지원을 해 주고 있지만 무엇보다도 장애인들이 자립할 수 있어야 한다고 생각했습니다. 그래서 저와 뜻을 같이하는 사람들이 모여서 장애인을 고용하는 회사를 차리게 됐습니다.

27~28

남자 : 웬 신발을 이렇게 많이 샀어?

여자 : 어제 신문에서 읽었는데 이 회사는 신발이 한 켤레 팔릴 때마다 가난한 아이에게 신발 한 켤레씩을 기부한대. 의도도 좋고 신발도 예뻐서 가족들 거까지 샀어.

남자 : 겨우 신발 한 켤레 준다고 아이들의 삶이 얼마나 달라지겠어.

여자 : 물론 신발이 가난을 해결해 주지는 못하지. 그런데 이 신발은 살면서 처음으로 갖는 자신만의 물건이래. 그래서 새 신발을 갖게 된 아이들은 스스로에 대한 자부심이 높아지게 되는 거지. 작

은 사건을 계기로 인생이 바뀌는 사람들이 있잖아. 이 신발이 아이들에게는 그런 사건이 될 수도 있다는 거야. 어때? 멋지지 않아?

29~30

여자 : 요즘 '왕라면'의 인기가 대단한데요. 지난달에 이어 이번 달에도 판매 1위를 차지했습니다. 성공의 비결이 뭘까요?

남자 : 그 비결은 무엇보다 국물 맛에 있습니다. 저는 맛있는 국물을 만들기 위해 전국의 유명한 식당을 찾아다녔습니다. 그런데 맛의 비밀은 쉽게 가르쳐 주지 않더군요. 한 식당의 경우는 한 달 넘게 찾아가서 가르쳐 달라고 매달린 적도 있었습니다. 아주머니께서는 마지못해 저한테만 비밀이라며 비법을 가르쳐 주셨죠. 그 비결들을 가지고 실험실에서 다양한 실험을 수없이 반복했습니다. 사실 제가 라면을 좋아하는 편은 아닌데 '왕라면'을 만들기 위해 하루에 열 번도 넘게 라면을 먹은 적도 있었습니다.

31~32

남자 : 요즘 몇몇 영화관에서는 '좌석별 가격 차등제'가 시행되고 있습니다. 앞자리처럼 영화를 보기 불편한 자리는 싸게, 편안한 자리는 더 비싸게 파는 제도라고 하는데요. 전 이 제도가 문제가 있다고 생각합니다.

여자 : 제 생각에 이건 매우 합리적인 제도인 것 같습니다. 불편한 앞자리인데도 편안한 자리와 똑같은 돈을 내고 영화를 보는 건 불합리한 것 아닌가요? 관객에게 선택의 기회도 줄 수 있고요.

남자 : 그런데 저라면 아무리 싸도 앞자리에

는 앉지 않을 것 같습니다. 저 같은 사람들은 돈을 더 내더라도 편안한 자리에 앉을 것 같은데 이건 결국 극장이 돈을 더 벌기 위해 만든 제도 아닌가요?

33~34

남자 : 여러분도 잘 아시는 조선왕조실록은 세계적으로 가치를 인정받는 기록물이지요. 수백 년 세월의 때가 묻은 기록물이 지금까지 보존되는 데는 기록을 남긴 사람들의 공헌이 크다고 할 수 있는데요. 요즘도 이렇게 기록을 담당하는 사람들이 있습니다. 바로'기록연구사'입니다. 현대는 기록의 홍수라고 할 정도로 어느 것 하나 기록이 아닌 것이 없습니다. 그 중에는 없어도 되는 것도 있지만 외교 문서처럼 보존되어야 하는 것도 있고요. 이런 수많은 기록 중에서 남길 것과 버릴 것을 결정하는 것은 기록연구사가 해야 하는 중요한 일 중의 하나입니다. 기록연구사는 이처럼 기록물의 수명을 결정하는 아주 중요한 일을 합니다.

35~36

남자 : 지난 선거에 이어 이번에도 저를 선택해 주신 시민 여러분들께 존경과 감사의 인사를 드립니다. 지난 임기 동안 공약을 잘 실천한 점을 높이 평가해 주신 것 같습니다. 이렇게 또 한 번의 기회를 주신 것은 살기 좋은 세계 100대 도시라는 목표를 향해 우리 시에서 추진하고 있는 정책을 완성하라는 뜻이라고 생각합니다. 이를 위한 첫 번째 과제는 현재 건립 중에 있는 전국 최대 규모의 의료원을 완공하는 것입니다. 빠른 시일 내에 공사를 마무리 지어

양질의 의료 서비스를 제공해 드릴 것을 약속드립니다. 앞으로도 시민이 행복한 도시를 만들기 위해 열심히 일하는 시장이 되겠습니다.

37~38

여자 : 요즘 사진 없는 이력서를 도입하는 기업들이 늘고 있는데요. 그 이유가 뭔가요?

남자 : 우리가 일반적으로 사용하는 이력서에는 반드시 사진을 붙여야 하죠. 그런데 인사 담당자들이 이 사진을 보고 전혀 영향을 받지 않는다는 건 아주 힘든 일입니다. 그래서 공정한 선발을 위해 사진 없는 이력서가 나오게 된 거죠. 그런데 앞으로는 '익명이력서'라는 새로운 형식의 이력서도 등장할 것 같습니다. '익명이력서'는 사진은 물론이고 이름, 성별, 생년월일 같은 개인 정보를 전혀 기재하지 않는 건데요. 능력 있는 인재를 공정하게 선발할 수 있는 좋은 대안이 되지 않을까 싶습니다.

39~40

여자 : 이런 갈등은 개인 사업자가 태양광 발전소를 주거 지역 근처에 세우면서 시작되었는데요. 주거 지역과 발전소의 거리가 가까워지자 피해를 입게 된 지역 주민들이 반대를 하고 나선 거죠.

남자 : 네, 그렇습니다. 조사를 진행해 보니 발전소에서 나오는 열과 반사되는 빛이 주민들의 건강은 물론이고 농작물과 축산 동물의 생산성에도 좋지 않은 영향을 미치고 있는 것으로 나타났습니다. 태양광 발전소를 설립하는 개인 사업자가 늘어나면서 이런 상황은 점점 심각해지고 있는데요. 태양광 발전

소로 인해 빚어지는 갈등을 해결하기 위해서는 발전소 위치 선정에 대한 법적 기준이 마련되어야 할 것입니다.

41~42

여자 : 옛날에도 한여름에 얼음을 사용했다는 기록이 있는데요. 겨울에 강에서 채취한 얼음을 보관해 놓았다가 필요할 때 꺼내서 썼다고 합니다. 그런데 얼음을 어떻게 보관했을까요? 네. 석빙고라는 얼음 창고가 있었죠. 특별한 냉동 장치가 없었는데도 석빙고의 온도는 0도 이하로 유지되었습니다. 그 비결에는 위치와 건축 재료 등 다양한 요인이 있지만 그중에서도 과학적인 구조가 가장 큰 역할을 했다고 할 수 있는데요. 반은 지하에, 반은 지상에 있는 구조로 만들어 석빙고의 온도 변화를 최소화했고, 지붕에 구멍을 내서 더운 공기가 바로 빠져나가도록 했습니다. 또 바닥은 경사지게 만들어 얼음이 녹으면서 생긴 물을 밖으로 흘려보내 영하의 온도를 유지했던 겁니다.

43~44

남자 : 지구의 표면은 여러 개의 판으로 나뉘어 있다. 판은 끊임없이 움직이기 때문에 판과 판이 부딪치는 지점에서는 지진이나 화산 폭발 같은 자연 재해가 일어난다. 그런데 역설적이게도 이 충돌이 인류에게 필요한 자원을 안겨 주기도 했다. 판이 충돌하면서 지각이 바뀔 때 지구 깊숙한 곳에 있던 구리나 금, 석유 등의 자원이 지표면으로 올라왔기 때문이다. 인간은 구리 등을 이용하여 단단한 연장을 만들었고 이것은 인류 문명을 급격하게 발달시켰다. 그래서 지도에 보이는 것처럼 가장

중요한 고대 문명 13곳 중 11곳과, 현존하는 세계 최대 도시 20곳 중 10곳이 판의 경계 근처에 있다. 인류는 판의 충돌로 인한 위험과 혜택을 동시에 안고 살아온 것이다.

45~46

여자 : 세계는 4차 산업혁명의 시대에 들어섰는데요. 3차 산업혁명이 컴퓨터를 통한 생산과 유통의 자동화를 의미했다면 4차 산업혁명은 기계와 제품에 인공 지능을 부여해서 새로운 가치를 창출하는 것을 말합니다. 이해를 돕기 위해 걸음의 횟수를 재는 만보기를 예로 들어 볼까요? 인공지능을 갖춘 만보기는 걸음의 횟수, 즉 운동량을 재서 보험사에 보냅니다. 그러면 보험사는 운동을 꾸준히 한 사람에게 보험료를 할인해 주는 거죠. 앞으로는 법률이나 경영 등 다양한 분야에서 전문가 수준의 지식 서비스를 제공하는 로봇들도 등장할 겁니다. 4차 산업혁명이 가져올 미래는 전문가들도 예측이 불가능하다고 할 만큼 변화가 클 텐데요. 하지만 분명한 것은 이것이 새로운 성장 동력으로 국가 경쟁력 강화의 주요한 기반이 될 거라는 점입니다.

47~48

여자 : 전통 공예를 발전시키기 위해서 전승자들을 육성하고 보호하는 새로운 정책이 필요하다는 의견이 많은데요. 어떻게 생각하십니까?

남자 : 지금까지의 정책은 주요 전승자들을 인간문화재로 지정하고 그분들이 제자를 일대일로 교육해 전통 공예를 이어나가는 것이었습니다. 그런데 이런 방식은 전승 종목이 사유화될 우려가 있

을 뿐더러 요즘 젊은이들이 별로 선호하지 않는다는 단점이 있었죠. 그래서 좀 더 새로운 전승 정책이 필요하다고 봅니다. 예를 들면 대학에 전통 공예 관련 강의를 개설하고 거기에 예산과 인력을 지원하는 겁니다. 전승자들이 대학에 출강하고 연구에 참여하면서 개방적으로 인재를 양성하는 거죠. 그리고 전승자들의 작품을 정부가 인증해 주는 겁니다.

49~50

여자 : 영화를 보면 평범하고 자상하던 인물이 어느 집단의 일원으로 행동할 때는 끔찍하게 악해지는 경우가 종종 있는데요. 사회학자들은 개인적으로는 도덕적인 사람도 집단 속에서는 이기적이고 폭력적으로 변할 수 있다고 말합니다. 집단에서는 개인적인 친밀도도 서로 떨어지고, 누가 누구에게 책임을 물을 수도 없는 복잡한 관계가 되죠. 그래서 개인들은 자신의 책임은 면하면서 집단의 힘이 시키는 것은 무엇이든 하는 비도덕성에 합류하게 됩니다. 이것이 폭력이 구조화 되는 이유와 과정입니다. 그래서 도덕적인 개인들이 만든 사회도 각 집단들의 속성과 이해관계에 따라 민족적, 인종적 충돌이나 이기심을 보이게 되지요. 그러므로 이런 집단 간의 관계는 도덕보다 힘의 역학 관계에 따라 정치적으로 조정해야 하는 경우가 많습니다.

第52回 TOPIK II 真题 正确答案

听力 듣기 영역

1	2	3	4	5	6	7	8	9	10
②	①	②	②	④	④	①	②	③	①
11	12	13	14	15	16	17	18	19	20
②	③	④	④	③	③	②	④	④	③
21	22	23	24	25	26	27	28	29	30
①	④	③	③	②	①	②	③	④	④
31	32	33	34	35	36	37	38	39	40
③	①	①	②	③	④	④	②	①	①
41	42	43	44	45	46	47	48	49	50
③	②	①	③	①	④	②	①	④	③

写作 쓰기 영역

请参考答案解析

阅读 읽기 영역

1	2	3	4	5	6	7	8	9	10
②	①	④	①	②	②	①	②	①	③
11	12	13	14	15	16	17	18	19	20
①	②	①	②	③	②	②	③	②	①
21	22	23	24	25	26	27	28	29	30
④	④	③	②	①	③	④	③	②	③
31	32	33	34	35	36	37	38	39	40
④	①	③	④	④	②	③	①	④	④
41	42	43	44	45	46	47	48	49	50
③	③	①	③	④	①	④	④	③	④

听力（1~50题）

※[1~3] 听录音，请选择正确的图画。

1. 正确答案：②

> 女：请问您哪里不舒服？
> 男：我肚子痛。
> 女：请在这里填写姓名及出生年月日，然后稍等一会儿。

解析：根据对话可知，男子生病了，女子正在为他挂号，登记个人信息，并未进行诊断治疗，故②正确；①是女子在给男子诊断，③④中男子正在接受治疗，这三项可排除。

☆关键词："아프다"(痛)、"생년월일"(出生年月日)

2. 正确答案：①

> 男：我都已经打扫完了,需要帮你洗碗吗？
> 女：没关系，都已经差不多洗完了，你坐着歇一会儿吧。
> 男：那洗完碗后，我们一起喝杯茶吧。

解析：根据对话可知，女子正在洗碗，而男子已经打扫完了，询问女子是否需要帮忙洗碗，故①正确；②中男子正在打扫，③中男子在刷碗，④中两人在喝茶，这三项均可排除。

☆关键词："설거지"(洗碗)、"끝나다"(结束)

3. 正确答案：②

> 男：各位经常做运动吗？根据文化体育观光部的调查结果来看，我国国民每周参加一次以上日常锻炼的参与率，自2014年以后呈现出持续增加的趋势。

> 其中做得最多的运动是"走路"，接下来是"登山"，之后是"健身"。

解析：根据对话可知，日常锻炼参与率自2014年以后呈现出持续增加的趋势，因此②正确，①错误；不同运动的参加的比例为：走路>登山>健身，故③④均错误。

☆关键词："생활 체육"(日常锻炼)、"참여하다"(参与)、"헬스"(健身)

※[4~8] 听对话，请选择接下来的话。

4. 正确答案：②

> 男：怎么了？丢什么东西了吗？
> 女：不知道我的包放哪儿了。
> 男：_____

① 幸亏找到了。
② 仔细找找看。
③ 正在找包。
④ 因为怎么找都找不到。

解析：根据对话可知，女子说忘记把包放在哪里了，接下来男子应对女子出现的问题做出回应。①④错误，都是关于结果的表达，而对话中女子正在找包；②正确，男子建议女子慢慢找，是一种解决问题的态度和方式；③错误，是对女子行为的描述。

☆关键词："잃어버리다"(丢)、"아무리"(不管怎样)

5. 正确答案：④

> 男：都过了午饭时间,食堂的人还很多啊！
> 女：可不是嘛,想要吃饭的话得等一会儿了。
> 男：_____

① 去吃午饭吗？
② 什么时候午休啊？
③ 您吃得好吗？
④ 要不去别的地方吃？

解析：根据对话可知，食堂人很多，需要等候，男子接下来需要对此做出回应。①错误，两人正在食堂要吃午饭；②错误，与两人谈论的主题无关；③错误，两人还没有吃饭；④正确，建议去别的地方吃，是对于等待的一种否定回应。

☆关键词："지나다"(过)、"한참"(一阵子)

6. 正确答案：④

> 男：秀美，面试怎么样？感觉好吗？
> 女：本可以做好的，但因为紧张好像没有发挥好。
> 男：＿＿＿＿＿＿＿＿＿＿

① 面试好像还不错。
② 考试比想象中的要简单。
③ 别紧张，好好面试。
④ 你认真准备了，会有好结果的。

解析：根据对话可知，女子面试结束后，感觉由于紧张没有发挥好，接下来男子应对女子的担忧做出回应。①错误，女子没有发挥好；②错误，男子并未参加面试；③错误，面试已经结束了；④正确，是对于女子担忧的安慰。

☆关键词："면접시험"(面试)、"떨리다"(紧张)

7. 正确答案：①

> 男：秀美，听说交换生的申请到下周截止，要申请吗？
> 女：是吗？你是怎么知道的？
> 男：＿＿＿＿＿＿＿＿＿＿

① 学校主页上有啊。
② 打算下个学期申请。
③ 已经申请了交换生。
④ 学生选拔好像已经结束了。

解析：根据对话可知，女子问男子是怎么知道这

个消息的，接下来男子应对这个问题进行回答。①正确，回答了得到信息的途径；②③④均答非所问，予以排除。

☆关键词："교환 학생"(交换生)、"홈페이지"(主页)、"벌써"(已经)

8. 正确答案：②

> 女：那个，我订购了化妆品，可收到的和订购的不一样。
> 男：啊，十分抱歉，顾客，请您把东西寄回来吧，我们确认之后，会把您订购的产品再寄给您的。
> 女：＿＿＿＿＿＿＿＿＿＿

① 想订购一些化妆品。
② 那大约什么时候才能再收到呢？
③ 用了这款化妆品之后发现真好用。
④ 能告知一下订购的日期吗？

解析：根据对话可知，男子对于女子的问题已经给出了解决方案，接下来女子应对男子的解决方案进行回应。①错误，已经订购了化妆品；②正确，是对男子解决方案的补充疑问；③错误，并未使用化妆品；④错误，这是男子应该问的问题。

☆关键词："화장품"(化妆品)、"주문하다"(订购)

※[9~12] 听对话，请选择女子接下来会做的行动。

9. 正确答案：③

> 女：民秀，没看见我上次买的黑色大衣吗？
> 男：那件不是星期一拿到洗衣店了嘛。我去给你拿回来吗？
> 女：没事，我自己去拿回来就行。
> 男：那回来的时候，帮我取个包裹呗。

① 送去衣服。　　　② 买大衣。
③ 去洗衣店。　　　④ 取包裹。

解析：根据对话可知，男子要帮女子去洗衣店拿大衣，女子说自己去，然后男子拜托女子顺便取包裹，所以女子接下来首先是去洗衣店拿大衣，

然后再去帮男子取包裹，故③正确，④错误；①错误，衣服已经放在洗衣店了；②错误，大衣是上一次买的。

☆关键词："검은색"(黑色)、"코트"(大衣)、"세탁소"(洗衣店)、"맡기다"(存放)、"우편물"(邮件)

10. 正确答案：①

> 女：喂？民秀，隔壁办公室的来取宣传手册了。
> 男：啊，好的。我现在在外面会见客户，不好意思，秀美你能从箱子里拿出来给他们吗？
> 女：嗯，那好吧。可是箱子在哪里呢？
> 男：放在我办公桌下面了。

① 拿出宣传手册。
② 领取宣传手册。
③ 见客户。
④ 把箱子放在办公桌下面。

解析：根据对话可知，男子想拜托女子把宣传手册拿给隔壁办公室的人，女子同意并询问了放手册的箱子的位置，因此女子接下来要做的应该是拿出办公桌下面箱子里的宣传手册，故①正确，④错误；②错误，是隔壁办公室的人来取；③错误，男子在见客户。

☆关键词："책자"(手册)、"거래처"(客户)、"꺼내다"(拿出)

11. 正确答案：②

> 女：老公，得换一下浴室的灯了。
> 男：是吗？如果家里买了灯的话，就拿过来吧。
> 女：稍等，我找一下在哪儿。
> 男：没有的话说一声，我去买。

① 买灯。　　　　　② 找灯。
③ 换灯。　　　　　④ 把灯拿来。

解析：根据对话可知，男子让女子拿灯泡，但是女子一时忘了放在哪儿，所以女子接下来要做的

应该是找灯，故②正确；①错误，如果女子找不到，男子去买灯；③错误，如果女子找到了，男子去换灯；④错误，女子找到之后，才会拿过来。

☆关键词："욕실"(浴室)、"바꾸다"(换)、"가져오다"(拿来)

12. 正确答案：③

> 女：科长，这是海外派遣务工的报名者名单。您要看一下吗？
> 男：啊，好的。这次报名情况怎么样？
> 女：确认了一下，比预想的要少。
> 男：这可麻烦了！赶快和人事科联系一下，问问能不能追加报名，我要向部长报告。

① 确认现况。　　　　② 向部长报告。
③ 联系人事科。　　　④ 看报名者名单。

解析：根据对话可知，男子让女子给人事科打电话询问能否追加报名，自己要向部长报告，所以女子接下来要做的应是联系人事科，故③正确，②错误；①错误，女子已经确认过了现况；④错误，女子已经看过了报名者名单。

☆关键词："파견"(派遣)、"현황"(情况)、"인사과"(人事科)、"보고하다"(报告)

※[13~16] 听录音，请选择与内容相符的内容。

13. 正确答案：④

> 女：为什么没参加昨天的聚会？也没跟我联系，所以不是纳闷嘛。
> 男：嗯，昨天出了点轻微的交通事故，为了处理事故所以花了很多时间。
> 女：真的吗？刚买的新车，挺心疼吧。没有受伤吧？
> 男：嗯，幸亏没有受伤。

① 男子参加了聚会。
② 女子遭遇了交通事故。
③ 女子昨天没去聚会。
④ 男子不久前买了车。

解析：根据对话可知，女子问男子为什么没参加昨天的聚会，可知女子参加了聚会，男子没有参加，①③错误；出交通事故的是男子并非女子，②错误；从女子口中可知男子刚买新车，④正确。

☆重点语法："-느라고"，接在动词后，表示目的性的原因，即某动作既具有目的性，又是产生或影响后一事实的原因。

예 요즘 시험공부를 하느라고 사흘 밤을 새웠다.
最近正复习考试，熬了四天的夜。

예 엄마가 아이를 보느라고 하루 종일 쉬지 못한다.
妈妈为了照看孩子，一天到晚不能休息。

14. 正确答案：④

> 女：（叮咚）现在向各位顾客播放购物指南。在折扣区牛仔裤仅售一万韩元一条。本活动仅限今天一天，希望各位顾客多多关注。另外，今天本购物中心将会赠送袜子给购物满五万韩元的顾客。请持购物小票来顾客服务中心。希望各位购物愉快，谢谢！（叮咚）

① 特价活动从昨天开始。
② 给所有的顾客赠送袜子作为礼物。
③ 想要领取礼物得去折扣区。
④ 去折扣区的话，能够买到一万韩元的牛仔裤。

解析：根据原文可知，特价活动今天开始，①错误；只给购物五万韩元以上的顾客送袜子，②错误；领取礼物得持小票去购物中心，③错误；牛仔裤特价一万韩元，④正确。

☆关键词："행사장"(折扣区)、"청바지"(牛仔裤)、"쇼핑몰"(购物中心)

15. 正确答案：③

> 男：下面是天气预报，目前全国范围内有降雨，济州岛正在下暴雨。明早大部分地区会停止降雨，白天开始会渐渐转晴。后天早上将会有全国范围的寒

流侵袭（倒春寒），气温暂时将降至零下。外出的时候请增添衣物，注意保暖。

① 雨今晚会停。
② 济州地区将会下雪。
③ 后天气温下降，会变冷。
④ 从明天白天开始全国范围内会有降雨。

解析：根据原文可知，明早大部分地区才会停止降雨，①错误；文中没有提及降雪，②错误；后天因为寒流会降温，③正确；明天白天开始转晴，④错误。

☆关键词："폭우"(暴雨)、"쏟아지다"(倾泻)、"그치다"(停止)、"점차"(渐渐)、"맑아지다"(转晴)、"꽃샘추위"(春寒)、"모레"(后天)

16. 正确答案：③

> 男：在我身旁的是作为国内排球运动员第一次进军海外的金美京选手。请您谈一下过去一年的感受吧。
> 女：一开始因为语言不通吃了不少苦，但是队友们很照顾我，所以很快就能够适应了。前期因为腿部负伤有一个月没能参加比赛，那段时间心情很差。复出之后因为能为团队的获胜略尽薄力所以很开心。

① 女子一个月前腿部负伤。
② 女子已经开始运动一年了。
③ 女子作为运动员正在其他国家受训。
④ 女子一开始和队友关系不好。

解析：根据对话可知，女子是刚来国外的时候负伤的，①错误；文中并未提及女子何时开始运动员生涯，②排除；女子正在国外训练并参加比赛，③正确；队友很照顾女子，④错误。

☆重点语法："-(이)나마"，接在名词或副词后，表示让步，相当于汉语的"即便……""虽然……"。

예 중고차나마 없는 것보다 낫다.
虽然是二手车，但总比没有好。

例 잠깐이나마 그 친구를 만나 봤으면 좋겠다.
真想见他一面, 即使就一会儿也好。

※[17~20] 听录音, 请选择男子的中心思想。

17. 正确答案: ②

> 男: 知道我的朋友民秀吧? 他下个月结婚, 但听说只邀请了家人和几个要好的朋友。结婚典礼不是邀请很多人才好吗?
>
> 女: 不是的, 我认为只招待真正亲近的人挺好的。这样的话, 经济负担也轻。最近那种小型婚礼很流行。
>
> 男: 即便如此, 结婚典礼一辈子就一回啊, 办得太小的话会有遗憾的。

① 办结婚典礼不能花太多的钱。
② 举办婚礼应该受到很多人的祝贺。
③ 婚礼场所选在人们方便找到的地方比较好。
④ 决定结婚的时候应该考虑家人的意见。

解析: 男子对于民秀小操小办婚礼的行为表示不解, 他认为结婚典礼一辈子就一回办得太小的话会有遗憾, 应该多多地邀请宾客, 故②正确; 其余三项文中并未提及, 予以排除。

☆**重点语法**: "-더라고", 表示回想过去耳闻目睹过的事情, 或者是回想过去普遍性、习惯性的事实。

例 집 안은 시원해도 밖은 너무 덥더라고.
屋里倒是凉爽, 但是外面就很热。

例 오늘부터 세일기간이어서 현대백화점에 사람이 많더라고. 从今天开始打折, 现代百货店的人很多。

18. 正确答案: ④

> 男: 秀美, 明天新产品发布的资料都准备好了吧?
>
> 女: 是的, 在这里。补充了上次您说的部分。科长您先看一下可以吗?
>
> 男: 嗯, 内容太多太复杂了。只有简单明了地介绍产品的特征, 才能使消费者充分理解产品。

① 公司的事要在公司结束。
② 应该听取消费者的意见。
③ 要和共事的人好好相处。
④ 发布内容做得简要明了比较好。

解析: 男子认为女子做的发表资料过于冗长复杂, 应当简单明了, 故④正确, 其余各项对话中均未提及。

☆**关键词**: "보충하다"(补充)、"복잡하다"(复杂)、"명확하다"(明确)

19. 正确答案: ④

> 女: 咦, 这个面包现在打折呢。七个绑在一起才一万韩元, 我们也买吧。
>
> 男: 这个嘛, 我不知道超市里这样卖的是不是真的便宜。
>
> 女: 为什么? 单个买的话挺贵的, 趁打折的时候买便宜啊。
>
> 男: 上次也买了这样捆绑在一起销售的食物, 结果没吃完扔了一半不是吗? 所以我觉得想吃的时候就买点来吃, 这样反而会更省钱。

① 在超市买东西便宜。
② 只买一点东西的话会多花钱。
③ 要在东西价格便宜的时候买好备用。
④ 东西在需要的时候买一点会比较好。

解析: 男子不赞成购买捆绑销售的东西, 因为会造成浪费, 他主张即用即买, 故④正确; ①文中并未提及; ②③是女子的观点。

☆**关键词**: "묶다"(捆)、"그냥"(就那样)、"오히려"(反而)、"아끼다"(节省)

20. 正确答案: ③

> 女: 在这次的常规专辑收录的曲目中, 没有乐器伴奏只用嗓音演唱的曲目受到了大众的瞩目。您能说一下这样制作有什么特别的理由吗?

男：各种各样的乐器伴奏虽然也很好，但我认为歌手的嗓音才是最好的乐器。所以只要是我们四人聚在一起，即便是没有乐器，也能够随时随地把各位想听的歌曲展现给大家。我认为像这样即便只用歌手们的嗓音也能制作出美妙的音乐。

① 唱歌的人应该定期出专辑。
② 在做音乐的时候使用各种乐器比较好。
③ 哪怕是不用乐器只用歌手的嗓音也能成为美妙的音乐。
④ 很多人聚在一起唱歌比一个人唱歌好。

解析：男子不否认乐器的作用，但他认为歌手的嗓音才是最好的乐器，所以只用歌手们的嗓音也能制作出美妙的音乐，故③正确，②错误；①④文中并未提及。

☆关键词："앨범"(专辑)、"목소리"(嗓音)、"아름답다"(美妙)、"정기적"(定期的)

※[21~22] 听录音，请回答问题。

女：金老师，今年学校宣传用品选什么好呢？像去年一样，做印有我们学校名称的记事本吗？
男：这个嘛，学生们不怎么用记事本，所以好像对于学校宣传没什么效果。去年学生们的反应也一般。这次用雨伞怎么样？因为雨伞是经常使用的东西，在雨伞上印学校名称的话会起到很好的宣传效果。
女：好的，我明白了。但做成什么颜色好呢？
男：这个嘛，下次和其他老师们一起决定吧。

21. 请选择符合男子中心思想的选项。
❶ 雨伞对宣传更有效果。
② 做雨伞的时候颜色很重要。
③ 要在记事本里加入学校名称才行。
④ 要养成在记事本上做笔记的习惯。

解析：女子建议和去年一样用印有学校名称的记事本，男子说用记事本没什么效果，主张用雨伞进行宣传，故选①；②④文中并未提及，③跟女子的想法有关，故均可排除。

22. 请选择与所听内容相符的一项。
① 今年第一次制作宣传用品。
② 打算制作记事本作为宣传用品。
③ 女子向男子展示了宣传用品。
❹ 打算下次选定宣传用品的颜色。

解析：根据对话可知，去年也做了宣传用品，故今年不是第一次，①错误；今年不想用记事本而改用雨伞，②错误；女子在询问男子的意见，还没做出宣传用品，③错误；下次和其他老师们一起定颜色，④正确。

☆关键词："홍보"(宣传)、"수첩"(手册)、"반응"(反应)

※[23~24] 听录音，请回答问题。

男：喂？是儿童博物馆吧？我预订了今天下午 2:00 的票，万一早到的话，1 点能不能进去呢？
女：您好，那样的话，在入口处把 2:00 的票退掉，重新买 1 点的票就行了。
男：好的，我知道了。请问博物馆里有吃饭的地方吗？
女：没有单独的餐厅。但是在三楼有家庭休息区，您可以在那里享用自备的食物。

23. 男子正在干什么？
① 正在预约参观博物馆。
② 正在介绍博物馆的位置。
❸ 正在询问博物馆的使用事项。
④ 正在向博物馆确认预约事宜。

解析：根据对话可知，男子已经预购了门票，正在向女子询问博物馆门票、就餐的相关问题，故③正确，①④错误；②文中并未提及。

24. 请选择与所听内容相符的一项。

① 这家博物馆的门票不能退。

② 这家博物馆不能带食物进入。

❸ 这家博物馆即便不预购门票也可以使用。

④ 这家博物馆里有自己运营的餐厅。

解析：根据对话可知，博物馆可以退票，①错误；博物馆虽然没有单独设餐厅，但是可以带吃的进去吃，②④错误；男子可以在现场购买1点的票，③正确。

☆关键词："박물관"(博物馆)、"입구"(入口)、"관람권"(入场券)、"환불"(退款)、"쉼터"(休息区)、"사전"(事前)

※[25~26] 听录音，请回答问题。

> 女：社长，我们了解到您正在从事帮助困难邻里，资助贫困学生等慈善事业。听说您最近设立了"市民英雄奖"。那是怎样的一个奖项呢？
>
> 男：是的，在我们周围有很多默默无闻的社会模范人物。我就是找到那些人，并授予他们奖项。如果获奖者不想被外界知道，那么颁奖典礼就不会向媒体公开而是悄悄地进行。在这期间我们一共寻找到了 31 名市民英雄，并授予了奖状和奖金。他们其中也有人将所得奖金捐赠给了困难邻里。还有在火灾现场营救孩子的大学生获奖者，他毕业后被我们录用了。我认为像这样把从社会得到的利益再重新回馈给社会是企业的责任。

25. 请选择符合男子中心思想的选项。

① 企业应该录用市民英雄。

❷ 企业应在服务社会方面起带头作用。

③ 市民英雄应为社会牺牲自己。

④ 媒体应找到不为人所知的市民英雄并给予宣传。

解析：男子做了很多慈善事业，他认为把从社会得到的利益再回馈给社会是企业的责任，故②正确；①只是男子的个人行为，③④文中并未提及。

26. 请选择与所听内容相符的一项。

❶ 有入职这家企业的获奖者。

② 这个奖项不另设颁奖仪式。

③ 这个男子最近获得了市民英雄奖。

④ 这个奖项是通过市民捐款设立的。

解析：根据对话可知，火灾现场营救孩子的大学生获奖之后被男子的企业录用了，①正确；这个奖项有颁奖仪式，②错误；男子不是获得奖项的人，是设立奖项的人，③错误；奖项是男子设立的，④错误。

☆关键词："훌륭하다"(优秀)、"영웅"(英雄)、"시상식"(颁奖典礼)、"언론"(舆论)、"구조하다"(救助)、"채용하다"(录用)、"돌려주다"(回馈)

※[27~28] 听录音，请回答问题。

> 男：看新闻得知，政府把下个月 6 日指定为临时公休日了。
>
> 女：是吗？因为 5 日和 7 日是休息日所以才那样吧。那天休息的人真好啊。据说上次临时公休日出去玩的人也很多。
>
> 男：要是我们公司也休息就好了。临时公休日我们也应该休息，不是吗？
>
> 女：对啊，那天还得来上班。可是孩子的幼儿园休息，所以要立马找到能托管孩子的地方才行。
>
> 男：对于像我们这样不能休息的人来说，临时公休日好像没有什么用。

27. 请选择男子向女子说话的意图。

① 为了告知临时公休日被指定的理由。

❷ 为了提出对临时公休日不能休息的不满。

③ 为了把握临时公休日对公司运营的影响。

④ 为了强调通过指定临时公休日可以获得的效果。

解析：男子由指定临时公休日引出话题，一直在抱怨临时公休日不能休息，故选②；①是女子所说的，③④文中并未涉及。

28. 请选择与所听内容相符的一项。
① 幼儿园在临时公休日不休息。
② 男子想在临时公休日去旅行。
❸ 女子担心没有地方可以托管孩子。
④ 政府这次是第一次指定临时公休日。

解析：根据对话可知，幼儿园临时公休日休息，①错误；②文中没有提及；临时公休日幼儿园放假，而女子要上班，所以担心孩子的托管问题，③正确；上次临时公休日出去玩的人很多，所以这不是首个临时公休日，④错误。

☆关键词："임시"(临时)、"지정하다"(指定)、"공휴일"(公休日)、"유치원"(幼儿园)、"불만"(不满)

※[29~30] 听录音，请回答问题。

> 女：庭院里的花真是漂亮啊，老师您在这里做什么工作？
> 男：我从去年开始在这里教患者们修整庭院。我正在尝试着不用药，而是利用植物帮助他们进行身体和心理的恢复。在栽培植物的过程中，会不知不觉地获得治疗效果。
> 女：具体是通过怎样的活动进行治疗呢？
> 男：具有代表性的有修整庭院、栽培植物、制作花艺作品等。这些大大小小的体力劳动可以提高运动能力。另外还会利用在闻植物芬芳的过程中所获得的快乐进行治疗。并且将庭院里栽种的植物进行出售，也可以给经济困难的患者提供小小的帮助。

29. 请选择男子的身份。
① 分析植物香气的人
② 管理出问题的植物的人
③ 研究植物栽培方法的人

❹ 利用植物治疗病人的人

解析：根据对话可知，男子利用植物帮助患者进行身体和心理的恢复，故选④。

30. 请选择符合所听内容的选项。
① 男子利用植物的香气制药。
② 庭院里种的植物不出售。
③ 男子向患者们学习了修整庭院的方法。
❹ 栽培植物的活动能提高运动能力。

解析：根据对话可知，男子利用在闻植物芬芳的过程中所获得的快乐进行治疗，①错误；院子里的植物可以出售，②错误；男子是教患者们修整庭院，③错误；修整庭院、栽培植物、制作花艺作品等可以提高运动能力，④正确。

☆关键词："정원"(院子)、"가꾸다"(栽培)、"가르치다"(教)、"회복"(康复)、"재배하다"(栽培)、"이루어지다"(实现)、"맡다"(闻)、"향상시키다"(提高)

※[31~32] 听录音，请回答问题。

> 男：同一家咖啡店的咖啡在不同地区价格却不同，消费者对此表示不满。用相同的材料和方法制作的咖啡，为什么价格会有所不同，令人无法理解。
> 女：我认为根据租金等卖场条件的不同，咖啡的价格会有所不同。
> 男：那么租金低的地区咖啡价格也贵的理由是什么呢？
> 女：咖啡的价格并不只是由店铺租金决定的。还有设施或者管理费用等多种因素。比如像服务区，一般客人买了咖啡之后不在店里喝，而是直接打包带走。那这里的咖啡价格就有可能比其他店里便宜。

31. 请选择符合男子想法的选项。
① 要在流动人口多的地方开设店面。
② 店面租金每年上涨，这是不可取的。

③ 在不同地区相同产品的价格不同是不合理的。

④ 需要根据店面的管理费用制订咖啡价格。

解析：根据对话可知，相同咖啡门店的咖啡在不同地区价格不同，消费者对此抱怨，男子也表示不解，而女子对这一问题进行了阐释，故③正确；①②文中并未提及，④是女子的观点，均可排除。

32. 请选择符合男子态度的选项。

❶ 正在批判现在的状况。

② 正为自己的主张找理由。

③ 正在提出解决问题的策略。

④ 正在积极评价对方的意见。

解析：男子认为同一家咖啡店的咖啡在不同地区价格却不同的现象是不合理的，对此表示批判，故①正确。

☆关键词："전문점"(门店)、"표하다"(表示)、"동일하다"(相同)、"임대료"(租金)、"여건"(条件)、"휴게소"(服务区)

※[33~34] 听录音，请回答问题。

女：我的家乡有一个叫做"牛项（项 指颈部）"的地方。地名有点独特吧？据说是因为那个地方的地形像是一头牛卧倒的形状，而村庄正好位于牛脖子的部位，因此而得名。像这样如果你仔细观察地名，就能了解其特征的村庄有很多。也有因为村子后山有很多兔子所以被叫作"兔子窝"的地方。而"天涯海角村"因位于我国陆地最南端而得名。那么"两水里"的地名从何而来呢？（稍作停顿）是的，是那样的。因为那个村庄位于汉江的两条水路汇集之地。各位生活之地的名字有着怎样的意义，大家也试着找一下吧！

33. 这是关于什么的内容？

❶ 起地名的背景　　② 研究地名的理由

③ 分类地名的方法　　④ 地名变迁的过程

解析：女子说了很多独特的地名，这些地方的名字都是根据当地的地形和特征起的，有一定的意义，故选①。

34. 请选择与所听内容相符的一项。

① 兔子窝是一个地形形似兔子耳朵的地方。

❷ 两水里是汉江的水路汇集的地方。

③ 牛项是一个养了很多牛的地方的名字。

④ 天涯海角村是位于韩国最南边的岛屿名称。

解析：根据原文可知，因为后山住了很多兔子才叫兔子窝，①错误；两水里位于汉江的两条水路汇集之地，②正确；牛项是因为村庄在牛脖子的位置才取的名字，③错误；天涯海角村是村庄不是岛屿，④错误。

☆重点语法："-(ㄴ/는)다고 해서"，接在动词或形容词以及过去时制词尾"-았/었/였"后，表示原因、根据，后面往往是具有对照或否定意义的内容。

예 좀 안다고 해서 잘난 척하면 안 돼요.
不能因为略懂一点就自以为了不起。

예 시험 성적이 나빴다고 해서 그대로 주저앉아서는 안 된다. 不能因为考试成绩不好就一蹶不振。

※[35~36] 听录音，请回答问题。

男：各位新生，祝贺你们升入大学。我们学校在过去的四十余年间一直站在科学技术发展的前沿，去年在生命科学领域跻身世界十强。在这里，各位将会在学业和企业现场实习并行的过程中，培养专业知识，成为社会所需的人才。但是我想说，具备优秀的品格比专业知识或实力更为重要。作为这个社会的一员，首先要具备基本道德，有体谅和尊重他人之心。然后在这种品格的基础上培养出专业力量。这样的话，各位也一定会像前辈毕业生们一样，活跃于国内外，成为各自的领域中受尊敬的专家。

35. 男子正在干什么？

① 正在介绍毕业生的业绩。

② 正在强调专业知识的习得。

❸ 正在叮嘱品格培养的重要性。

④ 正在分析生命科学发展的可能性。

解析：这是一场面对新生的演讲，男子在对学校做了简单介绍后，重点强调了在人才培养中道德为先的理念，即：具备优秀的品格比专业知识或实力更重要，故选③。

36. 请选择与所听内容相符的一项。

① 这所学校的毕业生正在经历进军海外的困难。

② 这所学校今后将为前后辈之间的交流而努力。

③ 这所学校即将进入科学领域世界十强。

❹ 这所学校的学生在校期间有现场实习的机会。

解析：根据原文可知，该校毕业生活跃于海内外，①错误；②文中并未提及；该校去年已经进入世界十强，③错误；学业和企业现场实习并行，④正确。

☆重点语法："-(으)로서"，接在名词后，表示身份、资格，相当于汉语的"作为……"。

예 이것은 단어장으로서 아주 좋다.
这本书作为单词本很不错。

예 중국출판대표단의 일원으로서 서울을 방문하였다. 作为中国出版代表团的一员，访问了首尔。

※[37~38] 下面是一期教养节目。听录音，回答问题。

男：最近，睡眠产业呈现出快速增长趋势。像入浴剂或者睡眠眼罩之类的帮助睡眠的产品也不断涌现。这样的产品能成为睡眠障碍的真正解决方法吗？

女：是的，饱受失眠折磨的人们寻求睡眠辅助产品的情况很多。但比起盲目地使用这种产品，不如先思考产生睡眠障碍的真正原因，并且努力去寻找与之对应的方法来解决。因为睡眠障碍是由于心理状态或生活习惯等多种原因造成的。不知道问题根源而单纯依赖于这些产品，从长远来看是没有意义的。

37. 请选择符合女子中心思想的选项。

① 有助于睡眠的辅助产品需要多样化才行。

② 睡眠障碍会对人类的心理造成影响。

③ 应该积极开发失眠治疗方法。

❹ 掌握睡眠障碍产生的原因很重要。

解析：女子认为在不知道问题根源的状态下，单纯依赖于产品从长远来看是没有意义的，所以应该先找到产生睡眠障碍的真正原因，故选④。

38. 请选择与听力内容相符的一项。

① 睡眠辅助用品能解决心理问题。

❷ 睡眠产业的市场规模正在迅速扩大。

③ 睡眠产业以改变生活习惯为目的。

④ 使用睡眠辅助用品从长期来看有效。

解析：根据对话可知，①③文中并未提及；最近睡眠产业呈现出快速增长的趋势，②正确；不知道问题根源而单纯依赖于产品，从长远来看是没有意义的，④错误。

☆关键词："성장세"（成长趋势）、"입욕제"（入浴剂）、"안대"（眼罩）、"해법"（解决方法）、"불면증"（失眠）、"시달리다"（受折磨）、"무작정"（漫无目的）、"발생하다"（发生）、"근원"（根源）

※[39~40] 下面是一场访谈。听录音，请回答问题。

> 女：起初首尔市在开展这项政策的时候，因为车辆拥堵等原因居民也有过反对，现在怎么样？
>
> 男：正如您前面说的那样，首尔市把曾经的双车道缩小为单车道，规定车辆只能单向行驶。节省下的空间改为停车场，解决了停车空间不足的问题。这期间因违章停车而造成的道路拥堵状况也大幅改善。另外，通过拓宽人行道、降低道路限速，事故发生率也有所减少。在事前说明会中居民们提出的意见也被积极反馈，得到了极大响应。因此，与当初所担心的情况不同，现在居民的满意度相当高。

39. 请选择对话前面的内容。
❶ 首尔市缩窄了车道，拓宽了人行通道。
② 首尔市正在加强违法停车管制。
③ 首尔市消极面对居民说明会。
④ 首尔市决定把单向通行道变更为双向通行道。

解析："首尔市把曾经的双车道缩小为单车道，规定车辆也只能单向行驶"等内容是男子对于前面两人谈话内容的引用，所以前文应该谈论了这项政策的具体内容，故选①。

40. 请选择与所听内容相符的一项。
❶ 有的地方因为这项政策车辆通行变流畅。
② 反对实行这项政策的居民正在增加。
③ 这项政策留下了停车空间不足的问题。
④ 该政策中降低道路限速的方案还在讨论。

解析：根据对话可知，这项政策大幅改善了因违规停车而造成的道路拥堵状况，①正确；现在居民满意度很高，②错误；该政策解决了停车空间不足的问题，③错误；降低道路限速的方案已经实行，④错误。

☆关键词："정체"(停滞)、"반대"(反对)、"통행하다"(通行)、"주차장"(停车场)、"인도"(人行道)、"넓히다"(拓宽)、"설명회"(说明会)、"호응"(响应)

※[41~42] 下面是一段演讲。听录音，请回答问题。

> 女：好，那么各位能看到这个画面吧，演员正在舞台上对着观众自言自语，对吧？其他演员仿佛听不到这个演员的话，在舞台上继续进行着自己的表演。像这样，在舞台上其他人物听不见，只有观众听得见的台词就是旁白。在话剧中，旁白是演员用于向观众展现剧情进展，或者告知观众登场人物意图。没有什么比旁白更能够明确展示登场人物的内心活动。所以观众通过旁白，能够加深对登场人物的认识。兴起于罗马时代的旁白到19世纪末却不被使用了，原因是不自然。但在现代剧中会根据需要使用旁白，引发对登场人物的共鸣。

41. 请选择演讲的中心思想。
① 旁白是判断演员实力的重要要素。
② 和旁白相比，观众们应集中于演员的演技。
❸ 旁白有助于观众理解登场人物。
④ 观众们应努力掌握旁白的内容。

解析：女子首先介绍了旁白是什么，然后重点强调了旁白的作用，即：旁白能够明确展示登场人物的内心活动，故选③。

42. 请选择与所听内容相符的一项。
① 旁白是为了诱导观众的反应而被使用。
❷ 现代剧中允许演员使用旁白。
③ 19世纪末话剧中灵活运用了旁白。
④ 旁白因为不自然，在罗马时代没被使用。

解析：根据原文可知，旁白是为了展现剧情进展或展示人物心理，①错误；在现代剧中根据需要使用旁白引发对登场人物的共鸣，②正确；19世纪末不再使用旁白，③错误；旁白兴起于罗马时代，④错误。

☆重点语法："마치……처럼"，表示将主语和某种事物相比较时，非常相似，相当于汉语的"像……一样"。

예 우린 마치 12시 30분의 시곗바늘처럼.
我们就像是12点30分的表针一般。

예 수선화가 마치 때 묻지 않은순진한 어린 소녀의 얼굴처럼 생겼네요. 水仙花长得就像纯真的少女那一尘不染的脸庞。

※[43~44] 下面是一期纪实节目。听录音，请回答问题。

男：黑暗的夜晚，飞蛾向着光聚集。虽然和蝴蝶类似，飞蛾却一直以来受到与蝴蝶截然不同的待遇。人们认为飞蛾只在晚上出没，但是也有白天活动的飞蛾，这种飞蛾白天落在花上采集花粉。另外，我们还有一个偏见就是，认为飞蛾都是黑乎乎的颜色。也有很多飞蛾比蝴蝶颜色更丰富、花纹更华丽。粘在飞蛾身上的粉末也是人们讨厌飞蛾的原因之一。有人误认为它们对人体有害。但其实这种粉末从未诱发疾病或引起特殊化学反应。飞蛾的幼虫被认为是啃食植物叶子的害虫。但事实上，对森林生态系统来说，那些幼虫是不可或缺的。大量繁殖的飞蛾幼虫是鸟类最重要的食物。

43. 请选择符合本文中心内容的选项。
❶ 对于飞蛾错误认知的部分很多。
② 人们一直关注飞蛾的有害性。
③ 飞蛾和蝴蝶具有类似的行动方式。
④ 飞蛾的幼虫在生态系统中有着重要的作用。

解析：男子通过比较飞蛾和蝴蝶入题，解释了对于飞蛾的几种错误认识，纠正了人们对于飞蛾及其幼虫的偏见，故选①；其他三项都是单一事例，不能代表中心内容。

44. 请选择符合对飞蛾的说明的选项。
① 飞蛾的幼虫会给鸟类带来伤害。
② 与蝴蝶不同，飞蛾不采集花粉。
❸ 飞蛾身上的粉末对我们身体无害。
④ 飞蛾因个体数量多，威胁森林生态系统。

解析：根据原文可知，飞蛾幼虫作为鸟类最重要的食物维持着生态平衡，①④错误；有采集花粉的飞蛾，②错误；飞蛾的粉末从未诱发疾病或引起特殊化学反应，③正确。

☆关键词："나방"(飞蛾)、"모여들다"(聚集)、"대접"(待遇)、"꽃가루"(花粉)、"칙칙하다"(黑乎乎)、"편견"(偏见)、"무늬"(花纹)、"인체"(人体)、"해롭다"(有害)、"일으키다"(引起)、"애벌레"(幼虫)

※[45~46] 下面是一段演讲。听录音，请回答问题。

女：塑料包装材料也是环境污染的原因之一。因此在科学技术领域中，一直以来致力于研发环保材料。其中一项技术就是研发用食物成分制作包装材料。首先尝试的是使用碳水化合物。这种包装材料有太多的小孔，很难有效地阻断氧气。因此，它无法替代现在正在使用的包装材料。最近研发成功了使用牛奶里的蛋白质制作包装纸。这种包装纸不仅可食用、易降解，而且还能很好地阻隔氧气。以后量产这种包装材料的技术一旦成熟，将会大大改善因使用塑料袋所造成的严重环境污染问题。科技不仅使我们的生活变得更加便捷，而且还在解决环境问题上发挥着积极作用。

45. 请选择与所听内容相符的一项。

❶ 牛奶蛋白质包装材料的氧气阻断率很高。

② 碳水化合物包装材料是环境污染的主要原因。

③ 在减少碳水化合物的微细孔方面成功了。

④ 牛奶蛋白质包装材料是首次用食物制作的包装材料。

解析： 根据原文可知，使用牛奶蛋白质制作包装纸能很好地阻隔氧气，①正确；塑料包装材料是环境污染原因之一，②错误；微细孔问题在文中并没有得到解决，③错误；最早的食品级包装材料是用碳水化合物制成的包装材料，④错误。

46. 请选择最符合女子说话方式的选项。

① 正在批判环保产品的问题。

② 正在指出科学技术具有的局限性。

③ 正在以资料为基础分析环境污染的实际情况。

❹ 正在举例说明科学技术领域的努力。

解析： 女子首先用塑料包装材料污染环境引入话题，之后通过两个例子说明了科学技术领域为研发环保材料所做出的努力，故④正确。

☆关键词："비닐"(塑料)、"환경오염"(环境污染)、"몰두하다"(热衷)、"미세"(细微)、"구멍"(孔)、"대체하다"(替代)、"역부족"(力量不够)、"산소"(氧气)、"차단하다"(阻断)、"개선되다"(改善)

※[47~48] 下面是一场访谈。听录音，请回答问题。

女：最近，基本收入作为消除两极分化、搞活国家经济的方案被提及。就是说国家会无条件地每个月给每位公民发一定数额的生活费。你觉得这会有效果吗？

男：有人担心不劳而获会削弱大家的劳动积极性。但是也有人主张，这反而会

激发大家的工作欲望。如果基本收入有了保障，生活压力就会减轻。所以人们会专心致力于自己喜欢做的事情。同时还有助于刺激消费、搞活经济。最近有国家在全国范围内首次进行了基本收入实验。这次实验是会暴露人类懒惰的本性呢？还是会成为新型社会福利制度的模型呢？让我们拭目以待吧！

47. 请选择与所听内容相符的一项。

① 找到了未来社会的新型福利模型。

❷ 对于基本所得存在两种立场。

③ 许多国家正在支付给公民基本收入。

④ 基本收入保障了对于劳动的最低回报。

解析： 根据对话可知，基本收入实验正在进行，结果尚不可知，①错误；对于基本收入有积极和消极两种看法，②正确；有一些国家正在试验，并没有说很多国家已经开始实施，③错误；④对话中并未提及。

48. 请选择最符合男子态度的选项。

❶ 对于基本收入的效果持保留态度。

② 担忧基本收入对于劳动的影响。

③ 指出基本收入有悖于人类本性。

④ 积极认同基本收入的必要性。

解析： 男子既不支持持积极态度的一方，也不支持持消极态度的一方，对于基本收入实验的结果持观望态度，故选①。

☆关键词："양극화"(两极分化)、"불어넣다"(灌输)、"소득"(收入)、"언급되다"(言及)、"의욕"(热情)、"촉진하다"(激发)、"보장되다"(保障)、"활성화시키다"(盘活)、"게으르다"(懒惰)

※[49~50] 下面是一段演讲。听录音，请回答问题。

女：在朝鲜王朝时代曾经有过被称之为"荡平策"的政策。朝鲜王朝时代的政治形态也像今天的政党政治一样，相互立场一致的人之间形成自己的政治势力，和反对集团相对立。这样的政治势力被叫作朋党。初期以朋党为中心汇集舆论、相互牵制，实现了国政的有效运营。但是随着朋党之间的矛盾越来越严重，产生了弊端。在这种情况下，使所有朋党都能够均衡地参与到政治中的政策就是"荡平策"。试图通过撇开特定的政治理念和利害关系，公平地任用人才来实现政治势力的均衡。在专注于不必要的口舌之争，只追求各自利益的当今政治形势下，是不是也应该实行这种均衡制度呢？

49. 请选择与所听内容相符的一项。
① 朋党从初期就经历了严重的矛盾。
② 现代的政党政治起源于"荡平策"。
③ "荡平策"是为了有效地汇集舆论而制定的政策。
❹ 为了解决朋党政治的弊端，出台了"荡平策"。

解析：根据原文可知，后期朋党之间的矛盾越来越严重，①错误；②并未被提及；"荡平策"是为了使所有朋党都能够均衡地参与到政治中，③错误；"荡平策"是为了解决朋党政治的弊端而出台的，④正确。

50. 请选择最符合女子态度的选项。
① 正在分析朝鲜王朝时代政治形态的问题。
② 正在警惕因为政治理念缺失而造成的混乱。
❸ 正在提出为政治均衡建立制度的必要性。
④ 正在强调以舆论为基础的政治的效率性。

解析：女子通过讲述"荡平策"产生的时代背景和积极意义，来说明当今政党政治中实行均衡制度的必要性，故选③。

☆关键词："탕평책"(荡平策)、"대립하다"(对立)、"붕당"(朋党)、"여론"(舆论)、"견제하다"(牵制)、"폐단"(弊端)、"골고루"(均匀)、"등용하다"(任用)、"균형"(均衡)、"일삼다"(当回事)

写作（51~54题）

※ [51~52] 阅读文章，写一下适合填入㉠和㉡的句子

51. 正确答案：
㉠ 빌려 줘서 借给
　　빌려 주셔서 借给
㉡ 돌려주면 / 돌려 드리면 됩니까 / 되겠습니까 可以还书呢

> ✉ 迈克尔
> ----
> 秀美：
> 　　十分感谢上次把书（　㉠　）。多亏了秀美小姐的书作业才能顺利进行。
> 　　但是什么时候（　㉡　）？告知我时间的话我去找你。
> 　　等待你的回信。

解析：这是一条关于还书的短信。从"多亏了秀美你的书，作业才能顺利进行"可知，秀美把书借给了迈克尔，故㉠处应填写和借书相关的内容；根据前文内容可知作业已经完成了，迈克尔要找时间去还书，故㉡处应填写和还书相关的内容。

52. 正确答案：
㉠ 감정이 표정에 영향을 주기 때문이다
　　因为感情会影响到表情
㉡ 밝은 표정을 짓는 / 하는 做欢快的表情
　　표정을 밝게 짓는 / 하는 欢快地做表情

> 　我们心情好的话会做出欢快的表情。并且心情不好的话，表情就会阴沉下来。之所以这样（　㉠　）。但与之相反，表情也会对我们的感情产生影响。所以心情

不好的时候做欢快的表情的话，心情也会跟着变好。因此越是忧郁的时候越是（　⓵　）会比较好。

解析： 这是关于表情和心情的文章，从"之所以这样"和"但与之相反"可以推测出㉠既是前面内容的原因，又和后面内容相反，故㉠处应填写和感情影响表情相关的内容；根据"心情不好的时候做欢快的表情的话，心情也会跟着变好"可知，越是忧郁的时候越应该做出欢快的表情，故㉡应填写和做欢快的表情相关的内容。

53. 参考范文：

　결혼문화연구소에서 20 대 이상 성인 남녀 3000 명을 대상으로 '아이를 꼭 낳아야 하는가'에 대해 조사하였다. 그 결과 '그렇다'라고 응답한 남자는 80%, 여자는 67% 였고, '아니다'라고 응답한 남자는 20%, 여자는 33% 였다. '아니다'라고 응답한 이유에 대해 남자는 양육비가 부담스러워서, 여자는 자유로운 생활을 원해서라고 응답한 경우가 가장 많았다. 이어 남자는 자유로운 생활을 위해서 여자는 직장 생활을 유지하고 싶어서라고 응답하였다.

　婚姻文化研究所以3000名二十多岁的成年男女为对象，进行了关于"是否一定要生孩子"的问卷调查。调查结果显示，回答"是的"的男性占80%，女性占67%。回答"不是的"的理由时，男性中表示对抚养孩子的费用感到有压力的回复最多，女性中表示想要自由自在的生活的回复最多。男性中回答想要自由自在的生活，女性中回答想要维持职场生活紧随其后。

54. 参考范文：

　어떤 일을 다른 사람들과 함께 계획하고 추진하기 위해서는 그 사람들과의 원활한 인간관계가 필요하다. 다만 인간관계를 원활하게 하는 데에는 많은 대화가 요구되며, 이 과정에서 의사소통 능력이 중요한 역할을 한다. 일반적으로 의사소통은 타인과의 소통의 시작이어서 의사소통이 제대로 이루어지지 않는 경우 오해가 생기고 불신이 생기며 경우에 따라서는 분쟁으로까지 이어질 수 있게 된다.

　그런데 이러한 의사소통이 항상 원활히 이루어지는 것은 아니다. 사람들은 서로 다른 생활환경과 경험을 가지고 있고, 이는 사고 방식의 차이로 이어지게 된다. 이러한 차이들이 의사소통을 어렵게 함과 동시에 새로운 갈등을 야기하기도 한다.

　따라서 원활한 의사소통을 위한 적극적인 노력이 필요하다. 우선 상대를 배려하는 입장에서 말을 하는 자세가 필요하다. 나의 말이 상대를 불편하게 만드는 것은 아닌지 항상 생각하며 이야기하여야 한다. 다음으로 다른 사람의 말을 잘 듣는 자세가 필요하다. 마음을 열고 다른 사람의 이야기를 듣는 것은 상대를 이해하는 데 꼭 피요하기 때문이다. 마지막으로 서로의 입장에서 현상을 바라보는 자세가 필요하다. 이는 서로가 가질 수 있는 편견과 오해를 해결할 수 있는 역할을 하기 때문이다.

　想要与他人共同计划、推进工作，需要和谐的人际关系。和谐的人际关系需要多多对话，其中顺畅的沟通能力起到重要的作用。一般来说，沟通是与他人疏通的开始，因此如果沟通不顺畅，就会引起误会、产生不信任，甚至还会引起纷争。

　但是，沟通不会总是融洽地进行。因为人们各自的生活环境和经历会造成思维方式的差异，从而导致沟通的不顺畅，同时引发新的矛盾。

　因此，为了顺畅地沟通，需要积极的努力。首先，说话时要为对方着想。也就是说，多考虑考虑我的话语是否会引起对方的不快。其次，倾听他人说话很重要。因为敞开心扉倾听他人说话是了解对方所必不可少的。最后，换位思考很重要。因为它能消除彼此间产生的偏见和误会。

阅读（1~50题）

※[1~2] 请选择最适合填入（ ）的选项。

1. 正确答案：②

> （   ）日出，早上早起。

① - 아 / 어 / 여야：表示前面的事实或状况
  是后面状况的必要条件。

② - (으) 려고：表示目的、意图。

③ - 거나：罗列两个以上的动作或事物，表
  示选择，相当于汉语的"或者"。

④ - 는데：表示提示说明或轻微转折。

解析：从题干可知，解决此题的关键在于理清看
"日出"和"早起"的关系。看日出是早起的目
的，故选②。

☆关键词："뜨다"(升)、"일어나다"(起床)

2. 正确答案：①

> （   ）任何事，重要的是认真。

① - 든지：表示无条件包括，相当于汉语的
  "不管……"

② - 도록：表程度目的，相当于汉语的"直
  到……""为了……而……"。

③ - 다가：表示某一动作或状态中断而转变
  成其他动作或状态。

④ - 더니：表示回想过去的事实，前文是后
  文的原因依据。

解析：解决此题的关键在于把握"做任何事"和
"重要的是认真"两者之间的关系，前后可以构
成让步条件关系，故选①。

☆关键词："열심히"(认真)、"중요하다"(重要)

※[3~4] 请选择与画线处意思相近的选项。

3. 正确答案：④

> 从他乐呵呵的样子来看，<u>好像有什么好事</u>。

① - (으) ㄴ/는 척하다：表示"假装出……

的样子"的意思。

② - (으) ㄹ 뿐이다：表示不做其他动作而
  只做一个动作或者所做的事情只是小事。

③ - (으) ㄹ 지경이다：表示"到了……的
  地步"的意思。

④ - (으) ㄴ/는 모양이다：表示根据事物
  的特征，进行客观性推测。

解析："-나 보다"和"-(으)ㄴ/는 모양이다"两
者都是惯用型，语法意义相近，表示对于事物动
作或状态的推测，故选④。

☆关键词："계속"(持续)、"다니다"(来回)

4. 正确答案：①

> 下周就开学了，假期也算是结束了。

① - (으) ㄴ/는 셈이다：表示可以算作某
  种事实，相当于汉语"算是"。

② - (으) ㄴ 탓이다：表示消极原因，相当
  于汉语的"因为"。

③ - 기 마련이다：表示常规、必然性和规
  律性，相当于汉语的"必然"。

④ - 기 나름이다：表示某件事或某一行
  为取决于怎么做，相当于汉语的"取决
  于……"。

解析："-나 마찬가지이다"与"(으)ㄴ/는 셈이
다"都表示可以算作某种事实或相当于某种事
实，相当于汉语"算是……"，选故①。

☆关键词："개강"(开学)、"마찬가지"(一样)

※[5~8] 请选择文章的主题。

5. 正确答案：②

> 躺下的瞬间，困意就悄然来袭~
> 让您安睡到早晨

① 毛巾　②床　③手表　④鞋

解析：根据"躺下""安睡"不难看出，这是跟
睡觉相关的广告，故选②。

☆关键词："솔솔"(簌簌)、"편안하다"(舒服)

6. 正确答案：②

> 新鲜的食材！亲民的价格！
> 欢迎家庭聚会，团体聚餐

① 银行　　　　　　　② 餐厅
③ 洗衣店　　　　　　④ 便利店

解析：根据"食材""价格"可知，这应该是和吃相关的广告，故选②。

☆关键词："신선하다"(新鲜)、"환영"(欢迎)

7. 正确答案：①

> 绿树碧江
> 让我们携手保护！

① 保护自然　　　　　② 节约时间
③ 让位子　　　　　　④ 安全管理

解析：根据"保护"可知，这是一则关于环保的公益广告，故选①。

☆关键词："푸르다"(碧绿)、"지키다"(守护)

8. 正确答案：②

> ・下午 1 点前购买，当天送达。
> ・订单多的时候，可能会迟延。
> 　　　　　　　　　　　　幸福超市

① 使用说明　　　　　② 配送说明
③ 使用顺序　　　　　④ 交换方法

解析：根据"送达""迟延"可知，这应该是和快递配送相关的说明，故选②。

☆关键词："구매하다"(购买)、"주문"(订单)

※ [9~12] 请选择与文章或图表内容一致的选项。

9. 正确答案：①

> 2017 图书申请指南
> 请申请所需的图书。
> 申请时间：
> 4 月 17 日（周一）～ 4 月 30 日（周日）
> 申请方法：图书馆主页

> 每人最多可申请10本(杂志、语言教材除外)
> ※ 书寄到后，以邮件形式告知。

① 有的种类的书不能申请。
② 书寄到之后打电话通知。
③ 4 月一整个月受理申请。
④ 所需书籍应以邮件形式申请。

解析：这是一则图书申请指南，书籍中杂志和语言教材是不能申请的，①正确；书到了之后是以邮件形式告知，②错误；申请时间从4月17日开始，不是一整个月，③错误；需要的书是在图书馆主页申请，④错误。

☆关键词："도서"(图书)、"이내"(以内)、"교재"(教材)

10. 正确答案：③

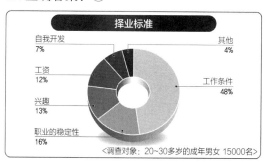

① 看重职业稳定性的人最少。
② 看重工资和兴趣的人的比重一致。
③ 比起自我开发，看重工资的人更多。
④ 看重工作条件人的比重过半。

解析：根据饼图可知，职业的稳定性占16%，比重不是最小的，①错误；工资和兴趣比重分别为12%和13%，不一致，②错误；看重工资的比重是12%，自我开发比重是7%，显然看重工资的人多，③正确；看重工作条件的人比重接近一半，④错误。

☆关键词："적성"(兴趣秉性)、"안정성"(稳定性)、"월급"(工资)

11. 正确答案：①

> 　　上个月 13 日，仁州警察厅收到了一封信。寄信人是上个月在仁州旅游时，不小心遗失钱包的外国游客张先生。张先生因语言不通，在寻找钱包时遇到了困难。当时，一名警察边查词典边用肢体语言和张先生交流，帮助他找到了丢失的钱包。为此，张先生寄来了一封感谢信，信中饱含对警察的感激之情

① 游客向警察表达了感激之情。
② 游客没找回钱包就回国了。
③ 警察给丢钱包的游客写了封信。
④ 警察听不懂游客说的话，没能帮到他。

解析：从原文可知，外国人张先生丢了钱包后，一名警察帮他找回钱包，为此回国后的张先生寄来了感谢信，①正确，②错误；游客给警察写的信，③错误；警察通过肢体语言和词典帮助了他，④错误。

☆**重点语法**："-았/었/였다가"，接在动词后，表示前一行为结束后，发生了与前一行为相反的行为。

예　내용이 마음에 안 들어서 썼다가 찢어 버렸다.
　　内容不太满意，写着写着又撕掉了。

예　비가 온다고 해서 약속했다가 취소했어요.
　　听说要下雨，约好了之后又取消了。

12. 正确答案：②

> 　　最近，单独去看演出的人越来越多。通常与朋友、恋人一起观看的音乐剧、话剧等演出，如今单独前往观看的观众增多了。从一份调查结果来看，十人中有四人单独观看演出。他们认为，一个人去观看不用过多在意同伴的感受，这样就可以把注意力都放在演出上，所以很好。

① 人们认为话剧、音乐剧是单独观看的类型。
② 单独观看的好处是可以集中精力看演出。
③ 人们在观看演出的时候不在意其他人。

④ 从调查结果看，单独观看者正在减少。

解析：从原文内容可知，人们一般认为话剧、音乐剧是与朋友、恋人观看的类型，①错误；一个人去观看演出就不用在意同伴感受，还可以集中精力，②正确，③错误；文章开头就指出单独去看演出的人在增多，④错误。

☆**关键词**："연인"(恋人)、"장르"(题材)、"뮤지컬"(音乐剧)、"늘어나다"(增多)、"관람하다"(观看)、"신경 쓰다"(在意)、"집중하다"(集中)

※ [13~15] 请选择排列正确的选项。

13. 正确答案：①

> （가）狗和猫以关系不好而出名。
> （나）狗抬起前脚，意思是想要一起玩耍。
> （다）然而，猫将其误解为攻击的意思。
> （라）它们关系不好的原因在于对表达认知上的差异。

解析：首先确定文章的第一句应该是（가），作为总领句引出话题，（가）和（라）是因果关系，所以第二句是（라）。（나）和（다）举例说明了狗和猫对表达认知上的差异，从表示转折的"그런데"可以看出（나）之后是（다）。所以（가）之后是（라），然后是（나），最后是（다），故选①。

☆**关键词**："유명하다"(出名)、"앞발"(前脚)、"공격하다"(攻击)、"오해하다"(误解)、"표현"(表达)

14. 正确答案：②

> （가）随着时代的变化，聚餐文化也在发生改变。
> （나）职场上，为了营造好的工作氛围而聚餐。
> （다）以前职场聚餐时主要是多喝酒。
> （라）但最近比起聚餐，看演出、探访美食店的情况有所增加。

解析：四个句子中没有关联词的只有（나），可以看出第一句应该是（나），作为总领句引出话题。（다）与（라）对聚餐内容举例说明，从"예전에는"

"그러나 요즘에는"等关键词可以看出 (다) 之后是 (라)。最后是 (가)，(가) 对前两句 (다) 与 (라) 进行了概括。所以 (나) 之后是 (다)，然后是 (라)，最后是 (가)，故选②。

15. 正确答案：③

> （가）儿子为了寻找宝物挖了整块地，却什么也没找到。
> （나）虽然儿子很失落，但又觉得自己辛辛苦苦挖的地很可惜，于是就在地里播了种。
> （다）有一位农夫，临终前告诉自己好吃懒做的儿子田地里藏着宝物。
> （라）过了很长时间田地里结了很多果实，直到此时儿子才明白了父亲的用意。

解析：由句意可以推断出第一句应该是 （다），引出话题，紧接着去挖地找宝物的 （가）为第二句，一无所获的儿子心情失落，但又不舍自己的付出种下种子的 （나）紧随其后，看到硕果才明白父亲心意的 （라）为最后一句。所以 （다） 之后是(가)，然后是 （나），最后是(라)，故选③。

※ [16~18] 请选择最适合填入（　　）的选项。

16. 正确答案：②

> 人们一般都会讨厌苦味，这与（　　　　）的本能有关。植物中的毒性是对身体有害的，而这类有毒的植物一般都是苦的。因此，人们下意识地认为味道苦的东西有危险，并会抵触它们。

① 想要避免暴饮暴食
② 想要自我保护
③ 想要远离不好吃的食物
④ 想要阻止口味的改变

解析：最后一句提到对苦味的东西人们下意识地认为危险而抵触它，可以推断出这与保护自己有关，故②符合题意。

17. 正确答案：②

> 为了使对话顺利进行，应该给对方传递一种我在认真听你讲话的感觉。此时，最好是做出（　　　　）的行为。在大多数国家，这种行为有肯定的意思。因此上下活动头部，就会给对方留下一种尊重、认同的印象。

① 鼓掌　　　　　　② 点头
③ 边提问边听　　　④ 边听边记

解析：最后一句提到如果上下活动头部的话，就能给对方留下一种尊重、认同的印象，这个动作就是点头，故②符合题意。

18. 正确答案：③

> 有这样一种人，不论物品用不用得上就是不扔收藏着。当收集物品超出了习惯或爱好的范畴而对生活产生严重妨碍时，就会被视为需要治疗的行为障碍。据研究，没有从周围的人那里得到充分的爱的人会对物品过分执迷。因此，若从人际关系中寻得安稳的话，（　　　　）的行为就会消失。

① 想避开人群　　　② 买没用物品
③ 在家堆放物品　　④ 随便扔垃圾

解析：最后一句说的是若在人际关系中找到安稳，这样的行动就会消失，这种行动已在第一句中给出了提示，即所有物品不扔收藏的行为，故③符合题意。

☆关键词："여부"(与否)、"저장하다"(储藏)、"수집하다"(收集)、"장애"(障碍)、"충분히"(充分)、"지나치다"(过分)、"집착하다"(执迷)

※ [19~20] 阅读下文，请回答问题。

在网上注册会员时设置的密码，最初四位数字就可以，然而最近为了加强安全性，设置密码时还要加入特殊符号。（   ）还要定期更换密码。因此，注册者不仅感到麻烦，而且还会因记不住频繁更换的密码而感到负担。对于个人信息的保护，不能只要求注册者，企业也该积极地加大对安保的技术投资。

19. 请选择适合填入（   ）的选项。
① 那么
❷ 再加上，不仅如此
③ 与之相反
④ 像这样

解析：括号前面提到设置密码从原来的四位数到添加特殊符号，括号后面提到还得定期地换密码，可见后文是对前文的进一步补充说明，故正确选项是②。

20. 请选择与本文内容相符的一项。
❶ 注册者因密码变更而感到压力。
② 初期的密码不能设置为四位数字。
③ 注册者对企业的密码设置提出严苛要求。
④ 设置密码时应从数字和符号中选择其一。

解析：通过原文可知，①正确，注册者设置密码时不仅感到麻烦，还因频繁更换密码而感到压力；②错误，初期的密码设置由四位数字组成；③错误，是企业对申请者提出严苛的要求；④错误，设置密码时应包含数字和符号，故正确答案为①。

☆关键词："회원 가입"(申请会员)、"설정하다"(设置)、"보안"(安全)、"주기적"(周期的)、"번거롭다"(烦琐)、"요구하다"(要求)、"까다롭다"(严苛)

※ [21~22] 阅读下文，请回答问题。

有的人消极地看待狂热的青少年追星族。因为他们认为，这些追星族忽视校园生活、（   ）盲目追星。然而，不应那么消极看待青少年的追星行为。因为追星不仅可以交到志趣相投的朋友，还可以从学习和高考的压力中解脱出来。我们不要过于消极看待此类现象，而要努力去理解他们。

21. 请选择适合填入（   ）的选项。
① 瞻前顾后
② 不抽身
③ 步调一致
❹ 不分主次

解析：括号前面和后文中都提到追星族忽视校园生活，从括号后面的关键词 "盲目"可推断出他们是不顾一切地追星，故正确答案为④。

22. 请选择这篇文章的中心思想。
① 青少年时期应拓宽人际关系。
② 即便追星也不能影响成绩。
③ 不应给青少年过重的高考压力。
❹ 对于追星的青少年，应该怀着理解的心。

解析：文章介绍了人们对追星族的看法及应持有的态度，开头就提出有些人消极看待追星族，但笔者的看法与之相反，不能消极看待，并列举了各种好处，特别是最后一句，是笔者真正想表达的中心内容，即不应消极看待而要去理解他们，故正确答案为④。

☆关键词："연예인"(艺人)、"열광적"(狂热的)、"부정적"(消极的)、"소홀하다"(忽视)、"쫓아다니다"(跟着)、"취향"(志趣)、"입시"(考试)、"벗어나다"(解脱)

※ [23~24] 阅读下文，请回答问题。

很久没来我家的爸爸说想外孙就来我家了。趁我做家务的期间，爸爸带着老大去游乐场玩了。大概过了一个小时，爸爸打来电话，语气急促地说孩子受伤了，正带他去急诊室。我吓了一跳，急急忙忙赶过去。赶到的时候看到孩子的额头破了，正在接受治疗。我不自觉地冲爸爸生气："爸，你就不能好好看孩子吗？"爸爸什么也没说，他只是紧紧握着正在接受治疗的孩子的手。回到家哄孩子睡着后，我才看到爸爸手背上的伤口。光顾着心疼孩子了，都没注意到爸爸的伤口。<u>我一边想着对爸爸无意间说的话，一边为他抹了药。</u>

23. 请选择符合画线部分"我"心情的选项。
① 委屈　② 空虚　❸ 后悔　④ 有压力

解析：根据原文可以看出，爸爸带"我"的孩子出去玩的时候孩子受伤，等"我"看到因额头摔破而接受治疗的孩子，就用责备的语气说了爸爸，等孩子睡着后才看到爸爸也受伤了，所以从"我一边想着对爸爸无意间说的话，一边为他抹了药。"这一句可以判断出"我"的心情是后悔的，后悔不分青红皂白就冲爸爸发脾气。

24. 请选择与本文内容相符的一项。
① 我与爸爸一起生活。
❷ 爸爸带着受伤的老大去了急诊室。
③ 我在医院接到了孩子受伤的电话。
④ 爸爸每天和老大去游乐场玩。

解析：根据原文可知，好久没来我家的爸爸来我家了，可见爸爸不是和我一起生活，①错误；我在做家务的时候，接到了爸爸的电话，说孩子受伤带他去医院，②正确，③错误；④在文中未被提及。

☆**重点语法**："-(으)ㄴ/는/(으)ㄹ 사이에"，表示在"与某种行为的发生时间相同"的时间段里。

예 시간은 모르는 사이에 흘러갔다.
　　时间不知不觉地过去了。

예 눈 깜짝할 사이에 또 겨울이군요.
　　转眼间又是冬天了啊!

※ [25~27] 请选择最能反映新闻标题的选项。

25. 正确答案：①

消费心理迎来"春风"，百货店销量伸懒腰

① 消费者的购买需求复燃，百货店销量上升。
② 受天气影响，在百货店购物的人有所增加。
③ 为了增加销量百货店举行活动，人们纷纷而至。
④ 反映消费者们心理的百货店销售战略受到好评。

解析：题目中迎来"春风"是指购买需求在复苏，因消费者的购买需求复燃，百货店的销量肯定会上升，这里用"伸懒腰"来比喻苏醒、发生变化，故①符合题意。

☆**关键词**："봄바람"(春风)、"기지개"(伸懒腰)、"욕구"(需求)

26. 正确答案：③

假期最后一天交通堵塞，高速路病倒了。

① 假期最后一天，高速路上发生了重大交通事故。
② 假期期间的高速路修路给人们带来巨大不便。
③ 假期结束当天由于蜂拥而至的车辆，高速路十分拥堵。
④ 为了解决每到假期发生的交通混乱，拓宽了高速路。

解析：通过标题可知，假期的最后一天因归程的车辆导致高速路非常拥堵，题目中出现的"몸살 앓아"的本义是"因身体不适或过劳而生病"，这里引申为"高速路上因车辆过多导致交通瘫痪"，故③符合题意。

☆**关键词**："마지막"(最后)、"체증"(阻塞)、"몸살"(劳疾)、"앓다"(生病)

27. 正确答案：④

捕获观众内心的电视剧音乐，收视率上升效果"噼噼啪啪"

① 想通过活用观众们熟悉的音乐来提高电视剧的收视率。
② 观众们希望在收视率高的电视剧中能出现更多的插曲。
③ 和观众们一同创作的电视剧音乐给收视率带来了积极影响。
④ 电视剧音乐受到观众们的喜爱，同时也提高了收视率。

解析：题目中收视率上升趋势"톡톡"是指上升趋势爆棚。也就是说，电视剧音乐捕获了观众们的心理，喜欢剧中插曲，这对收视率的提高起到了很大作用，故正确答案为④。

☆关键词："시청자"(观众)、"사로잡다"(捕获)、"시청률"(收视率)、"톡톡"(蹭蹭)、"익숙하다"(熟悉)

※ [28~31] 阅读下文，请选择最适合填入（　　）的选项。

28. 正确答案：③

> 据研究表明，比起过去，最近人们的指甲长得更快了。八十年前，人们的指甲平均每个月只长 3 毫米左右；但是最近达到了 3.5 毫米左右。如果使指甲周边（　　　），细胞分裂加快，指甲就会长得更快。研究小组认为，随着按动电脑键盘、手机按键等使用指尖行为的增加，指甲的生长受到了影响。

① 清洁管理　　　　② 包裹保护
③ 做刺激性活动　　④ 保持不干燥

解析：括号内容在文章最后一句给出了提示，最后一句指出现在的人因使用指尖行为更频繁而促使指甲快速生长，故正确答案为③。

☆关键词："손톱"(指甲)、"자라다"(长)、"세포"(细胞)、"자판"(键盘)、"건조하다"(干燥)

29. 正确答案：②

> 在韩国每到节日，都会准备多种蔬菜食用。虽然每家略有不同，但用根菜、茎

菜、叶菜这三类菜制作食物是最基本的。这三种菜蕴含了（　　　）象征意义。因为根代表祖先，茎代表父母，叶代表子孙。正如根、茎、叶加起来结合成一棵树，一个家庭也需要这样的结合。

① 植物的成长和繁殖的
② 祖上和子孙相结合的
③ 人与自然的和谐的
④ 食物的准备与分享的

解析：括号前的几个句子引出韩国家庭每到节日制作食物会用到的三种菜，括号后句是对括号所在句的具体说明，所以此题的关键是在选项中找出与说明有关的选项。最后一句提到像结合成树一样，家庭也需要这样的结合，故正确答案为②。

☆重点语法："-듯(이)"，接在动词后，表示比喻，类似于汉语的"好像……""就像……似的"。

예 등에서 땀이 비 오듯이 흘러 내렸다.
背上的汗水流得像下雨一样。

예 부자가 되었는지 돈을 물 쓰듯이 쓴다.
成为富翁后花钱如流水。

30. 正确答案：③

> 微波炉一般是用来加热食物的。然而，微波炉并非直接加热，而是通过利用食物中水分子的运动来对食物进行加热。当食物碰到微波炉的电磁波，食物中的水分子就会震动，由此产生热。另一方面，冰即便碰到微波炉的电磁波也不会融化，那是因为冰中的水分子被冻住了，（　　　）。

① 体积变大　　　　② 没法结合
③ 没法动　　　　　④ 反射热。

解析：文章主要介绍了微波炉的加热原理，指出微波炉是利用食物中的水分子的运动对食物加热，但冰即使碰到电磁波也不会融化，根据加热原理很容易判断出那是因为冰中水分子被冻住，所以水分子不能动，故正确答案为③。

31. 正确答案：④

> 　　最近，以一部分大企业为中心实现了"企业拆分"。这是出于（　　）的目的。一直以来大企业由于规模庞大，要走复杂的决策流程。然而随着最近市场环境的急剧变化，议事决策速度成为企业竞争力的时代到来了。对此，企业将附属公司分离为独立公司,通过将决策权下放到各公司，来迅速应对市场变化。

① 想改变企业形象
② 想改变市场趋势
③ 想要企业间共享信息
④ 想简化决策流程

解析：大企业实现企业拆分的意图可在括号后句中找到提示，文章指出大企业因规模庞大导致决策流程复杂，但现如今决策速度的快慢成为企业竞争力，即把复杂的决策流程变得简单快速，会使企业更有竞争力，故正确答案为④。

☆**重点语法**："-(으)ㄴ/는 탓에"，接在动词或形容词后，表示其前面内容是产生后面否定现象的原因。

예　그 사람 탓에 계획이 물거품이 되었다.
　　因为那个人的错, 计划化成泡影。

예　어머니는 고생을 많이 하신 탓에, 좀 늙어 보인다.
　　妈妈吃了很多苦, 导致她有点显老。

※ [32~34] 阅读下文,请选择内容一致的选项。
32. 正确答案：①

> 　　颜料混起来或反复涂就会变浑浊。因此，19 世纪画家们想出了通过点点来表现色彩的"点描法"。例如，密集地点红色和蓝色的小点，在远一点的地方看这些点混在一起呈现出紫色。这种技法比起混合

颜料创造的色彩，颜色更加清爽柔和。因此"点描法"作为绘画的代表性表现手法，成为现代画家们的宠儿。

① 用这种技法绘画给人以柔和的感觉。
② 这种技法在 19 世纪后受到画家们的冷落。
③ 这种技法要在近处看才会有混色的效果。
④ 用这种技法画画时，要隔较大的间隔点点。

解析：从原文可知，用点描法画画，给人一种清爽柔和的感觉，①正确；这种技法现代画家也喜欢使用，②错误；这种技法用小点密集地点，在远处看有混色的效果，③④错误。

☆**重点语法**："-도록"，接在动词或形容词后，表示"达到……程度"。

예　방이 따뜻하도록 난방 온도를 좀 올리세요.
　　把地暖温度调高点, 让房子更暖和。

예　모든 사람들에게 이익이 되도록 경제를 만들어야 한다. 经济规划应该符合全体民众的利益。

33. 正确答案：③

> 　　生物对环境变化反应敏感，所以有反映环境污染的指标作用。举例而言，喇叭花是大气污染的指标。喇叭花上出现白色斑点时，就可以知道空气被污染了。此外，鱼反映了水质污染的程度。如果有银鱼则说明水是干净的一级水；如果有泥鳅则说明为不干净的 3 级水。像这样，即使没有复杂的测量装置，通过指标生物也可以知晓当地环境的污染程度。

① 通过指标生物很难判断大气污染与否。
② 在自然环境清洁的地方会发现泥鳅。
③ 通过水中鱼的种类可以掌握水污染与否。
④ 喇叭花是通过自身大小变化来反映环境变化的指标生物。

解析：从原文可知，通过喇叭花等植物能够判断大气污染与否，①错误；泥鳅生活在不干净的水

域，②错误；从水中生活的银鱼和泥鳅，可以判断水质污染程度，③正确；喇叭花是通过白色斑点来反映大气污染与否，④错误。

☆关键词："민감하다"(敏感)、"반응하다"(反应)、"지표"(指标)、"나팔꽃"(喇叭花)、"반점"(斑点)、"은어"(银鱼)、"미꾸라지"(泥鳅)、"장비"(装置)、"판별하다"(辨别)、"발견하다"(发现)

34. 正确答案：④

> 政府正在实施提供患者药方履历的"药品安全使用服务"。这项制度使医疗机关在开药方前，可以在线查到该患者在其他机构开过什么药方。其目的在于避免开出不能一同服用的药或因重复开药而产生的副作用。期待通过此制度开具的药方为增强国民健康带来效用。

① 打算在线使用这项制度。
② 患者在开药方前，应使用该项制度。
③ 患者不用去到医疗机构就能开药方。
④ 为避免开出不当药方，该制度正在实施。

解析：从原文可知，为了避免开不能一同服用的药和因重复开药而产生的副作用，政府已经实施了在线检查制度，①错误，④正确；这项制度是让医疗机构在给患者开处方药前使用的，②错误；③在文中并未提及。

☆关键词："의약품"(药品)、"이력"(履历)、"제공하다"(提供)、"처방하다"(开药方)、"온라인"(在线)、"점검하다"(检查)、"부작용"(副作用)、"적절하다"(适当)

※ [35~38] 请选择最符合文章主题的选项。
35. 正确答案：④

> 有很多现代人用统计来掌握实际情况。然而，统计并非反映绝对事实。例如，假设黄瓜的价格一月份为1000韩元，2月份为3000韩元，现在为2000韩元。按照统

计评价现在的黄瓜价格时，以1月为基准的话物价是大幅上涨；以2月为基准的话物价是大幅下跌。

① 根据统计数据可掌握实际情况。
② 不能反映现实的统计数据是无意义的。
③ 通过统计可以知道物价的涨幅和降幅。
④ 统计根据设定标准的不同可以有多种解读。

解析：文章首先引出通过数据掌握实际情况的话题，紧接着对此进行了反驳，并举例说明了统计数据解读的多样化，所以本文的主旨是"统计并非反映绝对事实"，故选④。

☆关键词："통계"(统计)、"실상"(实际情况)、"파악하다"(掌握)、"반영하다"(反应)、"예컨대"(例如)、"가정하다"(假设)、"폭"(幅度)、"수치"(数据)、"하락하다"(价格下跌)

36. 正确答案：②

> 候鸟根据种类的不同，由数万到数十万不等的个体组成群体，以一定的队形移动。此时，队首的鸟为群队的首领，它负责带领鸟群安全移动。为此，它需要在最前面迎风飞行，并具有寻找最佳飞行路线和高度的经验。再者，它还需具有能够迅速应对任何危机的判断力。

① 候鸟应以最佳航线迅速移动。
② 候鸟的首领应具备经验和判断力。
③ 候鸟为应对危机应该结成队伍。
④ 想成为候鸟的领队，应在队伍的最前方飞行。

解析：文章通过候鸟迁徙引出话题"领头鸟"，接下来重点叙述了领头鸟的职责和所需具备的素质，整篇文章都是围绕领头鸟展开的，故正确答案为②。

☆关键词："철새"(候鸟)、"무리"(群体)、"이동하다"(移动)、"리더"(首领)、"이끌다"(引领)、"앞서다"(领头)、"최적"(最佳)、"항로"(飞行路线)、"두루"(全部)、"신속하다"(迅速)、"대처하다"(应对)

37. 正确答案：③

有的人在经济上变得富裕的同时也会感到生活的无聊。人们偏向于认为这种感觉是一件没什么特别的微不足道的小事。但是，这种无聊感也会成为影响个人幸福生活的要素之一。这是因为在金钱、名誉上很优越的人，会因为无聊而去做一些背离社会的行为。随着无聊感的加剧，甚至会发展成为忧郁症。无聊可不是一件可以被忽视的小事。

① 经济上富裕的人容易陷入无聊。
② 脱离社会的行为源于没有金钱和名誉。
③ 不应轻视无聊，而要认识其严重性。
④ 为了幸福生活，应该努力预防忧郁症。

解析： 文章首先引出一种观点"无聊是件小事"，紧接着对此进行反驳并提出自己的观点"无聊不是件小事"，重点介绍了无聊可能会造成的危害性，因此文章的主旨应该是要重视无聊，故正确答案为③。

☆关键词："여유"(富余)、"무료함"(无聊)、"사소하다"(微不足道)、"저하하다"(下跌)、"명예"(名誉)、"남부럽다"(羡慕)、"일탈"(背离)、"간과하다"(忽视)

38. 正确答案：①

有的人在道歉的时候没有诚意，而是敷衍；有的人在道歉的时候，一再强调自己的行为出于善意，试图回避责任。然而，道歉应成为对事情结果负责的行为。无论是善意之举还是恶意为之，如果自己的行为伤害了别人，只有承担责任才算得上是真正意义上的道歉。这是道歉之人首先应该知晓的地方。

① 对事情的结果负责才是真正意义上的道歉。
② 即便做错了，只要意图是好的就应该被原谅。
③ 道歉是一种为了避免重复失误的行为。
④ 不能恶意地让对方痛苦。

解析： 根据文章内容可知，文章首先叙述了两种错误的道歉方式，然后对此进行否定，提出了自己的主张，正确的道歉方式应是一种负责任的行为，后面都是对于这种观点的补充说明，故正确答案为①。

☆重点语法："-았/었/였다면"，接在动词后，是对某种事实的假设，表示一种条件。还可作为"-았/었/였다고 하면"的缩略型,表示对他人的话的转述。

예 젊은이를 보고 늙었다면 말이 돼요?
对年轻人说已经老了，这像话吗？

예 일찍 시간이 없다고 했다면 다른 사람한테 부탁했을텐데. 如果你早说没时间，我就拜托别人了。

※ [39~41] 请选择最适合填入〈示例〉的位置。

39. 正确答案：④

某研究小组研究出了抑制味道发散的无味状态的条件。（ ㉠ ）在众多的味道中，人的鼻子主要闻到的是浓度高的气味。（ ㉡ ）然而，当把不同的气味粒子以同样的量混合在一起时，人的鼻子就仿佛没有闻到味道一样。（ ㉢ ）由此，研究小组正在研究一种消除臭味的技术。（ ㉣ ）如果此技术研发成功，将会减轻在严重恶臭的环境中劳作的工人的苦楚。

───〈示例〉───
其目标是在恶臭中加入等量的其他气味，使人闻不到臭味。

① ㉠　　② ㉡　　③ ㉢　　④ ㉣

解析： 本文围绕研究无味状态的条件展开了叙述，首先是引出话题，接着叙述了人们嗅闻气味的原理，最后对于实验的依据、影响等进行了说明。不难看出"其目标"应该是实验的目标，是对于实验的说明，故放在㉣处最合适。

☆关键词："냄새"(味道)、"무취"(无味)、"농도"(浓度)、"입자"(粒子)、"섞다"(混)、"착안하다"(着眼)、"악취"(恶臭)、"작업하다"(劳作)

40. 正确答案：④

厨师朴灿日先生出版了散文集《美食家的饥饿》。（㉠）在这本书中，按季节对人们日常生活中吃的食物进行了介绍。（㉡）然而，本书内容不局限于对于食物的介绍。（㉢）还有在山上辛苦种植食材的人们的故事和用此食材在炙热的炉火前准备食物的人们的故事。（㉣）比起刺激味蕾，这本书更能使人们感悟到准备一顿饭的不易。

——— < 示例 >———
其实作家在书中想讲述的是一顿热饭以及在做这些食物过程中付出辛勤劳动的人们的故事。

① ㉠　　② ㉡　　③ ㉢　　④ ㉣

解析：本文先是引出《美食家的饥饿》这本书，然后对书的内容进行了介绍，一部分是食材介绍，一部分是故事介绍，最后叙述了这本书会给人带来的影响。不难看出<示例>是对于故事内容的总结，故放在㉣处最合适。

☆关键词："요리사"(厨师)、"에세이집"(散文集)、"미식가"(美食家)、"허기"(饥饿)、"애쓰다"(努力)、"자극하다"(刺激)、"일깨우다"(提醒)

41. 正确答案：③

如今，人们正在步入机器替代人类认知领域的第二机器时代。（㉠）飞跃发展的机器时代到底使人类的生活更滋润还是更疏远，难下定论。（㉡）然而很显然，技术的飞速发展极大地改变着现在的产业结构。（㉢）因此，预计现在升入小学的孩子中有 65% 日后会从事新兴职业。（㉣）

——— < 示例 >———
随着产业结构的变化，自然会加大岗位的变动性。

① ㉠　　② ㉡　　③ ㉢　　④ ㉣

解析：文章开头先是引出话题"第二机器时代"，接着说明"第二机器时代"对于产业结构和就业领域的影响，不难看出"随着产业结构的变化，自然会加大岗位的变动性"是对产业结构和就业领域两个内容的连接，承上启下，故放在㉢处最合适。

☆关键词："인지적"(认知的)、"영역"(领域)、"접어들다"(步入)、"비약적"(飞跃的)、"윤택하다"(滋润)、"소외시키다"(疏远)、"단정"(断定)、"급속하다"(急速)、"진학하다"(升学)、"전망하다"(展望)

※ [42~43] 阅读下文，请回答问题。

让漂亮又时髦的朴英恩老师担任新班主任这件事令我们所有人心跳加速。对前任班主任的话宁死不从的淘气鬼们，在朴老师面前连头也不敢抬，变得很腼腆。由此我们班立马就成为全校最听话、最干净的班。虽然我也一门心思想在朴老师面前好好表现，然而却一如既往地脑袋跟不上。大概这次考试也是所有科目都过不了 50 分吧。在空无一人的教室里，我扭动着身子望着窗外在玩耍的孩子们。（中略）过了 20 分钟，老师终于开口了。（中略）

"仔细观察就会发现，很多时候东玖明明知道但却不说。如此一来，也就没有了自信。"

把我又痒又痛的地方如此露骨地指出来的人，在我的人生中还会有第二个吗？没有追究学习不好的过错，而是理解我学习不好的悲伤，这可是平生第一次。即便不是这样，我软弱至极的心仿佛泡在水里的纸一样变得软软的，在漂亮时髦又贤明的朴老师面前，我差点就不合时宜地掉下了眼泪。

42. 请选择能表达画线部分"我"心情的选项。

① 为难　② 平静　**❸ 感激**　④ 怀疑

解析： 通过原文可知，学习不好的我在教室独自待着时，朴老师对于我的症结一语中的，所以如此理解我的人在我人生中没有第二个，此时我的心情是激动的，故正确答案为③。

43. 请选择和文章内容相符的一项。

❶ 我想得到班主任的认可。
② 班里孩子最近不好好打扫卫生。
③ 班里孩子很听前任班主任的话。
④ 班主任因为我学习不好而大发雷霆。

解析： 根据原文可知，我也想在新班主任面前好好表现，得到认可，①正确；换了班主任之后，我们班变成全校最干净的班级，所以班里孩子是好好打扫卫生的，②错误；前任班主任的话是宁死不从，③错误；班主任没有因我学习不好发脾气，而是和蔼地指出我的症结，④错误。

> ☆关键词："멋쟁이"(赶时髦的人)、"담임"(班主任)、"말썽꾸러기"(淘气鬼)、"수줍다"(腼腆)、"비비"(来回扭)、"가만히"(默默)、"간지럽다"(痒)、"추궁당하다"(追究)、"서러움"(伤感)、"흐물흐물다"(软乎乎)

※ **[44~45] 阅读下文，请回答问题。**

> 　　所谓普遍性设计指的是，不论性别、年龄和是否有残疾，为了能让任何人都方便使用而创造的产品或使用环境。产业革命时期以大量生产为目标，追求生产的效率性。由此，在设计的时候，（　　　）。如此一来，不属于这一范畴的对象只能经受各种不便。普遍性设计就是源于对这一点的批判和反省。代表性例子就是没有台阶的无底盘公共汽车，这种公共汽车因上下车方便，小孩和老人、孕妇和残疾人等都可以上下自如。考虑到多种对象特性的普遍性设计，为了最大限度地使更多的人

> 都能够过上无差别的生活，正在做出巨大贡献。

44. 请选择最能表达该文章主旨的选项。

① 呼吁开发与过去不同的新设计。
② 只有使用普遍性设计，才有可能实现产品的大量生产。
❸ 普遍性设计是考虑到社会多个阶层的设计。
④ 在设计产品的时候，最重要的是生产的效率。

解析： 通过原文可知，以前的产品是以大量生产为目标而设计，没有考虑到少数对象，由此便产生了普遍性设计，接下来文中以无地盘公交车为例说明了普遍性设计的理念，最后话者进行了总结，即：普遍性设计最大限度地照顾到了各类人群，这是文章的主题，故选③。

45. 请选择适合填入（　　）的选项。

① 最大限度反映了所生产产品的特性。
② 想要营造便利的使用环境。
③ 追随当时最广泛流行的趋势。
❹ 在这里基准就是以大多数为标准。

解析： 括号所在的句子以"따라서"开头，这是解题的关键所在，这个句子与上句是因果关系，从上一个句子中找到它所对应的内容即可。上句提出生产的产品以大量生产为目标，也就是说以大多数为标准生产，故选④。

> ☆关键词："보편적"(普遍性)、"디자인"(设计)、"속하다"(属于)、"비판"(批判)、"반성"(反省)、"저상 버스"(无底盘公交车)、"임산부"(孕妇)、"차별"(差别)

※ **[46~47] 阅读下文，请回答问题。**

> 　　保守与进步的概念不仅适用于政治领域，还适用于经济领域。（ ㉠ ）重视自由的保守主义者认为，只有自由最大限度地得到保障时才有可能实现经济增长。因此他

们主张，经济应交付于市场的自律，政府只发挥最低限度的作用。（ⓛ）与之相反，重视平等的进步主义者认为，市场不应自律，而是应由国家介入。（ⓒ）他们主张只有如此，才能消除市场经济体制中的不平等问题。很难判定保守和进步中哪一个立场是完全正确的。为了经济发展需要保守的立场；为了解决经济发展过程中的问题，又需要进步的政策。只有保守和进步互补且达到均衡时，经济才会向更好的方向发展。（ⓓ）

46. 请将下文填入文中合适的位置。

——— < 示例 > ———
从经济学的观点来看，保守与进步的划分源于对作为调节市场经济的两个轴——市场与国家所起的作用的见解。

❶ ㉠　　②ⓛ　　③ⓒ　　④ⓓ

解析：文章首先引出了保守与进步的概念，㉠后面是保守派的立场与见解，ⓛ后面是进步派的立场与见解，ⓒ后面讲述的是作者的观点，主张对经济的发展不能一边倒，而要保守与进步相互顾及。示例说的是保守与进步的划分的依据，起到引领句子的作用，故放在㉠处最合适。

47. 请选择与文章内容相符的选项。

① 为了经济增长，国家应主导市场。

② 市场是可以操控市场经济的唯一主体。

③ 进步主义者比保守主义者更重视自由。

❹ 在解决经济增长带来的问题上，需要进步的观点。

解析：根据原文可知，为了经济发展，需要保守派的立场，保守主义者主张经济应交给市场的自律，而不是由国家主导，①错误；调节市场经济的两个轴是市场与国家作用，②错误；比起进步主义者，保守主义者更重视自由，③错误；对于经济增长带来的问题上，只有保守和进步派相互补充达到均衡才能实现发展，这种进步的观点很重要，④正确。

☆**重点语法：**"-(으)ㄴ/는/(으)ㄹ 바"，接在动词或形容词后，指代前面所述内容，或强调自己的主张。

예 평소에 느낀 바를 말해라. 谈谈平时的感受。

예 우리는 우리의 굳은 의지를 보여주는 바이다. 我们表明我们坚定的决心。

※ **[48~50]** 阅读下文，请回答问题。

专利法赋予最早发明独创技术的人对该技术的专有使用权，还赋予其将该技术向社会公开的义务。通过共享公开技术，提升全社会的技术能力是专利的宗旨。契合这一宗旨，专利制度在技术革新和产业发展方面做出了巨大贡献。然而最近专利的初衷发生了改变，比起技术开发，优先确保专属权的现象日渐凸显。在（　　）的状态下先胡乱申请专利抢占专利权，再试图开发技术的情况屡见不鲜。因此，那些辛辛苦苦真正取得新技术开发成功的人未能确保权利的情况经常发生。专利作为发明的代价，自然有获得保护的价值。但是，专利仅限于技术开发成功并对社会发展带来贡献的情况。如果不加区分地申请专利会阻碍技术开发，这将与专利最初设定的宗旨相违背。

48. 请选择最能表达该文章写作目的的选项。

① 为了说明专利审查程序

② 为了阐述专利权的必要性

③ 为了分析专利的实质性价值

❹ 为了提出滥用专利申请的问题

解析：文章先是通过说明设立专利的初衷引出滥用专利申请的现象，接着对这种现象中存在的问题进行阐述，并在文章的最后再次点题，即：不加区分地申请专利会阻碍技术开发，这与最初设定的专利宗旨相违背，故正确答案为④。

49. 请选择最佳选项填空。

① 专利没到期的

② 新技术被认定为专利的

❸ 技术未能被完全开发的
④ 确定和已有技术的差异的

解析：括号的前句中指出现今专利申请的乱象，"比起技术开发，优先确保专属权"，不难看出括号里要填入的是在什么样的状态下，而这种状态指的就是前面提到的优先确保专属权的现象，故选③。

50. 请选择画线部分作者的态度。
① 对专利申请的减少很担心。
② 强烈拥护专利者的独占权。
③ 强烈要求在政策上完善专利制度。
❹ 高度评价专利制度对社会的贡献。

解析：画线部分提到"专利制度在技术革新和产业发展方面做出了巨大贡献"，这是作者对专利制度作用的认可，故选④。

☆**重点语法：**"–곤 하다"，接在动词后，用于陈述过去或现在的事情，表示某种行为或某件事反复发生。

예 어머니는 틈이 나면 한국 드라마를 보곤 하셨다. 妈妈一有空就看韩剧。

예 나는 우울할 때면 그 책의 첫머리에 적힌 글귀를 읽곤 한다. 我一郁闷就读那本书开头的字句。

1

여자 : 어디가 아파서 오셨어요 ?

남자 : 배가 아파서 왔는데요 .

여자 : 그럼 여기 이름과 생년월일을 쓰시고 잠깐 기다리세요 .

2

남자 : 청소 다 했는데 설거지 좀 도와줄까요 ?

여자 : 괜찮아요 . 거의 다 했으니까 앉아서 좀 쉬어요 .

남자 : 그럼 설거지 끝나면 차 한 잔 같이 마셔요 .

3

남자 : 여러분은 운동을 자주 하십니까 ? 문화체육관광부 조사 결과에 따르면 우리 국민이 주 1 회 이상 생활체육에 참여하는 비율이 2014 년 이후 계속해서 증가한 것으로 나타났습니다 . 가장 많이 하는 운동은 '걷기'였으며 그 다음은 '등산', 그리고 '헬스'가 그 뒤를 이었습니다 .

4

남자 : 왜 그래요 ? 뭐 잃어버렸어요 ?

여자 : 제 가방이 어디에 있는지 모르겠어요 .

남자 : _____

5

남자 : 점심시간이 지났는데도 식당에 사람이 많네요 .

여자 : 그러네요 . 밥 먹으려면 한참 기다려야

겠어요 .

남자 : _____

6

남자 : 수미 씨, 면접시험은 어땠어요 ? 잘 본 것 같아요 ?

여자 : 잘할 수 있었는데 떨려서 잘 못 본 것 같아요 .

남자 : _____

7

남자 : 수미 씨, 다음 주까지 교환 학생 신청 기간이라던데 신청할 거예요 ?

여자 : 그래요 ? 어떻게 알았어요 ?

남자 : _____

8

여자 : 저, 화장품을 주문했었는데요 . 제가 주문한 제품과 다른 게 와서요 .

남자 : 아, 죄송합니다, 고객님 . 물건을 저희에게 보내 주시면 확인하고 주문하신 제품으로 다시 보내 드리겠습니다 .

여자 : _____

9

여자 : 민수 씨, 지난번에 산 내 검은색 코트 못 봤어요 ?

남자 : 그거 월요일에 세탁소에 맡겼잖아요 . 내가 찾아다 줄까요 ?

여자 : 괜찮아요 . 그냥 내가 가서 찾아올게요 .

남자 : 그럼 들어올 때 우편물도 좀 갖다 줘요 .

10

여자 : 여보세요? 민수 씨, 옆 사무실에서 안
내 책자 받으러 왔는데요.

남자 : 아, 네. 제가 밖에서 거래처 직원을 만
나고 있어서요. 미안하지만 수미 씨가
상자에서 좀 꺼내서 주시겠어요?

여자 : 네, 그럴게요. 그런데 상자는 어디에
있어요?

남자 : 제 책상 밑에 뒀어요.

11

여자 : 여보, 욕실 전등을 좀 바꿔야겠어요.

남자 : 그래요? 집에 전등 사다 놓은 거 있으
면 가져와 봐요.

여자 : 잠깐만요. 어디 있는지 찾아볼게요.

남자 : 없으면 말해요. 내가 사러 갈게요.

12

여자 : 과장님, 여기 해외 파견 근무 지원자
명단입니다. 한번 보시겠어요?

남자 : 아, 네. 이번에는 지원 현황이 어떻게
되지요?

여자 : 확인해 봤는데 생각보다 지원자가 적
습니다.

남자 : 그거 큰일이군요. 그럼 인사과에 연락
해서 추가 지원을 받을 수 있는지 알아
보세요. 전 부장님께 말씀드릴게요.

13

여자 : 어제 모임에 왜 안 왔어? 연락도 없어
서 궁금했잖아.

남자 : 응, 어제 가벼운 교통사고가 나서 처리
하느라 시간이 오래 걸렸거든.

여자 : 정말? 자동차 산 지 얼마 안 됐는데
속상하겠다. 어디 다친 데는 없고?

남자 : 응. 다행히 다친 데는 없어.

14

여자 : (딩동댕) 고객님들께 쇼핑 안내드립
니다. 행사장에서는 청바지를 만 원에
세일하고 있습니다. 이 행사는 오늘 하
루만 진행되니 고객 여러분들의 많은
관심 부탁드립니다. 또한 오늘 저희 쇼
핑몰에서 5만 원 이상 구매하신 분들
께는 양말을 드립니다. 영수증을 가지
고 고객센터로 오십시오. 그럼 즐거운
쇼핑하시기 바랍니다. 감사합니다. (딩
동댕)

15

남자 : 날씨 소식입니다. 현재 전국에 비가 내
리고 제주도에는 폭우가 쏟아지고 있
는데요. 이 비는 내일 아침에 대부분
그치겠고, 낮부터는 점차 맑아지겠습
니다. 모레 아침에는 꽃샘추위가 찾아
와 전국이 일시적으로 영하의 날씨를
보이겠는데요. 외출하실 때 따뜻하게
입으시는 것이 좋겠습니다.

16

남자 : 국내 배구 선수로는 처음으로 해외 무
대에 진출한 김미경 선수 나와 계시는
데요. 지난 1년 어떠셨는지 말씀 좀
해 주시죠.

여자 : 처음에 말이 잘 안 통해서 힘들었는데
요. 팀 동료들이 잘 챙겨 줘서 금방 적
응할 수 있었습니다. 초반에 다리 부
상으로 한 달간 경기에 못 나갔을 때
많이 답답했는데요. 복귀 후에는 팀이
우승하는 데 조금이나마 힘이 된 것
같아 기뻤습니다.

17

남자 : 내 친구 민수 알지? 다음 달에 결혼하
는데 가족들하고 친한 친구들 몇명만

부른다고 하더라고. 결혼식은 사람들을 많이 초대하는 게 좋은 거 아냐?

여자 : 아니. 정말 가까운 사람들만 초대하는 거, 나는 좋은 것 같은데. 비용 부담도 적을 거고. 요즘 그런 작은 결혼식이 유행이거든.

남자 : 그래도 평생에 한 번뿐인 결혼식인데 너무 작게 하면 서운할 것 같아.

18

남자 : 수미 씨, 내일 신제품 발표 자료는 다 만들었지요?

여자 : 네, 여기 있습니다. 지난번에 말씀해 주신 부분 보충해서 준비했습니다. 과장님께서 먼저 한번 봐 주시겠어요?

남자 : 음, 내용이 너무 길고 복잡하네요. 제품의 특징을 짧지만 명확하게 소개해야 소비자들이 제품을 잘 이해할 수 있어요.

19

여자 : 어, 이 빵 지금 할인하네. 7개 묶어서 만 원밖에 안 하잖아. 우리도 사자.

남자 : 글쎄, 나는 마트에서 이렇게 파는 게 정말 싼 건지 잘 모르겠어.

여자 : 왜? 한 개씩 사면 비싼데 이럴 때 사면 싸게 살 수 있잖아.

남자 : 지난번에도 묶음으로 샀다가 다 못 먹고 반이나 버렸잖아. 그냥 먹고 싶을 때 조금씩 사서 먹는 게 오히려 돈을 아끼는 거라고.

20

여자 : 이번 정규 앨범의 곡들 중 악기 없이 목소리만으로 노래한 곡들이 주목을 받고 있는데요. 이렇게 만드신 특별한 이유가 있나요?

남자 : 다양한 악기도 좋지만 저는 가수가 가진 목소리가 최고의 악기라고 생각합니다. 저희 4명만 모이면 악기가 없어도 말씀하신 곡들을 언제 어디서나 사람들에게 들려 줄 수 있는데요. 저는 이렇게 가수들의 목소리만으로도 아름다운 음악을 만들 수 있다고 생각합니다.

21~22

여자 : 김 선생님, 올해 학교 홍보 용품은 뭐가 좋을까요? 작년처럼 우리 학교 이름이 들어간 수첩으로 할까요?

남자 : 글쎄요. 수첩은 학생들이 잘 사용하지 않아서 학교 홍보에 효과가 없는 것 같아요. 작년에 학생들 반응도 별로였고요. 이번에는 우산이 어떨까요? 우산은 자주 사용하는 거니까 우산에 학교 이름을 새기면 학교를 알리는 데 좋을 거예요.

여자 : 네, 알겠습니다. 그런데 무슨 색깔로 하는 게 좋을까요?

남자 : 글쎄요. 그건 다음에 다른 선생님들과 같이 결정하도록 하죠.

23~24

남자 : 여보세요. 어린이박물관이죠? 오늘 2시 표 예매했는데요. 혹시 일찍 도착하면 1시에도 들어갈 수 있는지 해서요.

여자 : 네, 안녕하세요? 그러시면 입구에서 2시 관람권은 환불 받으시고 1시 관람권을 새로 사시면 됩니다.

남자 : 네, 알겠습니다. 그런데 혹시 박물관 안에 식사가 가능한 곳이 있나요?

여자 : 따로 식당은 마련되어 있지 않습니다. 대신 3층에 가족 쉼터가 있는데요. 거기에서 준비해 오신 음식을 드실 수 있습니다.

25~26

여자 : 사장님께서는 어려운 이웃을 돕고 가난한 학생들을 지원하는 등 훌륭한 일을 많이 하고 계시는데요. 최근에는 '시민 영웅상'을 만드셨다고 들었습니다. 그게 어떤 상인가요?

남자 : 네, 우리 주변에는 알려지지 않았지만 사회에 모범이 되는 분들이 있는데요. 그런 분들을 찾아서 상을 드리는 것입니다. 수상자가 원하지 않으면 시상식은 언론에 공개하지 않고 조용하게 진행합니다. 그동안 총 31명의 시민 영웅을 찾아 상장과 상금을 드렸는데요. 상금을 이웃을 위해 다시 기부하는 분도 계셨습니다. 또 화재 현장에서 아이를 구조한 대학생 수상자도 있었는데 졸업 후에 저희가 채용 하기도 했습니다. 이렇게 사회로부터 받은 이익을 다시 사회로 돌려주는 것이 기업의 책임이라고 생각합니다.

27~28

남자 : 뉴스를 보니까 정부에서 다음 달 6일을 임시 공휴일로 지정했다던데.

여자 : 그래? 5일하고 7일이 쉬는 날이라서 그런 모양이구나. 그날 쉬는 사람들은 좋겠다. 지난번 임시 공휴일에도 놀러 가는 사람이 많았대.

남자 : 우리 회사도 쉬면 좋을 텐데. 임시 공휴일에는 우리도 쉬어야 하는 거 아냐?

여자 : 맞아. 그날 회사에 나와야 하는데 아이 유치원이 쉬니까 당장 아이 맡길 데를 알아봐야 해.

남자 : 우리처럼 못 쉬는 사람한테는 임시 공휴일이 별 소용이 없는 것 같아.

29~30

여자 : 정원의 꽃들이 참 예쁘네요. 선생님은

여기에서 어떤 일을 하시나요?

남자 : 이곳은 제가 작년부터 환자들에게 정원 가꾸기를 가르치고 있는 곳인데요. 저는 약을 사용하지 않고 식물을 이용해 그분들의 몸과 마음의 회복을 돕는 활동을 하고 있어요. 식물을 재배하면서 자연스럽게 치료 효과를 얻게 하는 거죠.

여자 : 구체적으로 어떤 활동을 통해서 치료가 이루어지나요?

남자 : 정원 가꾸기, 식물 재배하기, 꽃을 이용한 작품 만들기 등의 활동이 대표적인데요. 이런 크고 작은 신체 활동은 운동 능력을 향상시킬 수 있어요. 또한 식물의 향기를 맡으면서 느끼는 기쁨을 치료에 이용하는 것이죠. 정원에서 함께 재배한 식물을 판매함으로써 경제적으로 어려움을 겪고 있는 환자들에게 작은 도움도 드리고 있고요.

31~32

남자 : 같은 커피 전문점의 커피가 지역별로 가격이 다른 것에 소비자들이 불만을 표하고 있습니다. 동일한 재료와 방법으로 만드는데 왜 가격이 다른지 이해할 수가 없습니다.

여자 : 커피 값은 임대료 등 매장의 여건에 따라 가격이 다를 수 있다고 생각합니다.

남자 : 그렇다면 임대료가 낮은 지역의 커피 값이 비싼 이유는 뭡니까?

여자 : 임대료만이 커피 값의 가장 중요한 기준이 되는 건 아닙니다. 시설이나 관리 비용 등 다양한 요인이 있는 거지요. 예를 들어 휴게소처럼 커피를 매장에서 마시지 않고 그냥 사 가는 손님이 많은 곳은 다른 곳에 비해 커피 값을 싸게 받을 수 있는 것처럼요.

33~34

여자 : 제 고향에 소목이라고 부르는 곳이 있습니다. 좀 독특한 지명이죠? 지형이 소가 누워 있는 형상인데, 소의 목 부분에 있는 마을이라고 해서 그렇게 불린다고 하네요. 이렇게 지명을 들여다보면 그 마을의 특징을 알 수 있는 경우가 있습니다. 동네 뒷산에 토끼가 많이 산다고 해서 토끼실이라 불리는 곳도 있습니다. 땅끝마을은 우리나라의 육지 중 가장 남쪽 끝에 있는 마을이라서 붙여진 이름이고요. 그럼 두물머리라는 지명은 왜 나온 것일까요? (잠시 후) 네, 그렇습니다. 그곳은 한강의 두 물길이 하나로 만나는 곳에 위치한 마을이라서 그렇게 불립니다. 여러분이 사는 곳의 이름에는 어떤 의미가 있는지 한번 찾아보시죠.

35~36

남자 : 신입생 여러분, 입학을 축하합니다. 우리 대학은 지난 40여 년간 과학기술 발전을 선도해 왔고, 작년에 생명과학 분야에서 세계 10위권에 진입하는 쾌거를 이뤘습니다. 이곳에서 여러분은 학업과 기업 현장 실습을 병행하며 전문성을 키워 사회적 역할을 다하는 인재로 성장할 겁니다. 하지만 저는 훌륭한 인격을 갖추는 것이 전문 지식이나 실력보다 더 중요하다는 말씀을 드리고 싶습니다. 이 사회의 구성원으로서 기본적으로 갖추어야 할 도덕성과 타인을 배려하고 존중하는 마음을 갖춘 사람이 먼저 되십시오. 그리고 그 인격을 바탕으로 전문가로서의 역량을 키워 간다면 여러분들도 분명히 선배 졸업생들처럼 국내외에서 활발히 활동하며 각자의 분야에서 존경받는 전문

37~38

남자 : 요즘 수면 산업이 빠른 성장세를 보이고 있습니다. 입욕제나 수면 안대 같은 숙면을 도와주는 제품들도 많이 나오고 있는데요. 이런 제품들이 수면 장애의 진정한 해법이 될 수 있을까요?

여자 : 네, 불면증에 시달리는 사람들이 수면 보조 제품을 찾는 경우가 많죠. 그런데 무작정 이런 제품을 사용하기보다는 수면 장애가 왜 생겼는지 그 원인을 먼저 생각해 봐야 합니다. 그리고 그에 맞는 방법을 찾아 해결하려는 노력이 필요합니다. 수면 장애는 심리적인 상태나 생활 습관 같은 여러 가지 요인에 의해 발생하기 때문인데요. 문제의 근원을 모른 채 이런 제품에 의지하는 건 장기적으로 봤을 때는 의미가 없습니다.

39~40

여자 : 초기에 서울시에서 이 사업을 시작할 때에는 차량 정체 등의 이유로 주민들의 반대도 있었는데요. 지금은 어떤가요?

남자 : 앞에서 말씀드린 것과 같이 서울시는 2차선이었던 차도를 1차선으로 줄이고 차들이 한 방향으로만 통행하도록 바꿨습니다. 그렇게 해서 남는 공간은 주차장으로 활용해 주차 공간 부족 문제를 해결했습니다. 그동안 도로에 불법 주차된 차로 인해 막히던 도로 상황도 이를 통해서 크게 나아졌지요. 또한 인도를 넓히고 도로의 제한 속도도 낮추면서 사고도 줄어들었습니다. 사전 설명회에서 나온 주민들의 의견을 사업에 적극 반영한 것도 큰 호응을

얻었고요. 그래서 지금은 처음 우려했던 것과는 달리 주민 만족도가 상당히 높습니다.

41~42

여자 : 자, 그럼 이 화면을 보시죠. 배우가 무대에서 관객들을 향해 혼잣말을 하고 있죠? 다른 배우들은 마치 이 배우의 말이 들리지 않는 것처럼 무대에서 자신의 연기를 계속하고요. 이렇게 무대 위의 다른 인물에게는 들리지 않고 관객만 들을 수 있도록 약속된 대사가 방백입니다. 방백은 연극 공연 중에 배우가 관객에게 극의 흐름이나 등장 인물의 의도를 알려 주기 위해 사용되는데요. 방백만큼 등장인물의 숨겨진 심리를 분명하게 보여 주는 것은 없습니다. 그래서 관객은 방백을 통해 등장인물을 더 깊이 이해하게 되죠. 로마 시대부터 발달한 방백은 19세기 말에는 사용되지 않았습니다. 자연스럽지 못하다는 이유로요. 그러나 현대극에서는 필요에 따라 사용되며 등장인물에 대한 공감을 이끌어 내고 있습니다.

43~44

남자 : 어두운 밤, 나방들이 빛을 향해 모여든다. 나비와 비슷하지만 나비와는 다른 대접을 받아 온 나방. 사람들은 나방이 밤에만 나온다고 생각하지만 꽃에 앉아 꽃가루를 모으고 있는 이 나방처럼 낮에 활동하는 것들도 있다. 색깔이 칙칙하다는 것도 우리의 편견이다. 나비보다 색이 다양하고 무늬가 화려한 경우도 많다. 나방의 몸에 붙어 있는 가루들도 사람들이 나방을 싫어하는 이유 중의 하나이다. 인체에 해로운 성분이라는 오해 때문이다. 그러나 이것이 병을 유발하거나 특별한 화학 작용을 일으키는 경우는 없다. 나방의 애벌레는 식물의 잎을 먹어 해충으로 인식된다. 하지만 사실 숲의 생태계에서 보면 그들은 없어서는 안 될 존재이다. 대량 번식하는 나방의 애벌레는 새들의 가장 중요한 먹이인 것이다.

45~46

여자 : 비닐 포장재도 환경오염의 원인 중 하나입니다. 그래서 과학 기술 분야에서는 친환경적인 소재 개발에 몰두해 왔는데요. 그중 하나가 음식 성분을 이용한 포장재입니다. 먼저 시도됐던 것은 탄수화물로 만든 포장재인데요. 미세 구멍이 많은 이 포장재는 산소를 제대로 막아 내기 어려워 기존 포장재를 대체하기에는 역부족이었죠. 최근에는 우유에 들어 있는 단백질로 포장재를 만드는 데 성공했습니다. 이건 먹어도 해롭지 않고, 버려도 잘 썩을 뿐만 아니라 산소도 더 잘 차단합니다. 앞으로 대량으로 생산할 수 있는 기술력이 확보된다면 비닐 포장재로 인한 심각한 환경오염 문제가 크게 개선될 겁니다. 이렇게 과학 기술은 생활의 편리함을 가져올 뿐만 아니라 환경 문제를 해결하는 데도 적극 활용되고 있습니다.

47~48

여자 : 요즘 양극화를 해소하고 국가 경제에 활력을 불어넣기 위한 방안으로 기본 소득이 언급되고 있습니다. 국가가 조건 없이 모든 국민에게 매달 일정한 생활비를 준다는 건데요. 이게 효과가 있을까요?

남자 : 노동 없이 돈을 주면 사람들의 노동 의욕이 감소할 거라는 우려가 있는데

요. 하지만 오히려 노동 의욕을 촉진할 거라고 보는 입장도 있습니다. 최소한의 소득이 보장되면 생계에 대한 부담을 덜 수 있으니까 자기가 하고 싶은 일을 열심히 할 거라는 거죠. 그리고 소비가 촉진되면서 경제를 활성화시키는 데 도움이 될 수도 있습니다. 최근 국가 단위로는 최초로 기본 소득 실험을 진행하고 있는 나라가 있는데요. 이 실험이 인간의 게으른 본성을 확인하는 계기가 될지 새로운 복지 모델을 찾는 계기가 될지 결과를 지켜봐야 할 것 같습니다.

49~50

여자: 조선 시대에는 탕평책이라는 정책이 있었는데요. 조선 시대에도 오늘날의 정당 정치처럼 서로 입장을 같이 하는 사람들끼리 정치 세력을 형성하고, 반대되는 집단과 대립하기도 하는 정치 형태가 있었습니다. 이런 정치 세력을 붕당이라고 하는데요. 초반에는 붕당을 중심으로 여론을 모으고 서로를 견제하면서 효율적인 국정 운영이 이루어졌습니다. 그런데 갈수록 붕당 간의 갈등이 심화되면서 폐단이 생겨났죠. 이런 상황에서 모든 붕당이 정치에 골고루 참여할 수 있도록 한 것이 탕평책입니다. 특정한 정치적 이념과 이해관계를 떠나 인재를 고르게 등용함으로써 정치 세력의 균형을 이루고자 했던 것이죠. 불필요한 언쟁을 일삼고, 각자의 이익만을 추구하는 오늘날의 정치 상황에도 이런 균형을 위한 제도가 시행되어야 하지 않을까요?

CHAPTER ●3

新韩国语能力考试
TOPIK Ⅱ
实战模拟题

扫一扫, 听第 1 回题音频

扫一扫, 听第 2 回题音频

· 第一次先勾选 "连续播放" 听完整音频模考,
· 第二次取消 "连续播放" 分题听音频进行复习。

제 1 회 TOPIK II 모의시험

TOPIK II 듣기 (1 번 - 50 번)

※ [1~3] 다음을 듣고 알맞은 그림을 고르십시오. (각 2점)

1.

2.

3.

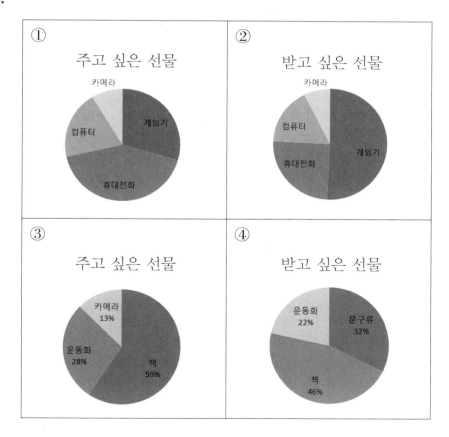

① 주고 싶은 선물 — 카메라, 게임기, 컴퓨터, 휴대전화

② 받고 싶은 선물 — 카메라, 게임기, 컴퓨터, 휴대전화

③ 주고 싶은 선물 — 카메라 13%, 운동화 28%, 책 59%

④ 받고 싶은 선물 — 운동화 22%, 문구류 32%, 책 46%

※ [4~8] 다음 대화를 잘 듣고 이어질 수 있는 말을 고르십시오. (각 2점)

4. ① 나중에 다시 연락할게.
    ② 핸드폰을 회사에 두고 왔어.
    ③ 전화로 알리면 더 좋을 것 같은데.
    ④ 전화번호를 잘못 눌러서 미안해.

5. ① 그럼 나중에 돌려 주세요.
    ② 그럼 수업이 끝나고 돌려줄게요.
    ③ 그럼 새 책을 사 줄게요.
    ④ 마음에 안 들면 바꾸실래요?

6. ① 피곤하면 집에 가서 좀 쉬세요.
    ② 시간이 되면 술 한 잔 하실래요?
    ③ 아무리 바빠도 먼저 식사를 해야지요.
    ④ 찬물로 얼굴을 씻으면 좀 나을 거예요.

7. ① 우선 유학에 필요한 서류부터 알아봐야겠군요.
    ② 학교에 제출해야 할 서류를 다 준비했어요.
    ③ 직접 신청을 하면 별다른 문제는 없겠네요.
    ④ 그렇게 하면 편하긴 하겠지만 비용이 비쌀걸요.

8. ① 저는 여유로운 마음을 가진 사람이거든요.
    ② 하와이에 가면 경제적으로 너무 부담스러워요.
    ③ 비행기를 타고 하와이에 갈 수 있으면 좋겠어요.
    ④ 그럼 오늘 바로 휴가 내고 비행기 표를 예약해야겠어요.

※ [9~12] 다음 대화를 잘 듣고 여자가 이어서 할 행동으로 알맞은 것을 고르십시오. (각 2점)

9. ① 매장에 전화로 문의한다.　② 매장에 가서 쇼핑한다.
　　 ③ 남자에게 이 소식을 알려준다.　④ 홈페이지에 들어가 물건을 산다.

10. ① 강의 신청서를 작성한다.　② 강의 교재를 구매한다.
　　 ③ 정원이 찼는지 알아본다.　④ 강의 신청 기간을 확인한다.

11. ① 남자에게 김치를 사 준다.　② 유럽에 같이 여행을 간다.
　　 ③ 지하철역까지 태워 준다.　④ 공항에 남자를 데리러 간다.

12. ① 선생님께 전화를 드린다.　② 교육 자료를 프린트한다.
　　 ③ 교육자료를 받았는지 확인한다.　④ 선생님께 교육 장소를 알려 드린다.

※ [13~16] 다음을 듣고 내용과 일치하는 것을 고르십시오. (각 2점)

13. ① 김 선생님은 급한 일 때문에 출장갔다.
　　 ② 남자는 김 선생님께 전화를 바꿔 드렸다.
　　 ③ 남자는 여자한테 김 선생님의 연락처를 알려주었다.
　　 ④ 급한 일 때문에 여자는 김 선생님과 연락하려고 한다.

14. ① 서쪽 지방은 날씨가 따뜻하고 구름이 없다.
　　 ② 남해안과 제주도는 오후에 비가 올 것이다.
　　 ③ 서울의 낮 기온은 예년보다 4 도 정도 낮다.
　　 ④ 동쪽 지방의 날씨는 서쪽 지방보다 더 따뜻하다.

15. ① 공연이 시작한 후에 입장이 불가능하다.

② 공연할 때 바다 동물을 직접 만져 볼 수 있다.

③ 공연할 때 물개에게 먹이를 줄 수 있다.

④ 게임을 할 때 수달과 함께 사진을 찍을 수 있다.

16. ① 당류 섭취가 적으면 적을수록 인체에 좋다.

② 설탕보다 시럽이 건강에 유익한 성분이 더 많다.

③ 당류는 주로 음료수를 통해 섭취된다.

④ 당류 섭취를 줄이기 위해 보리차를 많이 마셔야 한다.

※ [17~20] 다음을 듣고 남자의 중심 생각을 고르십시오. (각 2점)

17. ① 이사한 후에 에어컨을 사는 것이 더 좋다.

② 이번에 디자인이 더 좋은 에어컨을 사려고 한다.

③ 새 집에는 살균 기능이 있는 에어컨을 사야 한다.

④ 지금 사는 곳에 잘 어울리는 에어컨을 사려고 한다.

18. ① 말이 많은 사람과 있으면 재미없다.

② 성격이 비슷한 사람끼리 잘 어울린다.

③ 말이 별로 없는 민주랑 사귀려고 한다.

④ 성격이 다른 사람과 함께 있는 게 좋다.

19. ① 역사 영화라도 재미있게 만들어야 한다.

② 영화는 인기 배우가 출연하는 게 좋다.

③ 영화 배우를 뽑는 데 더 신경 써야 한다.

④ 역사의 진실성보다 영화의 흥행이 더 중요하다.

20. ① 살을 빼면 피부가 처지지 않는다.

② 살찐 정도가 심하면 피부가 처지는 것을 막을 수 없다.

③ 살을 천천히 빼면 피부가 처진다.

④ 다이어트하면서 수시로 체크해야 한다.

※ [21~22] 다음을 듣고 물음에 답하십시오.

21. 남자의 중심 생각으로 맞는 것을 고르십시오.

① 속설은 과학적으로 입증될 수 없다.

② 황사엔 물이나 나물, 잡곡류를 많이 섭취하는 것이 좋다.

③ 황사 먼지에 돼지고기 섭취가 필요하다.

④ 돼지고기를 먹으면 체내에 있는 황사 먼지가 다 배출된다.

22. 들은 내용으로 알맞은 것을 고르십시오.

① 황사철에 돼지고기를 먹으면 먼지를 배출하는데 도움이 된다.

② 황사철에 물을 많이 마시면 먼지가 빠져 나간다.

③ 황사철에 돼지고기를 섭취하면 안된다.

④ 나물이나 잡곡류를 섭취하면 장운동이 활발해진다.

※ [23~24] 다음을 듣고 물음에 답하십시오.

23. 남자는 무엇을 하고 있는지 고르십시오.

① 학생들의 자율적인 선택권을 찬성하고 있다.

② 학교 서열화 현상의 긍정적인 측면을 설명하고 있다.

③ 사교육 과열 현상을 설명하고 있다.

④ 고교선택제의 실효성을 비판하고 있다.

24. 들은 내용으로 맞는 것을 고르십시오.

① 고교선택제를 전반적으로 수정하기로 결정했다.

② 고교선택제는 학생의 자유의사를 묵살하는 제도이다.

③ 좋은 고등학교에 진학하려는 학생들의 경쟁이 치열해졌다.

④ 현행 체제대로 간다면 공교육 수준이 크게 향상될 것이다.

※ [25~26] 다음을 듣고 물음에 답하십시오.

25. 남자의 중심생각으로 맞는 것을 고르십시오.

① 남자 연예인들이 군 입대를 꺼려하는 데는 나름대로의 이유가 있다.

② 병역 비리를 조장하는 사회적 분위기를 없애야 한다.

③ 운동선수들과 남자 연예인들의 군 입대 면제를 추진해야 한다.

④ 군대에 가지 않은 남자 연예인들에 대한 처벌을 늘려야 한다.

26. 들은 내용으로 맞는 것을 고르십시오.

① 남자 연예인들은 20대 이후에는 인기가 급격히 떨어진다.

② 사람들은 합법적으로 군대에 다녀온 남성 연예인들을 더 선호한다.

③ 운동선수들은 올림픽에 참가하면 군대를 가지 않아도 처벌받지 않는다.

④ 일부 남자 연예인들은 온갖 방법을 동원해 군대에 가지 않으려고 한다.

※ [27~28] 다음을 듣고 물음에 답하십시오.

27. 여자가 남자에게 말하는 의도를 고르십시오.

① 범죄 피해를 당한 사람들의 사례를 설명하기 위해

② 휴대전화 번호를 남기는 심리를 밝히기 위해

③ 휴대전화 번호를 남기는 방법을 알려주기 위해

④ 새로운 연락 기술을 개발하는 필요성을 알려주기 위해

28. 들은 내용으로 맞는 것을 고르십시오.

① 운전자들이 주차할 경우 전화번호를 남겨야 한다.

② 범죄를 예방하는 새로운 연락 기술이 개발되었다.

③ 범죄자들은 주차할 때 남겨놓은 휴대전화 번호를 이용하고 있다.

④ 남자는 휴대전화 번호로 인해 피해를 당한 적이 있다.

※ [29~30] 다음을 듣고 물음에 답하십시오.

29. 남자가 누구인지 고르십시오.

① 지역 주민　　② 도둑

③ 검사　　　　④ 경찰

30. 들은 내용으로 맞는 것을 고르십시오.

① 관저 앞집은 도둑이 들어 230만원어치의 금품을 도난 당했다.

② 인천지검 관저는 여검사 3명이 조사 중이다.

③ 남자는 도둑을 이미 잡았다고 말했다.

④ 18일 저녁에 2차례의 도난사고가 발생했다.

※ [31~32] 다음을 듣고 물음에 답하십시오.

31. 남자의 생각으로 맞는 것을 고르십시오.

① 작가의 세밀한 대사 표현은 시청률과 연관성이 있다.

② 현실과 거리가 있는 드라마는 대리만족을 느끼게 한다.

③ 시청자가 정리한 명대사 모음은 드라마를 보는 데에 재미를 준다.

④ 드라마의 힘은 대사지만 현실과의 균형도 고려해야 한다.

32. 남자의 태도로 맞는 것을 고르십시오.

① 상대방의 말을 하나하나 반박하고 있다.

② 대사에 대한 자신의 의견을 말하고 있다.

③ 앞으로 만들 드라마를 생각하고 있다.

④ 방송 관계자의 의견을 수긍하고 있다.

※ [33~34] 다음을 듣고 물음에 답하십시오.

33. 무엇에 대한 내용인지 맞는 것을 고르십시오.

① 역사 교육 관련 정책을 강화할 필요성

② 수능시험에서 역사 과목 제외의 합리화

③ 한국 역사를 가르치는 선생님 교육의 필요성

④ 한국 역사를 공부할 수 있는 환경 마련의 긴박성

34. 들은 내용으로 맞는 것을 고르십시오.

① 입시 전형 중에 역사 과목이 포함된 대학교도 있다.

② 수능시험에서 역사 과목은 필수 과목이다.

③ 한 반에서 적어도 2명 이상은 역사를 선택한다.

④ 고등학교에서는 대학교 입시 때문에 국사를 가르치지 않고 있다.

※ [35~36] 다음을 듣고 물음에 답하십시오.

35. 남자는 무엇을 하고 있는지 고르십시오.

① 신용카드 회사의 카드 발급 개수 제한에 대해 평가하고 있다.

② 국가가 신속한 대책을 마련할 것을 요구하고 있다.

③ 신용 등급이 일정 수준에 도달한 사람에게 발급할 것을 요청하고 있다.

④ 카드 대란은 국가 책임이 없다고 분석하고 있다.

36. 들은 내용으로 맞는 것을 고르십시오.

① 현재까지 발급된 신용카드의 누적 개수는 2억 장 이상이다.

② 신용 등급이 낮은 사람한테 카드를 마음대로 발급할 수 없다.

③ 우리나라는 카드 대란으로 국가 경제에 큰 위기가 닥친 적이 있다.

④ 정부의 경고로 신용카드사의 과열경쟁이 일시적으로 해소되었다.

※ [37~38] 다음은 교양 프로그램입니다. 잘 듣고 물음에 답하십시오.

37. 남자의 중심 생각으로 맞는 것을 고르십시오.

① 정부에서는 다양한 교육비 절감 정책을 내놓고 있다.

② 자녀 양육에는 무엇보다도 부모의 인성과 경제력이 중요하다.

③ 저출산이 계속될 경우 사회적으로 많은 문제들이 발생하게 된다.

④ 저출산 문제는 학부모들의 교육비에 대한 부담과 관련이 있다.

38. 들은 내용과 일치하는 것을 고르십시오.

① 다양한 정책을 통해서 사교육비 폭증을 막았다.

② 사람들이 출산을 포기하는 이유는 비싼 공교육비 때문이다.

③ 정부의 잘못된 교육 정책은 많은 공교육이 설 자리를 잃게 한다.

④ 많은 사람들이 대학 등록금에 대해서 합리적이라고 생각한다.

※ [39~40] 다음은 대담입니다. 잘 듣고 물음에 답하십시오.

39. 이 담화 앞의 내용으로 알맞은 것을 고르십시오.

① 세계 식량 문제 해결 방법

② 세계 식량 문제의 대표 국가

③ 세계 식량 문제의 원인

④ 세계 식량 문제 해결을 위한 선진국의 참여도

40. 들은 내용과 일치하는 것을 고르십시오.

① 식량 문제는 자신의 힘으로 해결하는 것이 좋다.

② 식량 문제는 국가의 지원과 자체적 노력이 함께 해야 한다.

③ 세계 식량난은 모든 나라가 부담해야 할 과제이다.

④ 식량난의 해결은 선진국이 적극적으로 지원해야 한다.

※ [41~42] 다음은 강연입니다. 잘 듣고 물음에 답하십시오.

41. 들은 내용과 일치하는 것을 고르십시오.

① 간접흡연으로 암이 유발될 수도 있다.

② 건강에 유해한 스트레스 해소로 암을 이길 수 있다.

③ 암은 잘 알고 대처해도 고칠 수 없다.

④ 금연, 금주만이 암을 예방할 수 있다.

42. 남자의 중심 생각으로 맞는 것을 고르십시오.

① 암 발생 원인에 대해서 예측하기는 어렵다.

② 암 발병 이후 변화될 생활에 대비해야 한다.

③ 암에 대해 제대로 알고 예방하는 것이 중요하다.

④ 암 치료를 위해서 삶에 대해 긍정적 자세를 취해야 한다.

※ [43~44] 다음은 다큐멘터리입니다. 잘 듣고 물음에 답하십시오.

43. 사람들이 거짓말을 하게 되는 이유로 맞는 것을 고르십시오.

① 같이 식사하자고 제의하려고

② 원하는 선물을 받으려고

③ 좋은 인상을 주려고

④ 사회 생활에 잘 적응하려고

44. 이 이야기의 중심 내용으로 맞는 것을 고르십시오.

① 일반적으로 사람들은 거짓말을 안 하는 편이다.

② 거짓말은 사회에서 어느 정도 인정되어 비난받지 않는다.

③ 거짓말을 잘 하는 것은 사회생활에 적응을 잘 하는 것이다.

④ 처세술로 거짓말을 하는 것은 거짓말쟁이라고 비난을 받는다.

※ [45~46] 다음은 강연입니다. 잘 듣고 물음에 답하십시오.

45. 들은 내용과 일치하는 것을 고르십시오.

① 문신은 치료 목적으로 많이 한다.

② 문신은 새기거나 지우는 것이 편리하다.

③ 타투가 최근 패션의 선두주자가 되어 유행하고 있다.

④ 문신에 대한 기존의 이미지가 변하였다.

46. 여자의 태도로 가장 알맞은 것을 고르십시오.

① 현 상황의 긍정적인 면을 신중하게 분석하고 있다.

② 현 상황에 대해 걱정하며 비판하고 있다.

③ 현 상황을 해결할 대안점을 제시하고 있다.

④ 현 상황을 분석하여 미래를 예측하고 있다.

※ [47~48] 다음은 대담입니다. 잘 듣고 물음에 답하십시오.

47. 들은 내용과 일치하는 것을 고르십시오.

① 고속 철도의 원천 기술을 확보한 상태이다.

② 고속 철도의 정비 체계가 더욱 강화될 것이다.

③ 몇 차례의 시범 운행이 사고를 일으키게 되었다.

④ 철도공사는 이번 사고로 인해 구조조정이 불가피하다.

48. 남자의 태도로 가장 알맞은 것을 고르십시오.

① 이번에 발생한 사고에 대해 변명하고 있다.

② 일반인들의 상식에 어긋나는 언행을 하고 있다.

③ 사고의 원인을 인정하면서 약속을 하고 있다.

④ 타인의 비판에 항의하면서 주장을 내세우고 있다.

※ [49~50] 다음은 강연입니다. 잘 듣고 물음에 답하십시오.

49. 들은 내용과 일치하는 것을 고르십시오.

① 서민들의 전기 사용량을 더 줄여야 한다.

② 하루빨리 법안 통과를 저지해야 한다.

③ 십자가 불빛의 세기를 조절하면 된다.

④ 십자가 소등에 기독교 단체들은 반대하고 있다.

50. 여자의 태도로 가장 알맞은 것을 고르십시오.

① 정부와 교회 간의 갈등을 해결하기 위한 방안을 모색하고 있다.

② 에너지 절약을 위한 십자가 불빛 제한에 대한 법안을 지지하고 있다.

③ 십자가가 기념물로 지정되어 있는 법안에 대해 반대하고 있다.

④ 에너지 절약을 위해 십자가를 소등해야 한다는 주장을 반박하고 있다.

TOPIK II 쓰기 (51번 -54번)

※ [51~52] 다음을 읽고 ㉠과 ㉡에 들어갈 말을 각각 한 문장으로 쓰십시오. (각 10점)

51.

지갑을 찾습니다

　어제 오후 5시쯤 직원 휴게실에서 (　㉠　). 갈색 지갑인데 그 안에는 신용카드 2장과 약간의 현금이 들어 있습니다. 그리고 (　㉡　). 저에게 가장 소중한 가족 사진입니다. 지갑을 보셨거나 보관하고 계신 분이 있으면 꼭 연락해 주시길 바랍니다. 전화번호는 014-0987-6543입니다.

52.

　아기는 부모한테서 단어를 많이 들을수록 말을 잘하게 된다. 아기가 태어난 지 12개월쯤 되면 하나 둘씩 단어를 사용하기 시작하는데 이때 부모가 사용하는 말은 아이의 어휘사용 능력을 쌓아 가는 데 (　㉠　). 부모가 풍부한 어휘를 쓸수록 나중에 아이의 표현력이 풍부해지므로 부모는 (　㉡　) 게을리 해서는 안 된다.

53. 지금의 2, 30대 직장인들은 날로 늘어나는 스트레스를 다양한 방법으로 해소합니다. 다음 자료를 참고하여 한국 2, 30대 직장인들의 스트레스 해소법에 관한 글을 200~300자로 쓰십시오. (30점)

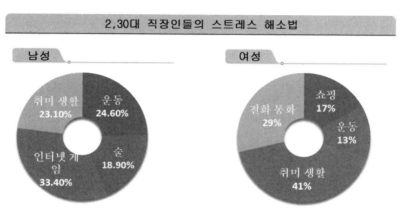

54. 다음을 주제로 하여 자신의 생각을 600~700자로 글을 쓰십시오. 단, 문제를 그대로 옮겨 쓰지 마시오. (50점)

미소는 주는 사람을 가난하게 하지 않으면서도 받는 사람을 넉넉하게 해준다. 그것은 아주 짧은 순간에 일어나지만 그 기억이 때론 영원할 수 있다. 여러분은 미소를 주거나 받은 경험이 있습니까? '미소의 힘'에 대해 아래의 내용을 중심으로 자신의 생각을 쓰십시오.

· 미소를 주거나 받았을 때 마음 속에 어떤 느낌이 있습니까?

· 미소는 인생을 살아가는 데 어떤 영향을 미쳤습니까?

TOPIK II 읽기 (1 번 -50 번)

※ [1~2] ( )에 들어갈 가장 알맞은 것을 고르십시오.(각 2점)

1. 약속을 잊어버릴 (   ) 걱정이 된다 .

     ① 겸   ② 수록   ③ 바람에   ④ 까 봐

2. 아무리 빨리 (   ) 그 책을 하루에 다 읽을 수는 없다 .

     ① 읽되   ② 읽자니   ③ 읽어봤자   ④ 읽어서야

※ [3~4] 다음 밑줄 친 부분과 의미가 비슷한 것을 고르십시오.(각 2점)

3. 그들은 잠을 자고 있는 아기가 <u>깰세라</u> 목소리를 낮추었다 .

     ① 깰라치면   ② 깨랴마는   ③ 깰까 봐   ④ 깨자면

4. 이번에 그 친구가 꼭 자신의 부탁을 <u>들어주려니 했는데</u> 뜻밖에 거절당했다 .

     ① 들어주어야만 했는데   ② 들어줄 리 없었는데

     ③ 들어줄 줄 알았는데   ④ 들어줄락 말락 했는데

※ [5~8] 다음은 무엇에 대한 글인지 고르십시오. (각 2점)

5.

> 당신의 길을 운전하세요 .
>
> 당신의 인생을 주도하세요 .
>
> 당신의 앞날을 개척하세요 .

     ① 자동차   ② 시계   ③ 컴퓨터   ④ 핸드폰

6.

> 달콤하고 찐한 카푸치노 한잔 어때요?

① 카페　　　② 술집　　　③ 다방　　　④ 약국

7.

> 저희 '이모네'에 오시면 행복을 맛보실 수 있습니다.
> 30 년 전통의 숙성된 고기 맛과 직접 재배한 무공해 야채!
> 학생 10% 할인

① 요리 소개　② 식당 소개　　③ 알바 구함　　④ 요리 방법

8.

> 공익 광고 공모
> 주　　제 : 환경보호
> 참가 자격 : 서울 시민
> 접수 기간 : 7 월 1 일 ~ 7 월 31 일
> 결과 발표 : 8 월 31 일

① 상품 안내　② 문의 방법　　③ 모집 안내　　④ 물건 찾기

※ [9~12] 다음 글 또는 도표의 내용과 같은 것을 고르십시오. (각 2점)

9.

< 우리마트 상품 가격표 >

제품 번호	품목	품질	가격 (원)
1	홍삼 (200g)	상	150,000
2		중	100,000
3	자연산 꿀 (2kg)	상	60,000
4		중	30,000
5	인삼차 (100 포)	나무박스	40,000
6		종이박스	20,000
7	자연 생식 (40g)	세트 (66 포)	154,000
8		세트 (30 포)	77,000

① 자연산 꿀 같은 경우에는 상급은 중급의 두배이다.

② 품질에 따라 홍삼의 가격이 다르다.

③ 60 포의 자연 생식은 154,000 원이다.

④ 종이박스 인삼차는 나무박스 인삼차보다 효과가 더 좋다.

10.

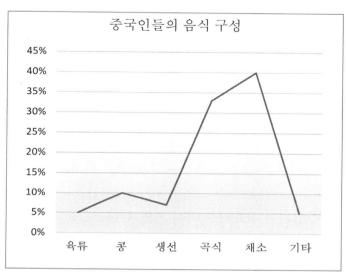

① 중국인들이 콩보다 생선을 많이 먹는다.

② 중국인들이 가장 좋아하는 음식은 육류이다.

③ 중국인들의 음식에서 채소는 큰 비중을 차지한다.

④ 중국인들은 채소 외 다른 음식을 먹지 않는다.

11.

> 제주도 사투리가 유네스코가 지정한 소멸 위기 언어로 등재되어 있습니다. 제주도 사투리는 소멸 위기 5 단계 중 4 단계로 아주 심각한 위기에 처해 있습니다. 전에는 제주도가 섬이라는 지형적 특수성으로 고유의 언어를 잘 보존해 왔으며, 제주도 사투리는 고대나 중세 한국어를 연구하는 데 귀중한 자료로 쓰입니다. 그런데 미디어의 발달과 정부의 표준어 중심의 국어 정책으로 인해 일상생활에서 사투리를 사용하는 일이 급격히 줄면서 급기야 소멸 위기까지 이른 것입니다.

① 제주도 사투리가 이미 소멸됐다.

② 제주도 사투리가 소멸 위기 5 단계에 처해 있다.

③ 제주도 사투리를 잘 보존해 온 것은 지형적 조건과 관련 된다.

④ 미디어의 발달과 표준말의 보급은 사투리의 발전에 도움이 된다.

12.

> 다른 사람의 파일을 자신의 컴퓨터로 가져올 때에는 조심해야 합니다. 그 파일들이 컴퓨터 바이러스에 걸려 있을지도 모르기 때문입니다. 만약 바이러스에 감염되면 컴퓨터가 다운될 수 있으며, 여러분의 정보가 모두 지워질 수 있습니다. 항상 바이러스 치료 프로그램으로 점검하기 바랍니다.

① 파일은 컴퓨터 바이러스를 갖고 있다.

② 남의 파일을 가져올 때는 바이러스 검사를 해야 한다.

③ 늘 컴퓨터를 점검하면 바이러스에 감염되지 않는다.

④ 바이러스에 감염되면 컴퓨터를 다시 켜야 한다.

※ [13~15] 다음을 순서대로 맞게 배열한 것을 고르십시오. (각 2점)

13.

> (가) 말을 잘하기 위해서 손놀림을 많이 하라고 조언하는 것도 이런 이유 때문이다.
>
> (나) 언어를 사용하는 능력은 손가락과 밀접한 관련성이 있다.
>
> (다) 그러므로 손가락이 불편한 사람들은 평소보다 필요한 단어를 떠올리는 시간이 길어진다.
>
> (라) 손가락을 움직이는 동작은 단순한 행동에 불과한 것이 아니라 어휘 기억 장치의 문을 여는 열쇠이다.

① (가) - (나) - (라) - (다)

② (가) - (다) - (나) - (라)

③ (나) - (가) - (라) - (다)

④ (나) - (라) - (다) - (가)

14.

(가) 아직도 겨울이다 싶었는데 , 벌써 입춘이다 .

(나) 겨울 찬바람이 분명하건만 마음은 마치 초봄의 꽃샘추위와도 같다 .

(다) 그러면 정말 봄이 코앞으로 다가왔다고 해도 과언이 아니다 .

(라) 입춘에서 보름 지나면 우수 , 또 보름이 지나면 경칩이다 .

① (가) – (라) – (다) – (나)　　② (가) – (다) – (나) – (라)

③ (나) – (라) – (가) – (다)　　④ (나) – (가) – (라) – (다)

15.

(가) 국수가 다 익으면 국수를 건져 찬물에 씻어 놓습니다 .

(나) 국수에 국물을 넣고 간장을 넣고 미리 준비해 둔 야채 , 계란 등을 넣어서 먹으면 맛있습니다 .

(다) 먼저 물이 끓은 다음에 국수를 넣고 국수가 익을 때까지 물을 저어 줍니다 .

(라) 국수를 만드는 방법은 아주 쉽습니다 .

① (다) – (가) – (라) – (나)　　② (다) – (나) – (라) – (가)

③ (라) – (다) – (가) – (나)　　④ (라) – (나) – (가) – (다)

※ [16~18] 다음을 읽고 (　)에 들어갈 내용으로 가장 알맞은 것을 고르십시오. (각 2점)

16.

요즘 일기예보가 맞는 날이 별로 없다 . 일기예보대로 가볍게 입고 나갔다가 춥거나 눈이 와서 감기에 걸리는 사람도 꽤 많다 . 또 비가 온다고 해서 우산을 들고 나갔다가 맑은 날씨에 우산을 잃어버리기 일쑤다 . 이에 기상청이 정확한 날씨 예측 시스템으로 (　　　) 바란다 .

① 인터넷으로 날씨를 알려주기　　② 지금보다 좀 더 일찍 알려주기

③ 우산을 잃어버린 사람을 도와주기　　④ 좀 더 정확한 날씨를 알려주기를

17.

> 인격을 갖추고 사는 사람은 말과 행동에서 그렇지 않은 사람과는 큰 차이가 있다. 인격을 갖춘 사람은 양심도 바르고 도덕성도 있으며 대체로 검소한 생활 태도를 보인다. 성격도 원만하여 이웃과도 잘 어울려 생활한다. 오늘날처럼 가치관이 혼란하고 복잡한 세상에서 이런 사람을 (   ).

① 원하는 사람은 없다　　　　② 찾기가 쉽지는 않다

③ 많이 만나는 모양이다　　　④ 어디에서나 볼 수 있다

18.

> 에너지를 절약하는 것은 (   ). 우리가 매일 사용하는 전기나 수돗물 역시 중요한 에너지이므로 집안에서도 쉽게 에너지를 절약할 수 있다. 이를 닦는 동안 수도꼭지를 잠그거나 사용하지 않는 컴퓨터를 꺼 놓는 것과 같이 쉽고 간단한 방법으로도 에너지를 절약할 수 있을 것이다.

① 환경오염을 줄일 수 있다　　② 여간 어려운 일이 아니다

③ 쓰레기를 재활용할 수 있다　④ 그렇게 어려운 일이 아니다

※ [19~20] 다음을 읽고 물음에 답하십시오. (각 2점)

> 웃음은 에어로빅을 5분 동안 하는 운동효과와 맞먹는다. 폭소는 우리 몸 650개의 근육 중 231개의 근육을 움직이게 한다. 웃음은 상체뿐만 아니라 위장과 가슴 근육, 심장까지 운동하게 해 (   ) 웃어서 손해 볼 일은 없다. 가능하면 크게 15초 이상 웃는 것이 좋다. 헛웃음, 억지웃음도 진짜 웃음과 비슷한 효과를 준다.

19. (   )에 들어갈 알맞은 것을 고르십시오.

　　① 이래저래　　② 군데군데　　　③ 부슬부슬　　　④ 시시콜콜

20. 이 글의 내용과 같은 것을 고르십시오.

　　① 자주 웃는 것이 건강에 도움이 된다.

② 크게 웃으면 몸에 해로운 경우도 있다.

③ 사람의 몸에는 총 231 개의 근육이 있다.

④ 거짓 웃음의 효과는 진짜 웃음보다 못하다.

※ [21~22] 다음을 읽고 물음에 답하십시오. (각 2점)

조선시대 사람들은 숭늉을 끓여 마시며 전염병을 예방했고, 숭늉으로 밥그릇을 깨끗이 비움으로써 청결한 습관을 몸에 익혔다. 밥을 주식으로 하는 동양권에서 숭늉을 먹는 나라는 한국뿐이다. 한국이 숭늉 문화를 창조한 것과 반대로 일본은 밥을 지을 때 늘어붙는 것을 막기 위해 전기밥솥을 발명했다. 하지만 최근 들어 일본도 최고급의 연회석에서 누룽지 죽을 먹으며 '숭늉의 맛'을 인정하고 있다. 성격이 급하고 일의 절차를 잘 모르는 사람에게 '(   )'고 하듯이 숭늉은 기다림의 미학이 빚어낸 산물이다. 커피 대신 구수한 숭늉으로 우리의 민족성을 회복하는 것은 어떨까?

21. (   ) 에 들어갈 알맞은 것을 고르십시오.

① 티끌 모아 태산   ② 물불을 가리지 않다

③ 밑 빠진 독에 물 붓기   ④ 우물에 가 숭늉 찾는다

22. 이 글의 중심 생각을 고르십시오.

① '빨리 빨리 문화'가 아닌 기다림의 여유를 회복해야 한다.

② 외국 것이 아닌 우리의 것을 지키고 사랑할 줄 알아야 한다.

③ 전통적인 문화에 만족하지 말고 새로운 것을 개발시켜야 한다.

④ 커피와 같은 서양 음식이 아닌 전통음식으로 건강을 살펴야 한다.

진수가 돌아온다. 진수가 살아서 돌아온다. 아무개는 전사했다는 통지가 왔고, 아무개는 죽었는지 살았는지 통 소식도 없는데, 우리 진수는 살아서 돌아오는 것이다. 생각할수록 어깻바람이 날 일이었다. 그래 그런지 몰라도 박만도는 여느 때 같으면 아무래도 한두 군데 앉아 쉬어야 넘어설 수 있는 용머리재를 단숨에 올라채고 말았다. 가슴이 펄럭거리고 허벅지가 뻐근했다. 그러나 그는 고갯마루에서도 쉴 생각을 하지 않았다. 들 건너 멀리 바라보이는 정거장에서 연기가 물씬물씬 피어오르며 삐익 기적 소리가 들려왔기 때문이다. 아들이 타고 내려올 기차는 점심때가 가까워야 도착한다는 것을 모르는 바 아니었다. 해가 이제 겨우 산등성이 위로 한 뼘 가량 떠올랐으니 오정이 되려면 아직 차례 멀었다. 그러나 그는 공연히 마음이 바빴다.

23. 밑줄 친 부분에 나타난 박만도의 심정으로 알맞은 것을 고르십시오.

① 기쁘다　　② 쑥스럽다　　　③ 가엾다　　　　④ 답답하다

24. 이 글의 내용과 같은 것을 고르십시오.

① 박만도는 진수를 빨리 만나고 싶었다.

② 박만도는 아들이 전사했다는 소식을 들었다.

③ 박만도는 점심에 살아서 돌아온 진수를 만났다.

④ 박만도는 허벅지가 뻐근해서 고갯마루에서 잠깐 쉬었다.

※ [25~27] 다음은 신문 기사의 제목입니다. 가장 잘 설명한 것을 고르십시오.

25.

1인 자녀 가정 증가, 어린이 용품 고급화 확산

① 1인 자녀 가정이 감소하면 어린이 용품이 확산될 것이다.

② 1인 자녀 가정이 감소해서 어린이의 용품이 확산되고 있다.

③ 1 인 자녀 가정이 증가해서 어린이의 용품의 고급화가 확산되고 있다 .

④ 1 인 자녀 가정이 증가했지만 어린이 용품의 고급화가 확산되지 않았다 .

26.

> 심각한 겨울 가뭄 , 눈꽃 축제 무산 위기

① 지구 온난화 현상이 심각해서 눈꽃 축제를 열 수 없다 .

② 겨울이 너무 추워서 눈꽃 축제가 취소될 가능성도 있다 .

③ 겨울에 눈이 안 와서 눈꽃 축제가 열리지 않을 가능성도 있다 .

④ 겨울이 별로 춥지 않아서 눈꽃 축제에 참가할 손님이 별로 없다 .

27.

> 서울박물관 성대한 성년식 , 3 월 22 일 개관 18 돌

① 3 월 22 일은 서울박물관이 문을 연 지 18 년이 되는 날이다 .

② 3 월 22 일은 서울박물관이 18 개월간의 공사가 끝나는 날이다 .

③ 3 월 22 일 서울박물관에서 성대한 성년식을 거행할 것이다 .

④ 3 월 22 일 서울박물관은 18 세가 되는 성인들을 초대한다 .

※ [28~31] 다음을 읽고 (　　)에 들어갈 내용으로 가장 알맞은 것을 고르십시오. (각 2점)

28.

> 　　한국인은 일반적으로 부지런하지만 성격이 급한 민족이라고 한다 . 한국인 의 '빨리빨리 증후군'은 한국사회의 근대화의 산물이다 . (　　) 경제발전은 국 제사회에서 한국의 지위를 고양하는데 도움이 되었다 . 또한 국민들의 생활도 예전과는 비교가 되지 않을 정도로 풍족해졌다 . 그러나 무엇이든지 '빨리빨리' 라고 주장하여 능률을 한쪽으로만 밀어붙이는 데 잇따른 폐단도 있다 . 예를 들면 일을 너무 서두른 나머지 대충대충 하는 경우가 많다 . 또한 명문대에 들 어가기 위해서 아이들은 초등학교 때부터 학교수업만 끝나면 학부모들은 '빨 리빨리' 학원으로 가라고 내몰기도 한다 .

① 민족의 독립에 의한   ② 미국의 도움에 의한

③ 능률의 추구에 의한   ④ 강도의 증가에 의한

29.

한국은 학벌을 매우 중시해서 명문대에 진학하려면 치열한 경쟁을 뚫고 나가지 않으면 안 된다. 따라서 수험생이 있는 가정에서는 가족 전원이 수험생을 중심으로 생활하게 된다. 수험과 관련된 풍속도 다양하다. 예를 들어 시험 날짜가 가까워지면 희망대학에 딱 붙어서 떨어지지 말라고 수험생에게 (   )한다. 때로는 학부모들이 지망학교 교문에 찹쌀떡을 붙여 자식의 합격을 빌기도 한다.

① 엿을 선물하기도   ② 빈대떡을 사 주기도

③ 징크스를 들려 주기도   ④ 공부 자료를 선물하기도

30.

전화를 걸거나 받을 때 언어 예절은 매우 중요하다. 전화는 이미 생활필수품이 되었으며, 전화를 통해 먼 곳에 있는 사람들과도 수시로 연락할 수 있게 되었다. 그런데 전화는 그 특성상 얼굴을 안 보고 말로만 주고받기 때문에 언어 사용이 자못 중요하다. 전화를 걸었을 때 상대방의 무례한 말투로 인해 기분 상한 경험이 한두 번쯤 있을 것이고, 반대의 경우 또한 있을 것이다. 이렇게 상대방이 어떻게 (   )은 분명하다. 전화 예절은 단순히 상대방에게 나의 인품과 교양을 드러내기 위한 목적 그 자체에 있다기보다는 나와 상대방과의 기분 좋은 전화 만남을 위해서 반드시 지켜야 되는 예절이다.

① 반응하든지 말든지 전화를 건 사람이 예의를 지킨다는 것

② 반응하는지 보고 전화를 건 사람도 상대방을 따라한다는 것

③ 반응하느냐로 인해 전화를 건 사람이 영향을 받지 않는 것

④ 반응하느냐에 따라 전화를 건 사람의 기분까지도 좌우된다는 것

31.

> 이제 증권회사에 ( ) 회사나 가정에서 인터넷을 사용해 주식 거래를 직접 할 수 있게 되었다. 인터넷을 통해 증권회사에 연결하면 곧바로 증권거래소로 주문서를 보낼 수 있다. 이렇게 사이버 거래를 할 때에는 장소의 구애를 받지 않을 뿐더러 증권 회사 직원의 도움이 따로 필요하지 않기 때문에 수수료도 훨씬 싸다. 이러한 여러 가지 장점 때문에 인터넷을 통한 증권 거래가 빠른 속도로 증가하고 있다.

① 수수료를 내지 않고도 ② 직접 방문하지 않고도
③ 직원의 도움을 받아야만 ④ 주문서를 보내지 않아도

※ [32~34] 다음을 읽고 내용이 같은 것을 고르십시오. (각 2점)

32.

> 동양 사람들이 젓가락을 사용한다고 해서 모두 같은 것은 아니다. 유럽에 있을 때 일본인들과 기숙사 생활을 해 보았는데 그들의 젓가락 문화는 우리와 매우 달랐다. 우선 식탁에서의 동선 구조가 정반대라고 할 수 있다. 우리의 경우는 식탁 위의 밥그릇과 사람의 입 사이에서 젓가락을 이동한다. 하지만 일본인은 반찬을 집어먹을 때 우리처럼 젓가락으로 집어와서 입으로 직접 가져가지 않는다. 밥그릇을 먼저 반찬이 있는 곳으로 가져간 다음 그 곳에서 반찬을 그릇에 담는다. 그리고는 다시 밥그릇을 입 가까이에 가져와 먹는다.

① 동양 사람들은 다 똑같이 젓가락을 쓴다.
② 일본인의 식습관이 우리보다 더 좋다.
③ 우리는 다른 민족의 음식문화를 존중해야 한다.
④ 일본인은 반찬을 집어먹을 때 직접 입으로 가져오지 않는다.

33.

회사 사무실 의자를 선택하는 데에도 연구와 조사가 필요하다. 전문가들은 대부분 사람들이 사무실 의자를 고를 때 외관만 살펴서 고르든가 고작 의자에 몇 분만 앉아 보고 선택한다고 지적했다. 디자인 전문가가 말하는 좋은 의자는 앉는 사람이 부분적으로 기대어 원활하게 돌아갈 수 있어야 하고 등 아래쪽부터 최소한 어깨뼈까지 떠 받쳐줄 수 있는 지탱력을 충분히 갖춰야 하며, 그리고 높낮이 조절이 가능해야 한다고 한다. 20대 건강한 젊은이들은 시멘트 덩어리 위에 앉아 있어도 괜찮겠지만 사람들이 의자를 선택할 때 먼저 고려해야 하는 것은 건강이다.

① 의자의 겉모양에 끌려 구매하는 소비자가 많다.
② 젊었을 때는 건강을 위해 바닥에 앉는 것이 좋다.
③ 좋은 의자는 흔들림이 없도록 의자 높이가 고정되어 있어야 한다.
④ 사무실 의자를 만들 때에는 소비자에 대한 연구와 조사가 필요하다.

34.

맛있는 밥을 먹기 위해서는 먼저 좋은 쌀을 골라야 한다. 쌀을 조금 쥐어 손 위에 올려놓고 볼 때 쌀알이 통통하고 반질반질 윤기가 있고 가루 분말이 없는 것이 좋은 쌀이다. 또 쌀에 포함되어 있는 수분은 밥맛과 밀접한 관계가 있다. 밥맛이 가장 좋은 쌀의 수분량은 14%~16%이다. 이보다 수분이 많으면 곰팡이와 잡균이 생겨 저장하기 어렵고, 너무 낮으면 맛이 떨어진다. 쌀을 찧은 지 15일 이내의 쌀로 밥을 지으면 가장 맛있다. 그리고 좋은 쌀도 어떻게 씻느냐에 따라 밥맛이 달라지기도 한다. 쌀을 오래 불리거나 세게 문지르면 맛이 없어진다. 또한 밥을 지을 때의 물도 중요해서 수돗물로 지은 밥보다는 맑고 깨끗한 생수로 지은 밥이 맛이 더 좋다.

① 생수보다 수돗물로 지은 밥이 더 맛있다.
② 밥을 짓기 전에 쌀을 세게 문질러야 한다.
③ 수분량이 많은 쌀로 지은 밥이 맛이 좋다.
④ 좋은 쌀을 골라야 맛있는 밥을 지을 수 있다.

※[35~38] 다음 글의 주제로 가장 알맞은 것을 고르십시오. (각 2점)

35.

> 행복은 우리 마음 안에 있다. 다만 마음이 어둡고 각박해져서 자기 주변에 있는 행복을 보는 눈이 감겼을 뿐이다. 행복은 우리 주위에서 당신의 눈이 떠지기를 기다리고 있다. 한 작가가 우리에게 33가지의 행복을 열거했다. 그 중에는 한여름의 소나기, 겨울날 오랜만에 내리는 함박눈 등이 포함되어 있었다. 결국 행복은 우리 마음의 눈에 달려 있다. 같은 물건이라도 빛나는 보석으로 보이는가 하면 한낱 쓰레기로 보일 수도 있는 것이다.

① 행복은 우리 주변에 숨어 있다.
② 행복의 종류는 아주 다양하다.
③ 행복은 우리 마음가짐에 달려 있다.
④ 행복은 스스로 우리에게 찾아올 것이다.

36.

> 영화를 본다는 것은 우리가 즐길 수 있는 문화지만 그것을 만들고 유통시킨다는 것은 그야말로 치열한 사업이다. 일반적으로 이득이 있는 곳에 투자가 모여들지만 성과는 문화적인 활력과 연결이 된다. 눈에 띄게 위축되어 가고 있는 한국영화 사업은 투자자들이 투자액을 되돌려 받지 못할 뿐더러 관객과 투자자들의 신뢰를 잃고 있다. 지난해 108부의 영화에서 10부 안팎의 영화가 겨우 수익을 얻었다고 한다. 이 결과가 안타깝지만, 그만큼 영화의 상품성이 떨어진다는 것을 증명하고 있다.

① 다른 나라에 비해 한국 영화의 상품성이 약하다.
② 이익보다 영화의 문화 콘텐츠가 더 중요하다.
③ 수익의 각도에서 보면 한국 영화가 위축되고 있다.
④ 영화의 발전과 흥행은 정부, 관객, 투자자의 공동 협력이 필요하다.

37.

　　우리 민족은 인간과 자연은 서로 돕고 더불어 살아가는 존재로 여겼다. 그래서 우리 문학에서는 산을 허문다든가 바다를 메운다든가 하는 자연을 파괴하는 이야기를 거의 보기 어렵다. 따라서 자연을 있는 그대로 조화롭게 살아가는 이야기나 자연과 인간이 하나가 되는 경지를 노래한 것이 매우 많다. 때로 자연이 인간의 삶에 고난을 주기도 하지만, 보통 인간이 어려움을 이겨내고 자연과 조화롭게 사는 모습을 보여 줄 때가 많다.

① 문학작품에 천인합일이라는 민족 사상이 많이 나타난다.
② 인간과 자연은 서로 도우면서 함께 살아가야 한다.
③ 인간과 자연 사이에 갈등이 절대 생기지 않는다.
④ 인간은 자연을 잘 이용하여 어려움을 이겨내야 한다.

38.

　　예전에는 사람들이 김치, 된장, 고추장 등 발효음식을 즐겨 먹었으나 요즘에는 간단하게 끼니를 때울 수 있는 라면, 빵, 인스턴트 음식이 주를 이루고 있다. 그런데 이런 식습관은 '제2의 뇌'로 불리는 장에 해롭다. 장내 환경이 좋지 못하면 염증 세포가 증가해 장속의 염증은 뇌 혈관장벽인 BBB를 통과해서 뇌세포를 파괴하게 된다. 이렇게 되면 치매에 걸릴 확률이 높아진다. 그러므로 뇌 건강을 위해 장 건강에도 신경 써야 한다.

① 인스턴트 음식보다 발효음식의 영양가가 더 풍부하다.
② 인스턴트 음식을 먹는 것은 우리의 건강에 해롭다.
③ 인스턴트 음식을 많이 먹으면 치매에 걸릴 수도 있다.
④ 요즘 사람들은 전통 음식보다 인스턴트 음식을 더 좋아한다.

※ [39~41] 다음 글에서 〈보기〉의 문장이 들어가기에 가장 알맞은 곳을 고르십시오. (각 2점)

39.

매일 칼바람이 부는 요즘은 인체 면역력이 뚝 떨어지는 시기다. (㉠) 면역력이 약화되었을 때 잘 나타나는 질환이 바로 '감기'이다. (㉡) 면역 기능이 떨어지면 상처가 쉽게 낫지 않으며 배탈이나 설사가 잦다. (㉢) 특히 밖에서 뛰어 놀지 않고 실내에서만 생활하는 아이들은 면역력이 점점 떨어질 수밖에 없다. (㉣)

─── < 보기 > ───

어린 아이들은 감기를 달고 사는데, 나쁜 세균들과 싸울 만한 면역력이 완성되지 않았기 때문이다.

① ㉠   ② ㉡   ③ ㉢   ④ ㉣

40.

어렸을 때 선생님들 중에는 안경을 끼는 분이 참 많았다. (㉠) 특히, 50, 60대쯤 되는 나이 지긋한 선생님은 수업시간만 되면 모두 약속이라도 한 듯 안경을 꺼내 쓰곤 했다. (㉡) 지금 생각해 보면 노안의 '노(老)'자도 모르고 한 소리였다. (㉢) 평소에 안경을 안 쓰다가 수업시간에만 챙겨 쓰는 중년의 선생님들은 애초에 눈이 나빴던 게 아니라, '노안'이 찾아와 교탁이나 칠판거리의 글씨가 제대로 안 보여 '돋보기'를 썼던 것이다. (㉣)

─── < 보기 > ───

그때는 친구들과 우스갯소리로 "선생님들은 책을 많이 봐서 눈이 나쁜가 보다"고 얘기하곤 했다.

① ㉠   ② ㉡   ③ ㉢   ④ ㉣

41.

최근 턱과 얼굴을 성형하려고 상담하러 오는 20 대 청춘 남녀가 늘고 있다. (㉠) 특히 얼굴 비대칭이나 기형 등으로 사회생활에 지장이 있거나 열등감을 느끼면 무조건 수술하려고 한다. (㉡) 그러나 전신마취를 한 뒤 신경과 혈관이 극도로 복잡하게 모여 있는 턱과 얼굴을 섣불리 수술하다 평생 돌이킬 수 없는 부작용에 시달릴 수 있다. (㉢) 그래서 턱과 얼굴 부위를 수술을 하기 전에 먼저 부작용을 줄이는 가이드라인을 알아보는 것이 좋다. (㉣)

―――― < 보기 > ――――
심지어 중장년층도 이를 위해 병원문을 두드린다.

① ㉠   ② ㉡   ③ ㉢   ④ ㉣

※ [42~43] 다음을 읽고 물음에 답하십시오. (각 2점)

영국의 정치가이자 노벨문학상 수상 작가, 화가…… 윈스턴 처칠처럼 많은 수식어가 따르는 인물도 드물다. 정치 세계가 늘 그렇듯 정치가의 길을 걷게 되면서 그는 여러 사람들로부터 많은 비난과 공격에 시달려야했다. 하루는 상대방 의원이 처칠을 공격하면서 그의 늦잠을 물고 늘어졌다. "영국은 아침에 늦게 일어나는 게으른 정치인을 필요로 하지 않습니다. 그런데 처칠, 당신의 늦잠 버릇은 온 영국이 다 알 정도로 유명하더군요." 점잔을 빼는 그의 말에는 날카로운 가시가 숨어 있었다. 그러나 처칠은 상대당 의원의 말에 눈 하나 깜짝하지 않고 태연하게 응수했다. "글쎄요, 하지만 당신이 좀 이해해 주시구려. 당신도 나처럼 예쁜 부인과 함께 산다면 아침에 결코 일어나지 못할 걸요." 처칠의 말이 끝나자 국회 안은 웃음 소리로 들썩였다. 심지어는 상대방의 다른 의원들도 깔깔댔다. <u>결국 처칠을 비난하려던 의원은 얼굴이 벌개진 채 연단을 내려와야 했다.</u>

42. 밑줄 친 부분에 나타난 상대당 의원의 심정으로 알맞은 것을 고르십시오.

① 서운하다   ② 당혹하다   ③ 섭섭하다   ④ 처량하다

43. 이 글의 내용과 같은 것을 고르십시오.

　① 상대당 의원의 비난에 처칠은 얼굴까지 빨개졌다.

　② 영국에서 정치가가 상대방의 비난을 받는 경우는 드물다.

　③ 처칠은 늦잠을 자기 때문에 의원으로서의 신분을 잃어 버렸다.

　④ 처칠의 익살스럽고 부드러운 대답은 강력한 힘을 가지고 있었다.

※ [44~45] 다음을 읽고 물음에 답하십시오. (각 2점)

　　최근 뉴욕 시립대학의 글렌 샤피 심리학교수는 카레의 주재료 강황에 들어 있는 쿠르쿠민이 과거의 공포 기억을 지우고 두려운 기억이 다시 저장되는 것을 막아 주는 효과가 있다고 밝혔다. 연구팀은 쥐를 두 그룹으로 나눠 한 그룹에는 보통 먹이를 주고 다른 그룹에는 쿠르쿠민이 많이 함유된 알약 모양의 먹이를 제공했다. 이어 (　　　　　　) 발에 충격을 가하는 방식으로 그 소리에 대한 공포의 기억이 형성되게 한 다음 몇 시간 뒤 공포의 소리를 다시 들려줬다. 실험 결과 보통 먹이를 먹은 쥐들은 그 소리를 듣고 몸이 얼어붙었으나 쿠르쿠민을 먹은 쥐들은 전혀 두려운 행동을 보이지 않았다. 이는 카레의 두려운 기억 지우는 효과를 실험한 것으로, 쿠르쿠민 효과가 장기간 지속되는 것으로 나타났다.

44. 이 글의 주제로 알맞은 것을 고르십시오.

　① 잊고 싶은 기억이 있다면 카레를 먹어라.

　② 지금 카레가 누리꾼들의 관심을 끌고 있다.

　③ 쥐는 쿠르쿠민이 들어 있는 먹이를 좋아한다.

　④ 충격을 받은 쥐는 공포의 기억을 형성할 것이다.

45. (　　　) 에 들어갈 내용으로 가장 알맞은 것을 고르십시오.

　① 두 그룹의 쥐를 한 곳에 놓고

　② 쥐의 먹이 중에 쿠르쿠민을 넣고

　③ 쥐들의 두려운 기억을 지우면서

　④ 쥐들에게 특정한 소리를 들려주면서

　　임신 초기 아이를 가진 것을 모르고 약을 먹은 임신부가 임신중절을 선택하는 경우가 한 해 몇 명이나 될까? (㉠) 이 가운데 70% 정도는 더 이상 자녀를 원치 않거나 경제적으로 어려워 임신중절을 선택하는 것으로 조사됐다. (㉡) 13%는 임신 초기 약물 노출로 인한 기형아 발생이 우려돼 임신중절을 한다. (㉢) 달리 말해 약물로 인한 임신중절 숫자가 한 해에 최소 4만건 이상이라는 말이다. (㉣) 그렇다면 수만 명에 이르는 임신부들이 임신중절을 선택할 만큼 약물 노출이 태아 기형을 일으키는 중요한 원인일까? 결론부터 말하면 전혀 그렇지 않다. 임신 초기 약물 노출과 관련해 관동대 제일병원 한국마더리스크프로그램이 식품의약품안전평가원과 함께 지난 10년 간 6,000명 이상의 사례를 연구를 한 결과, 기형아 발생은 임신 초기 약물 노출군과 비노출군에서 모두 3% 미만으로 나타나 통계학적으로 차이가 없었다.

46. 다음 문장이 들어가기에 가장 알맞은 곳을 고르십시오.

───────< 보기 >───────

　　보건복지가족부는 한 해 임신중절 건수를 약 35만건 이상(2018년)으로 추정하고 있다.

① ㉠　　　　　　② ㉡　　　　　　③ ㉢　　　　　　④ ㉣

47. 이 글의 내용과 같은 것을 고르십시오.

① 임신부가 임신중절을 하는 것은 대부분 약물 노출 때문이다.

② 임신 초기에 약물을 먹으면 십중팔구 태아 기형을 일으키기 쉽다.

③ 초기 약물 노출로 인해 임신중절을 하는 임신부가 수만 명에 이른다.

④ 임신 초기 약물 노출군이 태아 기형을 일으키는 확률은 비노출군보다 높다.

※ [48~50] 다음을 읽고 물음에 답하십시오. (각 2점)

우리 사회의 자살문제는 이제 더 이상 가볍게 볼 수 없는 중요한 사회문제다. 실제 자살율은 매년 치솟고, 최근 10년 새 2배 이상 늘었다. 현실을 직시하면 자살은 늘었고, 특히 노인 인구집단에서 더 그렇다. 지역적으로는 강원과 충남, 충북에서 자살율이 높다. 자살은 매우 복잡한 개인과 사회문제의 최종 결과이다. 그리고 자살과 동반되는 주요 정신장애는 우울증이다. 이런 확인된 사실을 놓고 보면 최근 10년 동안의 급격한 사회변화가 자살을 늘렸다. (   ) 노인 계층이 자살문제에 취약했으며, 수도권 주변부가 극심한 사회변동의 여파로 기존 공동체의 붕괴로 이어지지 않았나 하는 해석이 가능하다. 더불어 같이 살자. 물론 문제의 표적 대상이 되는 실제 자살행동과 우울증에 대한 체계화된 보건정책을 지속적으로 수행해야 한다. 이런 보건사업은 인내를 가지고 오래 수행해야 성과가 나온다. 자살에 대한 예방, 인식개선, 위기개입, 사후관리에서 우울증의 치료에 이르기까지 포괄적인 보건정책이 수립되고 실현되기를 기대한다. 이제 더 이상 유명인사도 일반국민도 시골노인도 자신의 소중한 생명을 자살로 잃었다는 소리를 더 이상 듣고 싶지 않다.

48. 필자가 이 글을 쓴 목적을 고르십시오.

① 자살 문제의 심각성을 설명하기 위하여

② 정부의 새로운 보건정책을 지지하기 위하여

③ 자살 현상이 가져올 사회 문제를 예측하기 위하여

④ 자살을 막을 수 있는 대책 마련을 요구하기 위하여

49. (   )에 들어갈 내용으로 알맞은 것을 고르십시오.

① 노동 능력을 잃어 버린

② 여러 가지의 질병에 시달리는

③ 희망의 실마리를 발견하지 못하는

④ 급격한 사회변화에 적응하기 어려운

50. 밑줄 친 부분에 나타난 필자의 태도로 알맞은 것을 고르십시오.

① 새로운 보건정책의 실시가 불가능함을 주장하고 있다.

② 자살을 근절하기 위한 효과적인 방법을 제안하고 있다.

③ 새로운 보건정책의 실시로 인해 자살율이 떨어질 것을 예측하고 있다.

④ 자살을 막을 수 있는 포괄적인 보건정책이 나오는 것을 재촉하고 있다.

제 1 회 모의고사

TOPIK II

1 교시 (듣기)

번호	답			란	번호	답			란	번호	답			란
1	①	②	③	④	21	①	②	③	④	41	①	②	③	④
2	①	②	③	④	22	①	②	③	④	42	①	②	③	④
3	①	②	③	④	23	①	②	③	④	43	①	②	③	④
4	①	②	③	④	24	①	②	③	④	44	①	②	③	④
5	①	②	③	④	25	①	②	③	④	45	①	②	③	④
6	①	②	③	④	26	①	②	③	④	46	①	②	③	④
7	①	②	③	④	27	①	②	③	④	47	①	②	③	④
8	①	②	③	④	28	①	②	③	④	48	①	②	③	④
9	①	②	③	④	29	①	②	③	④	49	①	②	③	④
10	①	②	③	④	30	①	②	③	④	50	①	②	③	④
11	①	②	③	④	31	①	②	③	④					
12	①	②	③	④	32	①	②	③	④					
13	①	②	③	④	33	①	②	③	④					
14	①	②	③	④	34	①	②	③	④					
15	①	②	③	④	35	①	②	③	④					
16	①	②	③	④	36	①	②	③	④					
17	①	②	③	④	37	①	②	③	④					
18	①	②	③	④	38	①	②	③	④					
19	①	②	③	④	39	①	②	③	④					
20	①	②	③	④	40	①	②	③	④					

번호	답 란			
1	①	②	③	④
2	①	②	③	④
3	①	②	③	④
4	①	②	③	④
5	①	②	③	④
6	①	②	③	④
7	①	②	③	④
8	①	②	③	④
9	①	②	③	④
10	①	②	③	④
11	①	②	③	④
12	①	②	③	④
13	①	②	③	④
14	①	②	③	④
15	①	②	③	④
16	①	②	③	④
17	①	②	③	④
18	①	②	③	④
19	①	②	③	④
20	①	②	③	④

번호	답 란			
21	①	②	③	④
22	①	②	③	④
23	①	②	③	④
24	①	②	③	④
25	①	②	③	④
26	①	②	③	④
27	①	②	③	④
28	①	②	③	④
29	①	②	③	④
30	①	②	③	④
31	①	②	③	④
32	①	②	③	④
33	①	②	③	④
34	①	②	③	④
35	①	②	③	④
36	①	②	③	④
37	①	②	③	④
38	①	②	③	④
39	①	②	③	④
40	①	②	③	④

번호	답 란			
41	①	②	③	④
42	①	②	③	④
43	①	②	③	④
44	①	②	③	④
45	①	②	③	④
46	①	②	③	④
47	①	②	③	④
48	①	②	③	④
49	①	②	③	④
50	①	②	③	④

제 1 회 모의고사
TOPIK II

1 교시 (쓰기)

51	㉠
	㉡
52	㉠
	㉡

53 아래 빈칸에 200자에서 300자 이내로 작문하십시오 (띄어쓰기 포함).
(Please write your answer below; your answer must be between 200 and 300 letters including spaces.)

(50, 100, 150, 200, 250, 300)

※ 54번은 뒷면에 작성하십시오. (Please write your answer for question number 54 at the back.)

성 명 (Name)	한 국 어 (Korean)	
	영 어 (English)	

수 험 번 호

8

54	주 관 식 답 란 (Answer sheet for composition)
	아래 빈칸에 600자에서 700자 이내로 작문하십시오 (띄어쓰기 포함). (Please write your answer below; your answer must be between 600 and 700 letters including spaces.)

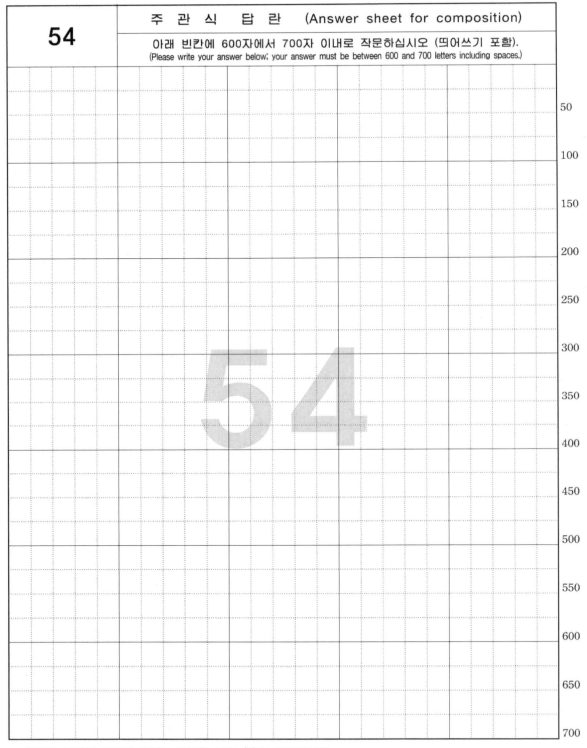

50

100

150

200

250

300

350

400

450

500

550

600

650

700

※ 주어진 답란의 방향을 바꿔서 답안을 쓰면 '0' 점 처리됩니다.
(Please do not turn the answer sheet horizontally. No points will be given.)

제 2 회 TOPIK II 모의시험

TOPIK II 듣기 (1 번 -50 번)

※ [1~3] 다음을 듣고 알맞은 그림을 고르십시오. (각 2점)

1.

2.

①  ②

③  ④

3.

① 학교 체육 활동이 필요한가?

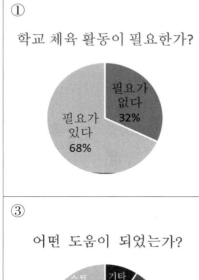

② 학교 체육 활동이 필요한가?

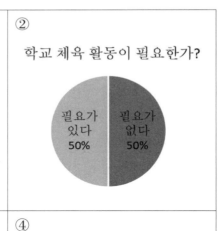

③ 어떤 도움이 되었는가?

④ 어떤 도움이 되었는가?

※ [4~8] 다음 대화를 잘 듣고 이어질 수 있는 말을 고르십시오. (각 2점)

4. ① 물가가 빨리 오르면 좋겠어요.
   ② 물가가 너무 비싼 것 같아요.
   ③ 다음부터 뉴스에 관심을 가져야 해요.
   ④ 다음 달부터 월급도 인상해 준대요.

5. ① 맞아요. 저도 버스를 타고 싶어요.
   ② 다음에는 저도 걸어서 출근해야겠어요.
   ③ 그래서 운동 시간을 따로 내야 돼요.
   ④ 그럼 버스표 가격이 내릴 것 같은데요.

6. ① 저도 집에 가고 싶지 않아요.
   ② 세제를 많이 넣으면 안 좋아요.
   ③ 세탁기가 고장이 났거든요.
   ④ 손으로 빨래하는 게 너무 싫어요.

7. ① 그럼 티켓을 한 장 더 사야겠네요.
   ② 그럼 송미 씨한테 연락해 볼게요.
   ③ 그런데 송미 씨 취미가 뭐예요?
   ④ 송미 씨하고 이미 약속했어요.

8. ① 아, 차가 너무 막히네.
   ② 그럼 우선 내 걸로 해 봐.
   ③ 그런데 전화를 안 받는데.
   ④ 연락 안하는 게 좋을 것 같은데.

※ [9~12] 다음 대화를 잘 듣고 여자가 이어서 할 행동으로 알맞은 것을 고르십시오. (각 2점)

9. ① 다른 치마를 입어 본다.　　　② 나중에 다시 찾아온다.
　　③ 주문서에 주소를 적는다.　　④ 치마의 사이즈를 확인한다.

10. ① 티셔츠의 사이즈를 알아본다.
　　② 남자와 같이 다른 가게에 간다.
　　③ 남자와 같이 티셔츠를 찾으러 간다.
　　④ 남자의 연락처를 적어 놓고 집에 간다.

11. ① 사장과 같이 미국에 출장간다.
　　② 문제 보고서를 출력한다.
　　③ 메일로 보고서를 보낸다.
　　④ 김 대리와 대안책을 검토한다.

12. ① 메모 내용을 알려 준다.
　　② 직접 담당자와 통화한다.
　　③ 담당 선생님을 연락한다.
　　④ 이따가 다시 전화를 한다.

※ [13~16] 다음을 듣고 내용과 일치하는 것을 고르십시오. (각 2점)

13. ① 이 화가의 고향은 유럽이다.
　　② 화가의 그림에는 풍차가 많이 나온다.
　　③ 두 사람은 지금 유럽에서 여행하고 있다.
　　④ 여자는 풍차가 있는 그림을 제일 좋아한다.

14. ① 닭 다리살은 근육을 만드는 데에 도움이 된다.

② 덜 익은 퍽퍽한 닭 가슴살은 건강에 더 좋다.

③ 프라이팬에 구우면 닭 가슴살이 더 부드럽다.

④ 편하게 먹기 위해서는 닭 가슴살을 완전히 익혀야 한다.

15. ① 이번 재난대응 훈련은 이케아 광명점에서 실시됐다.

② 이번 실제 훈련은 2015 재난대응 안전한국훈련의 일환이다.

③ 이번 훈련에서 사상자가 많이 발생하고 건물이 소각됐다.

④ 이번 훈련에서는 화재 발생시 관공서와 민간단체의 역할을 토론했다.

16. ① 건강기능식품은 모든 질병에 효과가 있다.

② 알레르기 환자들은 건강기능식품을 먹으면 안 된다.

③ 소비자는 마크가 있는 건강기능식품을 신뢰해도 된다.

④ 구입하기 전에 식약청 홈페이지에서 정보를 확인해야 한다.

※ [17~20] 다음을 듣고 남자의 중심 생각을 고르십시오. (각 2점)

17. ① 인터넷에서 모든 것을 다 살 수 있다.

② 마트에서 유통기한이 지난 음식을 팔지 않는다.

③ 음식과 같은 상품은 마트에서 사는 것이 좋다.

④ 인터넷에서도 음식의 신선도를 직접 확인할 수 있다.

18. ① 일에 집중이 안 될 때 커피를 마셔야 한다.

② 주말에 잠을 많이 자면 평일에 피곤하지 않다.

③ 주말에 오래 자는 것보다 평일에 많이 자는 것이 낫다.

④ 주말에 잠을 많이 안 자면 몸의 리듬이 깨진다.

19. ① 이 영화는 제목이 유치해도 생각보다 깊이가 있다.

② 유치한 영화라서 애를 데리고 가서 보면 좋다.

③ 이 영화는 제목만 봐도 어떤 내용인지 다 알 수 있다.

④ 영화는 인기를 끌기 위해서 유치한 제목을 달아야 한다.

20. ① 할 수 있는 일들을 꼭 해야 한다고 생각을 바꾼다.

② 해야 할 일들을 직장 동료들과 상의한다.

③ 우선 계획부터 세우고 곧바로 실천에 옮긴다.

④ 할 일들을 미리 친구들에게 부탁을 한다.

※ [21~22] 다음을 듣고 물음에 답하십시오. (각 2점)

21. 남자의 중심 생각으로 맞는 것을 고르십시오.

① 계절성 우울증은 봄과 여름에 나타난다.

② 계절성 우울증에 걸리면 약물 치료가 좋다.

③ 계절성 우울증은 몸이 흡수한 햇빛의 양과 연관이 있다.

④ 규칙적인 생활을 습관화 하는 것이 좋다.

22. 들은 내용으로 알맞은 것을 고르십시오.

① 계절성 우울증은 일조 시간이 부족해서 생기는 질병이다.

② 계절성 우울증은 북남미 국가에서 많이 발생한다.

③ 계절성 우울증은 무기력증, 수면 부족 등 증상이 있다.

④ 계절성 우울증은 단기간에 치료되는 경우도 종종 있다.

※ [23~24] 다음을 듣고 물음에 답하십시오. (각 2점)

23. 남자는 무엇을 하고 있는지 고르십시오.

　　① 야채를 날로 먹는 방법에 대해 설명하고 있다.

　　② 근거를 들어 야채를 날로 먹는 것을 반박하고 있다.

　　③ 농림부의 건의에 찬성하고 있다.

　　④ 야채를 키우는 방법을 설명하고 있다.

24. 들은 내용으로 맞는 것을 고르십시오.

　　① 생야채를 먹는 것이 몸에 해로울 수 있다.

　　② 야채를 싱싱하게 먹으려면 살짝 데쳐야 한다.

　　③ 건강을 위해 야채를 데쳐 먹는 것을 피해야 한다.

　　④ 야채를 물에 잘 씻어 먹으면 나쁜 물질이 거의 제거된다.

※ [25~26] 다음을 듣고 물음에 답하십시오. (각 2점)

25. 남자의 중심 생각으로 맞는 것을 고르십시오.

　　① 막장 드라마의 악영향을 인식하고 개선해야 한다.

　　② 방송사들의 생존 경쟁에서 시청자가 가장 큰 피해자이다.

　　③ 막장 드라마의 시청률이 높은 이유는 볼 만한 프로그램이 적기 때문이다.

　　④ 막장 드라마의 역할은 시청자들의 선택의 폭을 넓히는 것이다.

26. 들은 내용으로 맞는 것을 고르십시오.

　　① 드라마의 소재가 자극적일수록 시청률을 확보하기가 힘들다.

　　② 불륜이나 복수 등을 소재로 드라마를 만드는 것을 저지시켜야 한다.

　　③ 지상파 방송은 다양한 프로그램으로 시청자의 눈길을 끌고 있다.

　　④ 방송 심의를 위반할 경우는 벌금을 부과하는 것이 가장 좋은 방법이다.

※ [27~28] 다음을 듣고 물음에 답하십시오. (각 2점)

27. 여자가 남자에게 말하는 의도를 고르십시오.

① 공정사회의 세부적인 사항을 보여주기 위해

② 공정사회의 기본원칙을 설명하기 위해

③ 공정사회가 여성의 경력 유지를 위해 해야 할 일을 알려주기 위해

④ 여성의 노동시장 참여 기회를 막는 문제점을 알려주기 위해

28. 들은 내용으로 맞는 것을 고르십시오.

① 기회 균등은 공정사회의 기본원칙이다.

② 여성들이 일과 가정을 모두 지킬 수 있는 방법이 있다.

③ 공정사회의 기본원칙은 사회 구성원에게 시점을 제공한다.

④ 공정사회의 실천은 사회 구성원의 안녕과 복지에 있다.

※ [29~30] 다음을 듣고 물음에 답하십시오.(각 2점)

29. 남자가 누구인지 고르십시오.

① 화가   ② 예술가   ③ 관계자   ④ 조각가

30. 들은 내용으로 맞는 것을 고르십시오.

① 흔한 그림도 비싼 값에 팔릴 수 있다.

② 박수근의 작품은 실제가격보다 싼 가격에 팔렸다.

③ 화가가 죽은 뒤에 예술품의 값이 폭등한다.

④ 예술성과 회귀성을 겸비한 예술품의 가치는 엄청나다.

※ [31~32] 다음을 듣고 물음에 답하십시오.(각 2점)

31. 남자의 생각으로 맞는 것을 고르십시오.

① 기업의 홍보성 봉사활동은 바람직하다.

② 기업의 의도를 올바르게 판단해야지 현혹돼서는 안된다.

③ 기업은 긍정적인 이미지를 세우기 위해 여러모로 노력해야 한다.

④ 대학생들을 소비 대상으로 삼아서는 안된다.

32. 남자의 태도로 맞는 것을 고르십시오.

① 기업의 봉사 활동을 칭찬하고 있다.

② 자신의 봉사 경험을 말하고 있다.

③ 화제가 된 사례를 근거로 설명하고 있다.

④ 장애인들의 사회 진출을 우려하고 있다.

※ [33~34] 다음을 듣고 물음에 답하십시오.(각 2점)

33. 무엇에 대한 내용인지 맞는 것을 고르십시오.

① 환자가 심리적 안정을 갖는 중요성 및 방법

② 환자에게 최상의 의료 서비스를 제공하는 필요성

③ 환자를 위해 마련된 다양한 오락 시설

④ 병원비를 감당할 수 없는 환자들을 위한 대책

34. 들은 내용으로 맞는 것을 고르십시오.

① 중환자들에게는 상주 간호사가 필요하다.

② 일기를 쓰는 것은 의사에게 질문할 때 요긴하다.

③ 심리적으로 불안할 때 투여하는 약이 있다.

④ 중환자들은 일상 문제를 스스로 해결하는 데 무리가 있다.

35. 남자는 무엇을 하고 있는지 고르십시오.

① 삶에는 항상 맑은 날만 있다고 평가하고 있다.

② 자신의 삶을 되돌아 보는 것에 대해 비판하고 있다.

③ 자아를 찾기 위해 끊임없이 노력할 것을 요구하고 있다.

④ 자신에 대한 탐구는 어른이 되면 없어진다고 분석하고 있다.

36. 들은 내용으로 맞는 것을 고르십시오.

① 안개가 끼는 것은 불행의 시작이다.

② 현실에서의 자아 찾기는 꿈에서도 계속된다.

③ 청소년기의 고민은 어른이 되기 전에 해결된다.

④ 인생에서 혼돈스러운 상태는 지나가기 마련이다.

※ **[37~38]다음은 교양 프로그램입니다. 잘 듣고 물음에 답하십시오.(각 2점)**

37. 남자의 중심 생각으로 맞는 것을 고르십시오.

① 대중매체의 발달로 캐리커처가 사라지고 있다.

② 캐리커처의 역사적인 의미는 현대에 와서 변화되었다.

③ 인물이나 대상을 그린다는 점에서 초상화와 비슷하다.

④ 캐리커처는 그 의미와 기법에서 풍자를 담고 있다.

38. 들은 내용과 일치하는 것을 고르십시오.

① 캐리커처는 화가들이 자주 가는 카페의 이름이다.

② 캐리커처는 16 세기에 최초로 사전에 편입되었다.

③ 캐리커처는 지금에 와서 '카리카레'라고 바뀌었다.

④ 캐리커처는 화가가 그린 작품에서 유래되었다.

※ [39~40] 다음은 대담입니다. 잘 듣고 물음에 답하십시오.(각 2점)

39. 이 담화 앞의 내용으로 알맞은 것을 고르십시오.
① 기후 문제 관련 국제단체의 협조 호소문
② 기후 변화 문제 해결 방안에 대한 투표 결과
③ 기후 변화 문제에 대한 국민들의 인터뷰 자료
④ 정부의 발표 내용을 지지하는 설문 결과

40. 들은 내용과 일치하는 것을 고르십시오.
① 실제적인 해결 방안을 마련하기 위해 공조가 필요하다.
② 기후 변화로 인해 닥칠 대재앙들을 대비해야 한다.
③ 19개의 국가가 기후 변화의 문제를 심각하게 인식하고 있다.
④ 인식의 근본적인 변화 없이 기후 문제 해결은 불가능하다.

※ [41~42] 다음은 강연입니다. 잘 듣고 물음에 답하십시오.(각 2점)

41. 들은 내용과 일치하는 것을 고르십시오.
① 장수 기업의 가치관은 첫째가 직원이다.
② 모든 직원들은 각자의 아이디어를 회사에 넘긴다.
③ 장수 기업이 되려면 타사와 경쟁해야 한다.
④ 장수 기업은 자신만의 이색적인 전략이 있다.

42. 남자의 중심 생각으로 맞는 것을 고르십시오.
① 장수 기업이 되기 위해 전략적으로 기업 가치관을 세워야 한다.
② 장수 기업은 100년 이상 많은 수익을 낸 회사를 말한다.
③ 회사가 지속적으로 성장하기 위해서는 아이디어가 필요하다.
④ 회사를 오랫동안 경영하려면 타사와는 다른 목표가 있어야 한다.

※ [43~44] 다음은 다큐멘터리입니다. 잘 듣고 물음에 답하십시오. (각 2점)

43. 기러기 한 쌍을 선물하는 이유로 맞는 것을 고르십시오.

① 부부가 싸우지 않으려고
② 부부가 백년해로 하려고
③ 기러기 앞에서 맹세하려고
④ 기러기를 타려고

44. 이 이야기의 중심 내용으로 맞는 것을 고르십시오.

① 기러기는 동양에서만 사랑의 상징으로 사용되었다.
② 전안례에서는 기러기가 없으면 식을 진행할 수 없었다.
③ 서양에서의 기러기는 동양에서의 기러기와는 의미가 다르다.
④ 기러기의 습성으로 인해 여러 나라에서 기러기가 사랑을 상징하게 되었다.

※ [45~46] 다음은 강연입니다. 잘 듣고 물음에 답하십시오. (각 2점)

45. 들은 내용과 일치하는 것을 고르십시오.

① 활동 영역을 확대하고자 하는 단체의 노력이 엿보인다.
② 최근 사람들의 주요 관심을 유기 동물에 있다.
③ 해외로 동물을 입양시키는 것은 법적으로 금지되었다.
④ 후원자들의 도움 없이는 동물 보호 단체를 운영할 수 없다.

46. 여자의 태도로 가장 알맞은 것을 고르십시오.

① 현실적인 문제에 대해 해답하고 있다.
② 동물 보호의 앞날을 비관적으로 전망한다.
③ 자신의 의견을 관철시키기 위해 경고한다.
④ 단체의 사업 내용을 자세히 설명하고 있다.

※ [47~48] 다음은 대담입니다. 잘 듣고 물음에 답하십시오. (각 2점)

47. 들은 내용과 일치하는 것을 고르십시오.

① 다음 달에 고등학생을 대상으로 하는 재난 대비 강연회가 있다.

② 교사의 신속한 상황 판단이 어린 학생들의 피해를 줄일수 있다.

③ 재난 대응 능력을 키우기 위해 학생들만 훈련을 받는다.

④ 우리 나라는 엄청난 자연재해로 어린 학생들의 피해가 극심했다.

48. 남자의 태도로 가장 알맞은 것을 고르십시오.

① 피해 상황 해결을 위한 대안을 모색하고 있다.

② 냉철한 시각으로 현실을 꼬집고 풍자하고 있다.

③ 상반된 견해를 가지고 보도를 비판하고 있다.

④ 안일한 태도를 비판하고 훈련의 필요성을 강조하고 있다.

※ [49~50] 다음은 강연입니다. 잘 듣고 물음에 답하십시오. (각 2점)

49. 들은 내용과 일치하는 것을 고르십시오.

① 정책 자금은 많은 제한이 있어서 혜택을 받기 어렵다.

② 매년 하반기에 신청하면 성공 확률을 높일 수 있다.

③ 신청 대상이 대학생에만 한정되어 있는 것에 대해 불만이 많다.

④ 정책 자금은 기업 이미지 향상에 도움을 준다.

50. 여자의 태도로 가장 알맞은 것을 고르십시오.

① 잦은 정보 교환은 지원금 혜택에 혼란을 가중시킨다.

② 소비자의 신뢰를 얻는 것이 최종 목표가 되어야 한다.

③ 정부의 지원금에 너무 의지하는 것도 화를 부를 수 있다.

④ 혜택의 기회를 잡아 자금 조달의 지름길로 삼아야 한다.

※ [51~52] 다음을 읽고 ㉠과 ㉡에 들어갈 말을 각각 한 문장으로 쓰십시오. (각 10점)

51.

> 사장님 , 이렇게 해 주세요 .
>
> 우리 공장은 시내에서 멀리 떨어져 있기 때문에 퇴근 후 시내에 있는 여러 시설을 이용하러 다니기가 (㉠). 그래서 대부분 기숙사에서 시간을 보내는데 지금 우리 기숙사에는 텔레비전을 볼 수 있는 휴게실밖에 없습니다. 기숙사 안에 도서관 , 헬스장 , 노래방 그리고 pc 방 등 직원들이 여가 생활을 할 수 있는 (㉡) .

52.

> 서울시에서는 고향을 떠나 타국에서 지내는 외국인 근로자나 국제결혼을 한 사람들을 대상으로 축제를 펼쳤다 . 영화 관람을 하거나 , 노래 자랑 , 한국어 발표를 하고 , 자기 나라의 문화를 한국 사람들에게 (㉠). 또 떡국이나 송편 등 (㉡) 같이 만들기도 했다 .

53. 최근 한국에는 주말이나 퇴근 한 후에 도서관에 가서 책을 읽는 사람들이 많아지고 있습니다. 다음 자료를 참고하여 한국 남녀별 독서 분야에 관한 글을 200~300자로 쓰십시오. (30점)

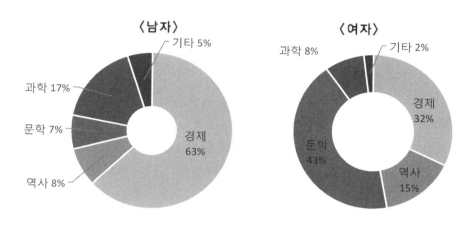

54. 다음을 주제로 하여 자신의 생각을 600~700자로 글을 쓰십시오. 단, 문제를 그대로 옮겨 쓰지 마시오. (50점)

> 사형 제도란 흉악한 범죄를 저지른 사람의 생명을 박탈하여 사회로부터 제거시키는 형벌 제도이다. 최근 많은 국가가 사형 제도를 폐지하고 있는 추세이다. "사형 제도의 단점과 장점"에 대해 아래의 내용을 중심으로 자신의 생각을 쓰십시오.
> · 사형 제도의 폐지에 대해서 어떤 입장을 취합니까?
> · 그런 입장을 취하는 이유는 무엇입니까?

※ [1~2] ( )에 들어갈 가장 알맞은 것을 고르십시오.(각 2점)

1. 돈도 없 ( ) 시간도 없어서 여행을 못 가요 .

    ① 으면   ② 지만   ③ 어서   ④ 거니와

2. 서로 이해만 할 수 ( ) 같이 못 살 것도 없지 않겠어요 ?

    ① 있답시고   ② 있기에는   ③ 있다면야   ④ 있더라도

※ [3~4] 다음 밑줄 친 부분과 의미가 비슷한 것을 고르십시오.(각 2점)

3. 어린 아이가 아무리 빨리 <u>걷는다 해도</u> 어른보다 빨리 걸을 수는 없어요 .

    ① 걷기로서니   ② 걷다가는

    ③ 걷고서야   ④ 걷자면

4. <u>다른 친구들을 초대하든 우리끼리만 지내든</u> 난 상관없으니까 네가 알아서 해 .

    ① 다른 친구들을 초대할까 우리끼리만 지낼까

    ② 다른 친구들을 초대하거나 우리끼리만 지내거나

    ③ 다른 친구들을 초대할지 우리끼리만 지낼지

    ④ 다른 친구들을 초대하고 우리끼리만 지내고

※ [5~8] 다음은 무엇에 대한 글인지 고르십시오. (각 2점)

5.

> 당신의 중요한 일정,
> 1분 1초까지 정확하게 지켜 드립니다.

① 반지　　　　② 시계　　　　③ 컴퓨터　　　　④ 전자 사전

6.

> 신선한 과일, 채소, 생선……
> 무엇이든지 신속하게 배달해 드리겠습니다.

① 과일가게　　　　② 음식점　　　　③ 슈퍼마켓　　　　④ 우체국

7.

> 물도 끊어쓰세요!
> 동생의 세안 – 물 네 칸
> 아버지의 세차 – 물 여섯 칸
> 누나의 샤워 – 물 여덟 칸
> 끊어쓰지 않으면 언제인가 사라질 것이에요.

① 건강 관리　　　　② 상품 판매　　　　③ 환경 보호　　　　④ 날씨 정보

8.

> 수요일 14:00-16:00 '국제 무역' 수업이 이번 주부터는 6시에 시작될 예정입니다. 학생 여러분의 양해를 바랍니다.

① 시간 변경　　　　② 개강 안내　　　　③ 모집 안내　　　　④ 장소 변경

※ [9~12] 다음 글 또는 도표의 내용과 같은 것을 고르십시오. (각 2점)

9.

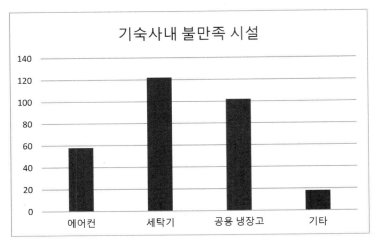

① 세탁기에 대한 만족도가 제일 높다.

② 불만족 시설은 네 가지이다.

③ 에어컨에 대한 불만족도는 냉장고보다 높다.

④ 기타 시설보다 세탁기에 대한 불만족도가 가장 높다.

10.

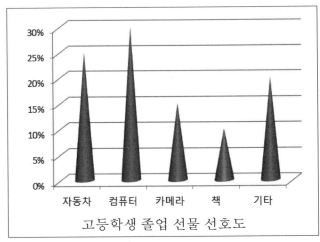

① 고등학생들은 차를 운전할 줄 모른다.

② 고등학생들은 모두 졸업 선물을 받았다.

③ 컴퓨터가 가장 받고 싶은 선물 1위로 나타났다.

④ 책과 문구류를 받고 싶어하는 학생이 많다.

11.

> 두통이 심할 때에는 우선 임시 방편으로 관장을 한 후 죽염을 먹는다. 그리고 15분쯤 지나 조청이나 꿀을 생수에 타서 먹는다. 그리고 손으로 양쪽 귀 밑으로 내려오는 동맥 부위를 문질러 주고 나서 머리를 전후 좌우로 지압해준다. 그 다음에 찬물을 세숫대야에 떠놓고 1분정도 후두를 담가 놓는다. 이를 후두 냉탕찜질법이라 한다. 마지막으로 찬 물수건으로 머리를 동여매고 편안히 누워 안정을 취한다.

① 손가락으로 머리를 지압해 주면 두통을 치료할 수 있다.

② 민간 요법으로 계속 치료하면 두통이 사라진다.

③ 죽염을 먹은 후 시간이 좀 지나서 꿀물을 마시는 것이 좋다.

④ 똑바로 누워서 안정을 취하면 두통이 저절로 없어진다.

12.

> 한국의 겨울은 1년 중 가장 추운 계절이다. 왜냐하면 겨울에 차고 건조한 북서 계절풍이 휘몰아 치기 때문이다. 게다가 해돋이 시간이 늦어지고 해넘이 시간이 빨라져서 여름에 비해 낮이 매우 짧다. 예전에는 '삼한사온'이라고 하여 삼일은 춥고 사일은 따뜻한 날씨가 반복하였지만 최근에는 지구온난화로 인한 이상 기온으로 '삼한사온'날씨를 지키지 않을 때가 많다.

① 한국의 겨울은 밤이 긴 편이다.

② 한국의 겨울은 중국보다 더 춥고 건조하다.

③ 겨울에는 여름에 비해 해가 늦게 진다.

④ 지구온난화 때문에 한국의 겨울이 따뜻해지고 있다.

13.

> (가) 무리하게 파낼 경우 벌레가 귀의 안쪽으로 깊숙하게 들어가다가 고막을 손상시킬 수도 있기 때문이다.
>
> (나) 일단 귀에 벌레가 들어갔을 경우 벌레를 꺼내기 위해 면봉 등으로 파는 행동은 금물이다.
>
> (다) 귀는 매우 민감한 기관이기 때문에 조금만 충격을 받아도 위험해질 수 있다.
>
> (라) 특히 귀에 벌레가 들어갔을 때 성급하게 잘못된 방법으로 응급처지를 하게 되면 귀 건강을 해칠 수 있다.

① (다)-(가)-(나)-(라)　　② (다)-(라)-(나)-(가)

③ (나)-(가)-(라)-(다)　　④ (나)-(라)-(가)-(다)

14.

> (가) 사람마다 궁합이 맞는 짝이 있듯이 음식에도 서로 어울리는 짝이 있다.
>
> (나) 단순히 편식을 하지 않는다고 해서 건강이 좋아지는 것은 아니다.
>
> (다) '음식궁합'이 중요한 이유는 음식이 어떤'보약보다도 좋은 약이기 때문이다.
>
> (라) 그러나 음식도 잘 먹으면 약이 되고 잘못 먹으면 독이 된다.

① (가)-(라)-(다)-(나)　　② (가)-(다)-(나)-(라)

③ (나)-(가)-(다)-(라)　　④ (나)-(라)-(가)-(다)

15.

> (가) 기억력을 좋게 하는 다른 방법은 많은 것을 배우는 것입니다.
>
> (나) 기억력을 좋게 하기 위해서는 먼저 운동을 해야 합니다.
>
> (다) 악기를 연주하거나 뜨개질, 낱말 맞추기 등이 좋습니다.
>
> (라) 꾸준한 운동은 산소가 뇌로 가는 것을 도와줍니다.

① (다)-(가)-(라)-(나)　　② (다)-(나)-(라)-(가)

③ (나)-(다)-(가)-(라)　　④ (나)-(라)-(가)-(다)

※ [16~18] 다음을 읽고 ( )에 들어갈 내용으로 가장 알맞은 것을 고르십시오. (각 2점)

16.

> 사람들은 혼히 '희생'에 대해서 이야기할 때 촛불을 예로 들어 이야기한다. 그것은 촛불이 자신을 희생하며 (   ). 그래서 자신의 욕심이나 이익을 채우는 것보다는 다른 사람을 돕는 일을 해야 한다고 말한다. 설사 위대한 사람이 되지 못하더라도 촛불처럼 어둠을 밝혀 주는 사람이 되어야 한다.

① 위대한 사람이 되기 때문이다   ② 어두운 곳을 밝히기 때문이다

③ 열을 많이 방출하기 때문이다   ④ 다른 사람을 도와주기 때문이다

17.

> 대청소를 할 때는 공간을 나누어 '높은 곳에서 낮은 곳으로, 안쪽에서 바깥쪽으로'의 순서로 청소한다. 먼저 천장, 조명기구, 가구, 가전제품 등의 먼지를 털어낸 다음 방안의 바닥에서 바깥쪽으로 쓸어낸다. 그리고 청소하기 시작한 위치에서 시계바늘이 돌아 가는 방향으로 청소를 하면 중복해서 청소하는 일도 없고 (   ).

① 힘도 덜 든다.   ② 시간도 많이 걸린다.

③ 청소 순서도 잘 지킬 수 있다.   ④ 먼지가 날아 다니는 것도 막을 수 있다.

18.

> 맞벌이란 부부가 (   ) 것을 말한다. 예전에는 당연히 남자가 돈을 벌고 여자가 집에서 살림을 했지만 현대 사회에 들어서면서 '맞벌이'라는 말이 새롭게 등장했다. 하지만 최근에는 새로 '외벌이'라는 말이 나왔다. '외벌이'는 부부 중 한 사람만 일하고 돈을 버는 경우를 뜻한다.

① 부모님과 같이 사는

② 두 곳에 따로 사는

③ 모두 일하며 돈을 버는

④ 한 명이 가사를 하고 부모를 모시는

쑥뜸요법은 몸이 차가워서 생기는 질병을 치료하기 위해 쑥이나 약초 등을 피부 위에 올려놓고 불을 붙여 그 열 자극이 신체로 전달되도록 하는 민간요법이다. 재료에 따라 뜸의 종류도 다양한데 진통 효과와 암을 예방하는 작용이 있다. ( ) 응용 범위가 넓고 비교적 쉽게 다룰 수 있기 때문에 경제적이고 대중적인 치료 방법이라고 할 수 있다.

19. ( ) 에 들어갈 알맞은 것을 고르십시오.

① 그래서 　　　　② 반면에 　　　　③ 그런데 　　　　④ 게다가

20. 이 글의 내용과 같은 것을 고르십시오.

① 뜸 치료를 받으면 돈이 많이 든다.

② 뜸은 몸을 차갑게 만들 수 있는 치료 요법이다.

③ 쑥을 많이 먹으면 암을 예방할 수 있다.

④ 뜸 치료법은 환자의 통증을 없애줄 수 있다.

※ [21~22] 다음을 읽고 물음에 답하십시오. (각 2점)

텔레비전은 세상을 살아가는 데 필요한 정보를 얻는 창구이기도 하다. 텔레비전의 주요 기능은 정치, 경제, 사회, 문화 등 다양한 정보를 신속하고도 정확하게 전달해 주는 것이다. 우리는 텔레비전을 통해 생활에 필요한 각종 정보를 접할 수 있다. 텔레비전의 수많은 정보 중에서 시청자가 수요에 따라 취사선택을 올바르게 할 경우 중요한 지식과 정보를 얻을 수 있다. 텔레비전을 '( )'이라고 하는 이유도 정보를 전달할 수 있는 기능 때문이다. 특히 정보가 범람하는 시대에 텔레비전은 사람들이 적절히 선택을 하도록 도움을 주고 정확하게 이해하도록 안내해 준다.

21. (　　) 에 들어갈 알맞은 것을 고르십시오.

① 건강에 좋은 약　　　　② 성공을 이루는 도구

③ 세계를 향한 창　　　　④ 마음을 여는 열쇠

22. 이 글의 중심 생각을 고르십시오.

① 텔레비전은 세계를 이해하는 유일한 창구이다.

② 사람들은 수많은 정보에서 필요한 것을 선택해야 한다.

③ 텔레비전은 정보를 전달하는 데 큰 역할을 하고 있다.

④ 세상을 살아가기 위해 사람들이 각종 소식을 접해야 한다.

※ [23~24] 다음을 읽고 물음에 답하십시오. (각 2점)

> 남편이 있는 동쪽 서울을 멀리 바라보고 첫 발짝을 내어디딜 때 지금까지의 절망과 번민은 가뭇없이 사라지고 감격과 희망에 그녀의 마음은 뛰었다. 노자 한 푼 없는 외로운 여자는 천 리 길을 어떻게 갈 것인가 하는 근심과 걱정도 그녀의 불 같은 희망을 흐려 놓지 못하였다. 한 걸음 두 걸음 남편이 있는 곳과 가까워 진다는 것이 얼마나 신통하고 고마운지 몰랐다.
>
> 하룻밤 하루낮을 그녀는 꼬박 걸었다. 한 발자국이라도 빨리 걸으면 남편을 하루라도 더 일찍 만날 수 있다는 생각에 한시도 지체할 수가 없었고 한걸음도 멈출 수가 없었다. 팽개 그놈들이 뒤에서 쫓아 올지도 모른다. 이렇게 쉬엄쉬엄 가다가는 그들한테 붙잡혀 어떻게 욕 먹을 지도 모르고.
>
> '가자, 가자, 빨리 가자. 불국사로 어서 가자!'
>
> 그녀는 염불 외우듯 하루에도 수백 번 '불국사'라고 중얼거리며 걸음을 재촉하였다.

23. 밑줄 친 부분에 나타난 여자의 심정으로 알맞은 것을 고르십시오.

① 답답하다　　② 기쁘다　　③ 흐뭇하다　　④ 간절하다

24. 이 글의 내용과 같은 것을 고르십시오.

① 여자는 혼자서 서울에 있는 부모님을 만나러 갔다.

② 여자는 서울로 가는 길에서 팽개한테 잡혔다.

③ 나중에 여자는 불국사에서 남편을 만났다.

④ 여자는 남편을 만나기 위해 고생을 많이 했다.

※ [25~27] 다음은 신문 기사의 제목입니다. 가장 잘 설명한 것을 고르십시오. (각 2점)

25.

> 안개로 잇단 결항, 발 묶인 여행객들

① 안개로 비행기 이착륙이 지연되면 공항 업무가 마비될 것이다.

② 안개로 이착륙이 중단되어 여행객들은 여행지를 벗어나지 못했다.

③ 안개로 결항이 계속되면 여행객들은 항공 예약을 취소할 것이다.

④ 안개로 비행기 결항이 계속되자 여행객들은 여행지를 벗어나지 못했다.

26.

> 드라마, 의사 · 변호사 · 재벌 2세 공화국

① 의사, 변호사, 재벌 2세는 드라마를 많이 만들고 있다.

② 의사, 변호사 재벌 2세가 직접 출연하는 드라마가 많다.

③ 드라마 속 주인공들은 상당수가 의사, 변호사, 재벌 2세이다.

④ 드라마 공화국이라는 말은 의사, 변호, 재벌 2세가 나오는 것을 말한다.

27.

> 올해 입학률 상승, 취업난 여전

① 올해 입학률이 낮아져서 취업은 여전히 어렵다.

② 올해 입학률이 낮아졌으나 취업난이 해소되지 않는다.

③ 올해 입학률이 높아졌는데도 취업난은 지속되고 있다.

④ 올해 입학률이 높아져서 취업하기가 좋을 것이다.

※ [28~31] 다음을 읽고 ( )에 들어갈 내용으로 가장 알맞은 것을 고르십시오. (각 2점)

28.

> 어느 날 환웅은 인간이 되고 싶어하는 호랑이와 곰에 대한 이야기를 들었다. 환웅은 그들을 불러 동굴에 들어가 100일 동안 햇빛을 보지 말고 매일 마늘 20개와 쑥 한 줌만 먹고 살도록 명령했다. 호랑이는 도중에 참지 못하고 (   ) 곰은 100일 동안을 참아 내어 101일째 여자로 태어났다. 환웅은 그 여자와 결혼해서 아들을 낳았다. 환웅은 아들에게 '제단을 지배하는 통치자'라는 의미에서 단군이라고 이름을 지어주었다.

① 예쁜 여자가 되었지만   ② 드디어 단군과 결혼했는데
③ 마늘과 쑥을 먹고 살았는데   ④ 동굴밖으로 도망쳐 나왔지만

29.

> 한국에서는 딸이 시집갈 때 시댁에 전자제품이나 일상용품을 지참하는 '혼수'라는 관습이 있다. 최근에는 신부 쪽 집에서 신혼부부에게 자동차나 아파트까지 사주는 경우도 있다. "(   )" 부모의 마음에서이다. 실제로 혼수를 적게 해 시어머니한테 구박을 받았거나 이혼당한 경우가 있어 사회문제가 되고 있다.

① 딸이 아이를 많이 키우라는
② 딸이 시부모님을 잘 모시라는
③ 딸이 시댁에서 떳떳하게 살라는
④ 딸이 항상 친정에 돌아오라는

30.

> 통계에 따르면 설 연휴 기간 동안 발생한 교통사고가 평소보다 줄어든 반면 사상자는 오히려 늘어나는 것으로 조사됐다. 도로교통안전관리공단은 최근 5년간 설 연휴 교통사고에 대해 분석한 결과 하루 평균 사고 건수는 평소보다 17% 감소한 반면 사망자수는 오히려 6% 증가한 것으로 나타났다. 도로교통안전관리공단은 (   ) 많은 사상자가 발생했다고 지적하였다. 그리고 가족들이 한 차보다는 나눠서 타고 운전자들이 안전운전할 것을 당부했다.

① 피곤으로 인한 졸음운전 때문에
② 운전 시 가족과의 대화로 인한 부주의 때문에
③ 설 때 내리는 눈을 비롯한 열악한 날씨 때문에
④ 가족을 단위로 차를 타고 귀성하기 때문에

31.

> 본격적인 고령화 사회로 진입하면서 청년층 노동력이 (   ) 중•고령 노동력이 크게 늘어나고 있다. 중•고령 노동자 중 노후 대비가 부족한 사람들은 의료비나 기초 생활을 위해서 다시 일할 수밖에 없는 현실이다. 이에 기업에서는 중•고령 노동자를 위해 연공 임금체제를 개선한다든지 정년이 넘은 고령 근로자를 숙련 근로자로 적극적으로 활용하는 방안을 마련하고 있다. 또한, 정부도 고령 근로자의 재취업 및 전역 지원 사업을 체계화하고 정년퇴직 전 교육을 무료로 받게 함으로써 고령퇴직자들에게 더 많은 일자리를 제공하려고 힘쓰고 있다.

① 급속히 줄어들고   ② 대부분 은퇴되고
③ 외국에 가서 일하고   ④ 취직에 신경 쓰지 않고

※ [32~34] 다음을 읽고 내용이 같은 것을 고르십시오. (각 2점)

32.

> 요즘은 전통혼례를 하는 사람이 거의 없으며, 교회나 예식장에서 결혼식을 올린 후 '폐백'만 하는 경우가 많다. 폐백은 신부 어머니가 준비한 대추나 밤, 견과류 등을 상에 차려놓고, 신부가 시아버지와 시어머니에게 큰절을 한 후 시어머니가 던져주는 대추를 신랑과 신부가 함께 신부의 혼례복으로 받는 의식이다. 이 속에는 아들을 낳고 대를 이어가려는 바람이 담겨져 있다. 그리고 한국의 결혼식 피로연은 초대장이 없어도 참석할 수 있으며, 축의금은 보통 5만 ~10만 원 정도이다.

① 요즘 교회에서 폐백을 하는 사람이 많다.
② 신부는 시어머니가 던져주는 대추를 먹어야 한다.
③ 시댁은 신부가 아들을 낳고 대를 잇기를 바란다.
④ 초대장을 받지 못한 사람은 피로연에 참석하지 못한다.

33.

> 사랑, 어쩌면 지구를 움직이게 하는 원동력일지도 모른다. 마치 물이 신체의 주요 성분처럼 사랑은 인간의 주축이다. 인간의 주성분인 사랑이 있어야 인간의 존재가 진정한 의미를 가진다. 인도의 시인 타고르가 사랑에 대해 이런 말을 한 적이 있다. 사랑이 있으면 상대방의 고뇌, 슬픔, 불만을 이해할 수 있다. 만약 세상 모든 것을 사랑하지 않는다면 어찌 이 세상을 진정으로 이해했다고 할 수 있는가?

① 물과 사랑은 다 몸을 구성하는 주성분이다.
② 사랑이 없는 사람은 진정한 인간이 될 수 없다.
③ 타고르는 다른 시인보다 사랑을 더 잘 알고 있다.
④ 사랑은 고민, 슬픔, 불만 등 감정보다 더 우세가 있다.

34.

> 맞수라는 단어가 흥미롭고 긴장감을 불러일킬 수 있다. 맞수 의식은 긍정적 역할을 할 수도 있고 부정적인 역할을 할 수도 있다. 맞수 의식이 정면적으로 작용되면 좋은 결과를 가져와서 두 사람의 실력이 한층 더 향상될 수 있다. 한국 문학의 대표작가 이광수와 김동인이 대표적인 예이다. 두 사람은 문학의 작용에 대한 견해가 완전히 달랐다. 이광수는 문학이 근대화와 민족 교육의 수단이라고 주장했다. 그러나 김동인은 이것을 부정하고 문학이야말로 순수한 예술이라고 주장했다. 하지만 두사람은 이런 경쟁을 통해 각자 다 높은 문학적 성과를 거두었다.

① 김동인은 이광수보다 더 큰 문학적 성과를 얻었다.
② 이광수는 문학이 교육에 기여해야 한다고 주장했다.
③ 맞수 의식은 인간의 발전에 좋은 역할을 할 수 있다.
④ 이광수와 김동인은 같은 지방에 사는 좋은 친구이다.

35.

새가 날 수 있는 것은 바로 두 날개를 가지고 있기 때문이다. 정확하게 말하자면 두 날개는 같은 방향으로 균형을 이루며 힘껏 날갯짓을 하고 있기 때문이다. 만약 한쪽 날개를 오른쪽으로, 다른 한쪽 날개를 왼쪽으로 제각기 퍼덕거리면 새는 날 수가 없다. 서로 다른 방향으로 퍼덕이면 날개가 찢겨나가는 아픔을 겪게 되고 추락하게 된다. 오직 두 날개가 서로 배합하고 나란히 날갯짓을 해야 날 수 있는 것이다. 같은 하늘 아래 살고 있는 우리는 서로 도우면서 함께 희망찬 앞날을 향해 나는 새처럼 살 것인가? 아니면 각자 자신의 날개만 퍼덕거리다가 추락하고 마는 어리석은 새처럼 살 것인가?

① 날개가 있으면 우리도 새처럼 날 수 있다.
② 성공을 거두려면 서로 도와줘야 한다.
③ 새는 한쪽 날개로도 하늘을 날 수 있다.
④ 새는 같은 방향으로 날갯짓을 하기에 추락하지 않는다.

36.

사실을 정확하게 보도하려면 기사를 객관적으로 써야 한다는 말이 있다. 주관적인 생각을 섞지 않고 사실대로 쓴 기사가 정확한 보도가 될 수 있다. 그러나 '객관성'이라는 표현에 대해 각별히 관심을 기울여 이해할 필요가 있다. 이런 측면에서 정확하고 올바른 보도일수록 객관적이기보다 오히려 더 주관적이다. 그것은 기사가 역사적 근거와 조건을 분별하는 각도에서 전체적으로 분석해야 하기 때문이다. 오직 이러한 환경에서 사건의 핵심을 더 잘 파악할 수 있다.

① 정확하게 보도하려면 주관적인 기사를 써야 한다.
② 객관적으로 쓴 기사가 바로 정확한 보도이다.
③ 정확한 보도를 쓰기 위해서 여러 가지 요소를 종합적으로 고려해야 한다.
④ 주관적인 견해가 전혀 섞이지 않고 사실대로 쓴 기사는 없다.

37.

성공적인 삶을 살기 위해서는 자신에게 긍정적인 암시를 끊임없이 할 필요가 있다. 설사 일이 뜻대로 되지 않아 부정적인 생각이 들더라도 그런 생각에 빠져들지 말고 빨리 지워 버려야 한다. 그대신 좋은 쪽으로 많이 생각하고 자신에게 긍정적인 에너지를 창조해야 한다. 이렇게 좋은 결과를 수시로 떠올리게 해 무의식적으로 일을 좋은 쪽으로 전환시킬 수 있다. 때로는 무의식이 의식보다 더 큰 에너지를 지니고 있어 무의식 속에서 형성된 생각이 행동으로 옮겨 질 수 있다. 따라서 이런 방식을 통해 간절히 원하는 바를 이룰 수 있다.

① 무의식보다 의식이 더 큰 역할을 발휘하고 있다.

② 성공하려면 자신에게 부단히 긍정적인 암시를 주어야 한다.

③ 잠재의식은 때로 실제 행동으로 변화될 수 있다.

④ 부정적인 생각은 성공을 바라는 사람에게 도움이 된다.

38.

심한 탈모 즉 '대머리'는 유전적 영향을 많이 받는다. 하지만 대머리 자체가 유전되는 것이 아니라 대머리가 되는 유전적 요소가 유전된다. 다시 말하면 본인의 의지나 후천적인 관리에 따라 바뀔 수도 있다. 물론 부모중 한사람이 대머리라면 자식이 장차 대머리될 확률이 다른 아이보다 더 높다. 그러므로 각별히 주의를 돌려 초기 탈모시 적극적으로 치료하는 것이 좋다. 반면 탈모 유전자가 없는 사람도 환경 요소 때문에 탈모 증상이 나타날 수도 있다.

① 대머리는 선천적 요소와 후천적 요인에 달려 있다.

② 탈모 환자는 후천적 요인보다 유전적 영향이 더 크다.

③ 탈모 환자는 초기 탈모시부터 적극적으로 치료를 받아야 한다.

④ 후천적인 관리에 신경을 쓰면 탈모를 근본적으로 예방할 수 있다.

39.

여름철 무더위를 잊기 위해 맥주 등 알코올 섭취도 잦아진다. (㉠) 알코올 섭취는 혈관을 확장시키는 역할을 하게 되는데 항문 주변의 모세혈관이 풍부한 항문 쿠션조직은 음주에 매우 취약하다. (㉡) 그런 연부조직이 부어오르고 늘어지게 되면 통증과 함께 혹 같은 덩어리가 만져지는 '치핵'이 생기기도 한다. (㉢) 또한 스트레스와 운동부족, 불규칙한 식사 때문에 변비나 설사가 생기는 것도 치질로 이어질 수 있다. (㉣) 변기에 오래 앉아 있는 것도 좋지 않고 장시간 낚시, 자전거타기 등도 치핵 발생의 원인이 될 수 있다.

───── < 보기 > ─────

이밖에 여행지로 이동 시 운전을 할 때 오래 앉아 있는 것도 항문주변 혈액 순환에 악영향을 미치게 되는데 이것도 치핵 발생의 원인이 된다.

① ㉠　　　　　② ㉡　　　　　③ ㉢　　　　　④ ㉣

40.

일본 후쿠시마 원자력발전소 사고로 방사선의 위험에 대한 관심이 어느 때보다 높다. (㉠) 하지만 평소에 우리는 하늘과 땅, 음식 등으로부터 자연 복사를 받고 있다. (㉡) 방사선량은 일본 원전 사고로 인해 받는 복사보다 훨씬 더 많다. (㉢) 많은 양의 방사선이 우리 몸에 노출되면 일부분의 정상세포가 변이되어 백혈병 혹은 암에 걸릴 수 있다. (㉣) 하지만 방사선량 증가에 따른 백혈병 증가 추세를 발견하지 못했다. 그리고 일본 원폭 생존자 자손의 연구에서도 유전 변이의 영향을 받은 증거가 나타나지 않았다.

───── < 보기 > ─────

그렇지만 자연방사선량은 우리 몸에 별 영향을 주지 않는다.

① ㉠　　　　　② ㉡　　　　　③ ㉢　　　　　④ ㉣

41.

　　우리는 주변에서 암으로 투병하는 분을 흔하게 볼 수 있는데 건강한 사람한 테는 남의 일처럼 느껴지기 쉽다. 하지만 우리나라 사람 가운데 4명 중 1명 은 암환자로서 자신의 일로 느끼게 되는 경험을 하게 된다. (㉠) 처음 암 진단을 받으면 믿기지 않는 부정의 단계를 겪게 된다. (㉡) 드디어 최종 확인이 되면 "왜 내가 이런 암에 걸렸지"하며 주변 사람에게 화를 내는 '분노 단계'를 경험한다. (㉢) 그 후 건강을 잃고 직장과 가족을 잃을지 모른다 는 생각에 빠지는 '우울 단계'가 온다. (㉣) 마지막으로 의욕이 생기면서 치료를 한번 받아 보자고 용기가 생기게 되는 '용납 단계'에 이른다.

──── < 보기 > ────

　　분노 후에 치료가 잘 되면 열심히 살겠다고 스스로에게 다짐하는 '협상 단계' 를 거친다.

① ㉠　　　　② ㉡　　　　③ ㉢　　　　④ ㉣

※ [42~43] 다음을 읽고 물음에 답하십시오. (각 2점)

　　거듭된 상의 끝에 그들 부부는 평양에 가서 품팔이 할 수 밖에 없었다. 그러나 남편은 게으른 탓에 막벌이도 할 수 없었다. 매일 지게를 지고 연광정에 가서 대동 강만 내려다보고 있으니 어떻게 노동자가 될 수 있겠는가. 한 서너 달 막벌이를 하 다가 그들
부부는 머슴살이로 들어가게 되었다.

　　그러나 그 집에서도 얼마 안 되어 쫓겨나왔다. 복녀는 주인 집에서 부지런히 일 을 했지만, 남편의 게으름에 어찌할 수가 없었다. 매일 복녀는 눈에 칼을 세워 가 지고 남편을 채근하였지만, 그의 게으른 버릇은 개를 줄 수는 없었다.

　　"뱃섬 좀 치워 달라우요." "난 졸음 오는데, 임자 치우시관." "내가 치우나요?" "이십 년이나 밥 처먹고 그걸 못 치워?" "에이구, 칵 죽구나 말디." "이년, 뭘!"

　　이러한 싸움이 그치지 않다가 마침내 그 집에서도 쫓겨 나왔다.

42. 밑줄 친 부분에 나타난 복녀의 심정으로 알맞은 것을 고르십시오.

　① 가소롭다　　　② 뻔뻔하다　　　③ 쑥쓰럽다　　　④ 화가 나다

43. 이 글의 내용과 같은 것을 고르십시오.

　① 남편은 게으르기는 하지만 복녀를 아주 사랑했다.

　② 복녀와 남편은 다른 사람의 집에 얹혀서 살았다.

　③ 남편은 게으른 사람이지만 복녀의 말을 잘 들었다.

　④ 남편은 안정된 직업은 없지만 경제적으로 넉넉했다.

※ [44~45] 다음을 읽고 물음에 답하십시오. (각 2점)

> 　부모들이 바라는 것은 백화점식 대책이 아니라 안전한 어린이집을 만들겠다는 의지와 실천이다. 오래전부터 아동학대가 사회적 문제로 되었다. 아동폭력 사건이 터질 때마다 "아동학대현상을 뿌리째로 뽑겠다"며 야단법석을 떨지만 그때뿐이었다. 시간이 좀 지나면 흐지부지됐다. 어린이집에 CCTV 설치를 의무화하는 영유아보육법 개정안은 10년 전부터 거의 해마다 국회에 제출됐다. 인천 어린이집 사건이 불거진 뒤 여전히 'CCTV 설치 의무화' 운운하고 있으니 기막힌 노릇이 아닌가. 이런 식의 '입발림' 처방으로는 (　　　). 정부가 내놓은 대책은 반드시 실행해야 하지만 근본적인 문제를 돌아봐야 한다. 민간 어린이집의 개체성으로 인해 많은 문제가 발생했다. 돈이 없으니 자질 높은 보육교사를 확보할 수 없고, 이로 인해 파행은 끊이질 않는다. 보육재정부에서 어린이 보육에 실질적인 도움을 주어야 한다. 재정 문제, 관리 문제를 총체적으로 따져 대책을 마련해야지 말로만 외치는 대책은 소용이 없다.

44. 이 글의 주제로 알맞은 것을 고르십시오.

　① 아동학대 문제는 사회적인 주목을 받고 있다.

　② 아동폭력 문제를 해결하려면 CCTV 설치를 의무화해야 한다.

　③ 안전한 어린이집을 만들려면 우선 재정 문제를 해결해야 한다.

　④ 아동학대 문제를 해결하려면 입발림 처방보다 실질적 대책을 마련해야 한다.

45. ( ) 에 들어갈 내용으로 가장 알맞은 것을 고르십시오.

① 어린이 학대를 근절할 수 없다

② 시민들에게 칭찬을 많이 받았다

③ 어린이 교육 수준을 향상시킬 수 있다

④ 자질 높은 보육교사를 확보할 수 있다

※ [46~47] 다음을 읽고 물음에 답하십시오. (각 2점)

> 많은 사람이 방사선 치료를 암 말기 환자의 통증완화치료라고 여기고 있다. 그것은 사람들이 방사선치료로 인한 부작용과 암 환자가 방사선치료에 대한 인식이 부족하기 때문이다. (㉠) 실제로 의료 기술이 매우 발달한 미국에서는 암 환자의 60% 정도가 방사선 치료를 받는 것에 비해 우리나라에서는 전체 암 환자의 20%~30% 정도만이 치료를 받고 있는 것으로 조사됐다. (㉡) 물론 최첨단 암 치료기인 토모테라피의 경우 부작용이 아주 적고, 암 말기 환자의 통증완화에 효과가 좋다는 보고도 있다. (㉢) 하지만 수술 혹은 약물요법 등 보조요법에 비해 방사선 치료가 암을 완치하는 주요 치료 방법으로 되어야 한다. (㉣) 비인강암의 경우 초기에 방사선치료를 하면 90% 이상의 완치율을 얻을 수 있고, 초기 후두암 역시 완치율이 높고 목소리를 보존할 수 있다는 장점으로 방사선치료 방법만 시행하고 있다.

46. 다음 문장이 들어가기에 가장 알맞은 곳을 고르십시오.

―――――――< 보기 >―――――――

> 비인강암과 초기 후두암, 입술암 등 방사선에 민감하게 반응하는 초기 종양인 경우 방사선치료법만으로 완치가 가능해 환자의 삶의 질을 최대화할 수 있다.

① ㉠   ② ㉡   ③ ㉢   ④ ㉣

47. 이 글의 내용과 같은 것을 고르십시오.

① 통증완화는 방사선 치료의 주요 기능이라고 할 수 있다.

② 암 환자에게 약물요법의 효과는 방사선 치료보다 더 좋다.

③ 후두암 초기에 방사선 치료를 받으면 쉽게 완치될 수 있다.

④ 우리나라에서 방사선 치료를 받는 암 환자는 미국보다 많다.

※ [48~50] 다음을 읽고 물음에 답하십시오. (각 2점)

> 최근 몇 년간 연예인과 사회 인사, 특히 전임 대통령의 자살이 매스컴에 오르내리며 사회문제가 됐다. 자살 원인과 그 정신 역동학적 분석은 필자와 같은 응급의학과 의사가 언급할 내용은 아니다. 하지만 자살을 시도한 사람이 주변 사람에게 발견돼 119 구급대에 의해 응급실로 먼저 실려오는데 의사로서 자살에 대해 할 말이 있다. 다 알다시피 자살 생각이 있는 사람은 길게는 두석 달 전, 짧게는 한두 세 달 전부터 이상 신호를 보낸다. 흔히 그들의 정신 상태가 안정적이지 못하고 죽음이 유일한 해결 방법이라고 여기고는 주변 사람들한테 도움을 청하는 경우가 많다. 이때 도움을 요청 받은 사람의 태도에 따라 환자의 자살을 막을 수 있다는 것을 명심해야 한다. 필자는 몇 달 전 자살한 젊은 직장인을 받은 적이 있다. 망인의 친구가 연락을 받고 응급실로 달려와 울먹이면서 한 말을 아직도 기억하고 있다. "한 두 달 전쯤 집안문제로 많이 힘들다며 만나서 이야기하자는 걸 그때 만나서 ( ) 것이 평생의 한이 될 것 같습니다."

48. 필자가 이 글을 쓴 목적을 고르십시오.

① 자살 전에 보이는 이상한 신호를 제시하기 위하여

② 정부의 자살에 관한 대책 마련을 요구하기 위하여

③ 자살한 사람을 구조할 수 있는 방법을 설명하기 위하여

④ 사람이 자살을 선택하는 주요 원인을 설명하기 위하여

49. ( ) 에 들어갈 내용으로 알맞은 것을 고르십시오.

① 직접 사과하지 못한　　　　② 이야기를 들어주지 못한

③ 그를 응급 처지하지 못한　　④ 같이 술 한 잔을 먹지 못한

50. 밑줄 친 부분에 나타난 필자의 태도로 알맞은 것을 고르십시오.

① 자살 문제를 해결하는 상황을 가정하고 있다.

② 자살을 근절할 수 있는 방법을 제시하고 있다.

③ 새로운 정책의 실시로 자살률이 내려갈 것을 예측하고 있다.

④ 자살 경향이 있는 사람의 이상낌새를 알아차리는 것이 중요하다고 주장한다.

제 2 회 모의고사
TOPIK II
1 교시 (듣기)

성명
한국어 (Korean)
영 어 (English)
(Name)

수험번호

문항	답란			
1	①	②	③	④
2	①	②	③	④
3	①	②	③	④
4	①	②	③	④
5	①	②	③	④
6	①	②	③	④
7	①	②	③	④
8	①	②	③	④
9	①	②	③	④
10	①	②	③	④
11	①	②	③	④
12	①	②	③	④
13	①	②	③	④
14	①	②	③	④
15	①	②	③	④
16	①	②	③	④
17	①	②	③	④
18	①	②	③	④
19	①	②	③	④
20	①	②	③	④

문항	답란			
21	①	②	③	④
22	①	②	③	④
23	①	②	③	④
24	①	②	③	④
25	①	②	③	④
26	①	②	③	④
27	①	②	③	④
28	①	②	③	④
29	①	②	③	④
30	①	②	③	④
31	①	②	③	④
32	①	②	③	④
33	①	②	③	④
34	①	②	③	④
35	①	②	③	④
36	①	②	③	④
37	①	②	③	④
38	①	②	③	④
39	①	②	③	④
40	①	②	③	④

문항	답란			
41	①	②	③	④
42	①	②	③	④
43	①	②	③	④
44	①	②	③	④
45	①	②	③	④
46	①	②	③	④
47	①	②	③	④
48	①	②	③	④
49	①	②	③	④
50	①	②	③	④

※ 결 시 결시자의 영 어 성 명 및
확인란 수험번호 기재 후 표기

※ 답인지 표기 방법(Marking examples)
바른 방법(Correct) ● 틀린 방법(Incorrect) ⊗ ◑ ◐ ●

※ 위 사항을 지키지 않아 발생하는 불이익은 응시자에게 있습니다.

감독관 본인 및 수험번호 표기가
확 인 정확한지 확인 (인)

제 2 회 모의고사
TOPIK II
2 교시 (읽기)

| 성명 (Name) | 한국어 (Korean) |
| | 영어 (English) |

번호	답란	번호	답란	번호	답란
1	① ② ③ ④	21	① ② ③ ④	41	① ② ③ ④
2	① ② ③ ④	22	① ② ③ ④	42	① ② ③ ④
3	① ② ③ ④	23	① ② ③ ④	43	① ② ③ ④
4	① ② ③ ④	24	① ② ③ ④	44	① ② ③ ④
5	① ② ③ ④	25	① ② ③ ④	45	① ② ③ ④
6	① ② ③ ④	26	① ② ③ ④	46	① ② ③ ④
7	① ② ③ ④	27	① ② ③ ④	47	① ② ③ ④
8	① ② ③ ④	28	① ② ③ ④	48	① ② ③ ④
9	① ② ③ ④	29	① ② ③ ④	49	① ② ③ ④
10	① ② ③ ④	30	① ② ③ ④	50	① ② ③ ④
11	① ② ③ ④	31	① ② ③ ④		
12	① ② ③ ④	32	① ② ③ ④		
13	① ② ③ ④	33	① ② ③ ④		
14	① ② ③ ④	34	① ② ③ ④		
15	① ② ③ ④	35	① ② ③ ④		
16	① ② ③ ④	36	① ② ③ ④		
17	① ② ③ ④	37	① ② ③ ④		
18	① ② ③ ④	38	① ② ③ ④		
19	① ② ③ ④	39	① ② ③ ④		
20	① ② ③ ④	40	① ② ③ ④		

수 험 번 호
⓪ ① ② ③ ④ ⑤ ⑥ ⑦ ⑧ ⑨

제 2회 모의고사
TOPIK II
1 교시 (쓰기)

성 명 (Name)	한국어 (Korean)	
	영 어 (English)	

수 험 번 호

8

결 시 확인란
※ 결시자의 영어 성명 및 수험번호 기재 후 표기

※ 답안지 표기 방법(Marking examples)
바른 방법(Correct)	바르지 못한 방법(Incorrect)
●	⊘ ◐ ⊗ ◑

※ 위 사항을 지키지 않아 발생하는 불이익은 응시자에게 있습니다.

| 감독관 확 인 | 본인 및 수험번호 표기가 정확한지 확인 | (인) |

주관식 답안은 정해진 답란을 벗어나거나 답란을 바꿔서 쓸 경우 점수를 받을 수 없습니다.
(Answers written outside the box or in the wrong box will not be graded.)

51	㉠
	㉡
52	㉠
	㉡

53 아래 빈칸에 200자에서 300자 이내로 작문하십시오 (띄어쓰기 포함).
(Please write your answer below; your answer must be between 200 and 300 letters including spaces.)

53

※ 54번은 뒷면에 작성하십시오. (Please write your answer for question number 54 at the back.)

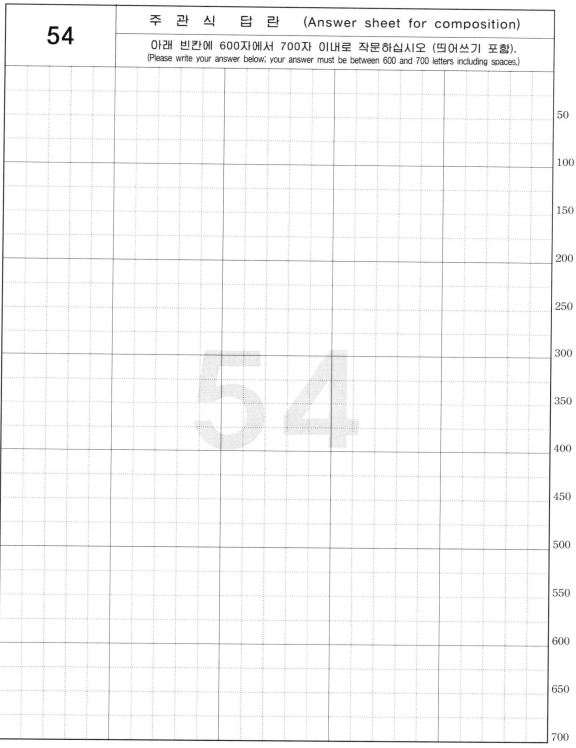

第1回 TOPIK II 模拟题 正确答案

听力 듣기 영역

1	2	3	4	5	6	7	8	9	10
③	②	②	②	①	④	④	④	④	③
11	12	13	14	15	16	17	18	19	20
③	③	④	②	④	④	①	④	③	②
21	22	23	24	25	26	27	28	29	30
②	②	④	③	①	④	④	③	④	④
31	32	33	34	35	36	37	38	39	40
④	②	④	①	②	③	④	③	③	②
41	42	43	44	45	46	47	48	49	50
①	③	④	②	④	①	②	③	④	②

写作 쓰기 영역

请参考答案解析

阅读 읽기 영역

1	2	3	4	5	6	7	8	9	10
④	③	③	③	①	①	②	③	②	③
11	12	13	14	15	16	17	18	19	20
③	②	④	①	③	④	②	④	①	①
21	22	23	24	25	26	27	28	29	30
④	①	①	①	③	③	①	③	①	④
31	32	33	34	35	36	37	38	39	40
②	④	①	④	③	③	①	②	②	②
41	42	43	44	45	46	47	48	49	50
①	②	④	①	④	①	③	④	④	④

听力（1~50题）

※[1~3] 听录音，请选择正确的图画。

1. 正确答案：③

男：老奶奶，请这边坐。

女：小伙子，你也累了吧……没关系，你坐着吧。

男：不用，我下站要下车了。

解析：根据对话可知，公交车上小伙子正在给老奶奶让座，并且马上就要下车了，故③正确；①中让座的是位女性，②④不是发生在公交车上，这三项均与对话场景不符。

☆关键词："젊은이"(小伙子)、"내리다"(下)

2. 正确答案：②

男：这份文件放哪里？

女：先放桌子上吧，一会我来处理。

男：好的，5分钟后我再过来。

解析：根据对话可知，男子给女子文件，女子让男子先放在桌上，男子表示5分钟后再过来，故②正确；①是男子帮女子捡东西的场景，③是女子要离开的场景，④是女子帮男子捡东西的场景，这三项均与对话场景不符。

☆关键词："놓다"(放)、"책상"(桌子)、"처리하다"(处理)

3. 正确答案：②

男：以500名小学生为对象，进行了一场对于毕业、升学礼物的喜欢程度的调查。结果显示，他们最希望得到的礼

物是游戏机。排在其后的依次是手机、电脑、相机等东西。与此相反，对于文具、书、运动鞋等这些大人想给他们的礼物的期望值并不高。

解析：根据原文可知，孩子们想得到的礼物是游戏机>手机>电脑>相机，②正确、④错误；大人想给孩子的礼物是文具、书、运动鞋等，①③错误。

☆关键词："대상"(对象)、"선호도"(喜欢程度)、"게임기"(游戏机)、"카메라"(相机)、"반면"(相反)、"문구류"(文具类)、"응답"(应答)

※[4~8] 听对话，请选择接下来的话。

4. 正确答案：②

女：等很久了吧，看书太入迷，结果就错过了公交车。

男：没关系，但是你怎么没接电话呢？

女：_____

① 以后再联系你。

② 把手机落在公司了。

③ 用电话通知更好。

④ 拨错电话号码了，对不起。

解析：根据对话可知，男子问女子为什么不接电话，接下来女子应对此进行回应，说明原因，①③④均不是不接电话的原因，只有②符合题意。

☆关键词："오래"(很久)、"놓치다"(错过)

5. 正确答案：①

女：上周借给你的小说带来了吗？

男：不好意思。因为着急出门去上课，竟落在家里了。

女：_____

① 那下次还给我吧。
② 那下课后还给你。
③ 我再给你买本新的。
④ 不满意的话给你换一本？

解析： 根据对话可知，男子怕上课迟到，匆忙出门就忘了带要还的书，女子接下来需要对男子的失误作出回应，①正确，是对男子的合理要求；②与对话内容相悖，③④与两人谈论的主题无关，故选①。

☆关键词："소설책"(小说)、"서두르다"(赶忙)

6. 正确答案：④

> 女：你脸色看起来不太好，出什么事了吗？
> 男：昨晚没睡好太累了，今天得把事情做完，太困了有点担心（做不完）。
> 女：＿＿＿＿＿＿＿＿＿＿

① 太累的话就回家休息吧。
② 有时间的话喝一杯吧？
③ 再怎么忙也应该吃饭啊。
④ 用凉水洗洗脸能好点。

解析： 根据对话可知，男子昨晚没睡好，但今天有任务得完成，女子接下来需要对男子的担心进行回应。①错误，男子表示工作要在今天做完，女子不会回应让男子回家休息；②③错误，男子又困又有事情要忙，显然不能提这样的建议；④正确，凉水洗脸能解困，故选④。

☆关键词："피곤하다"(疲惫)、"졸리다"(困)、"걱정"(担心)

7. 正确答案：④

> 女：我想要申请去国外留学，听说手续很烦琐，而且要交的材料也多，真的很复杂。
> 男：听说有专门代办出国留学的公司，不如让他们办理吧。
> 女：＿＿＿＿＿＿＿＿＿＿

① 应该先去打听一下留学所需要的材料。
② 交给学校的材料都准备好了。
③ 直接申请应该没什么问题。
④ 那样的话虽然很方便，但是费用会很高。

解析： 根据对话可知，女子想去国外留学，但听说程序复杂，于是男子给出建议，接下来女子对男子的建议进行回应，应选④，是对男子建议的委婉否定；①是女子已做过的事情，②与男子的建议无关，③与女子想法相违背，所以这三项均可排除。

☆关键词："제출하다"(提交)、"서류"(材料)、"절차"(手续)、"까다롭다"(烦琐)、"복잡하다"(复杂)、"대신하다"(代替)

8. 正确答案：④

> 女：报纸上说最近去夏威夷旅游的人很多，如果有闲暇的时间，我也想去……
> 男：最重要的是心态，如果内心找不到平静的话，永远也不会有闲暇的时间。
> 女：＿＿＿＿＿＿＿＿＿＿

① 我可是拥有闲暇心情的人。
② 去夏威夷有经济负担。
③ 如果能坐飞机去夏威夷就好了。
④ 那今天就应该请假，预约飞机票。

解析： 根据对话可知，女子想去夏威夷，但没有闲暇时间，对此男子对女子进行了开导，接下来女子对男子的开导进行回应，④正确，听从男子的建议；①错误，由第一句可知女子不是有闲暇之心的人；②③与男子的建议无关，这三项均可排除。

☆重点语法："-(으)로부터"，接在名词或代词后，表示起点、出发点，相当于汉语的"从……""由……"等。

📝 가정교사로부터 영어를 배우기 시작하였다.
开始跟家庭教师学英语。

📝 옛 조상님으로부터 대대로 물려받은 우리 집안 가보예요. 这是祖上世代相传的传家之宝。

9. 正确答案：④

> 女：打折期间想去买点东西，可是商场里好像人很多，怎么办？
>
> 男：不用去商场买，在商场的网站上订购就可以。购物5万韩元以上还包邮呢。
>
> 女：是吗？你怎么不早说啊？
>
> 男：不是啊，我上次跟你说了。

① 给商场打电话咨询。

② 去商场购物。

③ 告诉男子这个消息。

④ 上网站买东西。

解析： 根据对话可知，女子想去商场购物，担心人很多，对此男子建议去网站订购，所以女子接下来要去商场网站买东西，故④正确；①错误，对话并未涉及；②错误，女子听从了男子的建议，不会去商场；③错误，是男子告诉了女子消息。

☆关键词："무료"(免费)、"배송하다"(配送)、"이제야"(现在才)

10. 正确答案：③

> 女：请问是系办公室吧？这学期选课从什么时候开始啊？
>
> 男：这周一就可以开始选了。
>
> 女：好的，我想申请自然和文明这门课，应该怎么申请呢？
>
> 男：首先去网站确认一下这门课有没有满员。

① 填写选课表。

② 买课程的教材。

③ 查看有没有满员。

④ 确认选课时间。

解析： 根据对话可知，女子向男子询问课程时间和申请方法，男子让她先去网站上确认这门课有没有满员，所以女子接下来按照男子所说的去网站确认，故③正确；①②错误，对话并未提及；④错误，女子已经确认完申请时间。

☆关键词："학과 사무실"(系办公室)、"자연"(自然)、"문명"(文明)、"정원"(名额)、"차다"(满)

11. 正确答案：③

> 女：秀民，去哪儿？行李这么多……
>
> 男：啊，今天去欧洲旅游。不知道那里的饭菜合不合口味，所以把泡菜和小菜都带上了……
>
> 女：这样啊？我送你到机场吧。
>
> 男：谢谢。把我送到地铁站就行了。

① 给男子买泡菜。

② 一起去欧洲旅游。

③ 把男子送到地铁站。

④ 去机场接男子。

解析： 根据对话可知，女子看到男子去旅行拿了那么多行李，提议送到机场，男子回答送到地铁站就可以，所以接下来女子要开车送男子到地铁站，故③正确；①错误，对话并未提及；②错误，是男子自己去旅游；④错误，是女子本来想送男子到机场。

☆关键词："유럽"(欧洲)、"밑반찬"(小菜)、"공항"(机场)

12. 正确答案：③

> 女：院长，新生入学教育场所定下来了。
>
> 男：是吗？很好，讲师给的教育资料都收到了吗？
>
> 女：还没，我跟他说发邮件过来。
>
> 男：那你现在就去确认一下邮件，如果没收到就直接打电话吧。

① 给老师打电话。

② 打印教育资料。

③ 确认教育资料有没有收到。

④ 告诉讲师教育场所。

解析： 根据对话可知，男子询问教育资料是否收到，之后就让女子先去确认邮件，如果没收到就打电话，所以接下来女子应该首先确认资料是否收到，故③正确；①错误，这是确认邮件之后的行为；②④错误，对话均未提及。

☆关键词："신입생"(新生)、"결정되다"(定)、"강사"(讲师)、"직접"(直接)

※[13~16] 听录音，请选择与内容相符的内容。

13. 正确答案：④

女：喂？我是财务科的李美静。请问金老师在吗？

男：不好意思，金老师现在不在。

女：啊？这样啊。请问您知道金老师的联系方式吗？我有急事要找他。

男：这个我也不知道。

① 金老师有急事出差了。

② 男子把电话给了金老师。

③ 男子把金老师的联系方式告诉了女子。

④ 因为有急事，女子想联系金老师。

解析：根据对话可知，①错误，对话中并未提及；②错误，金老师不在；③错误，男子也不知道金老师的联系方式；④正确，女子因为有急事要联系金老师。

☆关键词："재무과"(财务科)、"비우다"(空出)、"연락처"(联系方式)、"급히"(急)

14. 正确答案：②

女：今天真是个适合赏花的日子。西部地区虽然多云，但还像昨天一样暖和。首尔白天气温21度，比往年高4度左右。与之相反，东部地区刮东风，多少会有些阴冷。江陵白天气温10度，比往年低6度左右。下午晚些时候南海岸和济州岛将下春雨。

① 西部地区天气暖和，万里无云。

② 下午南海岸和济州岛会下雨。

③ 首尔白天气温比往年低4度左右。

④ 东部地区的天气比西部地区更暖和。

解析：根据原文可知，①错误，西部地区是多云天气；②正确，下午南海岸和济州岛将下春雨；③错误，是比往年高4度左右；④错误，东部地区比西部地区更阴冷。

☆关键词："봄꽃"(春花)、"서쪽"(西部)、"구름"(云)、"예년"(往年)、"웃돌다"(超过)、"서늘하다"(阴冷)、"강릉"(江陵)、"남해안"(南海岸)

15. 正确答案：④

女：下面是釜山水族馆的演出消息。在釜山水族馆的表演场，周末下午3点到5点将会进行有趣的海洋动物表演。在这里，不仅能看到海豹、企鹅、海獭、海豚等海洋动物的令人惊奇的演出，而且还可以体验与动物一块做游戏的机会。演出结束后观众可以跟动物做游戏、合影，也可以直接抚摸它们。

① 演出开始以后不能入场。

② 演出的时候可以直接抚摸海洋动物。

③ 看演出的时候可以给海豹喂食。

④ 做游戏的时候可以跟海獭一块合影。

解析：根据原文可知，①③错误，文中并未提及；②错误，是演出结束后做游戏的时候才可以抚摸海洋动物；④正确，演出结束后跟动物做游戏的时候可以与动物合影。

☆关键词："수족관"(水族馆)、"공연"(演出)、"흥미진진하다"(趣味盎然)、"물개"(海豹)、"펭귄"(企鹅)、"수달"(海獭)、"돌고래"(海豚)、"펼치다"(展现)、"만지다"(抚摸)

16. 正确答案：④

女：在日常生活中，我们无意中就摄取了很多糖分。过度摄取糖分会对人体产生不好的影响。那么，教授，有什么方法让我们可以在生活中减少对糖分的摄取呢？

男：糖分摄取主要是从加工食品中摄取过多的糖分，首先最好减少对加工食品的摄取，特别是在炎热的夏天会喝很多碳酸饮料、电解质饮料、果汁等。这些饮料含有很高的糖分，所以不喝这样的饮料，最好养成喝水或大麦茶的习惯。喝咖啡或茶时也不要放糖浆或糖为好。

① 摄取的糖分越少对健康越有益。
② 比起糖，糖浆对身体有益的成分更多。
③ 糖类的摄取主要是通过饮料。
④ 为了减少糖类的摄取应该多喝大麦茶。

解析：根据原文可知，①错误，只是说摄取糖分多了对人体不好，没说越少越好；②错误，糖或糖浆都含有很高的糖分；③错误，糖分的摄取主要是通过加工食品；④正确，饮料含有很高的糖分，应该多喝水或大麦茶。

☆**关键词**："섭취하다"(摄取)、"과도하다"(过度)、"당분"(糖分)、"줄이다"(减少)、"가공식품"(加工食品)、"탄산음료"(碳酸饮料)、"이온음료"(电解质饮料)、"보리차"(大麦茶)、"시럽"(糖浆)

※[17~20] 听录音，请选择男子的中心思想。

17. 正确答案：①

男：今天去了一趟朋友刚搬家的房子，他家的空调真不错。设计很不错，而且还有杀菌功能。
女：老公，我们也买台空调吧。最近打折挺多的，应该很便宜就可以买到。
男：现在夏天几乎都过去了啊……而且我们下个月也要搬家，现在买的话还得安装，搬家的时候又得搬走要多花好多钱。搬完家之后，明年夏天再买吧？

① 搬家之后买空调更合适。
② 这次想买台设计好一点的空调。
③ 新房子应该买台带杀菌功能的空调。
④ 想买台跟现在住的地方相匹配的空调。

解析：看到朋友家的空调后男子回来就跟女子谈论空调话题，对于女子买空调的建议，男子不赞成现在买空调还列举了诸多理由，劝女子搬家后再买，故①正确；对话中讨论的是买不买空调，没有讨论买什么款式的空调，②③④均排除。

☆**重点语法**："-고 나서"，接在动词后，表示动作的接续，相当于"在……之后，做……"。

예 씨를 뿌리고 나서 흙을 덮어요.
撒了种子以后再掩土。

예 전편을 보고 나서 논의하시죠.
读完全篇再讨论吧。

18. 正确答案：④

男：敏姝，好久不见，听说你有男朋友了，人怎么样？快说说看。
女：他嘛，性格很活泼。我性格偏内向，担心会合不来。
男：你们俩会很合适的，如果与性格和你差不多的人生活会挺无趣又无聊的。和像你男朋友那样活泼的人在一起，话也会变多，生活也会有趣的。我性格外向，所以以后一定要找一个话不多的人。

① 和话多的人在一起无趣。
② 性格相仿的人很合得来。
③ 想和话不多的敏姝交往。
④ 性格不同的人在一起比较好。

解析：根据对话可知，女子担心自己性格与男朋友合不来，对此男子认为性格内向的人与活泼的人在一起会有趣，还说出自己性格外向得找一个不同性格的人，故④正确；①错误，男子认为话多的人与性格内向的人在一起比较有趣；②错误，与男子的观点相反；③错误，对话并未提及。

☆**重点语法**："-(으)ㄴ/는 편이다"，表示说话人主观的判断，表示"算是……"。

예 어제에 비해 오늘은 기온이 낮은 편이다.
与昨天相比，今天的气温偏低。

우리 나라의 생물 다양성은 북반구 온대 국가
들에 비해선 높은 편이다.
我国的生物多样性比起北半球温带国家算是高
的。

19. 正确答案：③

男：电影《鸣梁》看了吗？电影中的李舜
臣将军跟历史上的也太不一样了吧？
不仅长着一张女性化的脸，性格还那
么柔弱。

女：这只是部电影而已嘛。最近可有很多
人喜欢这名演员呢。

男：再怎么有人气也得做到再现真实历史
人物啊。既然是以历史人物为主题的
电影，那就应该找性格、外貌都与历
史人物相似的演员，这样才有说服力。

女：话虽然是这么说，但好像是为了取得
票房上的成功才选用了人气演员。

① 即使是历史剧也应拍得有意思。
② 电影最好由人气演员出演。
③ 选电影演员的时候必须多花心思。
④ 电影票房比史实更重要。

解析：男子在评判电影中饰演李舜臣将军的演
员，他认为其与历史描述差距很大，对于女子说
这名演员很受欢迎，男子强调历史剧应该找与历
史人物相似的演员，故③正确；②错误，与男子
的观点相反；①④错误，对话并未提到。

☆关键词："장군"(将军)、"진실적"(真实)、"재현
하다"(再现)、"뽑다"(挑选)、"설득력"(说服力)、
"흥행"(票房)、"채용하다"(选用)

20. 正确答案：②

女：姜代理，玄秀减肥之后真变瘦了，但
是腿和手腕上的皮肤有点下垂了。

男：那是短时间内减得太快的缘故。不是
减了 40 斤嘛，皮肤当然会下垂了。那
是因为身体里的脂肪迅速减少，拉长

的皮肤不能恢复而造成的，我们管它
叫皮肤多余部分下垂。虽然减肥是成
功了，但又有新的苦恼了。

① 减肥后皮肤不会下垂。
② 肥胖程度越严重，皮肤下垂症状越难克服。
③ 慢慢减肥的话皮肤会下垂。
④ 减肥时要随时确认。

解析：对于减肥之后的皮肤下垂，男子提出了自
己的想法，如果短时间减肥减得太快，皮肤必然
会下垂，拉长的皮肤也很难恢复，故②正确；
①③错误，快速减下来的话会下垂；④错误，对
话并未提及。

☆关键词："대리"(代理)、"다이어트하다"(减肥)、
"날씬해지다"(变瘦)、"왠지"(不知怎么地)、"팔
목"(手腕)、"늘어지다"(下垂)、"지방"(脂肪)、
"줄어들다"(减少)、"잉여"(剩余)

※[21~22] 听录音，请回答问题。

女：像最近这样沙尘暴严重的季节，听说
吃猪肉有助于排出体内吸入的沙尘。
这是真的吗？

男：不过是传言而已，现在还没得到科学
验证。虽然猪肉里含有我们身体所需
的营养成分，但吃猪肉对排出体内的
灰尘并不起作用。

女：为了把体内的黄沙灰尘排出去而多吃
猪肉反而可能会诱发肥胖。除了这个
没有别的方法吗？

男：比起肺，灰尘在支气管堆积得更多。
所以多喝水或者多吃野菜、杂粮这样
富含维生素和无机物的食物，就可以
轻松地排出体内的灰尘。

21. 请选择符合男子中心思想的选项。
① 传言不能得到科学的认证。
❷ 黄沙季节应该多喝水，多吃野菜、杂粮。
③ 应对沙尘须多吃点猪肉。
④ 吃猪肉可以把体内吸入的沙尘都排出去。

解析：男子认为，吃猪肉对于排出沙尘不起作用，建议多喝水和多吃野菜、杂粮等食物，②正确，③④错误；①错误，文中只是说吃猪肉有助于排出体内的尘土这一说法没有得到科学验证。

22. 请选择与所听内容相符的一项。

① 沙尘暴季节吃猪肉有助于排出灰尘。

❷ 沙尘暴季节多喝水可以排出灰尘。

③ 沙尘暴季节不可以吃猪肉。

④ 多吃野菜或者杂粮类可以维持肠道运动活跃性。

解析：根据对话可知，①错误，吃猪肉对排出体内的灰尘并不起作用；③④错误，文中并未提及；②正确，多喝水或者多吃野菜、杂粮有助于排出体内灰尘。

☆关键词："황사"(黄沙)、"먼지"(沙尘)、"속설"(传言)、"입증되다"(被证实)、"체내"(体内)、"비만"(肥胖)、"일으키다"(引发)、"기관지"(支气管)、"잡곡류"(杂粮)、"배출하다"(排出)

※ [23~24] 听录音，请回答问题。

> 女：最近听说教育部发表了可能会全面修订或废止"高中选择制度"的立场，对此引发了争论。你对此有什么看法？
>
> 男："高中选择制度"的宗旨是为了保障学生选择学校的权利和通过学校之间的竞争提高公共教育的水平。但是现在产生了很多副作用，助长了学校排名次的风气，引发了学生集中到一个地区的现象。
>
> 女：如果维持现行制度有可能发生更严重的问题吧。
>
> 男：是啊。学校之间竞争越发激烈会导致有的学校倒闭，学生为了进有竞争力的学校，也会使私立教育过热。

23. 男子正在干什么？

① 赞成学生的自律选择权。

② 说明学校排名现象好的一面。

③ 说明私立教育过热现象。

❹ 批判高中选择制度的实效性。

解析：男子认为"高校选择制度"的初衷是好的，但现在有很多副作用，并且如果维持现行制度会带来更严重的后果，所以男子对于"高校选择制度"是持批判和否定态度的，故④正确；①错误；②③文中并未提及。

24. 请选择与所听内容相符的一项。

① 决定全面修订高中选择制度。

② 高中选择制度是无视学生自由意志的制度。

❸ 想进入好高中的学生们竞争更激烈了。

④ 按现行的制度走下去会大力提高公共教育水平。

解析：根据对话可知，①错误，教育部只是有可能修订或废止高中选择制度；②错误，高中选择制度不是无视，而是重视；③正确，因制度的副作用，要想升入好学校竞争会更激烈；④错误，按现行的制度走下去可能发生更严重的问题。

☆关键词："교육청"(教育局)、"수정하다"(修正)、"폐지하다"(废止)、"취지"(宗旨)、"공교육"(公共教育)、"끌어올리다"(提高)、"서열화"(排序)、"편중되다"(侧重)、"사교육"(私立教育)

※ [25~26] 听录音，请回答问题。

> 女：朴记者，最近各类舆论媒体争相报道关于艺人逃避兵役的新闻。艺人们不择手段地逃避服兵役的原因是什么？
>
> 男：在人气正旺时艺人们如果去服役，他们会担心服役的两年时间里被观众忘记，所以有很大的压力。他们服完兵役后重新找回人气不是件容易的事。二十多岁年龄段可以说是男艺人的鼎盛时期。所以男艺人为了不去军队使用故意拔掉正常牙齿和肩膀脱臼等方法。但是拥有同样苦恼的运动员，通过获得金牌就可以合法免除服兵役。

> 男艺人却没有这样的免除方法，所以是头号逃避服兵役者。

25. 请选择符合男子中心思想的选项。

❶ 逃避兵役男艺人有自己的理由。
② 应消除助长逃避兵役的社会氛围。
③ 应该推进运动员和男艺人免除兵役制度。
④ 应加强对不服兵役的男艺人的惩罚。

解析： 男子叙述了男艺人逃避兵役的诸多理由，所以男艺人有他自己逃避兵役的缘由，故①正确；②③④文中并未提及，这三项均可排除。

26. 请选择与所听内容相符的一项。

① 男艺人过了 20 岁人气会快速下降。
② 人们更喜欢依法服完兵役回来的男艺人。
③ 如果运动员参加奥运会，不服兵役也不会受到惩罚。
❹ 有些男艺人宁愿伤害自己的身体，也不愿意服兵役。

解析： 根据对话可知，①②错误，文中并未提及；③错误，运动员在参加奥运会获得金牌后才可以免除兵役；④正确，文中男艺人为了逃避兵役，用故意拔掉正常牙齿和使肩膀脱臼等手段伤害自己的身体。

> ☆关键词："병역"(兵役)、"비리"(不正之风)、"가리다"(分辨)、"한창"(正是)、"주가"(人气)、"잊혀지다"(被忘记)、"되찾다"(找回)、"전성기"(鼎盛时期)、"발치"(拔牙)、"탈구"(脱臼)、"금메달"(金牌)

※ **[27~28] 听录音，请回答问题。**

> 女：听说最近停车留下的手机号被犯罪分子所利用。
> 男：嗯，利用驾驶人留下的电话号码进行电话诈骗、跟踪骚扰、淫秽短信折磨的事件频发，像在首尔、釜山这样的大城市甚至利用手机号码引诱驾驶人员抢劫的事也频繁发生。

> 女：问题越来越严重，但驾驶人员在不易停车的地方停车时除了在车上留下电话号码之外也没什么高招了。
> 男：那么放任事态继续发展下去吗？
> 女：这样沉默下去是不行的。为了解决此事应该研发一种方法，让打电话的人和接电话的人在互相不知道对方号码的状态下就能联系。

27. 请选择女子向男子说话的意图。

① 为了说明被害人的事例
② 为了表明留下电话号码的心理
③ 为了告知留下电话号码的方法
❹ 为了表明开发新的联络技术的必要性

解析： 女子举了很多案例，不是单纯对这些案例进行说明，而是为强调开发新联络技术的必要性作铺垫，故选④。①是男子所说的，②③文中并未涉及。

28. 请选择与所听内容相符的一项。

① 驾驶员停车时应该留下电话号码。
② 开发了预防犯罪的新联络技术。
❸ 犯罪者利用停车时留下的手机号码实施犯罪。
④ 男子因手机号码遭受过损失。

解析： 根据对话可知，①错误，驾驶员是在难停车的地方留下电话号码；②错误，预防犯罪的新技术需要被开发，还没开发出来；③正确，女子第一句话就开门见山地指出；④错误，文中并未提及。

> ☆重点语法："-(ㄴ/는)다는 말이다"，接在动词或形容词后，表示对曾经提到的事实加以强调和确认。

예 넌 눈곱만한 효성도 없단말이에요.
你连一丁点儿孝心也没有。

예 이 신용카드는 유효기간이 지났단말입니다.
这张信用卡已经过期了。

女：据说仁川地方检察厅官邸被盗，财物也被偷走，现在调查进行到哪一步了？

男：18日晚上9点30分接到报警，去现场检查之后发现，位于延寿区玉莲洞的仁川地方检察厅官邸被盗，包含贵金属和现金在内的价值相当于230万韩元的财物被偷走。据调查，玄关门的防盗密码锁整个被撬，前面的住户也是在同一天晚上以同样的手法被盗，被盗走价值150万韩元的财物。现在正在对公寓电梯中的监控录像进行分析。

29. 请选择男子的身份。

① 小区居民　　　　② 小偷
③ 检察官　　　　❹ 警察

解析：男子接到报警、去现场检查、对监控录像进行分析，由此可以推断男子是一名警察，答案选④。

30. 请选择符合所听内容的一项。

① 官邸前面住户失窃，被盗走价值相当于230万韩元的财物。
② 仁川地方检察厅官邸正在调查三名女检察官。
③ 男子说已经抓到了小偷。
❹ 18日晚上发生了两起被盗事故。

解析：根据对话可知，④正确，18日晚上发生了两起被盗事故，官邸和官邸前面住户均被盗；①错误，官邸前面住户被盗价值相当于150万韩元的财物；②错误，文中并未提及；③错误，案情正在调查中，还没抓到小偷。

☆关键词："침입하다"(侵入)、"금품"(财物)、"훔치다"(窃取)、"지검"(地方检察厅)、"귀금속"(贵金属)、"잠금장치"(密码锁)、"뜯기다"(被撬)、"승강기"(电梯)

女：有没有看过《天空之城》这部电视剧？台词句句珠玑，我觉得编剧观察社会的洞察力极其出色。

男：嗯，我也偶尔看，演员们的台词表现力非常出色。这都是编剧精心编写剧本的功劳吧？观众对台词的好评不断。他们还制作了经典台词语录，非常喜欢看。

女：是啊，看这部剧就像看不朽的电影那样会聚精会神地观看。剧中一个个情节都细致地表现出来。

男：嗯，但是有报道说台词使用的都是我们日常不怎么用的话语，所以与现实有些脱节。我也有时候觉得那部电视剧的台词有些做作，感觉有些脱离现实。

31. 请选择符合男子想法的选项。

① 编剧细腻的台词表现和收视率有关系。
② 人们从与现实有差距的电视剧中获取满足感。
③ 观众制作的经典台词语录增添了看剧的乐趣。
❹ 电视剧的魅力虽然源自台词，但也应该考虑和现实的均衡。

解析：男子对电视剧的台词给予了肯定，但是也指出与现实有一定脱节，故④正确；①②文中并未提及，③是男子对电视剧的一个肯定而已，均可排除。

32. 请选择符合男子态度的选项。

① 一一反驳对方说的话。
❷ 说出自己对台词的意见。
③ 想以后要制作的电视剧。
④ 赞成报道中相关人士的意见。

解析：女子在赞美这部电视剧的时候，男子首先肯定了这部电视剧，然后又指出其缺点，对台词说出了自己的观点，故选②。

☆关键词："주옥"(珠玑之作)、"바라보다"(观察)、"통찰력"(洞察力)、"전달력"(传达能力)、"대본"(剧本)、"꼼꼼히"(精心)、"호평"(好评)、"불후"(不朽)、"세밀히"(细致)、"가식적"(虚假的)

解析：根据原文可知，①正确，一部分大学在入学考试中包含历史科目；②错误，在高考中历史科目是选修科目；③错误，一个教室最多不超过两人选择历史科目；④错误，在高中教历史课。

☆关键词："방침"(方针)、"국사"(韩国历史)、"선택과목"(选修科目)、"안타깝다"(令人惋惜)

※ [33~34] 听录音，请回答问题。

女：尽管韩国政府提出了强化历史教育的方针，但是现实生活中，教师讲授韩国历史却非常困难。并且，那些为了准备高考而学习的学生们学习国史也有困难。因为韩国历史是高考的选修科目。就算在高中学历史，但大环境也不允许学生们学习这一和高考无关的科目。根据统计结果显示，高考选择历史科目的学生一个教室最多两名。再加上据说如果学生凭借实力才能考上的大学在入学考试中不包含历史科目的话，学校在进行升学指导时会让学生放弃历史学习。这种政府和学校都不让学生学习国家历史的现况令人惋惜。

33. 这是关于什么的内容？
① 强化历史教育相关政策的必要性
② 取消高考中历史科目的合理性
③ 对历史教师进行教育的必要性
❹ 安排能够学习韩国历史环境的紧迫感

解析：根据原文可知，历史课作为一门选修课，大部分高中学生不会去学，学校也指导学生放弃学习，最后一句还表达了作者的观点，希望塑造一个让学生能够学习历史的环境，故选④。

34. 请选择与所听内容相符的一项。
❶ 有的大学在入学考试中设有历史科目。
② 高考中历史科目是必考科目。
③ 一个教室最少有两人会选择历史科目。
④ 高中因为高考不教历史课。

※ [35~36] 听录音，请回答问题。

男：今年，信用卡公司为了吸引顾客竞争愈发激烈。近几个月，每月发放100万张以上的信用卡，至今为止发放了共计一亿两千万张以上。据一家研究所的报告称，韩国信用卡人均持卡量达4.8张。对此政府只警告信用卡公司的过热竞争的政策，但这种警告是不是根本地解决还留有疑问。韩国曾因信用卡大乱而动摇了整个国家的经济。为了制定根本对策，不能将它看作是个人消费的问题，而是要把它看作动摇国家经济的社会问题。为了不因信用卡大乱让国家再次陷入经济危机，强烈要求政府带头迅速制定对应策略。

35. 男子正在干什么？
① 对于信用卡公司限制发卡数量进行评价。
❷ 要求国家迅速地制定对策。
③ 要求给信用等级达到一定水平的人发放。
④ 分析信用卡大乱国家没有责任。

解析：男子先说明了信用卡的发放数量及政府的态度，表达了政府的政策没有实效，并列举信用卡大乱的危害，呼吁政府迅速制定对策，故选②。

36. 请选择与所听内容相符的一项。
① 至今发放的信用卡加起来有两亿张以上。
② 对信用等级低的人不能随意发放信用卡。
❸ 韩国因信用卡大乱给国家经济造成很大危机。
④ 由于政府的警告，信用卡公司的过热竞争暂时缓解了。

解析：根据对话可知，①错误，发放的信用卡还没达到两亿张；②错误，文中并未提到；③正确，韩国曾因信用卡大乱而动摇了整个国家的经济；④错误，政府的警告对信用卡公司的过热竞争没有起到实际效果。

☆关键词："발급되다"(被发放)、"집계되다"(共计)、"미미하다"(微不足道)、"대응"(对策)、"근본적"(根本的)、"대란"(大乱)、"봉착하다"(遇到)、"앞장서다"(带头)

※ [37~38] 下面是一期教养节目，听录音，请回答问题。

> 女：最近韩国国民呼吁，教育费负担已成为最大的问题。对此您怎么看？
>
> 男：政府正推行荒废公共教育，鼓励私教育的教育政策。先不说这项政策在教育界激化竞争并强行要求排名化，普通公民因负担不起教育费很痛楚。据统计，一个孩子从出生到大学毕业的养育费和教育费高达 3 亿韩元，无法想象其父母所承受的负担和苦痛。所以因教育费用放弃二胎的公民已达到45％。像这样现在的很多人干脆放弃生育或者并非本意地拒绝要二胎都是有原因的。

37. 请选择符合男子中心思想的选项。

① 政府出台多种节省教育费用的政策。

② 养育子女最重要的是父母的人品和经济实力。

③ 低生育率持续的话就会发生很多社会问题。

❹ 低生育率问题与学生父母所承担的教育费有关。

解析：男子强调因为政府推行的政策激化了教育界的竞争，因高昂的养育费和教育费人们的负担很沉重，也因此导致很多人放弃生育和生二胎，故④正确；①②③在文中并未提及。

38. 请选择与所听内容相符的一项。

① 通过各种政策阻止了私教育费的暴增。

② 人们因为高昂的公共教育费而放弃生育。

❸ 政府的错误教育政策使得公共教育无立足之地。

④ 很多人认为大学征收学费是理所应当的。

解析：根据对话可知，②错误，很多人因高昂的教育费用放弃生育或二胎；③正确，政府推行荒废公共教育，暴增私教育费的政策，导致竞争激烈，教育费用暴增，很多家长负担沉重或放弃生育；①④错误，文中并未提及。

☆关键词："외치다"(呼吁)、"황폐화시키다"(荒废)、"폭증시키다"(使暴增)、"내놓다"(推行)、"격화시키다"(激化)、"무려"(高达)、"출산"(生育)

※[39~40] 下面是一场访谈。听录音，请回答问题。

> 女：至今为止，您把全世界粮食价格暴涨的原因从需求和供给两方面分别进行了分析。那么有没有解决世界粮食危机的方法呢？
>
> 男：首先短期的解决方法是发达国家直接援助粮食，即发达国家出面，向粮食不足问题日益严重的国家提供帮助。第二种长期的办法是制定世界粮食危机解决政策。现在不能安于发达国家提供援助的现状，而是要培养能够依靠本国努力来战胜粮食困难的力量。只有这种短期和长期的解决办法并行，世界粮食问题才能得以解决。

39. 请选择对话前面的内容。

①世界粮食问题的解决方法

②世界粮食问题的代表国家

❸世界粮食问题的原因

④为解决世界粮食问题发达国家的参与度

解析：从女子的第一句话"至今为止，您把全世界粮食价格暴涨的原因从需求和供给两方面分别进行了分析"，可以知道前面的内容应该谈论的是世界粮食问题的原因，故选③。

40. 请选择与所听内容相符的一项。
① 粮食问题最好依靠自己的力量来解决。
❷ 粮食问题应该通过国家的支援和自身的努力并行解决。
③ 世界粮食短缺是所有国家都要背负的课题。
④ 发达国家应该积极地支援解决粮食短缺问题。

解析：根据对话可知，①错误，②正确，解决粮食问题有两种办法，即发达国家支援和依靠本国努力；③错误，文中并未提及；④错误，不仅需要发达国家的援助，还需要本国的努力。

☆关键词："식량"(粮食)、"폭등하다"(暴涨)、"수요"(需求)、"공급"(供给)、"단기적"(短期的)、"선진국"(发达国家)、"지원하다"(援助)、"식량난"(粮食短缺)

※[41~42] 下面是一段演讲。听录音，请回答问题。

男：从癌症和压力的关系研究内容可以看出，癌症和压力没有直接关系。只是饮酒、吸烟等解压方式有可能会诱发癌症。但是，在这里要强调的是，正确了解癌症并好好应对的话，保持健康并不难。为了预防癌症接下来为大家介绍几个方法。第一，吸烟是万病之源，应该禁止吸烟并且避免吸二手烟甚至三手烟。第二，在工地工作的工人们应特别注意千万不要一直暴露在有致癌物质的地方。第三，请保持每周5次以上，每天至少30分钟以上的运动量，最好稍微出点汗。再也没有比运动更好的防癌方法了。第四，酒一天只喝一两杯，尽可能不吃烧焦的食物。

41. 请选择与所听内容相符的一项。
❶ 间接吸烟可能会诱发癌症。
② 对身体健康有害的解压方式能克服癌症。
③ 即使正确了解并应对癌症也治不了。
④ 只有戒烟戒酒才可以预防癌症。

解析：根据原文可知，①正确，吸烟是万病之源，间接吸烟也可能诱发癌症；②错误，饮酒吸烟等有害的解压方式会导致癌症；③错误，正确了解并好好应对癌症，可以保持健康；④错误，预防癌症要戒烟，但没有提及要戒酒，只提到要适量饮酒。

42. 请选择符合男子中心思想的选项。
① 很难预测癌症发生的原因。
② 应该准备应对在癌症发病之后变化的生活。
❸ 正确地了解和预防癌症很重要。
④ 为了更好地治疗癌症，应该采取积极的态度。

解析：文中一开始说明癌症与压力的关系，男子强调有害的解压方式会诱发癌症，只要正确了解癌症好好应对就能保持健康，紧接着列举了防癌的方法，故③正确；①②④在文中并未提及。

☆重点语法："-(으)므로"，接在动词或形容词后，表示前一分句是后一分句的理由或原因。相当于汉语的"因为……"。

예 병실 안은 정숙해야 하므로 면회는 사절합니다.
病房内必须肃静,谢绝探病。

예 일부 관련 부서는 각각 설립할 필요가 없으므로 합병하여야 합니다.
有些相关部门不必分立,而应合并。

※[43~44] 下面是一期纪实节目。听录音，请回答问题。

女：通常人们认为自己不会说谎，但是心理学家却认为，人们比自己想象的更善于说谎。如果广泛定义谎言的话，人们说谎几乎可以称为是家常便饭。对于好久没见的人，虽然不是出自真心，但还是会客套地提议吃饭或者收到不喜欢的礼物却说是想收到的礼物，这种情况下人们很自然地说出谎言。从适应方面来看，在特定的环境下为了对自己有利而调整自己所说的谎言，可以帮自己生存下去。所以谎言在某种程度上还被当作不受指责的处世技巧。

43. 请选择人们说谎的理由。

① 为了提议一起吃饭

② 为了收到想要的礼物

③ 为了留下好印象

❹ 为了更好地适应社会生活

解析：女子提出人们善于说谎的话题后举例说明，文中的最后两句话指出人们是为了对自己有利，以便更好地适应社会生活而说谎，故选④。

44. 请选择符合本文中心内容的选项。

① 通常人们属于不太说谎的。

❷ 某种程度上谎言被社会所认可，不受指责。

③ 善于说谎能更好地适应社会生活。

④ 作为处世技巧，说谎受到指责。

解析：根据原文可知，人们善于说谎是为了对自己有利以便帮助自己生存，作为处世技巧，谎言不受社会的指责，故选②；①③选项只是单一内容，④选项内容相反。

☆关键词："거짓말"(谎言)、"거짓말쟁이"(谎话精)、"폭넓다"(广泛)、"제의하다"(提议)、"자연스럽다"(自然)、"각도"(角度)、"유리하다"(有利)、"처세술"(处世技巧)

※ [45~46] 下面是一段演讲。听录音，请回答问题。

女：不久前只要看到文身，脑中就会浮现男人、小混混、害怕等不好的形象。但是最近文身已经成为一种潮流。特别是夏天的时候，人们都把文身当作配饰的一种。而且，还可以用文身遮盖手术或者伤口留下的疤痕，可以把漂亮纹路或者自己想要的图形永久地纹在相应的部位。文身不再是一种凶狠的形象，而是一种时尚，还具有治疗的作用。但是，刺青或者文身的时候需要忍耐疼痛，而且想要去除它的时候也需要付出同样的代价，所以文身之前一定好好考虑之后再做决定。

45. 请选择与所听内容相符的一项。

① 文身多被用于治疗。

② 无论文身还是去掉文身都很方便。

③ 文身成为潮流的领跑者正流行。

❹ 现在改变了过去对文身的看法。

解析：根据原文可知，①错误，文身有治疗的作用但不是主要用途；②错误，无论文身还是去除都需忍耐疼痛，要慎重；③错误，文身成为流行潮流之一，不是领跑者；④正确，人们对文身从以前不好的想法到现如今可以客观地看待。

46. 请选择与女子态度相符的选项。

❶ 慎重地分析目前状况的积极面。

② 对现状担心并批判。

③ 提出解决当前情况的方案。

④ 分析目前情况并预测未来。

解析：女子讲述了文身从过去在人们印象中不好的形象到现在的改变，列举了诸多积极肯定的一面，最后指出在文身或去除文身时应持有谨慎态度，故①正确。

☆关键词："타투"(文身)、"깡패"(混混)、"이미지"(形象)、"패션"(潮流)、"여름철"(夏天)、"액세서리"(配饰)、"흉터"(疤痕)、"무늬"(纹路)、"험악하다"(凶狠)、"새기다"(雕刻)、"대가"(代价)

> 女：今天我们邀请到韩国铁路公社的总经理金尹静先生，听听他对最近发生的高速铁路事故的看法。因为这起事故乘坐高铁的乘客不安情绪空前高涨。对此请谈谈您的想法。
>
> 男：首先向使用我们韩国铁路并一直予以厚爱的国民们致以深深的歉意。我会和我们管理人员们一起竭近全力商讨如何赔偿这起事故给大家的损害。现在我们国家所拥有的高速铁路还处于不能自主研发的状态。这意味着与发达国家高速铁路相比，技术上还有不足之处，但通过数年的示范运行其安全性已经得到验证，大家不必对此感到忧虑。并且我向大家保证，以后高速铁路的维修体系会更加严格，再也不会发生这样的事。

47. 请选择与所听内容相符的一项。

① 已经掌握了高速铁路自主研发的技术。

❷ 高速铁路维修体系将进一步加强。

③ 几次示范运行引起了事故。

④ 铁道公社因此次事故结构调整不可避免。

解析：根据对话可知，①错误，铁路还没达到自主研发阶段；②正确，通过这次事故高速铁路的维修体系会更加严格；③错误，并没说示范运行引起了事故；④错误，文中并未提及。

48. 请选择最符合男子态度的选项。

① 对这次发生的事故进行辩解。

② 做出与普通人常识相背离的言行。

❸ 承认事故的原因并做出承诺。

④ 抗议他人的批评，并提出主张。

解析：男子在解释这起事故的原因在于与发达国家高速铁路相比技术上有差距，并且承诺以后高速铁路的维修体系会更加严格、完善，故选③。

☆**重点语法：**"-습니다만"，意义与"-지만"相同，相当于汉语的"虽然……但是……"，表示轻微转折及提示。

예 실례합니다만 성함이 어떻게 되십니까?
请问您贵姓?

예 연락을 받았습니다만 약속대로 갈 수 없습니다. 虽然联系我了，但是我不能赴约。

※ [49~50] 下面是一段演讲。听录音，请回答问题。

> 女：基督教团体和政府为节约能源而颁布的深夜城市照明规定法案互相对峙。这次国会审查法案的主要内容是：为了调整深夜城市照明而熄灭十字架的灯。至今为止，十字架被划为纪念物不属于限制对象，但是现在从节约电力能源的层面来看，十字架也应该划到限制对象里面。对教会来说，十字架的灯光被熄灭，相当于对教会的否定，所以教会一时炸开了锅。但是十字架8小时持续使用的电力相当于四口之家一个月使用的电量，从这一点来看，将十字架归入限制对象是正确的选择。并且因整夜一直闪烁的十字架灯光而引发的投诉也不断发生。

49. 请选择与所听内容相符的一项。

① 市民们必须降低电力使用量。

② 必须尽快阻止法案通过。

③ 只要调节十字架灯的亮度就可以。

❹ 关掉十字架的灯光遭到基督教团体的反对。

解析：根据原文可知，政府为了节约能源，颁布了深夜城市照明规定法案，并且提出熄灭十字架的灯，遭到了基督教团体的反对，故④正确；①②③在文中并未提及。

50. 请选择与女子态度相符的选项。

① 正在探索政府和教会之间的矛盾的解决方案。

❷ 支持为了节约能源而限制十字架点亮时间的法案。

③ 反对将十字架指定为纪念物的法案。

④ 反驳为了节约能源而熄灭十字架灯光的主张。

解析：女子认为十字架8小时持续使用的电力相当于四口之家一个月使用的电量，所以将十字架归入限制对象是正确的选择，故选②。

☆关键词："에너지"(能源)、"기독교"(基督教)、"신경전"(心理战)、"십자가"(十字架)、"불빛"(灯光)、"소등하다"(熄灯)、"분류되다"(被划分)、"부정하다"(否定)、"펄쩍"(猛地)、"민원"(民怨)

写作（51~54题）

51. 正确答案：

㉠ 지갑을 잃어버렸습니다 . 丢了钱包。
　 지갑을 분실하였습니다 . 遗失了钱包。

㉡ 사진 한 장도 함께 있습니다 .
　 在一起的还有一张照片。
　 사진 한 장이 있습니다 . 有一张照片。

> **寻找钱包**
> 昨天下午5点左右在职员休息室（　㉠　）。钱包是褐色的，里面有两张信用卡和若干现金。还有（　㉡　）。是我最珍视的全家福。希望看到我钱包或正在保管的人务必联系我。电话是014-0987-6543。

解析：从文章的题目和第二句"钱包是褐色的"可知这个人丢失了钱包，故㉠处应填写丢失钱包的内容；根据第二句钱包里的东西和㉡处后面的句子"全家福"可知钱包里面还有照片，故㉡处应填写照片的内容。

52. 正确答案：

㉠ 중요한 역할을 한다 . 发挥重要作用。
　 큰 도움이 된다 . 大有帮助。

㉡ 많은 단어를 쓰는 것을 使用很多单词
　 풍부한 (다양한) 어휘를 사용하는 것을
　 使用丰富的词汇

> 孩子从父母那听到的单词越多，话说得越好。孩子一般出生后12个月左右就会开始使用一两个单词，这时父母使用的话对孩子积攒用词能力（　㉠　）。父母如果使用丰富的词汇，孩子将来说话时的表现力也会变得丰富。所以父母不能懒于（　㉡　）。

解析：文章阐述父母的话语对孩子学说话会产生影响，第一句话提出父母说的单词对孩子说话会产生的影响，由此可以判断孩子刚说出一两个单词时，父母使用的话语对孩子积攒词汇有重要的作用，所以㉠处应填作用大或帮助大等；㉡前面的句子总结出父母使用越丰富的词语孩子说话表现力就越丰富，所以㉡处应填写父母多使用词汇的内容。

53. 参考范文：

20, 30 대 직장인들은 다양한 방법으로 스트레스를 해소한다 . 남성의 경우 인터넷 게임을 통해 스트레스를 해소하는 사람이 33.4% 로 가장 높은 비율을 차지한 반면 여성의 경우 취미생활이 41.4% 로 가장 높은 비율을 차지했다 . 다음으로 남성은 운동 , 취미생활이 24.6%, 23.1% 로 그 뒤를 이었고 술로 스트레스를 해소하는 사람이 18.9% 로 가장 낮은 비율을 보였다 . 여성의 경우 전화 통화 , 쇼핑이 28.7% 와 16.7% 로 그 뒤를 이었고 운동으로 스트레스를 해소하는 사람이 13.2% 로 가장 낮은 비율을 보였다 .

二三十岁的职场人通过各种方式减压。男性中通过打线上游戏减压的最多，占33.4%。与此相反，女性中靠兴趣爱好减压的最多，占41.4%。男性中靠运动、兴趣爱好减压的分别占24.6%、23.1%，排在第二、第三位，回答靠喝酒减压的男性比例最低，仅占18.9%。而女性中，靠通话、购物减压的分别为28.7%、16.7%，排在第二、第三位，通过运动减压的女性比例最低，仅占13.2%。

54. 参考范文：

　　카네기가 이런 말을 한 적이 있다. "웃음은 모든 사람을 비춰준다. 마치 먹장구름을 가로 지나가는 태양처럼 사람에게 따스함을 갖다준다." 미소는 항상 사람의 마음을 따뜻하게 해주고 자신감을 가지게 한다.

　　수능시험 장소에 들어가며 긴장이 가득찬 학생에게 부모가 주는 미소는 순식간에 불안과 초조함을 사라지게 하고 교사가 주는 미소는 따뜻한 햇빛마냥 따스함과 편안함을 가져다 준다. 일에 지쳐 힘들어 하는 사람에게 미소를 지으면 마음을 차분하게 가라앉히고 서서히 역경으로부터 나오게 할 수 있다. 상대방이 우리에게 미소를 지으면 위안이 되고 자신감이 생겨서 역경을 헤쳐나갈 수 있는 용기가 생긴다.

　　미소는 이 세상에서 가장 간단하고 아름다운 언어로 서로간의 신임을 얻고 생활에 활력을 불어 넣어 기쁨을 가져다 준다. 생활에는 미소가 꼭 필요하다. 가정에서 미소를 지으면 행복의 꽃이 피어나게 되고 친구가 미소를 지으면 우정이 돈독해지고 도움을 주는 사람이나 받은 사람이 서로 미소를 지으면 두 사람의 기분을 다 상쾌하게 해주며 또한 자신에게 미소를 지으면 자신을 받아들이고 아낄 수 있게 되어 생활이 아름다워진다. 이렇듯 보잘 것 없는 미소라고 깔보지 말고 미소를 지으며 앞을 향해 달려보자.

　　卡耐基曾说过这样的话，"笑容能照亮每一个人，它像穿过乌云的太阳，带给人们温暖"。微笑总是让人倍感温暖的同时，给人自信心。

　　对于即将走进高考考场，紧张的考生来说，父母给予的微笑会瞬间消除考生的不安和焦虑；教师给予的微笑像一缕温煦的阳光给学生温暖和舒适。对工作很疲惫的人给予微笑，能让他们静下心慢慢地走出逆境。这样得到对方微笑的人会感到欣慰，建立自信心，最终有勇气从逆境中走出来。

　　微笑是世界上最简单、最美丽的语言，微笑可以得到彼此的信任，给生活注入活力，给我们带来快乐。因此生活中微笑必不可少。家人之间笑一笑会开出幸福的花；朋友之间笑一笑会加深友谊；帮助他人或得到帮助时笑一笑会让彼此的心情更加愉快；对自己笑一笑就能接纳自己、珍惜自己，会让生活更美好。所以不要把微笑视作微不足道的小事，试着微笑着奔向未来吧！

阅读（1~50题）

※[1~2] 请选择最适合填入（　　）的选项。

1. 正确答案：④

> （　　）忘记有约，很担忧。

① -(으)ㄹ 겸：表示前后两个动作同时进行，相当于汉语的"连……带……""顺便"。

② -(으)ㄹ 수록：表示递进，相当于汉语的"越……越……"。

③ -는 바람에：表示原因，受前面的影响，后面出现某一结果，多带否定性意义。

④ -(으)ㄹ까 봐：表示担心发生什么事，相当于汉语的"担心……"。

解析：解答此题的关键在于把握"忘记有约"和"担忧"两者之间的关系，应该是"心里担心怕忘掉有约"故选④。

☆关键词："약속"(约会)、"잊어버리다"(忘记)、"걱정"(担忧)

2. 正确答案：③

> 即便快点（　　），也不能一天读完那本书。

① -되：表示提出事实后举出与此相对立的事实。相当于汉语的"是……然而……"。

② - 자니: "자고 하니"的缩写, 表示主语打算进行某种动作结果发生后半句的状况。

③ - 았/었/였자: 表示让步, 相当于汉语的"就算……也"。

④ - 아/어/여서야: 表示条件或前提, 只有在某种特定情况下才做后句动作。

解析: 解答此题的关键在于"아무리", 它一般和表示让步的语法连用, 本句的意思是即使做"快点读"这个动作, 也没有什么用, 故选③。

☆**关键词**: "아무리"(不管怎样)、"하루"(一天)

※ [3~4] 请选择与画线处意思相近的选项。

3. 正确答案: ③

> 他们<u>怕吵醒</u>正在睡觉的孩子, 所以压低了声音。

① -(으)ㄹ라치면: 表示假定, 相当于汉语的"如果……"。

② - 라마는: 表示承认前一事实, 但后面不受其影响, 相当于汉语的"尽管……"。

③ -(으)ㄹ까 봐, 表示担心发生某种行为或出现某种情况。

④ - 자면: 间接引语"자고 하면"的缩略语, 相当于汉语的"如果想……"。

解析: 连接语尾"-(으)세라"与连接语尾"-(으)ㄹ까 봐"都表示担心害怕前面的事情发生, 故选③。

☆**关键词**: "깨다"(醒)、"낮추다"(降低)

4. 正确答案: ③

> 本来<u>以为</u>这次朋友一定会<u>答应</u>自己的请求, 没想到竟被拒绝了。

① - 아/어/야야만 하다: 表示必要的条件。

② -(으)ㄹ 리(가) 없다: 表示完全没有可能性或理由, 意为"绝对不可能……"。

③ -(으)ㄹ 줄 알다: 表示认为某种事实会是那样的, 相当于汉语的"以为……"。

④ -(으)ㄹ 락 말락 하다: 表示几乎是要发生的事情, 结果却没发生。

解析: 惯用型"-려니 하다"与惯用型"-(으)ㄹ 줄 알다"都表示话者的想法, 相当于汉语的"以为……", 故选③。

☆**关键词**: "부탁"(请求)、"들어주다"(答应)、"뜻밖에"(没想到)、"거절당하다"(被拒绝)

※[5~8] 请选择文章的主题。

5. 正确答案: ①

> 驾驭自己的道路
> 主导自己的人生
> 开创自己的未来

① 汽车　② 钟表　③ 计算机　④ 手机

解析: 根据"驾驭""道路", 可以判断出这是一则汽车广告, 故选①。

☆**关键词**: "운전하다"(驾驶)、"주도하다"(主导)、"개척하다"(开垦)

6. 正确答案: ①

> 来一杯香甜浓郁的卡布奇诺如何?

① 咖啡馆　② 酒吧　③ 茶馆　④ 药店

解析: 卡布奇诺是一款咖啡, 由此可以推断这是一家咖啡店, 故选①。

☆**关键词**: "달콤하다"(香甜)、"카푸치노"(卡布奇诺)

7. 正确答案: ②

> 来"姨妈家"就能品尝幸福的味道。
> 拥有 30 年传统的腌制肉类
> 和自己种植的无公害蔬菜!
> 学生打九折

① 菜品介绍　　② 餐馆介绍
③ 招聘兼职　　④ 料理制作方法

解析: 根据"品尝""味道""打折"可知, 这是一则餐馆介绍, 故选②。

☆**关键词**: "이모네"(姨妈家)、"맛보다"(品尝)、"숙성되다"(使成熟)、"재배하다"(种植)、"무공해"(无公害)

8. 正确答案：③

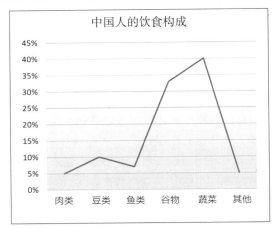

> 公益广告公开征集
> 主题：环境保护
> 申请资格：首尔市民
> 受理时间：7月1日~7月31日
> 结果公示：8月31日

① 商品介绍　　　② 咨询方法
③ 募集通知　　　④ 寻物启事

解析：根据"公开征集""主题"可知，这是一则公开募集广告的通知，答案选③。

☆关键词："공익"(公益)、"공모"(公开征集)、"접수"(受理)

※ [9~12] 请选择与文章或图表内容一致的选项。

9. 正确答案：②

<友利超市 商品价格表>

商品编号	商品名称	品质	价格（韩元）
1	红参(200g)	上	150,000
2		中	100,000
3	天然蜂蜜(2kg)	上	50,000
4		中	30,000
5	人参茶(100包)	木盒	40,000
6		纸盒	20,000
7	天然生食(40g)	套装(66包)	154,000
8		套装(30包)	77,000

① 上等天然蜂蜜是中等价格的两倍。
② 品质不同的红参价格也不同。
③ 60包的天然生食是154,000韩元。
④ 纸盒的人参茶比木盒的人参茶效果更好。

解析：根据表格可知，①错误，上等蜂蜜的价格不到中等的两倍；②正确，品质好的红参15,000韩元，品质中等的红参10,000韩元；③错误，应该是66包；④文中并未提及。

☆关键词："홍삼"(红参)、"꿀"(蜂蜜)、"생식"(生食)、"세트"(套装)

10. 正确答案：③

中国人的饮食构成

① 相比大豆，中国人鱼吃得更多。
② 中国人最喜欢的食物是肉类。
③ 中国人的饮食中蔬菜占了很大比重。
④ 中国人除了蔬菜外不吃其他食物。

解析：从图中可知，中国人的饮食构成之中，肉类占5%，豆类占10%，鱼类占8%，谷物占32%，蔬菜占40%，其他占5%。①错误，鱼吃得更少；②错误，最喜欢的应该是蔬菜；③正确，40%都是蔬菜；④错误，肉类、大豆、鱼等都吃。故选③。

☆关键词："구성"(构成)、"생선"(鱼)、"비중"(比重)

11. 正确答案：③

> 济州岛方言被联合国教科文组织列入濒危语言。在濒危语言的五个阶段中，济州岛方言处于第四阶段，面临非常严重的危机。济州岛具有岛屿地形的特殊性，因此其固有的语言被完好地保存了下来。济州岛方言是研究古代和中世纪韩语的宝贵资料。但是因为媒体的发展和政府推出的以标准话为中心的国语政策，导致日常生活中济州岛方言的使用急剧减少，甚至出现了消失危机。

① 济州岛方言已经消失了。
② 济州岛方言处于消失危机的第五阶段。
③ 济州岛方言能够很好地保存下来得益于地形的条件。

④ 媒体的发展和标准话的普及对方言的发
　展有帮助。

解析：根据原文可知，①错误，济州岛方言还未
完全消失；②错误，济州岛方言处于第四阶段；
③正确，济州岛由于其岛屿的特殊性才使方言保
存了下来；④错误，媒体的发展和标准话的普及
只会降低方言的使用频率。

☆**关键词：**"사투리"(方言)、"유네스코"(联合
国教科文组织)、"소멸"(消失)、"등재되다"(收
录)、"지형적"(地形的)、"미디어"(媒体)、"표준
어"(标准话)、"급격히"(急剧)

12. 正确答案：②

> 　　把别人的文件放到自己电脑上时一定
> 要小心。因为说不定那份文件可能感染上
> 了电脑病毒。如果染上病毒，电脑可能会
> 死机，各位的信息也可能被全部删除。希
> 望大家多多利用杀毒软件来进行检查。

① 文件带有电脑病毒。
② 拿别人文件时应检查病毒。
③ 经常检查电脑就不会感染病毒。
④ 如果电脑感染上病毒，应该重新启动。

解析：根据原文可知，①错误，文件不一定就带
病毒；②正确，因为文件可能带病毒，先检查总
是好的；③错误，经常检查电脑也可能感染病
毒；④错误，原文中并未提及。

☆**关键词：**"파일"(文件)、"조심하다"(小心)、
"바이러스"(病毒)、"감염되다"(感染)、"다운되
다"(死机)、"프로그램"(软件)、"점검하다"(检查)

※ [13~15] 请选择排列正确的选项。
13. 正确答案：④

> (가) 为了更好地表达从而建议人们说话时
> 　　多用手势，也是出于这个原因。
> (나) 使用语言的能力与手指有密切的关
> 　　系。

> (다) 因此手指不灵活的人，想出所需词汇
> 　　所花的时间比平时更多。
> (라) 动手指并不只是单纯的动作，而是打
> 　　开词汇记忆装置大门的钥匙。

解析：四个句子中没有关联词和指示代词"这个"
的只有(나)，可以看出第一句应该是(나)，引出话
题。(라)是对(나)的进一步解释，所以第二句是
(라)。紧接着是(다)，从连接副词"그러므로"可
以看出，(다)与(라)构成因果关系，最后就是解
释、总结这段文章的(가)。所以(나)之后是(라)，然
后是(다)，最后是(가)，故选④。

☆**关键词：**"손동작"(手势)、"조언하다"(建议)、
"밀접하다"(密切)、"그러므로"(因此)、"떠올리
다"(想出)、"열쇠"(钥匙)

14. 正确答案：①

> (가) 虽然觉得现在还是冬天，但是已经立
> 　　春了。
> (나) 虽然冬天的寒风还在刮，但心里却像
> 　　是初春时节的春寒。
> (다) 那样的话，即便说春天马上就要来了
> 　　也不为过。
> (라) 立春 15 天之后是雨水，再过 15 天就
> 　　是惊蛰。

解析：根据句意可以看出第一句应该是(가)，引
出话题。(가)中提到立春，(라)应该放在(가)
的后面来解说节气之间的关系，然后就是回到文章
的主题，即春天，所以(라)之后就是(다)，最后就
是表达心境的(나)。所以(가)之后是(라)，然后是
(다)，最后是(나)，故选①。

☆**重点语法：**"-(ㄴ/는)다 싶다"，接在动词或形容
词后，表示话者的推测。

예 이제 곧 봄이 온다 싶다.
　　春天似乎马上就要来了。
예 좀 싱겁다 싶어서 소금을 넣었다.
　　我想可能有点淡，所以放了点盐进去。

15. 正确答案：③

> （가）面条都煮熟了的话，捞出面条用凉水冲洗。
>
> （나）在面条里加上汤汁和酱油，再放入提前备好的蔬菜，鸡蛋等，吃起来会很美味。
>
> （다）首先把水煮开，放入面条，并不停搅拌，直到面条煮熟为止。
>
> （라）制作面条的方法很简单。

解析：根据句意可以看出第一句应该是（라），引出话题——做面条，从关键词"먼저"可以看出做面条的第一个步骤是（다）把水煮开，第二个步骤是（가）面条熟了之后冲洗面条，最后是（나）。所以（라）之后是（다），然后是（가），最后是（나），故选③。

☆关键词："익다"(熟)、"건지다"(捞)、"찬물"(凉水)、"간장"(酱油)

※ [16~18] 请选择最适合填入（　　）的选项。

16. 正确答案：④

> 　　最近天气预报几乎没有预报得准的日子。按照天气预报说的，穿得少出去后因为冷或下雪而得感冒的人非常多。另外，天气预报说有雨就带伞出门了，结果因为是晴天而丢伞的情况也很多。因此希望气象厅通过准确的天气预报系统（　　　　）。

① 通过网络预报天气
② 比现在早点预报
③ 帮助丢伞的人
④ 更准确地预报天气

解析：文章举例说明了因天气预报不准而带来的影响，由此可以推断出希望气象厅能准确预报天气，故选④。

☆关键词："일기예보"(天气预报)、"가볍다"(轻)、"감기"(感冒)、"기상청"(气象厅)、"시스템"(系统)

17. 正确答案：②

> 　　具备品格的人与一言一行中不具备品格的人有很大的差异。具备品格的人很正

直，道德也很高尚，大部分都过着俭朴的生活。并且性格随和，与邻居也能和谐相处。在现今价值观混乱、复杂的世界，（　　　　）。

① 人人唾弃
② 不易找到
③ 见到很多
④ 哪儿都能看到

解析：文章先指出具备品格的人的诸多好处作铺垫，那在价值观混乱复杂的现今社会这样的人就应该不多或很难找到，故选②。

☆关键词："인격"(品格)、"갖추다"(具备)、"양심"(良心)、"바르다"(正直)、"검소하다"(俭朴)、"원만하다"(随和)、"혼란하다"(混乱)

18. 正确答案：④

> 　　节约能源（　　　　）。我们每天使用的电或自来水就是重要的能源，因此在家也可以很容易做到节约能源。刷牙时关掉水龙头，电脑不用时关机，都是非常容易而简单的节约能源的方法。

① 可以减少环境污染
② 是很难的事
③ 可以将垃圾回收再利用
④ 并不是难事

解析：文章主要围绕节能展开，举例说明节能的方法简单容易，故选④。

☆关键词："수돗물"(自来水)、"닦다"(刷)、"수도꼭지"(水龙头)、"잠그다"(关掉)

※ [19~20] 阅读下文，请回答问题。

> 　　笑相当于做5分钟健美操的运动效果。大笑能带动我们身体650块肌肉中的231块肌肉。笑不仅能带动上半身的肌肉活动，而且还能带动肠胃、胸肌甚至是心脏一起运动，（　　　　）大笑对身体没有任何害处。如果可以的话，最好能捧腹大笑15秒以上。假笑、强颜欢笑也有和真笑类似的效果。

19. 请选择适合填入（　　）的选项。

① 如此这般　　　　**②** 到处都是
③ 稀稀落落　　　　**④** 斤斤计较

解析： 括号前面讲的是笑的具体功效，括号后面是对笑的肯定性总结。前后构成分总关系，故选①。

20. 请选择与本文内容相符的一项。

① 经常笑对健康有益。

② 有时候大笑会伤身体。

③ 人身上总共有 231 块肌肉。

④ 假笑的效果比不上真笑。

解析： 根据原文可知，笑对身体没有任何害处，①正确；大笑能带动我们身体650块肌肉中的231块肌肉，②③错误；假笑、强颜欢笑也有和真笑类似的效果，④错误。

☆**关键词：** "에어로빅"(健美操)、"맞먹다"(相当)、"폭소"(爆笑)、"근육"(肌肉)、"움직이다"(动)、"상체"(上半身)、"위장"(肠胃)、"헛웃음"(假笑)、"억지웃음"(强颜欢笑)

※ **[21~22] 阅读下文，请回答问题。**

朝鲜时期人们喝煮的锅巴汤来预防传染病，用锅巴汤使饭碗空干净，这样人们就养成了爱干净的习惯。在以米饭为主食的东方国家中，饮用锅巴汤的只有韩国。与创造锅巴汤文化的韩国相反，日本为防止煮饭时产生锅巴而发明了电饭煲。但是如今，日本在最高级的宴席上也吃了锅巴粥，承认了"锅巴汤的味道"。对性格急躁且不知道事情处理程序的人来说就像"（　　　　）"一样，锅巴汤是等待的美学中诞生的产物。为恢复韩国的民族性，用香喷喷的锅巴汤来代替咖啡怎么样？

21. 请选择适合填入（　　）的选项。

① 聚沙成塔 / 积少成多

② 赴汤蹈火

③ 填不满的无底洞

④ 操之过急（去井里找锅巴汤）

解析： 括号中应该是和等待美学相关的内容，括号前面提到性格急躁且不知事情处理程序的人，可推断出④选项正确。

22. 请选择这篇文章的中心思想。

① 不是恢复"快文化"，而是恢复等待的悠闲。

② 相比外国的东西，我们应该懂得守护自己的东西并爱惜它。

③ 不要满足于传统文化，应该开发新的东西。

④ 相比于咖啡这样的西方饮食，我们应该用传统食物来关注健康。

解析： 文章开头描述了韩国的锅巴汤，通过锅巴汤寓意要学会等待，最后呼吁人们用锅巴汤代替咖啡，以此恢复国家的传统，故选①。

☆**关键词：** "숭늉"(锅巴汤)、"전염병"(传染病)、"밥그릇"(饭碗)、"청결하다"(清洁)、"동양권"(东方国家)、"늘어붙다"(粘)、"전기밥솥"(电饭煲)、"연회석"(宴席)、"절차"(程序)、"산물"(产物)

※ **[23~24] 阅读下文，请回答问题。**

振秀回来了。振秀活着回来了。某某战死的通知来了，某某生死不明、音信全无，但是我们家振秀活着回来了。越想越来了兴致。可能心情好的缘故，朴万道一口气登上了平时至少需要歇上一两次才能翻过的龙头岭。胸口呼呼地起伏不平，大腿酸痛。但是他不想在山顶上休息。因为远眺田野那边的车站浓烟滚滚不断升起，刺耳的汽笛声由远而近。他知道儿子乘坐的火车到了中午才会到。太阳才高出了山脊一点点，离中午还早得很。但是他却很心急。

23. 请选择与画线部分朴万道心情相符的一项。

① 喜悦　　　　　　**②** 难为情

③ 怜悯　　　　　　**④** 郁闷

解析：根据原文可知，朴万道得知了儿子活着回来的消息后，心里非常高兴，"어깻바람"是"兴冲冲"的意思，故选①。

24. 请选择符合本文内容的一项。

❶ 朴万道想要快点见到振秀。

② 朴万道听到了儿子战死的消息。

③ 朴万道中午见到了活着回来的儿子。

④ 朴万道因为大腿酸疼，在山顶上休息了一会儿。

解析：根据原文可知，听到儿子活着归来的消息，朴万道"一口气登上了平常需要歇上一两次才能翻过的龙头岭"，由此可见是见子心切，①正确，②错误；文中只是说儿子乘坐的火车到了中午才会到，并没说见到了儿子，③错误；朴万道大腿酸痛，但是他不想在山顶上休息，④错误。

☆**重点语法**："-고 말다"，表示当发生不愿意看到的结果时，对结果遗憾、难过的心情。

예 시들시들해진 나뭇잎이 바람이 한번 불자 떨어지고 말았습니다. 树叶蔫巴巴的，风一吹就掉了。

예 그는 분노를 못 이기고 그만 울음을 터뜨리고 말았다. 他无法抑制愤怒，最终哭了出来。

※ **[25~27]** 请选择最符合新闻标题的选项。

25. 正确答案：③

> 独生子女家庭增加，儿童用品高档化扩散

① 如果独生子女家庭减少，儿童用品就会扩散。

② 因为独生子女家庭减少，所以儿童用品扩散。

③ 因独生子女家庭增加，儿童用品高档化正扩散。

④ 虽然独生子女家庭增加了，但是儿童用品的高档化没有扩散。

解析：通过标题可知，独生子女家庭增加的话，儿童用品需求就多，自然对高档的产品需求也会增大，故③符合题意。

☆**关键词**："증가"(增加)、"고급화"(高档化)、"확산"(扩散)

26. 正确答案：③

> 冬季干旱严重，雪花庆典泡汤危机

① 因全球变暖现象严重，无法举行雪花庆典。

② 因为冬天太寒冷，可能会取消雪花庆典。

③ 因为冬天没下雪，有可能无法举行雪花庆典。

④ 因为冬天不太冷，所以没什么人参加雪花庆典。

解析：通过标题可知，因为冬季干旱、不下雪所以雪花庆典就有可能举办不了，故③符合题意。

☆**关键词**："가뭄"(干旱)、"무산"(泡汤)、"지구온난화"(全球变暖)、"참가하다"(参加)

27. 正确答案：①

> 首尔博物馆盛大的成年礼，3月22日开馆18周年

① 3月22日是首尔博物馆开馆18周年纪念日。

② 3月22日首尔博物馆结束了为期18个月的工程。

③ 3月22日首尔博物馆将举行盛大的成年礼。

④ 3月22日首尔博物馆招待18岁的成年人。

解析：题目中的成年指的是从博物馆成立到现在已经18年了，不难看出3月22日那天首尔博物馆将举行成立18周年仪式，故①符合题意。

☆**关键词**："성대하다"(盛大)、"성년식"(成年礼)、"개관"(开馆)、"돌"(周年)、"거행하다"(举行)、"초대하다"(招待)

※ **[28~31] 阅读下文，请选择最适合填入（　　）的选项。**

28. 正确答案：③

> 　　韩国人一般都很勤奋，但是他们被称为是急性子的民族。韩国人的"快快综合征"是韩国社会近代化的产物。（　　）经济发

展有助于在国际社会上提高韩国的地位。而且国民的生活水平也有了以前所无法比拟的飞跃。但是任何时候都主张"快点快点"的话，存在着效率一边倒的弊端。比如说经常会出现因为着急完成而马虎作业的现象。另外，为了进知名的大学，孩子们从小学开始，只要一放学就会听到父母们"快点快点"催促着他们去上补习班的景象。

① 通过民族的独立　　② 通过美国的帮助
③ 通过追求效率　　　④ 通过增加强度

解析： 括号前面的句子指出"快快综合征"为韩国近代产物，括号后面的两句指出"快点快点"存在效率一边倒的弊端，可以推断出"快快文化"带来了效率提高，经济发展的同时也有其弊端，故正确答案为③。

☆**关键词：**"부지런하다"(勤奋)、"증후군"(综合征)、"고양하다"(提高)、"풍족해지다"(充足)、"능률"(效率)、"밀어붙이다"(用力推)、"잇따르다"(跟随)、"폐단"(弊端)、"내몰다"(向前驱赶)

**29. 正确答案：① **

韩国十分重视学历，为了能进入名牌大学，学子们不得不展开了激烈的竞争。所以在有考生的家庭里，所有家庭成员们都围绕着考生安排生活。并且和考试相关的魔咒也是多种多样。比如说，在考试前几天会给考生（　　　　　），祈求他不要从报考的大学落选。有时家长们也会把糯米糕糊在报考大学的校门上，祈求孩子能考上。

① 送麦芽糖　　　　② 买绿豆煎饼
③ 念咒语　　　　　④ 送学习资料

解析： 文章讲述了高考文化，麦芽糖和糯米糕都是很黏的东西，寓意为牢牢地粘住，不要掉下来，以此来祈求孩子金榜题名，故正确答案为①。

☆**关键词：**"학벌"(学历)、"치열하다"(激烈)、"뚫다"(穿过)、"수험생"(考生)、"징크스"(魔咒)、"희망"(希望)、"찹쌀떡"(糯米糕)

**30. 正确答案：④ **

说话礼节在打电话和接电话的时候十分重要。电话已经成为人们日常生活中的必需品，通过打电话可以和远方的朋友紧密联系。但是因为电话看不见对方，只能用语言进行交流的特性，说话就显得尤为重要。打电话的时候，可能有一两次会因为对方说话很没礼貌而伤了感情，也可能有与之相反的情况。就像这样，毫无疑问（　　　　　）。电话礼节并不是为了向对方展示自己的人品或教养，而是为了能够彼此更好地交流而必须遵守的礼节。

① 无论对方有没有反应打电话的人遵守电话礼节
② 看到对方的反应后打电话的人也附和对方
③ 因对方的反应打电话的人不受影响
④ 根据对方的反应会影响打电话的人的心情

解析： 括号前面的"이렇게"暗示着此句的内容应该是对前一句的总结或说明；前一句提到"打电话的时候，可能有一两次会因为对方说话很没礼貌而伤了感情，也可能有与之相反的情况。"即对方的反应会影响到打电话的人的感情，故选④。

☆**重点语法：**"-든지……말든지"，只和动词或形容词搭配使用，表示两者任选其一。

例　가든지 말든지 네 마음대로 해라.
　　去也罢，不去也罢，听凭你自己做主。

例　되어 가는 꼴을 보고 도와 주든지 말든지 해야겠다. 先看看势头再决定帮不帮。

**31. 正确答案：② **

现在（　　　　　）证券交易所，在公司或者家里就可以上网直接进行股票交易。通过网络连接证券公司，可以直接向证券交易所订购股票。像这样进行网络交易，不仅摆脱了场所的限制，而且还不需要证券公司职员的帮助，所以手续费也很便宜。

正是由于如此多的优点，网上证券交易正在迅速发展。

① 即使不缴纳手续费
② 即使不直接拜访
③ 必须在工作人员的帮助下
④ 即使不发送订单

解析：文章介绍了网上证券交易的特点。括号所在的句子指出在公司或家里可以上网进行交易，紧接着说明在网上操作的方法及优点，不难看出不用直接去证券交易所了，故正确答案为②。

☆**重点语法**："-(으)ㄹ 뿐더러"，接在动词或形容词后，相当于汉语的"不仅……而且……"。

예 업무처리는 과감해야 할 뿐더러 또한 세심해야한다. 做工作既要大胆，又要细心。

예 그 사람은 머리도 좋을 뿐더러 순발력도 뛰어납니다. 他不仅头脑聪明，而且反应也快。

※ [32~34] 阅读下文，请选择内容一致的选项。
32. 正确答案：④

东方人虽然都使用筷子，但使用方法却不尽相同。在欧洲时我曾和日本人一起在宿舍生活过，发现他们的筷子文化和我们很不同。首先，餐桌上筷子的移动路线可以说是完全相反。我们的筷子是在餐桌上的饭碗、人的嘴之间移动。相反，日本人夹菜吃时，不像我们一样用筷子夹过来直接放进嘴里，而是先把饭碗放到菜所在的位置，再把菜装到碗里，最后把碗放到离嘴近的地方吃。

① 东方人都一样地使用筷子。
② 日本人的饮食习惯比我们好。
③ 我们应该尊重其他民族的饮食习惯。
④ 日本人夹菜吃时不直接放进嘴里。

解析：根据原文可知，①错误，东方人使用筷子的方法不一样；②③错误，文中并未提及；④正确，日本人是把饭碗放到菜所在的位置，把菜装到碗里之后再把碗放到离嘴近的地方吃。

☆**关键词**："젓가락"(筷子)、"식탁"(餐桌)、"동선"(动线)、"정반대"(正相反)、"이동하다"(移动)、"집어먹다"(夹着吃)

33. 正确答案：①

选择公司办公室的椅子也需要调查和研究。专家们指出，多数人在选择办公室椅子时，只观察外形或试坐短短的几分钟后就选购。设计专家所说的好椅子是能让人部分依靠着灵活转动和背下方到肩胛骨这块具有充分的支撑力，还可以调节座椅高低的椅子。虽说20~29岁健康的年轻人即使是坐在水泥块上也行，但是人们在选择椅子时应该最优先考虑健康。

① 很多消费者被椅子的外表迷惑而进行购买。
② 年轻时为了健康最好坐在地上。
③ 好的椅子为了不晃动，高度应该固定。
④ 制作办公室的椅子时，应该对消费者进行调查和研究。

解析：根据原文可知，①正确，很多人只看外形或简单试坐就购买；②错误，文中并未提及；③错误，高度应该能调节的好；④错误，选择椅子时才需要调查和研究。

☆**关键词**："고작"(顶多)、"지적하다"(指出)、"원활하다"(进展顺利)、"어깨뼈"(肩胛骨)、"받치다"(撑)、"지탱력"(支撑力)、"높낮이"(高度)、"시멘트"(水泥)、"겉모양"(外表)、"유혹되다"(迷惑)

34. 正确答案：④

要想吃到好吃的米饭，首先应该选择好的大米。抓起一小把大米放在手上观察，颗粒饱满且油亮光泽、没有粉末的是好的大米。另外大米所含的水分也直接关系着米饭的味道。含水量为 14%~16% 的大米做出来的米饭最好吃。比这含水量高的话易发霉、长杂菌，且不易贮存，含水量过低的话味道差。用刚磨出来 15 天以内的大米做出来的米饭味道最佳。另外，好的大米根据洗法的不同也会改变米饭的味道。如果大米泡太久或用力搓洗的话米饭的味道会消失。此外，煮饭的水也很重要，用清澈干净的矿泉水煮出来的饭要比自来水煮出来的味道更好。

① 用自来水煮出来的饭比矿泉水煮出来的味道更好。
② 煮饭前应该用力搓洗大米。
③ 水分含量多的大米煮出来的饭味道好。
④ 挑选好的大米才能煮出好吃的米饭。

解析：根据原文可知，①错误，用矿泉水煮的饭味道更好；②错误，不宜用力搓洗；③错误，水分量过多的话不仅长杂菌，还不易贮存；④正确，想吃到好吃的米饭应选择好大米。

☆关键词："쌀알"(米粒)、"통통하다"(颗粒饱满)、"반질반질"(油亮油亮)、"광택"(光泽)、"밀접하다"(紧密)、"곰팡이"(霉)、"잡균"(杂菌)、"수돗물"(自来水)、"생수"(泉水)

※ [35~38] 请选择最符合文章主题的选项。

35. 正确答案：③

幸福在我们心里。只是因为我们的心变得阴暗、刻薄，导致幸福其实在身边，我们却看不到。幸福就在我们身边，等待我们睁开双眼。曾经有一位作家列出了成为幸福人生主人公的 33 个法则，其中就有盛夏的雷雨、冬日里盼望好久才下的大雪等。最终幸福取决于我们的心灵之眼，即便是同一个东西，可能会被视作闪耀的宝石，也可能会被视作一堆垃圾。

① 幸福藏在我们身边。
② 幸福的种类很多样。
③ 幸福取决于我们的心态。
④ 幸福自己会来找我们。

解析：文章主要叙述了幸福这个主题，列举说明幸福就在我们身边，文章最后进行了总结并点出主题：幸福取决于心灵的眼睛，故选③。

☆重点语法："-(기)에 달려 있다"，接在动词后，表示为了得到某种结果，前面的内容发挥着决定性的作用，相当于汉语的"取决于……"。

예 일의 성패가 내 손에 달려 있다.
事情成败取决于我。

예 사업의 성패는 적절한 투자에 달려 있다.
事业的成败取决于投资是否得当。

36. 正确答案：③

看电影是我们可以享受到的一种文化，但是制作电影并使其流通却是一个需要计较得失的事业。有利可图的地方往往会引来投资，但成果却往往和文化的活力联系到一起。正在明显萎缩的韩国电影行业，不仅不能给投资人带来收益，同时也失去了观众和投资人的信任。去年韩国的 108 部电影中，只有 10 部左右赚到了钱，该结果虽然令人感到惋惜，但是这恰恰从另一个方面证明了制作的电影大多商业性不强。

① 韩国电影的商业性比其他国家弱。
② 相比盈利，电影的文化内涵更为重要。
③ 从利润的角度看，韩国的电影行业正在萎缩。
④ 电影的发展和盛行需要政府、观众和投资方的共同努力。

解析：文章首先给出一个前提"制作电影并使其流通都需计较得失"，然后指出韩国电影产业正在萎缩，接下来列举了韩国电影萎缩的种种表现，故选③。

☆关键词："유통시키다"(使流通)、"그야말로"(确实是)、"이득"(利益)、"활력"(活力)、"위축되다"(萎缩)、"신뢰"(信任)、"투자자"(投资人)、"안팎"(左右)、"콘텐츠"(内容物)、"흥행"(盛行)

37. 正确答案：①

> 我们民族都认为人和自然是和谐相处、共生共存的存在。所以在我们的文学作品中很少看到诸如开山劈岭、填海造陆等破坏自然的故事。更多的是看到一些歌颂顺其自然和谐相处或天人合一之类的故事。虽然有时候自然让人难以生存，即便在这时候，看到的也是人们战胜困难，与自然和谐相处的景象。

① 在文学作品中常常出现天人合一的民族思想。
② 人和自然应该和谐相处、共同生存。
③ 人与自然之间绝对不会出现矛盾。
④ 人类必须更好地利用自然来战胜困难。

解析： 文章开头指出了天人合一的思想主题，然后主要叙述了这种思想在文学中的表现，故选①。

☆关键词："더불어"(一起)、"허물다"(摧毁)、"메우다"(填充)、"파괴하다"(破坏)、"조화롭다"(和谐)、"노래하다"(歌颂)、"때로"(有时)、"이겨내다"(战胜)、"천인합일"(天人合一)

38. 正确答案：②

> 从前人们都喜欢吃泡菜、大酱、辣椒酱等发酵食品，但是最近却喜欢上了可以用来填饱肚子的泡面、面包、快餐等食物。但是这种饮食习惯对于被称为"第二大脑"的肠道是有害的。肠道环境不好的话会导致炎症细胞增加，肠道中的炎症会通过脑血管障壁 BBB 破坏脑细胞。如此一来，得痴呆的概率会上升。所以为了大脑的健康，一定要注意肠道健康。

① 发酵食品比快餐食物更有营养。
② 快餐对我们的健康有害。
③ 经常食用快餐有可能引发痴呆。
④ 最近人们相比传统的食物，更喜欢快餐。

解析： 文章首先指出了人们比起发酵食品，更爱吃快餐这一现象，然后指出吃快餐的危害，不难看出文章的重点是快餐的危害，故选②。

☆关键词："발효음식"(发酵食品)、"끼니"(餐)、"때우다"(充饥)、"인스턴트"(快餐)、"대체하다"(代替)、"염증"(炎症)、"혈관장벽"(血管障壁)、"뇌세포"(脑细胞)、"치매"(痴呆)、"확률"(概率)

※ [39~41] 请选择最适合填入〈示例〉的位置。

39. 正确答案：②

> 最近每天都刮着刺骨的寒风，人体免疫力骤然下降。(㉠)免疫力减弱时经常出现的疾病便是"感冒"。(㉡)免疫功能下降的话，伤口就不易好转，会经常出现腹痛或腹泻。(㉢)尤其是不去外面玩耍而只待在室内生活的孩子，他们的免疫力必然会逐渐下降。(㉣)

—— < 示例 > ——
孩子经常得感冒是因为与坏细菌相抗衡的免疫力处在尚未完成的状态。

① ㉠　　② ㉡　　③ ㉢　　④ ㉣

解析： 文章开头讲述了得感冒的原因，之后列举了免疫功能下降时会出现的症状，示例讲的是得感冒的原因，所以放在㉡处正合适。

☆关键词："칼바람"(刺骨寒风)、"면역력"(免疫力)、"약화되다"(弱化)、"질환"(疾病)、"배탈"(腹痛)、"설사"(腹泻)、"잦다"(频繁)、"세균"(细菌)

40. 正确答案：②

> 小时候老师中戴眼镜的人很多。(㉠)特别是五六十岁左右上了年纪的老师，只要到了上课时间大家都不约而同地取出眼镜来用。(㉡)现在想来当时连老花眼的"老"字都还不知道是什么意思呢。(㉢)平时不戴眼镜，只在上课时间才用眼镜的中年老师并不是一开始眼睛就不好，而是上了年纪后变成了"老花眼"，无法看清讲台或黑板上的字，所以才使用"老花镜"的。(㉣)

>── <示例> ─────
当时经常和朋友们开玩笑说："老师们的
眼睛好像是因为书看多了才坏的。"

① ㉠   ② ㉡   ③ ㉢   ④ ㉣

解析：示例中的内容是讲儿时开老师玩笑的一句
话，这句话与㉡后面的内容形成呼应。即"소
리"指的就是"老师们的眼睛好像是因为书看多
了才坏的"这句话，故选②。

☆**重点语法**："-ㄴ/은/는가 보다"，接在动词或
形容词后，表示对行动和状态的推测或某种不确
定的认识，相当于汉语的"似乎, 好像……"。

예 열차가 도착한가 봐요. 列车好像进站了。

예 극장 앞에 사람들이 많은 걸 보니 영화가
재미있는가 봐요. 剧场前的人那么多, 看来
电影很有意思。

41. 正确答案：①

> 最近想给下巴和脸整形而来咨询的
二十多岁的年轻人越来越多。（㉠）尤
其因脸型不对称或畸形等给社会生活带
来影响或自卑的人总是想接受手术。
（㉡）但是全身麻醉后，如果对神经和血管
极度密集的下巴和脸草率地进行手术，可
能一生都会被无法挽回的副作用所折磨。
（㉢）所以做下巴和脸部整形手术之前，最
好先了解减少副作用的指导原则。（㉣）

>── <示例> ─────
甚至中壮年也为此来求医。

解析：文章围绕整形手术展开讲述，文章开头就
说就医的对象是二十多岁的年轻人，示例中就医
对象是中壮年，与开头构成递进关系，所以放在
㉠处最合适。

☆**关键词**："턱"(下巴)、"성형하다"(整形)、"상
담하다"(咨询)、"청춘"(青春)、"열등감"(自卑
感)、"극도"(极度)、"섣불리"(草率地)、"돌이키
다"(挽回)、"가이드라인"(指导原则)、"두드리
다"(敲)

※ **[42~43] 阅读下文，请回答问题。**

> 英国的政治家，同时也是诺贝尔文学
奖获得者、画家……几乎没有几个人能够
像温斯顿·丘吉尔一样获得如此多的殊荣。
也许政界一向如此，丘吉尔从政之后饱受
指责和攻击。一天，敌对党议员咬住他睡
懒觉这一点，对他展开了攻击。"英国不
需要早上晚起的懒汉政治家。但是丘吉尔
啊，你爱睡懒觉的毛病在英国是人人皆知
的事情"。故作斯文的话语中隐含着尖锐
的刺。但是丘吉尔面对敌对党议员的话语
丝毫不惧、坦然面对。"是啊，希望你能
够理解一下我，如果你也像我一样有这么
美丽的夫人一起生活的话，早上是肯定起
不来的"。话音刚落，国会里爆发出一阵
哄笑。甚至敌对党的议员们都不停地笑了
起来。<u>最终那个想为难丘吉尔的议员不得
不红着脸走下讲台。</u>

42. 请选择与画线部分"对方党议员"心情
相符的选项。

① 惋惜   ❷ 不知所措
③ 遗憾   ④ 凄凉

解析：想要难为丘吉尔的对手党议员反被丘吉尔
幽默的解说所折服，变得不知所措，故选②。

43. 请选择与文章内容相符的一项。

① 在敌对党议员的指责中，丘吉尔的脸都
红了。

② 在英国，政治家很少有受到敌对党议员
指责的。

③ 丘吉尔因为睡懒觉失去了议员的身份。

❹ 丘吉尔幽默诙谐的回答很有力度。

解析：根据原文可知,①错误,是丘吉尔的回答
让敌对党议员的脸红了；②错误,文中没提到；
丘吉尔不仅接受了敌对党议员对他爱睡懒觉的指
责，而且还以幽默的话语使他折服，③错误、④
正确。

예 모를 게 있으면 제때 묻구려. 有不懂的就及时间。

예 말은 쉽지만 그런 아이들을 볼 때마다 도저히 참을 수가 없구려.

话虽如此，但是每次看到那样的孩子，都无法忍受。

※ [44~45] 阅读下文，请回答问题。

最近纽约市立大学的心理学教授格林·谢弗公布了咖喱的主材料姜黄里包含的姜黄素具有消除过去恐怖记忆、阻止可怕记忆重新储存的效果。研究小组把老鼠分为两组，一组喂平常的食物，另一组提供富含姜黄素的药丸模样的食物。接着（　　　）以往老鼠爪子施加冲击的方式对该声音形成恐怖记忆，过几个小时再给它们听这个恐怖声音。实验结果显示，喂养普通食物的老鼠听到恐怖声音后身体都僵硬了，但是喂养姜黄素的老鼠却丝毫没有表现出害怕的举动。用咖喱做去除恐怖记忆效果的实验表明,姜黄素的效果会持续很长时间。

44. 请选择最能表达该文章主题的选项。

❶ 有想要忘却的记忆就吃咖喱吧。

② 现在咖喱正引起网民们的关注。

③ 老鼠喜欢吃含有姜黄素的食物。

④ 受到冲击的老鼠会形成恐怖的记忆。

解析：文章首先叙述了格林·谢弗的观点，即文章的主题，接着通过相关实验最终得出咖喱具有可以清除可怕记忆的效果的结论，故选①。

45. 请选择最佳选项填空。

① 两组老鼠放在一块儿

② 老鼠的食物中放入姜黄素

③ 一边去除老鼠的可怕记忆一边

❹ 一边给老鼠听特定的声音一边

解析：从括号后面的内容"让它们的爪子遭受冲击，以此对该声音形成恐怖记忆，几小时后重新

让它们听恐怖声音"可知括号中也应该是和形成恐怖记忆方式内容相关，并且这一方式应是跟声音有关的内容，故选④。

※ [46~47] 阅读下文，请回答问题。

怀孕初期不知道自己已经怀孕而误服药物，最后选择人工流产的孕妇一年有多少呢？（ ㉠ ）调查结果显示，其中大约有70%是因为自己不想再要孩子或者因为经济困难不得不采取人工流产。（ ㉡ ）13%是因为怀孕初期误服药物，担心孩子会出现畸形而采取人工流产。（ ㉢ ）也就是说，一年内因为误服药物而采取人工流产的数字达到4万件以上。（ ㉣ ）那么误服药物是导致胎儿畸形的重要原因吗？重要到值得几万名孕妇选择做人工流产？从结论来看，事实并非如此。关东大学第一医院韩国妇女风险管理项目和食品医药安全研究院一起研究了过去十年间发生的6000多件事例进行研究，研究结果显示，畸形儿出现在怀孕初期药物误用群体和非药物误用群体的概率均为不到3%，也就是说从统计学上来讲，两者并没有任何差异。

46. 请选择正确的位置填入句子。

― < 示例 > ―

保健福祉卫生部推测，一年接受人工流产的事例大概是 35 万件以上（2018 年）。

❶ ㉠　　② ㉡　　③ ㉢　　④ ㉣

解析：文章第一句就问到因不知怀孕而误服药物进行人工流产的人数，㉠后面的句子说到调查显示，其中有70%进行人工流产，所以以35万这个数字应该放在㉠处，故选①。

47. 请选择与文章内容相符的一项。

① 孕妇进行人工流产的大部分原因是药物

误用。

② 怀孕初期服用药物的话，很容易导致胎儿畸形。

❸ 在怀孕初期因药物误用而采取人工流产的孕妇达数万人。

④ 怀孕初期因药物误用导致胎儿畸形的概率比非药物误用群体高。

解析：根据原文可知，13%（约4万名）孕妇是因为怀孕初期误服药物，担心孩子会出现畸形而采取人工流产，①错误，❸正确；畸形儿出现在怀孕初期药物误用群体和非药物误用群体的概率均为不到3%，也就是说从统计学上来讲，两者并没有任何差异，②④错误。

☆**重点语法：**"－(으)ㄴ/는/(으)ㄹ 만큼"，接在动词或形容词后，表示程度，相当于汉语的"达到那种程度,像那样"。

예 우리는 참을 수 없을 만큼 화가 났어요.
　　我们实在是忍无可忍，最后发火了。

예 나는 지금까지 너에게 할 만큼 다 했어.
　　到现在为止，我能为你做的都做了。

※ [48~50] 阅读下文，请回答问题。

　　韩国社会的自杀问题成了再也不能轻视的重要社会问题。实际上每年的自杀率都在上升，最近十年间已经增长了两倍以上。正视现实的话自杀人数是增加了，特别在老年人群体里更是如此。从地域上来看，江原、忠南和忠北的自杀率最高。自杀是很复杂的个人和社会问题的最终结果。并且伴随自杀的主要精神障碍便是忧郁症。从这些已确认的事实来看，最近十年间社会的急剧变化导致自杀人数增多。（　　　　）老年阶层容易选择自杀，有人分析说，由于首都圈周边发生社会剧变的余波，可能导致了现有的共同体瓦解。一起和谐生活吧。自杀行动和忧郁症已成为问题的目标对象，当然应该继续实行系统化的保健政策。这样的保健工作需要耐心，

并持续地实行才会有成果。从对自杀的预防、改善认识、危机介入、事后管理到忧郁症的治疗，希望能够树立全面的保健政策并得到实现。<u>现在再也不想听到不管是名人，还是一般公民，抑或是乡下老人因自杀而失去自己宝贵生命的消息了。</u>

48. 请选择最能表达该文章写作目的的选项。

① 为了说明自杀问题的严重性

② 为了支持政府新的保健政策

③ 为了预测自杀现象带来的社会问题

❹ 为了要求制订能阻止自杀的对策

解析：文章先说明自杀问题是不能忽视的社会问题，再阐明导致自杀的原因，最后点题，即要持续推行系统化的保健政策，要制订阻止自杀的全面的保健政策并实行，故正确答案为④。

49. 请选择最佳选项填空。

① 丧失劳动力的

② 被多种疾病折磨的

③ 看不到丝毫希望的

❹ 很难适应社会急剧变化的

解析：括号的前一句话"最近十年间社会的急剧变化导致自杀人数增多"，老人在这样急剧变化的社会里肯定是很难适应的，所以应该是很难适应社会变化的老人才容易自杀，故选④。

50. 请选择画线部分作者的态度。

① 主张新的保健政策无法实施

② 提出为杜绝自杀的有效办法

③ 预测因新保健政策的实施而使自杀率下降

❹ 督促制订能阻止自杀的全面性保健政策

解析：画线部分应是话者的美好愿望，要想实现这样的愿望，必须实行全面的保健政策，选④。

☆**关键词：**"자살"(自杀)、"치솟다"(上升)、"직시하다"(正视)、"인구집단"(群体)、"동반되다"(伴随)、"취약하다"(脆弱)、"극심하다"(极其严重)、"여파"(余波)、"붕괴"(崩溃)、"체계화되다"(体系化)、"개입"(介入)、"수립되다"(树立)

1

남자: 할머니, 여기 앉으세요.

여자: 젊은이도 힘들텐데…… 괜찮아요. 그
냥 앉아 있어요.

남자: 아니에요. 저는 다음 역에서 내려요.

2

남자: 이 서류를 어디에 놓을까요?

여자: 일단 책상 위에 두세요. 이따가 처리할
게요.

남자: 네, 그럼 5분 후에 다시 오겠어요.

3

남자: 초등학생 500명을 대상으로 졸업·입학
선물 선호도에 대한 설문조사를 실시
하였다. 조사 결과, 가장 받고 싶은 선
물은 게임기가 1위로 나타났고 휴대전
화, 컴퓨터, 카메라가 그 뒤를 이었다.
반면 문구류, 책, 운동화 등 어른들이
주고 싶어하는 선물에 대한 응답은 낮
았다.

4

여자: 오래 기다렸지? 책 보다가 그만 버스를
놓쳤네.

남자: 괜찮아. 그런데 전화는 왜 안 받았어?

여자: _____

5

여자: 지난 주에 빌려 간 소설책을 가지고 왔
어요?

남자: 미안해요. 수업시간이 다 되어서 서두
르다 집에 두고 왔어요.

여자: _____

6

여자: 얼굴이 안 좋아 보여요. 무슨 일 있어
요?

남자: 어제 잠을 못 자서 너무 피곤해요. 오
늘까지 일을 끝내야 하는데 졸려서 걱
정이에요.

여자: _____

7

여자: 외국 유학을 신청하려고 하는데 제출
해야 할 서류도 많고 절차도 까다롭고,
참 복잡하더라고요.

남자: 유학 신청을 대신해 주는 대리 회사가
있다던데 그쪽에 맡기는 편이 나을 것
같네요.

여자: _____

8

여자: 신문을 보니까 최근에 하와이에 여행
을 가는 사람이 많더라고요. 여유가 있
으면 나도 가고 싶은데……

남자: 무엇보다도 제일 중요한 건 마음가짐
이에요. 마음으로부터 안정을 찾지 못
하면 영원히 여유 시간이 생기지 않을
거예요.

여자: _____

여자: 세일 기간에 물건을 좀 사려고 하는데 매장에 사람이 가득할 것 같아. 어떡하지?

남자: 매장에 갈 필요가 있어? 사야 할 물건을 매장 홈페이지에 들어가 주문하면 되잖아. 5만 원 이상 구매하면 무료로 배송해준다던데.

여자: 그래? 그걸 왜 이제야 얘기해 줘?

남자: 아니, 지난번에 얘기해 줬는데.

10

여자: 거기 학과 사무실이죠? 이번 학기 강의 신청 기간은 언제부터예요?

남자: 이번주 월요일부터 신청할 수 있어요.

여자: 네. '자연과 문명'이라는 강의를 신청하려고 하는데 어떻게 해야 돼요?

남자: 우선 홈페이지에 들어가서 이 강의의 정원이 찼는지 확인해 보세요.

11

여자: 수민 씨, 어디 가요? 짐이 이렇게 많은데……

남자: 아, 오늘 유럽으로 여행을 가요. 거기 음식이 입에 맞을지 몰라서 김치랑 밑반찬까지 챙기다 보니……

여자: 그래요? 그럼 제가 공항까지 태워 드릴게요.

남자: 네, 감사합니다. 지하철역까지만 태워 주시면 돼요.

12

여자: 원장님, 신입생 입학 교육 장소가 결정됐습니다.

남자: 그래? 잘했어. 강사한테서 교육 자료는 다 받았어?

여자: 아니요. 자료는 메일로 보내달라고 말씀 드렸는데요.

남자: 그럼 지금 바로 메일을 확인해 보고 안 왔으면 직접 전화해 봐.

13

여자: 여보세요? 재무과 이미정입니다. 김 선생님 계시나요?

남자: 죄송합니다. 김 선생님은 지금 자리를 비웠습니다.

여자: 아, 그래요? 혹시 김 선생님의 연락처를 아세요? 급히 연락할 일이 있어서요.

남자: 어, 그건 저도 모르는데요.

14

여자: 오늘은 봄꽃 구경 가기 좋은 날씨입니다. 서쪽 지방은 구름이 좀 끼겠지만 어제만큼 날씨가 따뜻하겠습니다. 서울의 낮 기온은 21도로 예년에 비해 4도나 웃돌겠습니다. 반면 동쪽 지방은 동풍이 불어 다소 서늘하겠습니다. 강릉의 낮 기온은 예년보다 6도나 낮은 10도에 머물겠습니다. 오후 늦게부터 남해안과 제주도에 봄비가 내리겠는데요……

15

여자: 다음은 부산 수족관의 공연 소식입니다. 부산 수족관 공연장에서는 주말에 오후 3시부터 5시까지 흥미진진한 바다 동물 쇼가 진행됩니다. 공연장에서 물개, 펭귄, 수달, 돌고래 등 바다 동물들이 펼치는 놀라운 공연을 관람하실 수 있을 뿐만 아니라 동물들과 같이 게임을 하는 기회를 체험할 수 있습니다. 공연이 끝나고 관객은 게임을 하면서 동물들과 함께 사진을 찍을 수도 있고 동물을 직접 만져 볼 수도 있습니다.

16

여자: 일상 생활 속에서 사람들은 알게 모르게 많은 당을 섭취하게 되는데요. 과도한 당 섭취는 인체에 나쁜 영향을 끼치게 되는데요. 그럼, 교수님, 생활 속에서 당분 섭취를 줄일 수 있는 방법은 어떤 것들이 있을까요?

남자: 당분은 주로 가공식품으로부터 많이 섭취되기 때문에 우선 가공식품 섭취를 줄이는 것이 좋습니다. 특히 무더운 여름에 대부분 사람들은 탄산음료, 이온음료, 과일주스 등을 즐겨 마시는데요, 이런 음료수에는 당분이 많이 들어 있기 때문에 되도록 삼가하는 게 좋고요. 그 대신 물이나 보리차를 마시는 습관을 들이는 것이 좋습니다. 커피나 차를 드실 때도 시럽이나 설탕을 넣지 않는 것이 좋습니다.

17

남자: 오늘 친구가 이사한 집에 가 봤는데, 그 집의 에어컨이 정말 좋더라. 디자인도 좋고 살균 기능도 있고……

여자: 여보, 우리도 이번에 에어컨 한 대 삽시다. 요즘 할인도 많이 해서 싸게 살 수도 있고.

남자: 이젠 여름도 다 지났는데…… 그리고 다음 달이면 이사갈 건데 지금 사면 설치하느라 돈 쓰고 또 옮기느라 돈도 많이 들고. 이사하고 나서 내년 여름에 사는 건 어때?

18

남자: 민주야, 오랜만이다. 남자 친구가 있다고 하던데, 어떤 사람이야? 한번 말해 봐.

여자: 그 사람? 성격이 아주 쾌활한 사람이야. 그런데 난 좀 내성적이라 잘 어울릴 수 있을지 좀 걱정 돼.

남자: 둘이 잘 맞을 거야. 너랑 비슷한 성격을 가진 사람이라면 재미없고 심심할 거야. 네 남자 친구같은 사람과 있으면 말도 더 많이 하게 되고 재미있게 지낼 수 있을 것 같은데. 난 성격이 외향적이라 말이 별로 없는 사람을 찾아야겠는걸.

19

남자: 영화 '명량'봤어? 영화에 나오는 이순신 장군말이야, 역사 인물하고 너무 다른 거 아니야? 얼굴도 여자 같고 성격도 순하고.

여자: 그냥 영화일 뿐인데 뭐. 요즘 그 배우를 좋아하는 사람도 꽤 많던데.

남자: 아무리 인기가 많아도 역사 인물을 진실하게 재현해야지. 역사 인물을 주제로 하는 영화라면 성격이랑 외모랑 비슷한 배우를 뽑아야지. 그렇게 하면 더 설득력이 있을 것 같아.

여자: 다 맞는 말인데, 아마 흥행에 성공하기 위해 인기 배우를 뽑는 거 같은데.

20

여자: 강 대리, 현수 씨가 다이어트를 열심히 하더니 정말 날씬해졌어. 그런데 왠지 다리와 팔목 살이 많이 늘어진 것 같아.

남자: 그건 너무 빨리 살을 빼서 그래. 20kg이나 줄였잖아. 그러니까 살이 처질 수밖에. 몸에 있는 지방이 갑자기 줄어들면서 늘어난 피부가 빨리 회복을 못해 그런 거지. 그걸 우린 피부의 잉여부분이 처진다고 말하지. 다이어트는 성공했지만 또 다른 고민이 생긴 것이지.

여자: 요즘처럼 황사가 심한 계절에 돼지고기를 먹으면 먼지 배출에 도움이 된다는 속설이 있다던데. 정말이야?

남자: 속설은 속설일 뿐이지. 아직 과학적으로 입증되지 않았거든. 오히려 황사계절에 돼지고기를 먹으면 체내의 먼지 배출에 별로 도움이 안된다고 하던데. 물론 돼지고기에 몸에 필요한 영양성분은 많지만.

여자: 체내에 있는 황사 먼지들을 뺀다고 많이 섭취하면 오히려 비만을 일으킬 수도 있지. 이것 말고 다른 방법이 없을까?

남자: 황사 먼지는 폐보다 기관지에 많이 쌓이게 돼. 그래서 물을 많이 마시거나 나물, 잡곡류처럼 비타민과 무기물이 많이 든 음식을 섭취하면 먼지를 쉽게 배출할 수 있어.

여자: 요즘 교육청이 '고교선택제'를 전면적으로 수정하거나 폐지할 가능성이 높다고 밝혀 논란이 일고 있어. 이에 대해 어떻게 생각해?

남자: '고교선택제'의 취지는 학생들에게 학교 선택권을 보장하고 학교 간 경쟁을 통해 공교육 수준을 끌어올리려는데 있었지. 그런데 지금 많은 부작용이 생겼어. 학교의 서열화를 조장하고 학생들이 한 지역에 편중되는 지역 쏠림 현상이 발생되고 있잖아.

여자: 이 제도를 계속 유지한다면 더 심각한 문제가 발생하겠네.

남자: 그렇지. 학교 간 경쟁의 심화로 문 닫는 학교가 생기게 될 것이고 학생들은 경쟁력 있는 학교에 진학하기 위해서 사교육이 과열될 수도 있고.

여자: 박 기자, 지금 각종 언론 매체에서는 연예인들의 병역 비리에 대한 기사가 쏟아져 나오고 있습니다. 연예인들이 각종 수단과 방법을 가리지 않고 군대에 안 가려고 하는 이유가 무엇입니까?

남자: 한창 주가를 올리고 있을 때 연예인들이 군대에 가면 대중들에게 2년의 시간 동안 잊혀져야 한다는 큰 부담 때문입니다. 군대에 다녀오고 나서 인기를 다시 되찾기는 쉽지 않습니다. 남자 연예인들의 최고 전성기는 20대라고 할 수 있습니다. 그래서 연예인들은 고의적인 발치, 어깨 탈구 등 방법을 써서라도 병역을 피하려고 합니다. 그러나 같은 고민을 가진 운동 선수의 경우 금메달 획득이라는 합법적인 군 면제 방법이 있습니다. 하지만 연예인들에게는 이런 면제방법이 없기 때문에 군대는 기피대상 1호가 되는 것입니다.

여자: 요즘 차를 주차하면서 남겨놓은 휴대전화 번호가 범죄에 악용된다면서?

남자: 응, 운전자가 남겨 놓은 전화 번호를 이용해 보이스피싱, 스토커, 음란문자에 시달리는 일이 빈번히 발생하고 있고, 서울•부산 같은 대도시에서는 휴대전화 번호로 운전자를 유인해 강도 행각을 벌이는 일까지 벌어지고 있대.

여자: 문제가 점점 심각해지네. 하지만 운전자들이 주차가 용이하지 않은 곳에 주차할 경우 차량에 번호를 남기는 방법 이외에는 뾰족한 수가 없을텐데.

남자: 그럼 이렇게 계속 무방비로 노출될 수밖에 없단 말이야?

여자: 이렇게 가만히 보고 있으면 안 되지. 이를 해결하기 위해서는 전화를 거는 사람과 받는 사람이 서로 번호를 모르는 채 연락할 수 있는 방법이 개발되어야 해.

29~30

여자: 인천지검 관저에 도둑이 침입해 금품을 훔쳐 갔다고 하던데 지금 조사가 어디까지 진행되었습니까?

남자: 네, 18일 오후 9시30분에 신고를 받고 가 보니까 연수구 옥련동에 위치한 인천지검 관저에 도둑이 들어 귀금속과 현금을 포함해 230만원어치의 금품을 훔쳐 가지고 달아났습니다. 현관문 번호키 잠금장치가 통째로 뜯겨 나갔고 앞집도 같은 날 저녁 같은 방법으로 도둑이 들어 150만원어치 금품이 도난 당한 것으로 조사됐습니다. 지금 아파트 승강기에 설치된 CCTV를 분석하고 있는 중입니다.

31~32

여자: 'SKY 캐슬'이 드라마 말이야. 본 적 있어? 대사 한 마디 한 마디가 정말 주옥같아. 작가가 사회를 바라보는 통찰력이 아주 뛰어나다는 느낌이 들어.

남자: 응. 나도 가끔 봤는데 배우들의 대사 전달력도 아주 뛰어나더라. 아무래도 작가가 대본을 꼼꼼히 다져놓은 덕이 크겠지? 대사에 대한 호평도 끊이지를 않더라. 사람들이 드라마 명대사 모음까지 만들어서 즐겨 보더라.

여자: 그렇구나. 정말 불후의 명화를 보는 듯이 집중해서 보게 돼. 상황 하나하나가 빠짐없이 세밀히 표현되고 있거든.

남자: 응. 그런데 어떤 방송에서는 드라마 속의 말들이 평소 사람들이 잘 안 쓰는

말이여서 현실성이 좀 떨어진다고 얘기하는 사람들도 있더라. 나도 가끔 그 드라마의 대사가 좀 가식적이라는 느낌이 들 때가 있거든. 뭔가 현실과 좀 떨어지는 느낌 같은 거 말이야.

33~34

여자: 정부의 한국 역사 교육 강화 방침에도 불구하고 교사가 학교에서 국사를 잘 가르치기가 대단히 어려워졌습니다. 또한 대학교 입시 공부를 해야 하는 학생들도 국사를 공부하기 어려운 상황입니다. 그것은 수능시험에서 한국사를 선택과목으로 하고 있기 때문입니다. 학생들이 고등학교에서 역사를 배운다 하더라도 대학 입시와 상관없는 과목을 열심히 공부할 수 있는 환경이 안 되는 거죠. 통계에 따르면 수능시험에서 역사를 선택하는 학생은 한 반에 2명 이내라고 합니다. 그런데다가 학교에서는 학생의 실력으로 갈 수 있는 대학교의 입시 전형 중에서 역사 과목이 포함되어 있지 않을 경우, 선택 자체를 포기하도록 진학 지도를 하고 있다고 합니다. 이렇게 정부와 학교에서 학생들에게 우리 나라의 역사를 공부하지 못하게 하는 현실이 안타깝습니다.

35~36

남자: 올해 들어 신용카드 회사들의 고객 유치 경쟁이 더욱 치열해지고 있습니다. 몇 달째 매달 100만 장 이상씩 발급되던 신용카드가 현재까지 1억 2천 만 장을 넘어선 것으로 집계되었습니다. 한 연구소의 보고에 따르면 우리 나라의 카드 발급 개수는 경제 인구 한 사람당 4.8장에 달한다고 합니다. 이에 정부는 신용카드 회사의 과열 경쟁에

경고만 주는 미미한 대응을 하고 있는데 이러한 경고가 근본적인 해결책이 될 수 있을지는 의문입니다. 전에 우리는 카드 대란으로 경제가 통째로 흔들린 적이 있습니다. 보다 근본적인 대책을 마련하기 위해서는 이를 개인 소비의 문제라고 여길 것이 아니라 나아가 국가 경제를 흔들어 놓을 수 있는 사회적 문제로 봐야 합니다. 카드 대란으로 또 다시 경제 위기에 봉착하지 않도록 정부가 앞장서 신속한 대응책을 마련할 것을 강력히 촉구합니다.

37~38

여자: 지금 우리나라 국민들은 교육비 부담이 가장 큰 문제라고 외치고 있습니다. 이에 대해 어떻게 생각하십니까?

남자: 정부에서는 지금 공교육을 황폐화시키고 사교육비를 폭증시키는 교육 정책을 내놓고 있습니다. 교육 전반에 경쟁을 격화시키고 서열화를 강요하는 교육 정책은 둘째 치더라도 날로 치솟는 교육비용 때문에 국민들은 모두들 큰 고통을 겪고 있습니다. 자녀 1명당 대학 졸업 때까지 무려 3억원 안팎의 양육·교육비용이 소요되고 있으니 그 부담과 고통은 상상할 수가 없습니다. 그러다 보니 교육비 탓으로 추가 출산을 포기한 국민도 45%에 달합니다. 이렇게 한국 국민들이 출산을 아예 포기하거나 추가 출산을 본의 아니게 거부하는 데는 다 이유가 있는 것입니다.

39~40

여자: 지금까지 세계적으로 식량 값이 폭등하는 원인을 수요와 공급 측면에서 각각 들어 봤습니다. 그럼 전 세계의 식량 위기를 해결하는 방법은 없을까요?

남자: 먼저 단기적인 해결 방법으로는 선진국들이 식량을 직접 지원하는 것입니다. 선진국 국가가 나서서 식량 부족 문제를 겪고 있는 나라들에게 도움을 주는 것입니다. 그리고 장기적인 방법으로 세계 식량 위기 해결정책을 마련하는 것입니다. 선진국의 도움으로 현 상태에 만족해 할 것이 아니라 자국의 노력으로 식량난을 이겨낼 수 있는 힘을 길러내야 한다는 것이지요. 이렇게 단기적, 장기적인 해결법이 병행된다면 세계 식량 문제는 해결될 것입니다.

41~42

남자: 암과 스트레스의 상호관계 연구 내용으로 볼 수 있는 바 암과 스트레스는 직접적인 연관성이 있다고는 볼 수 없습니다. 다만 음주, 흡연 등 스트레스를 해소하는 방식에 따라 암이 유발될 가능성이 있다는 것입니다. 그러나 여기에서 한 가지 강조하고 싶은 것은 암을 제대로 알고 대처만 잘한다면 건강을 유지하는 데에 큰 무리가 없을 것이라는 점입니다. 암 예방을 위한 몇 가지 방법을 안내해 드리면 첫째, 흡연은 만병의 원인으로므로 금연을 생활화하시고 간접흡연 및 3차 흡연도 피하셔야 합니다. 둘째, 산업 현장에서 일하시는 분들은 발암성 물질에 지속적으로 노출되지 않도록 각별한 주의를 기울여야 합니다. 셋째, 주 5회 이상, 적어도 하루 30분 이상은 땀이 날 정도로 운동을 하십시오. 운동만큼 유익한 암 예방법은 없습니다. 넷째, 술은 하루 두 잔 이내로 드시고 탄 음식은 되도록 섭취하지 않는 게 좋습니다.

여자: 일반적으로 사람들은 자신이 거짓말을 잘 못한다고 생각합니다. 그러나 심리학자들에 따르면 사람들은 생각보다 훨씬 더 능숙한 거짓말쟁이라고 합니다. 거짓말을 폭넓게 본다면 사람들은 거짓말을 밥 먹듯이 잘 합니다. 사람들은 오랜만에 만난 사람에게 진심이 아닌 건성으로 식사를 제의하거나 원하지 않은 선물을 받고도 정말 받고 싶었던 선물이라고 하는 거짓말을 자연스럽게 합니다. 적응의 각도에서 보면 이미 주어진 상황에서 자신에게 유리하도록 조절하는 거짓말은 우리가 세상을 살아가는 데 도움이 되기도 합니다. 이때문에 요즘 시대에서는 거짓말은 비난 받지 않는 처세술로 인정되기도 합니다.

여자: 얼마 전까지만 해도 타투 하면 남자, 깡패, 두려움 등 나쁜 이미지가 머리에 떠올랐습니다. 하지만 최근 들어 타투는 하나의 패션으로 자리 잡았습니다. 특히 여름철에는 누구나 하게 되는 패션 액세서리가 되었죠. 또한 수술이나 상처로 인해 남긴 흉터를 가려 주는 역할도 하게 되었습니다. 아름다운 무늬나 원하는 그림으로 해당 부위에 영구적으로 그려 놓는 거죠. 더 이상 타투는 험악한 이미지가 아닌 하나의 패션이자 치료 도구로 그 역할을 하고 있습니다. 하지만 타투나 문신은 새길 때에 아픔을 이겨 내야 하고 그것을 지우려고 할 때도 역시 그만큼의 대가가 필요하니까 잘 생각해서 결정해야 합니다.

여자: 오늘은 한국철도공사 사장이신 김윤정 님을 모시고 최근 발생한 고속철도 사고에 대해 들어보겠습니다. 이번 사고로 인해 고속 철도를 이용하는 국민들의 불안이 고조되고 있습니다. 이에 대해 말씀 부탁 드리겠습니다.

남자: 우선 저희 한국 철도를 이용하시고 사랑해 주시는 국민 여러분께 깊은 사과의 말씀을 먼저 드리겠습니다. 이번 사고를 통해 피해를 입으신 분들께 보상해 드릴 수 있는 방법을 저희 임직원들과 함께 최선을 다해 논의하겠습니다. 지금 현재 우리나라가 보유하고 있는 고속 철도는 고속 철도의 원천 기술을 확보하지 못한 상태입니다. 이는 선진국의 고속 철도에 비해 아직까지 그 기술력이 부족하다는 것을 의미합니다만 수 년 간의 시범 운행을 통해 그 안전성을 이미 검증 받았고 국민 여러분의 염려를 유발할 정도의 수준은 결코 아니라는 것을 말씀 드리고 싶습니다. 그리고 앞으로 고속 철도의 정비 체계를 더욱 더 엄격히 하여 다시는 이런 일이 발생하지 않도록 여러분 앞에서 약속 드리겠습니다.

여자: 에너지 절약을 위한 심야 시간 도시 조명 규제 법안을 놓고 기독교 단체와 정부 간의 신경전이 벌어지고 있습니다. 이번에 국회에서 심사 중인 법안은 심야 시간에 도시 조명을 조절하기 위해 십자가의 불빛을 소등하자는 것이 주된 내용입니다. 지금까지는 십자가가 기념물로 분류되어 있어 규제 대상에서 벗어나 있었지만 이제는 전기 에너지 절약 차원에서 십자가도 규제 대상

에 포함시켜야 한다는 것입니다. 이에 교회에서는 십자가의 불을 끈다는 것은 교회를 부정하는 일이라면서 펄쩍 뛰고 있습니다. 그러나 십자가가 8시간 동안 사용하는 전력은 4인 가구가 한 달 동안 사용할 수 있는 전기량이라는 점에서 규제 대상에 포함시키는 것은 옳은 일입니다. 또한 밤새도록 번쩍이는 십자가 불빛으로 예전부터 많은 민원이 발생했었습니다.

第2回 TOPIK II 模拟题 正确答案

听力 듣기 영역

1	2	3	4	5	6	7	8	9	10
③	②	①	④	②	③	②	②	③	③
11	12	13	14	15	16	17	18	19	20
③	②	②	③	④	④	③	③	①	③
21	22	23	24	25	26	27	28	29	30
④	①	②	①	①	②	④	①	③	④
31	32	33	34	35	36	37	38	39	40
②	③	①	②	③	④	④	④	④	①
41	42	43	44	45	46	47	48	49	50
④	①	②	④	①	④	②	④	④	④

写作 쓰기 영역

请参考答案解析

阅读 읽기 영역

1	2	3	4	5	6	7	8	9	10
④	③	①	②	②	③	③	①	④	③
11	12	13	14	15	16	17	18	19	20
③	①	②	③	④	②	①	③	④	④
21	22	23	24	25	26	27	28	29	30
③	③	④	④	①	③	③	④	③	④
31	32	33	34	35	36	37	38	39	40
①	③	②	②	②	③	②	①	③	③
41	42	43	44	45	46	47	48	49	50
③	④	②	④	①	④	③	①	②	④

模拟题 解析 第2回

听力（1~50题）

※[1~3] 听录音，请选择正确的图画。

1. 正确答案：③

> 女：我想坐去仁川的火车，请问我该怎么
> 　　坐啊？
> 男：拿着票右转，就可以看到候车室。
> 女：好的，谢谢您。

解析：根据对话可推断出男子是售票窗口的员工，正在指引女子去候车室，对话的地点应在火车站，故选③；①是警察为女子指路的场景，②是女子在站点乘公交车的场景，④是女子打车的场景，这三项均与对话场景不符。

☆关键词："인천"(仁川)、"대합실"(候车室)

2. 正确答案：②

> 男：这里的景色真美啊！
> 女：是啊，要不要下去拍张照啊？
> 男：好啊。

解析：根据关键词"내리다"可知，男子和女子正在车上，女子建议下车拍照，故选②；①是女子在和车里的男子道别，③是两人正在搬行李，④是两人在照相，这三项均与对话场景不符。

☆关键词："아름답다"(美)、"찍다"(拍照)

3. 正确答案：①

> 男：不久前，韩国教育厅对初中体育活动的必要性进行了问卷调查。调查结果显示，大多数学生的回答是在学校需要体育活动。另外，当被问到学校体

育活动对自己有什么帮助时，"体育活动之后可以减轻压力"的回答所占的比例最高，之后分别是"变得更健康""跟朋友更亲近"等。

解析：根据原文可知，大多数学生需要体育活动，①正确，②错误；体育活动带来的帮助按照比例依次是：减轻压力>变健康>跟朋友更亲近，③④均错误。

☆关键词："교육청"(教育厅)、"설문 조사"(问卷调查)、"대다수"(大多数)、"응답하다"(回答)、"스트레스"(压力)、"차지하다"(占)

※[4~8] 听对话，请选择接下来的话。

4. 正确答案：④

> 女：看了今天的新闻吗？说是今年物价上
> 　　涨了2%。
> 男：真的吗？工资也涨那么多的话就好了。
> 女：＿＿＿＿＿＿＿＿＿＿

① 物价快速上涨的话就好了。
② 现在的物价实在是太高了。
③ 下次要关注新闻了。
④ 听说下个月工资也会涨。

解析：物价上涨，男子希望工资也能上涨，女子接下来需要对男子的想法做出回应，故④正确；①是女子已经提到了的，②③与两人谈论的主题无关。

☆关键词："뉴스"(新闻)、"물가"(物价)、"월급"(工资)、"오르다"(涨)

5. 正确答案：②

> 女：听说最近出行不坐车的人很多。

男：对啊，步行的话就不需要刻意抽出时间去运动了。

女：＿＿＿＿＿＿＿＿＿＿

① 对啊，我也想坐公交车。

② 下次我也要步行上班。

③ 所以必须单独抽出时间运动。

④ 估计公交车票价会下调。

解析：男子认为步行就不用单独抽出时间运动了，接下来女子需要对男子的看法进行回应，故②正确，①③与对话情景矛盾，④错误，与两人谈论的主题无关。

☆关键词："걷다"(步行)、"따로"(单独)

6. 正确答案：③

女：今天要洗的衣服太多,现在得回家了。

男：用洗衣机洗马上就洗好了，为什么这么急着回去?

女：＿＿＿＿＿＿＿＿＿＿

① 我也不想回家。

② 放太多洗衣粉不好。

③ 家里的洗衣机出故障了。

④ 很讨厌用手洗衣服。

解析：根据对话可知，女子想早点回家洗衣服，男子认为用洗衣机马上就能洗好，不必急着回家，接下来女子需要对着急回家的原因进行说明，③正确；①与对话情景矛盾，②④与谈论内容无关。

☆关键词："세탁하다"(洗衣服)、"세탁기"(洗衣机)、"빨다"(洗涤)、"금방"(马上)

7. 正确答案：②

女：我买了两张武术表演的票，想不想一起去啊?

男：我可能去不了，听说松美是武术铁粉……

女：＿＿＿＿＿＿＿＿＿＿

① 那得再买一张票了。

② 那我联系下松美吧。

③ 但是松美的兴趣是什么?

④ 已经约好与松美一起去看了。

解析：根据对话可知，女子买了两张票想邀请男子一起去看，男子回答去不了并透露松美热爱武术，接下来女子应对男子的建议进行回应，②正确；①错误，男子说去不了，不用再买；③错误，与讨论的主题无关；④错误，没有和松美约好。

☆关键词："무술공연"(武术表演)、"티켓"(票)、"팬"(粉丝)

8. 正确答案：②

女：前面是不是出什么事故了？这样下去约会好像要迟到了,打个电话说吧。

男：好，呃？我的手机呢？没带吗?

女：＿＿＿＿＿＿＿＿＿

① 啊，堵车好严重啊。

② 那先用我的手机打吧。

③ 但是不接电话呢。

④ 最好别打电话。

解析：根据对话可知，因约会可能迟到所以女子让男子打电话，但是男子找不到手机，接下来女子应对男子的困境做出回应,②正确；①与男子的困境无关，③④与对话情景矛盾。

☆关键词："사고"(事故)、"약속"(约会)、"핸드폰"(手机)

※[9~12] 听对话，请选择女子接下来的行动。

9. 正确答案：③

女：这条裙子挺不错的，有没有比这个颜色更深的?

男：不好意思，您要的那款（深颜色）都卖完了。如果您在订单上留下住址，我们可以给您配送到家，或者您也可以看一下其他的款式。

女：不用了。我最喜欢这款，就订这个吧。
男：好的，请稍等一下。我这就给您拿。

① 试穿其他的裙子。
② 下次再来看看。
③ 在订单上写上住址。
④ 确认裙子的尺码。

解析：根据对话可知，女子看上深颜色的裙子，但已卖完，要么调货后邮寄到家，要么挑其他款，对此女子说只喜欢这款，所以女子接下来的举动就是填写订单，故③正确；①错误，女子只喜欢深色裙子，已拒绝了男子的建议；②错误，女子已选好裙子，不会再来；④错误，已确认尺码及颜色。

☆关键词："치마"(裙子)、"마음에 들다"(满意)、"질다"(深)、"택배"(快递)、"주문서"(订单)

10. 正确答案：③

女：你好，能帮找一下这个尺码的 T 恤还有没有吗？
男：好的，顾客这就去给您确认。（片刻后）还有一件，在那边角落里挂着。
女：刚才找了，没找到。
男：啊，是吗？那我和您一起过去再确认一下。

① 查找 T 恤的尺码。
② 和男子一起去别的店。
③ 和男子一起去找 T 恤。
④ 写下男子的联系方式回家。

解析：根据对话可知，女子想找的T恤没找到就询问男子，最后一句男子说的是和她一起去找，所以女子接下来会和男子一起去找T恤，故③正确；①错误，女子已查找过，但没有找到；②④错误，对话里并未涉及。

☆关键词："사이즈"(尺码)、"티셔츠"(T恤)、"남다"(剩)、"코너"(角落)、"확인하다"(确认)、"걸리다"(挂)

11. 正确答案：③

女：总经理，您之前说的那份问题报告书要打印出来给您吗？
男：不用了，用邮件发给我吧。我马上要到美国出差，没时间看了。具体的应对方案你和金代理商议一下。
女：嗯，我知道了。社长，但是您出差期间应对方案怎么给您？
男：用邮件发给我就行。但是问题报告书还没收到，你发了吗？

① 跟总经理去美国出差。
② 打印问题报告书。
③ 用邮件发送报告书。
④ 跟金代理讨论应对方案。

解析：根据对话可知，男子让女子用邮件发送问题报告书，从最后一句话可知报告书还没收到，所以接下来女子会发问题报告书的邮件，故③正确；①错误，对话里并未提及；②错误，男子回答不用打印；④错误，讨论方案是之后的事情。

☆关键词："보고서"(报告书)、"출력하다"(打印)、"메일"(邮件)、"출장하다"(出差)、"구체적"(具体的)、"대책안"(应对方案)

12. 正确答案：②

女：喂？我是总务科金允丽，我想咨询学生奖学金的问题，所以给您打来电话。
男：不好意思，现在负责老师暂时不在，您要着急的话，我这就联系他。
女：不用了,麻烦您把要点转达给负责老师，可以吗？
男：可以，请讲，我记下来。等一下，负责老师来了，换他接电话吧。

① 告诉便条的内容。
② 直接和负责的老师通话。
③ 联系负责的老师。
④ 稍后再打电话。

解析：女子打电话想找负责奖学金的老师，开始人不在，但是通话过程中负责的老师来了，所以女子接下来应该是直接和负责的老师通话，故②正确；①错误，这是不能与负责的老师通话时的方法；③④错误，女子与负责的老师已通话。

☆关键词："총무과"(总务科)、"장학금"(奖学金)、"담당"(负责)、"비우다"(空出)

※[13~16] 听录音，请选择与内容相符的内容。

13. 正确答案：②

> 女：看着这幅画，好像真的有种来到欧洲的感觉。
>
> 男：是吧？看着画心情都变得平静了。要是真的能在那里居住的话该有多好！
>
> 女：但是这位画家好像很喜欢风车。在这里所展示的画作里面都有风车。
>
> 男：是吗？噢，真的耶。

① 这位画家的故乡是欧洲。
② 画家的画作中经常出现风车。
③ 两个人正在欧洲旅游。
④ 女子最喜欢有风车的画。

解析：根据对话可知，①错误，文中并未提及；②正确，画家的许多画作中都出现了风车；③错误，两个人只是看着画家的画作有种到了欧洲的感觉；④错误，女子认为画家好像很喜欢风车，并没有说自己是否喜欢。

☆关键词："유럽"(欧洲)、"편해지다"(变得平静)、"풍차"(风车)、"전시되다"(被展示)

14. 正确答案：③

> 女：鸡胸肉能帮助长肌肉。虽然知道鸡胸肉对健康有益，但是因为其肉质比较柴，所以吃起来口感不好。煮鸡胸肉的时候不要将其完全煮熟，在熟之前捞出来，在平底锅里稍微煎一下即可。这样就可以享受既劲道又松软的美味鸡胸肉了。

① 鸡腿肉能帮助长肌肉。
② 没有熟、干涩难咽的鸡胸肉对健康更有益。
③ 在熟之前用平底锅煎一下，鸡胸肉更松软。
④ 为了吃起来方便，应该把鸡胸肉完全煮熟。

解析：根据原文可知，①错误，能帮助长肌肉的是鸡胸肉；②错误，文中并未提到；③正确，这样的鸡胸肉既劲道又松软；④错误，为了吃起来方便，不需完全煮熟，还要用平底锅煎一下。

☆关键词："닭 가슴살"(鸡胸肉)、"퍽퍽하다"(干瘦)、"익히다"(煮熟)、"꺼내다"(拿出)、"프라이팬"(平底锅)、"살짝"(轻轻)、"쫄깃하다"(劲道)

15. 正确答案：④

> 女：上个月 19 日在光明市市政府会议室，政府机关联合相关部门进行了一场假设宜家光明分店发生大型火灾的模拟演习，这也是"2018 年应对灾难安全韩国演练"的其中一环。这次训练是在假设宜家光明分店发生大型火灾，造成很多死伤者，一部分建筑物被烧毁、倒塌的情况下进行的。光明市政府灾难管理的公务员和光明警察局、光明消防局等相关部门及志愿者队伍等民间团体共同参与，就"当大型火灾发生时各自的任务和作用"进行了演习讨论。

① 这次灾难应对训练在宜家光明分店进行。
② 这次实地演习是"2018 应对灾难安全韩国演练"的一环。
③ 这次训练过程中出现了很多死伤者，建筑物被烧毁。
④ 这次训练讨论了发生火灾时政府机关和民间团体的作用。

解析： 根据原文可知，①错误，这次演练是在光明市市政府会议室里进行的；②错误，不是实地演习，而是模拟演习；③错误，死伤者和被烧毁的建筑物都是假定的情景；④正确，这次训练演习讨论了各自的任务和作用。

☆**关键词：** "훈련"(训练)、"일환"(一环)、"대형화재"(大型火灾)、"관련부서"(相关部门)、"합동"(联合)、"사상자"(死伤者)、"소방서"(消防局)、"자원봉사"(志愿服务)、"민간단체"(民间团体)、"임무"(任务)

16. 正确答案：④

> 女：教授，您好！最近把保健品打造成包治百病的药进行销售，这好像是个大问题。那么消费者们在购买保健品时应该注意哪些问题呢？
>
> 男：首先要确认保健品上是否有食品药品监管局的标识。应该仔细观察是不是值得信赖的企业生产的商品。并且重要的是，要仔细确认在已知的功能外有没有凸显其他功能，或者是否超过保质期。因为最近虚假广告问题很严重，所以在食品药品监管局官网上确认好信息后再购买可以说是最安全的方法。

① 保健品对所有的疾病都有效果。
② 过敏患者不能吃保健品。
③ 消费者可以信赖有商标的保健品。
④ 购买前应该在食品药品监管局官网上确认信息。

解析： 根据对话可知，①错误，文中指出把保健品打造成包治百病的药进行销售是个问题；②错误，文中并未提到；③错误，可以信赖的是有食品药品监管局标识的产品；④正确，先在食品药品监管局官网上确认信息后再购买是很安全的方法。

☆**关键词：** "건강기능식품"(保健品)、"구입하다"(购买)、"식약청"(食品药品监管局)、"마크"(标识)、"업체"(企业)、"제작하다"(制作)、"부각하다"(突出)、"유통기한"(保质期)、"과대광고"(虚假广告)

※[17~20] 听录音，请选择男子的中心思想。

17. 正确答案：③

> 男：秀美，你现在正在网上购物吗？
>
> 女：是的，需要的东西在网上都可以买到。不仅价格比商场便宜，而且配送也很快。
>
> 男：虽然在网上买东西很方便，但是听说有很多广告内容存在夸大事实的现象。像食品这样的重要商品不要在网上买，还是去超市买吧。在超市里可以直接确认食品的新鲜程度和保质期，这样吃起来才放心嘛。

① 在网上可以买到任何东西。
② 超市不卖过了保质期的食品。
③ 像食品这样的东西最好在超市买。
④ 在网上也可以直接确认食品的新鲜程度。

解析： 当女子列举网上购物的诸多好处时，男子从虚假广告的角度反驳女子的观点，男子表示像食品这样重要的商品，为了吃着安心最好去商场买，故③正确；①错误，是女子的观点；②错误，对话中并未提及；④错误，与男子观点不符。

☆**重点语法：** "- 잖아(요)"，多用于对话中，表示陈述听者知道的理由，或者确认已经知道的事实。

예 내가 그 여자를 좋아했잖아요.
我以前不是喜欢她嘛。

예 지희 씨가 어렸을 때부터 영어를 잘했잖아요.
智熙从小英语就好。

18. 正确答案：③

> 男：秀美,周末干什么了？你看起来很疲惫，要不要喝杯咖啡？

女：好啊，谢谢。周末没什么事就睡了很久，但是为什么还这么疲惫呢？注意力好像也比平时下降好多。

男：那是你平时睡眠不足造成的，最近像秀美你这样一到周末就想把一周没睡够的觉一次性补回来的人很多。但是这样的话别说带来帮助了，就连身体的节奏都会被打破，反而会更加疲劳。所以比起周末，平时更要注意休息。

① 做事情不集中时应该喝咖啡。

② 周末睡很久的话平时不会累。

③ 相比周末睡很久，还不如平时多睡会儿。

④ 周末不多睡的话，会打破身体的节奏。

解析：对于女子睡得久还疲惫，注意力下降等反应，男子认为是平时睡眠不足造成的，所以建议女子平时要注意休息，故③正确；①错误，是男子看女子疲惫才建议她喝杯咖啡的；②错误，周末睡很久反而更累；④错误，与男子观点正好相反。

☆重点语法："-은/는커녕"，接在名词后，和谓词搭配使用时，用"기는커녕"。用于否定句，类似于汉语的"且不用说……，就连……也……"。

예 밥을 먹기는커녕 물 한 잔도 못 마셨습니다.
　　别说吃饭了，连杯水都没喝上。

예 시험공부는커녕 내일까지 내야 하는 리포트도 못 썼습니다.
　　别说复习考试了，明天要交的小论文还没写呢。

19. 正确答案：①

男：最近名为《灰姑娘》的电影听说挺火的，周末我们也去看吧？

女：那不是小孩子看的电影吗？电影名字好幼稚啊。

男：不是那样的。最近好多像你这样只根据电影名就推测电影内容的人。这部电影的主人公不是童话人物，而是现实生活中压力山大的职场女性。而且这部电影是通过简单的剧情来揭露深刻的人生哲学的好电影。

女：那是该去看看。

① 这部电影的名字即便幼稚，也比想象的有深度。

② 因为是幼稚的电影，所以最好带孩子一起去看。

③ 这部电影只看名字就可以知道全部内容。

④ 电影为了吸引人气，应该起一个幼稚的名字。

解析：女子听到电影名以为是给小孩子看的动画片，觉得很幼稚，对此男子解释这部电影的含义，主人公是现实生活的职场女性，简单的剧情蕴含深刻的人生哲学，故①正确；②④文中并未提及；③与男子观点相反。

☆关键词："신데렐라"(灰姑娘)、"유치하다"(幼稚)、"추측하다"(推测)、"주인공"(主人公)、"철학"(哲学)

20. 正确答案：③

女：姜老师，您真了不起，一天竟然能做这么多事。怎样才能做那么多事呢？

男：我总是按照我写下的计划度过每一天的生活。前一天晚上把要做的事情整理成目录，按照重要性给它们排序。这样就能在一天之内做很多事情。大家都可以做到。

① 改变想法，能做的事情一定去做。

② 和公司同事商量要做的事情。

③ 先制订计划，并立即付诸实践。

④ 把要做的事情先拜托给朋友们。

解析：当女子问男子怎么能在一天内做那么多的事情时，男子回答是按照自己的计划实施的，即先把要做的事情整理成目录，然后按照事情的排序来做，故③正确；其余各项均与男子想法不符。

☆重点语法："-다니"，接在动词、形容词或"-았/었/였-""-겠-"等时制语尾后，用于怀疑或对意料之外的事实感到惊讶，亦用于说明后面内容的原因。

예 남편분이 승진을 하셨다니 정말 기분이 좋으시 겠어요. 丈夫升职了，您一定很开心吧?

예 두 어요짜리 아이가 책을 읽을 수 있다니 정말 놀 랍군요. 两岁的孩子竟能看书，真是令人吃惊。

※[21~22] 听录音，请回答问题。

> 女：你听说过季节性忧郁症吗？关于忧郁 症我也了解不少啊，竟不知道这个。
>
> 男：主要是晒太阳时间不足的北欧人经常 会得的病吧。最近我国得这种病的患 者也在急剧增多。日照时间过短的话， 会导致身体能量不足、活动量低下、 乏力、嗜睡等症状，从而使抑郁症恶 化。这种症状大多出现在秋天和冬天。
>
> 女：原来是这样啊。就是说一旦得病了， 就很难摆脱是吧。
>
> 男：对啊。所以平时一定要保持有规律的 生活，并且要培养良好的自制能力， 能够控制住自己的内心。

21. 请选择符合男子中心思想的选项。
① 季节性忧郁症在春天和夏天出现。
② 得了季节性忧郁症的话，最好用药物治疗。
③ 季节性忧郁症与日照量有关。
❹ 最好养成有规律的生活习惯。

解析：男子认为季节性忧郁症主要是因为晒太阳 时间不足造成的，因此要保持有规律的生活、养 成良好的生活习惯，故选④，①与原文不符，季 节性忧郁症大多出现在秋天和冬天；②对话中并 未提及，③只是男子的一个观点。

22. 请选择与所听内容相符的一项。
❶ 季节性忧郁症是因为晒太阳时间不足引 起的疾病。
② 季节性忧郁症在南北美洲的国家发生较多。
③ 季节性忧郁症有无力感和嗜睡等症状。
④ 很多情况下季节性忧郁症短期可以被治 愈。

解析：根据对话可知，①正确，季节性忧郁症是 因为晒太阳时间不足引起的；②错误，季节忧郁 症主要在北欧发生较多；③错误，日照量不足会 引起无力感、嗜睡等症状，这会加重季节性忧郁 症；④错误，一旦得了季节性忧郁症，很难治好。

☆关键词："계절성"(季节性)、"일조량"(日照量)、 "북유럽"(北欧)、"급증"(急增)、"결핍되다"(缺 乏)、"무기력증"(乏力)、"과수면"(嗜睡)、"야기 하다"(引起)、"통제하다"(管制)

※ [23~24] 听录音，请回答问题。

> 女：现在农林部倡导大家为了摄取对身体 有益的营养素，必须生吃蔬菜。你怎 么看？
>
> 男：除非是有机蔬菜，不然其他蔬菜直接 生吃可能很危险。为了使蔬菜长得好 而使用的化肥含有致癌物质。这样的 蔬菜进入身体的话会带来恶劣影响。
>
> 女：好好清洗蔬菜的话，致癌物质不就被 洗掉了吗？
>
> 男：好好洗也不会消失。最有效的方法就 是焯一下再吃。当然在这个过程中对 身体有益的一些营养素也会被破坏。

23. 男子在干什么？
① 说明生吃蔬菜的方法。
❷ 拿出依据来反驳生吃蔬菜。
③ 赞同农林部的建议。
④ 说明栽培蔬菜的方法。

解析：男子对于农林部建议生吃蔬菜的提议进行 反驳，即因使用化肥的蔬菜中含有致癌物，对身 体有害，即使好好清洗也会有危险，故②正确； ①④在文中并未提及，③错误，男子不赞同农林 部的建议。

24. 请选择与所听内容相符的一项。
❶ 生吃蔬菜有可能对身体有害。
② 想新鲜地吃蔬菜，就要稍微烫一下。

③ 为了健康要避免烫蔬菜吃。

④ 好好用水冲洗蔬菜再吃，基本上能去掉有害物质。

解析：根据对话可知，①正确，种植蔬菜使用的化肥含有致癌物质，这些物质进入身体会带来恶劣影响；②错误，蔬菜烫一下就不新鲜了；③错误，文中并未提及；④错误，用水好好冲洗蔬菜也洗不掉有害物质。

☆关键词："영양소"(营养素)、"섭취하다"(摄取)、"날로"(生着)、"유기농"(有机农)、"화학비료"(化肥)、"발암물질"(致癌物质)、"악영향"(恶劣影响)、"씻겨가다"(洗掉)、"데치다"(烫一烫)

※ [25~26] 听录音，请回答问题。

女：最近看电视的话总是看到反复出现刺激和无厘头的情况设定的狗血剧。拍这种狗血剧的原因是什么呢？

男：因为越是低俗、刺激的剧情越是容易提高收视率。所以会写多种多样的刺激性素材，包括偷情、报仇、试图自杀、身世之谜等。但是这种电视剧因其极端的设定可能会助长社会的愤怒，所以应该探索可以阻止其泛滥的方法。短期内，要加强违反播放审查的制裁强度；从长远看，拓宽观众的频道选择权才是最好的方法。如今由于电视台的垄断结构，观众们可以观看的节目并不多。

25. 请选择符合男子中心思想的选项。

❶ 应认识到狗血剧的恶劣影响并努力改善。

② 在电视台的生存竞争中，观众是最大的受害者。

③ 狗血电视剧收视率高的原因在于可以观看的节目少。

④ 狗血剧的作用是可以拓宽观众的选择范围。

解析：男子先介绍狗血剧带来的恶劣影响，并分析其原因，最终提出改善的建议，故①正确；②文中并未提及，③④与原文内容不符。

26. 请选择与所听内容相符的一项。

① 电视剧的剧情越刺激，越难以保证收视率。

❷ 应停止用偷情或报仇等素材制作电视剧。

③ 电视台正在用多样的节目吸引观众的视线。

④ 违反播放审查时最好的方法是罚款。

解析：根据对话可知，①错误，越是低俗、刺激的剧情，越容易提高收视率；②正确，这种电视剧可能会助长社会的愤怒，所以应该探索阻止其泛滥的方法；③错误，由于电视台的垄断结构，观众们可以观看的节目并不多；④在文中并未提及。

☆重点语法："-(으)ㄹ수록"，表示条件逐渐深入，出现的结果的程度也逐渐加深，相当于汉语的"越……越……"。

예 많이 배우면 배울수록 겸손해야 한다는 말이에요. 这句话是说，学得越多，就越应该谦虚。

예 아는 게 많지 않은 사람일수록 유식한 체 떠들어 댄다. 越是懂得不多的人，越是爱装有学识。

※ [27~28] 听录音，请回答问题。

女：关于公平对待女性，共同创建公正社会这个热门话题，你有所了解吗？

男：嗯，不就是事业与家庭兼得嘛。公正社会的基本原则是机会均等，而女性的情况稍有不同。

女：对，但问题是女性因为生育和育儿的问题，是无法与男性站在同一起跑线上，公平地参与劳动力市场竞争的。如果这个问题持续下去，就会导致女性出现经历断层的现象，甚至还会导致我们社会的低出生率问题。

男：是啊，按照你所说的，这和公正社会的原则相违背。

女：所以应该建立无论对谁都公正的社会。

27. 请选择女子向男子说话的意图。

① 为展示公正社会的具体情况

② 为说明公正社会的基本原则

③ 为告知公正社会为维持女性的经历而必须做的事

❹ 为告知劳动市场中女性参与的机会被阻碍的问题

解析：文中谈论的主题是公正社会，女子认为女性因生育、育儿等问题无法与男性一样公平参与劳动力市场竞争，说出存在的问题之后阐述了对社会带来的影响，故选④。

28. 请选择与所听内容相符的一项。

❶ 机会均等是公正社会的基本原则。

② 女性有事业与家庭兼顾的办法。

③ 公正社会的基本原则是为社会成员提供出发点。

④ 公正社会的实践在于社会成员的平安和福祉。

解析：根据对话可知，①正确，男子说的第一段话中有明确说明；②错误，这个问题还未得到解决，③错误，公正社会的基本原则是机会均等；④错误，对话中并未提及。

☆关键词："공정사회"(公正社会)、"자자하다"(纷纷)、"기본원칙"(基本原则)、"균등"(均等)、"출발선"(起跑线)、"단절되다"(断绝)、"초래하다"(导致)、"저출산"(低出生率)、"어긋나다"(违背)

※ [29~30] 听录音，请回答问题。

> 女：我看到一则新闻说，在艺术品拍卖市场里，朴寿根的作品"洗衣处"以45亿韩元的价格被拍下。这种作品可以卖得这么贵的理由是什么呢？
>
> 男：朴寿根的作品，明暗和色彩、素材和画面的质感很独特，被誉为最会表现韩国人的思想感情的画家。所以有很

> 多人想要拥有他的作品。并且与之相应的，这种作品由于可以满足那些拥有相同思想感情的人，常常以很高的价格被拍下来。也就是说，极高的艺术性和存在的稀缺性，使得艺术作品的交换价值耸立高空。

29. 请选择男子的身份。

① 画家　　　　　② 艺术家

❸ 工作人员　　　④ 雕刻家

解析：男子对朴寿根画作的拍卖做出了详尽的解读，并分析了他的作品被拍出高价的原因，由此可以判断男子是跟拍卖有关的工作人员，故选③。

30. 请选择符合所听内容的选项。

① 常见的画也可以卖得很贵。

② 朴寿根的作品以低于实际的价格被拍卖了。

③ 艺术品在画家去世之后价格飞涨。

❹ 同时具有艺术性和稀缺性的艺术品的价值非常大。

解析：根据对话可知，①错误，高价拍卖的作品都有其独特的一面；②错误，朴寿根的作品被高价拍卖；③文中并未提及；④正确，极高的艺术性和存在的稀缺性，使得艺术作品的交换价值耸立高空。

☆关键词："미술품"(美术品)、"경매"(拍卖)、"낙찰되다"(成交)、"질감"(质感)、"독창적"(独创性的)、"정서"(思想感情)、"희귀하다"(稀少)

※ [31~32] 听录音，请回答问题。

> 女：新闻里说，韩国电子要为残疾人步入社会提供平台，他们正积极地雇用残疾人。
>
> 男：我也听说了，属于社会弱势群体的残疾人受到国家的照顾和关怀是应该的，企业却代替政府做了这件事，这才是一项切实为社会提供实质性帮助的规划。但这并非是单纯地为帮助残

疾人而制订的计划，就像很多企业为了树立正面的形象才为社会做贡献或捐赠一样。

女：那么企业做这种策划就只是想给人们留下一种正面的形象啊？

男：是啊，不久前某通信公司招募大学生志愿者。很多大学生都想做志愿活动而提交了申请书。了解后才知道这次活动内容是参与的大学生们穿着印有公司标志的衣服，为清晨工作的人们提供热咖啡或粥。

31. 请选择符合男子想法的选项。

① 企业宣传性的服务活动值得提倡。

❷ 要正确判断企业的意图，不能被他们迷惑。

③ 企业为创造正面形象，应做多方面的努力。

④ 不能把大学生作为消费对象。

解析： 对于积极雇佣残疾人的韩国企业的主题，男子认为企业做社会性服务的真正目的是树立企业形象，但是没有对这一做法给予评判，故②正确，①错误；③④文中并没有涉及。

32. 请选择符合男子态度的选项。

① 赞成企业做社会服务。

② 讲述自己的志愿者经历。

❸ 用成为话题的事例作为证据进行说明。

④ 对于残疾人步入社会表示担忧。

解析： 根据对话可知，韩国电子积极雇佣残疾人的话题男子认为企业的真正意图不是帮助弱势群体，而是为了树立好形象，并举例说明自己的观点，故选③。

☆**重点语法：** "-(으)ㄴ/는 셈이다"，接在动词后，表示可以算作某种事实或相当于某种事实，相当于汉语的"算是……"。

예 그는 음악계의 대가 반열에 오른 셈이다. 他算得上已步入音乐界的大师行列。

예 자원봉사가 입시를 위한 시험과목인 셈이다. 志愿者服务等于是入学考试的科目。

※ **[33~34] 听录音，请回答问题。**

女：对于那些需要在医院长时间与病痛做斗争的重症患者来说，比起医生的治疗或家人的照顾，更重要的就是病人首先自己要保持心情平静。如果病人情绪不稳定的话，他什么药也吃不进去，什么话也听不进去。让病人情绪稳定的方法有很多种。首先，应该完全掌握自己的病情和治疗情况，不要因为对未来的不可预知而感到不安。其次，接受治疗期间，可以写写日记或者记录自己的想法等。通过这样的方式记住自己在接受治疗期间的感受，在询问医生或者护士问题的时候也会有所帮助。另外，如果能自己解决日常生活中的问题的话，会对生活充满信心，状态也会随之好转。届时，尝试计划一下自己要做的事，也不失为一种安定情绪的好方法。

33. 这是关于什么的内容？

❶ 患者拥有安定情绪的重要性及方法

② 为患者提供最好的医疗服务的必要性

③ 为患者准备多种多样的娱乐设施

④ 为负担不起住院费的病人所采取的措施

解析： 对于那些需要长时间和病痛做斗争的病人来说，最重要的是自己要保持平和的心态，文章还列举了几种保持平和内心的办法，故选①；②③④文中并未提及。

34. 请选择与所听内容相符的一项。

① 需要给重症患者安排常驻护士。

❷ 写日记在询问医生问题时有帮助。

③ 有在情绪不稳定的时候服用的药。

④ 重症患者在独自解决日常生活中的问题时很勉强。

解析：根据原文可知，①③文中并未提及；②正确，写日记或者记录想法在问医生时有帮助；④错误，应该是鼓励病人做一些力所能及的事。

☆关键词："투병"(抗病)、"중환자"(重症患者)、"보살핌"(照料)、"완전히"(完全)、"불안감"(焦虑)、"기록하다"(记录)、"간호사"(护士)、"호전되다"(好转)

※ [35~36] 听录音，请回答问题。

男：通常自己开始向自己提问"我是谁？"的时候就是青春期到来的前后。寻找自我的欲望谁都有，而且不断被其困扰。从青少年时期开始的这种心理现象，即使成为大人后也会持续。今天举一个寻找自我、体现现代人心理的文学作品的例子。这部小说主要讲的是主人公一边脱离现实空间，向梦的空间转变，一边寻找自我的内容。在小说里，出现了现实和梦想、生和死混合的混沌状态——"迷雾"。各位肯定也有因为起了雾，找不到自我而苦恼的时候。但是就像雾会散去，晴朗的日子会到来这样的自然法则一样，最终通过不断的努力，我们人生的迷雾也会消散。

35. 男子正在干什么？
① 评价生活中只有晴朗的日子。
② 对回顾自己的人生进行批评。
❸ 要求为寻找自我而不断地努力。
④ 分析对自己的探索成人之后就结束了。
解析：男子围绕自我寻找的主题阐明了自己的观点，认为通过不断的努力人生的迷雾终会散去，故选③。

36. 请选择与所听内容相符的一项。
① 起雾是不幸的开始。
② 现实中的寻找自我在梦里也会持续。

③ 青少年时期的苦恼在成人前会被解决。
❹ 人生混沌的状态必然会过去。
解析：根据原文可知，①②文中并未提及；③错误，即使长大，苦恼还是会一直持续；④正确，通过不断的努力我们人生的迷雾终会消散。

☆关键词："사춘기"(青春期)、"자아"(自我)、"욕구"(欲求)、"뒤섞이다"(混合)、"혼돈"(混沌)、"안개"(迷雾)、"끼다"(笼罩)、"걷히다"(消散)、"섭리"(自然法则)

※[37~38] 下面是一期教养节目，听录音，请回答问题。

女：随着杂志、报纸等大众传媒的发展，我们的日常生活中出现了"讽刺画"一词。这是一个比较生疏的词语，您能给大家简单介绍一下它的含义吗？
男：讽刺画是以一种夸张的手法刻画人物或者对象特征，以诙谐的方式展现的美术技法之一。我们在日常生活中也会使用这个词语。讽刺画的重心在于其中包含着讽刺意味。"讽刺画"虽然具有"背负沉重的包袱""夸张"的意味，但实际上这种说法是从16世纪末画家们所画的那些被称作幽默的、带有讽刺意味的人物画中来的。如果人们背着沉重的行李闷坐着的话，他们的模样自然就会有些扭曲、神情涣散，变得十分滑稽。可以说，对这种模样进行讽刺的行为发展成为今天所说的"讽刺画"。

37. 请选择符合男子中心思想的选项。
① 随着大众媒体的发展，讽刺画逐渐消失。
② 讽刺画的历史意义到现代发生了改变。
③ 从人物或对象的刻画来看，和肖像画很像。
❹ 讽刺画的意义和技法中带有讽刺意味。
解析：文中主要解释讽刺画的意思及由来，男子强调讽刺画是带有讽刺意味的绘画技法，故④正

确；①错误，随着大众媒体的发展，才出现了讽刺画一词。②③在文中并未提及。

38. 请选择与所听内容相符的一项。
① 讽刺画是画家们常去的咖啡店的店名。
② 讽刺画最早是在 16 世纪被编入词典的。
③ 讽刺画现在被叫作"카리카레"。
❹ 讽刺画是因画家的作品而产生的。

解析： 根据原文可知，讽刺画是美术技法之一,①错误；讽刺画最早是在16世纪末从画家所画的那些被称作幽默的、带有讽刺意味的人物画中来的，②错误，④正确；③在文中并未提及。

☆**重点语法："-에 의하여/의해서"**，接在名词后，表示后半句的行为是因前面的某种事实而引起，或以某种事实为根据。后半句常常使用被动形态。

例 사람의 도덕적 성격은 유전에 의해서가 아니라 환경에 의해서 형성된다. 人的道德性格不是遗传而来的，而是由环境形成的。

例 당초의 수출 증가는 그것에 의하여 유발된 수입 증가에 의하여 상쇄되는 것이다. 当初出口量的增加被由此所引起的进口量的扩大所抵销。

※**[39~40]** 下面是一场访谈。听录音，请回答问题。

女：正如我们前面所看到的调查问卷内容，19个国家中有15个国家过半数的国民支持政府把发表的重点放在气候变化上。这不正是强调了全世界都在关心环境问题吗？

男：是啊，可以这么认为，下面这张图表详细地展现了5个国家的调查结果。可以确认这5个国家所有都赞成的比例比反对比例明显高很多。这说明大部分国家都认识到气候变化这一严重问题。这意味着如果想解决该问题，不能单靠一个国家的努力，而要实现各国之间的协作。在此期间，我们虽

然看到了"气候首脑会谈"等零星的努力，但很多情况下都还没找到实际性的解决方案。根据这种情况判断，为了解决气候变化问题，更需要国际社会的协作和更深切的关注。

39. 请选择对话前面的内容。
① 和气候问题相关的国际团体协作呼吁文
② 对于气候变化问题解决方案的投票结果
③ 对于气候变化问题的国民采访资料
❹ 支持政府发表内容的调查结果

解析： 从女子说的第一句话"正如我们前面所看到的调查问卷内容，19个国家中有15个国家过半数的国民支持政府把发表的重点放在气候变化上。"可以判断出前面的内容为支持政府发表内容的调查结果，故选④。

40. 请选择与所听内容相符的一项。
❶ 为制订实际的解决方案需要协作。
② 必须应对因气候变化而面临的大灾难。
③ 19 个国家深刻认识到气候变化的问题。
④ 认识上没有根本的变化，气候问题无法解决。

解析： 根据原文可知，①正确，为了解决气候变化问题，更需要国际社会的协作和多多关注。②④错误，文中并未提及；③错误，是19个国家中有5个国家认识到气候变化的问题。

☆**关键词："과반수"**(过半数)、**"다루다"**(处理)、**"지지하다"**(支持)、**"역설하다"**(强调)、**"그래프"**(图表)、**"월등히"**(超级)、**"인식하다"**(认识)、**"강구하다"**(寻求)、**"공조"**(共助)

※**[41~42]** 下面是一段演讲。听录音，请回答问题。

男：各位，首先我们假设某家企业树立了一个想要稳定发展过百年的经营目标。成为长寿企业，最重要的是什么呢？那就是确立用价值观来经营企业的文

化。事实上，经过调查发现，那些经营百年以上的企业都有其迈向成功的独特战略。树立"开心工作、认真生活、共享世界"战略的某企业，当职员把各自的想法发到网上，就能使全世界的职员们都可以共享他们的想法。这种颠覆传统观念的"开心工作、认真生活"信条和"客户第一，职员第二，股东第三"的公司价值观正是跟其他公司所不同的核心所在。

41. 请选择与所听内容相符的一项。

① 长寿企业的价值观是职员第一。

② 所有的职员都把自己的想法告诉企业。

③ 想要成为长寿企业的话，必须跟其他企业进行竞争。

❹ 长寿企业有自己独特的战略。

解析：根据原文可知，①错误，长寿企业的价值观首先是客户；②③在文中并未提及；④正确，成为长寿企业，最重要的就是确立企业所独有的文化价值观。

42. 请选择符合男子中心思想的选项。

❶ 为了成为长寿企业，必须确立战略性的企业价值观。

② 长寿企业指的是盈利百年以上的企业。

③ 想要公司不断成长需要有想法。

④ 公司想要长期经营的话，必须跟其他公司拥有不同的目标。

解析：男子主要分析了长寿企业中长寿的核心所在，即自己独特的战略以及企业文化和价值观，故选①；②③文中并未提及；④错误，不是拥有不同的目标，而是拥有不同的价值观。

☆**重点语法**："-(이)야말로"，表示强调指定所叙述的对象，谓语一般是体词谓语。相当于汉语的"真是……""才是……"。

예 이 나라에서야말로 우리의 꿈을 실현시킬 수 있는 곳이다.

只有在这个国家，我们才可以实现我们的梦想。

예 용인에 있는 민속촌이야말로 옛날 집을 구경하기에 가장 좋은 곳입니다.

位于龙仁的民俗村才是参观古代房屋最好的地方。

※[43~44] 下面是一期纪实节目。听录音，请回答问题。

女：韩国传统婚礼中奠雁礼指的是来女方家迎接新娘的新郎，给新娘的母亲送一对大雁作为礼物的仪式。这时登场的大雁是象征白头偕老的代表性动物。因为成双成对生活的大雁一方如果死去的话，另一方拥有不再寻找配偶的气节。像这种象征在其他国家也能找到，比如西方就有爱神厄洛斯骑着大雁翱翔于天际的传说。另外，古代希腊男女约定终身时，会在大雁面前发誓的这种风俗也流传至今。

43. 请选择送一对大雁的理由。

① 为了夫妻不吵架

❷ 为了夫妻白头偕老

③ 为了在大雁面前发誓

④ 为了骑大雁

解析：婚礼中奠雁礼的大雁象征白头偕老，故选②。

44. 请选择符合本文中心内容的选项。

① 大雁只在东方被用来象征爱情。

② 奠雁礼没有大雁，就无法进行仪式。

③ 西方的大雁和东方的大雁意义不同。

❹ 大雁因其习性在许多国家都被用来象征爱情。

解析：根据原文可知，大雁在东方国家或西方国家都被用来象征爱情，故选④；①错误，大雁在西方也被用来象征爱情；②错误，文中并未提及；③错误，无论在西方还是东方，大雁都被用来象征爱情。

☆关键词："혼례"(婚礼)、"전안례"(奠雁礼)、"기러기"(大雁)、"백년해로"(白头偕老)、"상징하다"(象征)、"짝짓다"(配对)、"절개"(气节)、"전설"(传说)、"그리스"(希腊)、"맹세하다"(发誓)

※ [45~46] 下面是一段演讲。听录音，请回答问题。

> 女：最近很多人都在关注动物领养的问题。有意领养的人之中不仅有本国人，还有居住在国外的人，所以我们正在探索可以在国外领养动物的方案。但是领养要经过非常严格的程序才能完成，所以我们经常亲自去国外进行探访。对此要花费很多时间和费用，所以很多时候都很难做出决定。非常感谢的是，最近有很多资助者，为我们团队的运营提供了很大的帮助。除了这样的领养事业之外，我们还通过多种媒体进行禁止食用狗肉、防止遗弃、虐待动物等宣传活动，以此来唤起人们热爱动物的意识。

45. 请选择与所听内容相符的一项。

❶ 展现团体为扩大活动领域所做的努力。
② 最近人们主要关心被遗弃的动物。
③ 法律禁止海外领养动物。
④ 没有支援者的帮助动物保护团体无法运营。

解析：根据听力内容可知，①正确，动物保护团体从已有的动物领养到进行很多宣传活动付出了很多努力。②错误，人们主要关心的是动物领养问题；③错误，法律允许海外领养动物；④错误，说法过于绝对。

46. 请选择与女子态度相符的选项。

① 对现实问题进行解答。
② 对于动物保护的未来很悲观。
③ 为了贯彻自己的意见进行警告。
❹ 详细说明团体的事业内容。

解析：女子主要在讲述有关领养动物的内容及进行的宣传活动，由此可推断出女子在说明该团队的事业内容，故④正确。

☆关键词："입양"(领养)、"희망자"(有意者)、"모색"(探索)、"엄격하다"(严格)、"후원자"(支援者)、"캠페인"(活动)、"유기"(遗弃)、"학대"(虐待)、"홍보"(宣传)、"실천하다"(实践)

※ [47~48] 下面是一场访谈。听录音，请回答问题。

> 女：据报道，政府下个月会以全国幼儿园园长和中小学校长为对象，召开灾难应对特别演讲会。最近邻近国家因连续发生的自然灾害导致年幼学生受害事件频繁发生，在这种情况下应该培养灾难应对能力的意见达成一致并付诸实施。对此您怎么看？
>
> 男：我认为,这是我们国家必须实行的训练。要摒弃自然灾害不会发生这种想法。不知道何种灾害会何时发生，我们国家一直以来都以安逸的想法忽视了预防对策这一点。特别是在小学生密集的校园，老师们迅速地判断状况就能避免最恶劣的状况发生。这次演讲将会加强老师们对灾害的认识，通过在学校现场进行系统性的、持续的教育和训练,能够培养出应对灾难的能力。

47. 请选择与所听内容相符的一项。

① 下个月有以高中生为对象的灾难应对演讲会。
❷ 教师迅速地判断状况，可以减少年幼学生的损失。
③ 为培养灾难对应能力，只有学生们接受训练。
④ 我国因严重的自然灾害，导致年幼学生的损失巨大。

解析：根据原文可知，①错误，演讲会是以全国幼儿园园长和中小学校长为对象；②正确，老师们迅速地判断状况能避免最恶劣的状况发生；③错误，老师也要接受训练；④错误，是邻国损失严重。

48. 请选择最符合男子说话方式的选项。
① 正在摸索解决灾情的方案。
② 用冷静而透彻的眼光讽刺现实。
③ 以相反的见解批判报道。
❹ 批判安逸的态度，强调训练的必要性。
解析：男子对于国民抱着安逸的想法忽视了预防对策这一点进行了批判，同时主张通过教育和训练培养应对灾难的能力，故选④。

☆重点语法："-(으)ㄴ/는 가운데"，表示某事正在发生时的情况、条件。

예 어려운 생활 가운데서도 절망하지 말고 자신의 꿈을 향해 열심히 노력하기 바랍니다. 希望你在艰苦的生活环境中也不要绝望，朝着自己的梦想而努力奋斗。

예 많은 시민들이 참여한 가운데 '살기 좋은 도시 만들기' 범시민 운동을 벌이고 있습니다. 在众多市民的参与下，正在开展"建设宜居城市"的全民运动。

※ [49~50] 下面是一段演讲。听录音，请回答问题。

女：最近在一些资本不足的青年圈里刮起了一阵创业热风，同时他们也因为资金问题陷入极度苦闷中。在企业具备自主发展的能力之前，虽然能够使用国家补助的政策资金，但是因不了解详细的信息或标准导致不能享受优惠的情况也很多。因此希望大家从现在开始好好聆听我要说的话，如果有想要创业的意向，能够通过多种途径获得资金支持。首先，现在政府用于支

援企业的补助政策资金已超过150余种。但是因为种类太多，资金补助机关或者优惠、标准等千差万别，所以选择起来很困难。而且因申请时间各不相同，错过申请补助资金的时间段的情况也不计其数。那些严格要求申请时间的政策资金在上半年进行申请更加有利。如果在上半年申请并得到资金优惠的话，可以利用通过政府支援资金来开发这一亮点，进行宣传就可以得到消费者的信赖。为此，仔细浏览与这些政策相关的新闻报道，随时登录各机关的网页以及申请相关单位的邮件服务等都是有效的方法。

49. 请选择与所听内容相符的一项。
① 政策资金有很多限制，很难得到优惠。
② 每年下半年申请能提高成功概率。
③ 对于申请对象仅限于大学生表示不满。
❹ 政策资金有助于提高企业形象。
解析：根据原文可知，①错误，因为不了解详细的信息或标准导致不能享受优惠的情况很多；②错误，申请政策资金最好是在上半年进行；③错误，在文中并未提及；④正确，如果申请到资金优惠可以进行宣传，还能得到消费者的信赖，从而提高企业形象。

50. 请选择与女子态度相符的选项。
① 频繁的信息交换会使补助优惠变得更混乱。
② 应将得到消费者的信任作为最终目标。
③ 过度依赖政府的支援资金也有可能惹祸上身。
❹ 应该抓住优惠的机会，将其作为筹措资金的捷径。
解析：女子主要是在告诉大家如何能够申请到政府资金，故选④；①②③在文中并未提及。

写作（51~54题）

51. 正确答案：

㉠ 쉽지 않습니다 . 很困难。

　　정말 불편합니다 . 真的很不方便。

㉡ 여러 가지 시설이 있으면 좋겠습니다 . 有各种设施就好了。

　　다양한 편의 시설을 제공해 주시기 바랍니다 . 希望能提供多种便利设施。

> 社长，请您这样做。
>
> 因为我们的工厂离市区非常远，所以下班后为使用市区各种设施来来回回（ ㉠ ）。所以下班后的时间大部分人都在宿舍度过，但是现在我们宿舍能看电视的地方只有休息室。宿舍内能有像图书馆、健身房、KTV、电脑房等供职员们度过闲暇生活的（ ㉡ ）。

解析：根据原文可知，第一句是请社长这样做的原因，工厂离市区很远，很多设施都缺乏，所以㉠处应填写为了使用设施来来回回不容易或不方便的内容；第二句说的是大部分职工下班后在宿舍度过，能供职工休闲的就只有带电视的休息室而已，所以最后一句应是员工希望老板要做的内容，所以㉡处应填写和员工期望相关的内容。

52. 正确答案：

㉠ 소개하기도 했다 . 也介绍了。

　　알려 주기도 했다 . 也讲述了。

㉡ 우리나라의 전통 음식을

　　把我们国家的传统食物

　　한국 음식을　把韩国食物

> 首尔市以离开故乡在异国生活的外国劳动者和因跨国婚姻而在韩国生活的人为对象举行了庆典。或观看电影，或比赛唱歌，或韩语演讲，也可以向韩国人（ ㉠ ）自己国家的文化。另外，还可以一起做年糕汤或松饼等（ ㉡ ）。

解析：括号前面列举的都是外国劳动者或跨国婚姻对象在庆典上能做的事，㉠处填写的内容也应与此相关，即向韩国人介绍自己国家的文化，并且这个与前面内容是并列关系，是对前面的补充，所以应用上“기도 하다”这个语法；年糕汤、松饼都是韩国的传统食物，故㉡处应填写和韩国食物相关的内容。

53. 参考范文：

2018 년 남녀별 독서 분야에 대해 조사를 실시한 결과 남자의 경우 경제책을 읽는 사람이 63% 로 가장 높은 비율을 차지했다 . 반면에 여자의 경우 경제책을 읽는 사람이 32% 로 남자보다 절반쯤 적었다 . 여자는 문학 책을 읽는 사람이 43% 로 높은 비율을 차지했다 . 반면 남자는 7% 로 많이 적었다 . 과학 분야에서는 남자는 17%, 여자는 8% 로 남자가 더 많았다 . 역사 독서 분야는 남자는 8%, 여자는 15% 로 여자가 더 많았다 . 이로부터 남자는 물질적인 것과 이성적인 것에 , 여자는 정신적인 것과 감성적인 것에 더 치중한다는 것을 알 수 있다 .

对于2018年男女阅读领域的调查结果显示，男性中读经济类书籍的最多，占63%。相反，女性中读经济类书籍的仅占32%，比男性少了近一半。女性中读文学著作的占43%，比例较大。与之相反，男性则低得多，只有7%。男性中读科学类书籍的占17%，女性中读科学类书籍的占8%，男性更多。男性中读历史类书籍的占8%，女性中读历史类书籍的占15%，女性更多。由此可知，男性偏向于现实物质、理性，而女性则偏向于精神追求、感性。

54. 参考范文:

최근 많은 나라에서 사형제도를 폐지하고 있는 추세이다. 인권이 날로 향상되고 자유가 보장되어 있는 오늘날 어떤 사람은 사형제도를 찬성하고 어떤 사람은 반대를 한다. 생각이 다 다르겠지만 아직은 사형제도를 폐지하면 안된다고 생각한다.

만약 범죄자들을 다 같은 형벌로 다스린다면 이는 법의 공평성과 위배되는 것이므로 사형제도는 범죄에 대한 사회의 정당한 심판자적 역할을 할 수 있다. 또한 사형제도는 사회에 가져다 줄 동란을 막을 수 있다. 또한 잔인무도한 범죄자를 처벌함으로써 사람들의 경각심을 불러 일으킬 수 있어 범죄를 예방할 수 있는 차원에 이르게 하므로 올바른 사회를 건립할 수 있다. 사실 법원에서는 사형이라는 선고형을 내리기까지 증거 수집으로부터 적정한 절차를 거쳐 재판을 신중히 진행한다. 살인이나 사회에 엄청난 손실을 입게 한 범죄자는 타인의 생명을 빼앗아가고 사회의 존엄성을 짓밟아 스스로 자신의 권리를 포기했기에 생명을 존중해 줄 필요가 없다.

사형 제도의 핵심은 사람의 죄를 육체적인 것으로 다스리는 것이 아니라 보다 효과적인 방법으로 사회를 다스리고자 하는 것이다. 이런 각도에서 보면 사형제도는 확실히 긍정적인 작용이 있다.

最近很多国家都在废除死刑制度。在人权保障制度日益完善、人们享受自由的今天，对于死刑制度有人持赞成态度，但也有人反对。或许每个人的想法各不相同，但（我）认为现在还不能废除死刑制度。

如果把犯罪分子都处以同样的刑法，就会违背法律的公平性，因此对于犯罪行为，死刑制度能起到合理的审判者的作用。并且，死刑制度可以阻止给社会造成的动乱。而且通过处置惨无人道的犯罪者可以警醒世人，从而达到预防犯罪的目的。从这一层面上来看，死刑制度有助于建立公平公正的社会。事实上，法院判处死刑之前，从收集证据到量刑经过了严格的程序。杀人或者对社会造成严重损失的犯罪分子因肆意夺走他人生命和践踏社会的尊严，犯罪者既然主动放弃了自己的权利，我们也没必要尊重其生命。

死刑制度的核心不在于把人的罪责从肉体上治罪，而是用更加有效的方式来治理社会。从这个角度出发，死刑制度确实有积极的作用。

阅读（1~50题）

※[1~2] 请选择最适合填入（ ）的选项。

1. 正确答案：④

> 没钱，（ ）没时间，所以无法去旅行。

① - (으) 면：表示条件或假设，相当于汉语的"如果……"。

② - 지만：表示转折，相当于汉语的"虽然……但是……"。

③ - 아 / 어 / 여서：表示原因，相当于汉语的"因为……所以……"。

④ - 거니와：表示肯定前一个事实的同时也肯定后一个事实，相当于汉语的"再加上"。

解析： 解答这道题的关键在于理清"没时间"和"没钱"的关系，"没时间"和"没钱"都是不能去旅行的原因，两者应该是并列关系，故选④。

☆关键词："돈"(钱)、"여행"(旅行)

2. 正确答案：③

> （ ）能够彼此理解，就能够一起好好地生活。

① - 답시고：表示想做好某事或想自我夸耀，而话者对此不满意而进行嘲讽。

② - 기에는：表示基准或根据。

③ - 다면야：表示对某种情况的假设条件，相当于汉语的"只要……就……"。

④ –더라도：表示让步，相当于汉语的"即使……也……"。

解析：解答这道提的关键在于理清"彼此理解"和"好好生活"之间的关系，"彼此理解"是"好好生活"的前提条件，故选③。

☆关键词："이해"(理解)

※ [3~4] 请选择与画线处意思相近的选项。

3. 正确答案：①

> 小孩子<u>即便走得再快</u>，也不可能比大人走得还快。

① –기로서니：表示让步，即使前一事实发生，也不影响后一事实，强调后一事实。

② –다가는：表示假设前一事实继续存在或持续，则会招致不良的后果。

③ –고서야：表示前一行为结束后进行后一行为。

④ –자면：连接词尾，表示假定、假设。

解析：连接词尾"–는다 해도"和连接语尾"–기로서니"都表示让步关系，语法意义相近，故选①。

☆关键词："어리다"(年幼)、"걷다"(走)、"어른"(大人)

4. 正确答案：②

> <u>或是招待其他朋友或是就我们自己过</u>我都没关系，你自己看着办吧。

① –(으)ㄹ까–(으)ㄹ까：表示话者在两个事实中无法做出决定，犹豫不决。

② –거나–거나：表示选择，相当于汉语的"或……或……"。

③ –(으)ㄹ지–(으)ㄹ지：表示疑问或推测。

④ –고–고：表示并列。

解析：连接词尾"–든……든"和"–거나……거나"，都表示罗列事实，是选择关系，语法意义相近，故选②。

☆关键词："생일"(生日)、"초대하다"(招待)、"지내다"(过)、"상관없다"(无关)

※[5~8] 请选择文章的主题。

5. 正确答案：②

> 您的重要日程，
> 分分秒秒精确守护。

①戒指　　　　　　②手表
③电脑　　　　　　④电子词典

解析：根据"分分秒秒""精确"，可以判断出这是一则有关手表的广告，故选②。

☆关键词："일정"(日程)、"정확하다"(精确)、"지키다"(守护)

6. 正确答案：③

> 新鲜的水果、蔬菜、鱼……
> 无论您需要什么，
> 我们都可以迅速为您送达。

① 水果店　　　　　② 食品店
③ 商场　　　　　　④ 邮局

解析：根据"水果""蔬菜""鱼""送达"可知，这是一家综合性的商场，故选③。

☆关键词："신선하다"(新鲜)、"신속하다"(迅速)

7. 正确答案：③

> 请计量用水！
> 弟弟洗脸——用 4 格水
> 爸爸洗车——用 6 格水
> 姐姐洗澡——用 8 格水
> 现在不计量用水，
> 总有一天（水资源）会消失。

①健康管理　　　　②销售商品
③环境保护　　　　④天气预报

解析：根据"计量用水""用几格"可知，这应是一则有关环境保护的广告，故选③。

☆关键词："세안"(洗脸)、"칸"(格)、"세차"(洗车)、"샤워"(洗澡)、"사라지다"(消失)

8. 正确答案：①

> 星期三 2：00~4：00 的 "国际贸易" 课从本周开始改为 6：00 上课。
> 希望各位同学能够见谅。

① 时间变更

② 开讲通知

③ 募集说明

④ 场所变更

解析：这是一则课程时间变更通知，故选①。

☆关键词："국제 무역"(国际贸易)、"시작하다"(开始)、"양해"(谅解)

※ [9~12] 请选择与文章或图表内容一致的选项。

9. 正确答案：④

宿舍内不满意设施

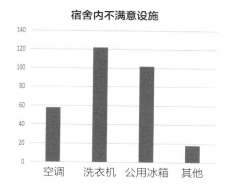

① 对洗衣机的满意度最高。

② 不满意的设备有四种。

③ 相比冰箱，对空调的不满意度更高。

④ 相比其他设备，对洗衣机的不满意度最高。

解析：根据图表可知，①错误，对洗衣机最不满；②错误，不只四种，还有其他设备；③错误，应该是相比空调，对冰箱的不满意度更高；④正确，图中洗衣机的不满意度最高。

☆关键词："만족도"(满意度)、"불만족"(不满意)、"시설"(设备)、"냉장고"(冰箱)

10. 正确答案：③

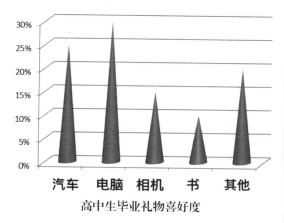

高中生毕业礼物喜好度

① 高中生不会开车。

② 高中生都收到了毕业礼物。

③ 在最想收到的礼物中电脑排第一。

④ 想收到书和文具类的学生很多。

解析：从图表可知，在高中生毕业礼物喜好度中，汽车占23%，电脑占28%，相机占13%，书占8%，其他占18%。①②图中都未涉及；③正确，电脑占最高比重；④错误，想要书的学生最少。

☆重点语法："-ㄴ/은/ㄹ/을 줄 알다/모르다"，表示具有某种能力，相当于汉语的 "会……"，或表示知道/不知道某一事实等。

예 하룻 강아지 범 무서운 줄 모른다.
初生牛犊不怕虎。

예 그는 솔직한 성격이어서 언제나 말을 돌릴 줄 모른다. 他是个直性子，说话从来不会转弯。

11. 正确答案：③

> 头痛严重时，权宜之计先灌肠，然后食用竹盐。十五分钟后用糖稀或蜂蜜泡水喝。并用手搓揉两只耳朵底部的动脉部位，手指按前后左右的顺序按压头部。接着，取来一盆冷水，把后脑勺浸泡在里面一分钟左右。这便是后脑勺冷水冰敷法。最后，用冷毛巾绑在头上，好好地躺下来静养。

① 用手指按压头部可以治疗头痛。

② 持续使用民间疗法可以治疗头痛。

③ 食用竹盐后最好过一段时间喝蜂蜜水。

④ 只要正躺静养头痛就会自己消失。

解析：根据原文可知，①错误，文章中并没有明确说用手指按压头部可以治疗头痛；②错误，文章中并未提及；③正确，食用竹盐十五分钟之后再喝蜂蜜水；④错误，先把冷毛巾绑在头上之后再躺下静养。

☆关键词："임시 방편"(权宜之计)、"관장"(灌肠)、"조청"(糖稀)、"동맥"(动脉)、"문지르다"(揉)、"냉탕찜질법"(冷水冰敷法)、"동여매다"(绑)

12. 正确答案：①

> 韩国的冬天是一年中最寒冷的季节。这是因为冬天会受到又冷又干燥的西北季风的侵袭。而且日出的时间推迟，日落的时间提前，相比夏季，白天非常短。以前这被称为"三寒四暖"，三天是寒冷的日子，然后四天是温暖的日子，如此往复。但是最近因全球变暖而引起气温异常，也有很多时候不会遵守"三寒四暖"这样的天气规律。

① 韩国冬天的夜晚算是长的。

② 韩国的冬天比中国更冷更干燥。

③ 冬天日落的时间比夏天晚。

④ 因为全球变暖，韩国的冬天也在变暖。

解析：根据原文可知，①正确，因为冬天日出晚，日落早；②④文中并未提及；③错误，冬天比夏天日落早。

☆关键词："건조하다"(干燥)、"북서"(西北)、"계절풍"(季风)、"해돋이"(日出)、"해넘이"(日落)、"삼한사온"(三寒四暖)、"반복적"(反复的)、"지구온난화"(全球变暖)

※ **[13~15] 请选择排列正确的选项。**

13. 正确答案：②

> (가) 因为过度地去挖的话，虫子可能会进入耳朵深处，并有可能损伤鼓膜。

(나) 一旦虫子钻到耳朵里的话，为了能把虫子弄出来，千万不要用棉棒等去抠。

(다) 耳朵是非常敏感的器官，哪怕是受到一点点冲击也会有危险。

(라) 特别是耳朵进虫子的时候，匆忙中使用一些错误的方法进行紧急处理的话，可能会损害耳朵的健康。

解析：四个句子中只有(다)没有关联词，所以第一句应该是(다)，引出话题，(라)是对(다)的进一步说明，故(라)紧随其后，然后是(나)，举出一个错误的方法来说明，最后是(가)，(가)和(나)是因果关系。所以(다)之后是(라)，然后是(나)，最后是(가)，故选②。

☆重点语法："-는/(으)ㄴ/(으)ㄹ 경우에"，接在动词后，表示某种状态。

예 설명 또는 아이디어가 있는 경우에, 이메일로 저희에게 연락하십시오.

如您有任何建议或意见，请通过电子邮件联系我们。

예 사람을 쓸 경우에 잘 하는 바를 다 발휘하게 하며, 각자의 특징을 충분히 발휘시켜야 한다.

用人要尽其所长，充分发挥个人的特点。

14. 正确答案：③

> (가) 就像每个人都有合得来的另一半一样，饮食也有合适的搭配。

(나) 并不是说不挑食，就会变得健康。

(다) "饮食搭配"很重要的理由在于食物是比任何补药都要好的药。

(라) 但是，饮食正确的话是良药，错误的话有可能就是毒药。

解析：四个句子中只有(다)没有关联词，第一句应该是(나)，然后紧接着是(가)，这符合先提出所谓的健康话题后加以补充说明的模式。(가)之后应该是(다)，(가)和(다)构成因果关系，然后就是(라)，列出了饮食正确和错误食用后的结果。所以(나)之后是(가)，然后是(다)，最后是(라)，故选③。

15. 正确答案：④

> （가）提高记忆力的另一种方法就是多学东西。
> （나）想要提高记忆力，首先必须运动起来。
> （다）演奏乐器、打毛线或者拼字游戏等都不错。
> （라）持续的运动有助于氧气进入大脑。

解析：根据句意可以推断出第一句应该是（나），引出话题，与（나）提出运动有关联的是（라），指出了运动与记忆力的关系，所以第二句是（라），然后是（가），提出提高记忆力的另一个方法，（다）是（가）的举例说明，应该放在（가）之后。所以（나）之后是（라），然后是（가），最后是（다），故选④。

☆关键词："기억력"(记忆力)、"악기"(乐器)、"연주하다"(演奏)、"뜨개질"(打毛线)、"낱말"(单词)、"산소"(氧气)

※ [16~18] 请选择最适合填入（　）的选项。

16. 正确答案：②

> 人们常常谈到"牺牲"时，会用蜡烛来举例。因为蜡烛牺牲自己来（　　　）。所以相比自己的欲望或利益，我们更应该去帮助他人。我即使不能成为伟大的人，也应该成为像蜡烛那样照亮黑暗的人。

① 成为伟大的人　　② 照亮黑暗的地方
③ 释放大量热量　　④ 帮助他人

解析：文章主要通过蜡烛讲述了助人的道理，根据最后一句能知道蜡烛是牺牲自己照亮黑暗，正确选项为②。

☆关键词："흔히"(常常)、"희생"(牺牲)、"촛불"(蜡烛)、"욕심"(欲望)、"위대하다"(伟大)、"어둠"(黑暗)、"밝히다"(照亮)、"방출하다"(释放)

17. 正确答案：①

> 大扫除时应根据空间来划分，并按"从高处向低处，从里侧向外侧"的顺序来进行。因此先清除天花板、灯具、家具、家用电器等的灰尘，再从房间内的地板清扫到外面的地板。另外，从开始打扫的地方按时针走动的方向来清扫的话，不会发生重复清扫的问题，（　　　）。

① 也更省力。
② 也会花费更多时间。
③ 也会遵守清扫顺序。
④ 也会防止灰尘扩散。

解析：文章是关于大扫除的一些建议，括号所在的句子指出按顺时针方向清扫的好处之一是不重复清扫，那样自然就省力，故正确答案为①。

☆关键词："대청소"(大扫除)、"나누다"(划分)、"바깥쪽"(外侧)、"천장"(天花板)、"털어내다"(拂去)、"쓸어내다"(扫除)、"중복하다"(重复)

18. 正确答案：③

> 双职工夫妇是指（　　　）意思。以前当然是男人在外工作，女人在家做家务，但是进入现代社会以后，出现了"双职工"这样的新词。最近双职工夫妇流行过后，又新出现了另一个流行词——"单职工"，它指的是夫妻中仅一方工作挣钱的情况。

① 和父母一起生活的
② 生活在两个地方的
③ 两方都工作挣钱的
④ 一方做家务并照顾父母的

解析：从文章中对"외벌이"的解释可知，两者应该都和工作有关，并且"맞벌이"跟以前"男人工作，女人持家"的传统不同，所以可以推出括号中应该是夫妻都在工作的情况，故选③。

☆关键词："맞벌이"(双职工)、"살림"(生计)、"벌다"(赚)、"외벌이"(单职工)

> 艾灸是将艾叶或者药草等点燃后放在皮肤上方，产生的艾热刺激皮肤，将热气传达到体内，以此来治疗身体受凉引发的疾病的民间疗法。根据材料的不同，灸的种类也多种多样，有镇痛效果和防癌的作用。（　　　）应用范围十分广泛并且易于操作，被称为经济实惠、大众化的治疗方法。

19. 请选择适合填入（　　）的选项。

① 所以　　　　　　② 与之相反

③ 但是　　　　　　❹ 再加上

解析： 括号前面说明艾灸功效，括号后面说的是艾灸的应用范围广泛且易于操作，两者都是做艾灸的好处，是并列递进关系，故选④。

20. 请选择与文章内容相符的一项。

① 接受灸治疗需要花很多钱。

② 灸是能给身体降温的疗法。

③ 多吃艾叶能防癌。

❹ 灸疗法能够消除患者的痛症。

解析： 根据原文可知，①错误，灸被称为经济实惠、大众化的治疗方法；②错误，灸是治疗身体受凉引发的疾病的疗法；③文中并未提及；④正确，灸疗法有镇痛效果。

☆**重点语法：** "- 게 하다 (도록 하다)"，用于动词或形容词后，表示使动。

예 교장선생님은 학생들을 운동장에 집합하게 했다 . 校长让学生们在操场上集合了。

예 사장은 직원이 복사 일을 인턴에게 맡기게 하셨습니다 . 社长让职员把复印的事交给实习生去做。

> 电视也是人们生活在这社会上获得所需信息的窗口。它的主要功能是迅速而准确地传达政治、经济、社会、文化等多样的信息。通过电视，我们可以接触到生活中需要的各种信息。在电视里的众多信息里，如果观众能根据需要来正确取舍的话，就能得到重要的知识和指针。把电视称为"（　　　）"的理由也是在于它具有传达信息的功能。特别是在信息满天飞的时代，电视能帮人们做出恰当的选择，并引导他们进行正确的理解。

21. 请选择正确的选项填空。

① 对身体好的药　　② 获得成功的工具

❸ 通向世界之窗　　④ 打开心灵的钥匙

解析： 整篇文章都是围绕着电视传达信息的功能展开的，我们通过电视提供的信息能够更好地了解世界，故选③；其他三项与电视的传播功能不符。

22. 请选择文章的中心思想。

① 电视是了解世界的唯一窗口。

② 人们必须在众多的信息中选择需要的信息。

❸ 电视在传达信息方面发挥着重要作用。

④ 为了在这世上生存，人们必须接触各种信息。

解析： 根据原文可知，电视能传递信息，让我们接触到生活中需要的各种信息，特别是在信息满天飞的时代下，它还能帮人们做出恰当的选择，并引导他们进行正确的理解，故选③。

☆**重点语法：** "- (으)ㅁ에 따라서"，表示后面的结果会根据前面的内容产生变化。

예 생산품은 품질에 따라 등급을 나눈다 . 产品按质量划分等级。

예 각자는 능력에 따라서 일하고 노동의 양과 질에 따라서 분배하는 원칙을 실시한다. 实行各尽所能、按劳分配的原则。

> 她的丈夫远在东方的首尔。当她遥望东方，迈出第一步的时候，长期以来的绝望和苦闷便消失得无影无踪了，她的心在感激和希望中跳动。这个孤苦伶仃的女人

身无分文，她不知道自己将如何走完这千里之路。然而这种忧愁和焦虑从未磨灭过她心中那烛火般的希望。一步两步，丈夫所在的地方正在慢慢靠近，她心中不知道有多么感激和高兴！

她整整走了一天一夜。一想到只要走快一步就能早一点见到丈夫，心中便迫不及待，脚下也不敢有丝毫地停歇。不知道彭开这帮人是否在后面追赶自己，也不知道这样磨磨蹭蹭地走如果被他们抓到的话，他们会怎样辱骂自己。

"走啊，走啊，快点走啊！赶快到佛国寺！"

她像念佛一样每天在心中默念数百遍"佛国寺"，一边默念一边加快了脚步。

23. 请选择与画线部分女子心情相符的选项。

① 烦闷　　　　　　② 高兴
③ 满意　　　　　　**❹ 急切**

解析：根据原文可以看出，女子自己赶了一天一夜的路，为了与远方的丈夫会合，后面有人在追赶女子，可以判断出她的心情很迫切，所以得快快赶路，故正确答案为④。

24. 请选择与文章内容相符的选项。

① 女子独自去首尔见父母。
② 女子去首尔途中被彭开抓住了。
③ 最后女子在佛国寺见到了丈夫。
❹ 为了见到丈夫，女子吃了很多苦。

解析：根据原文可知，①错误，女子是去找丈夫；②错误，女子担心被抓住；③错误，女子正在赶路还没有见到丈夫；④正确，在寻找丈夫的途中女子吃了很多苦。

☆重点语法："-도 -(이)거니와"，表示确定前一事实，然后又进一步确定后一事实，相当于汉语的"既……又……"。

예 일본어도 어렵거니와 한국어도 어렵다.
日语也难，韩语也难。

예 우리 학교에서는 실험실도 설치하였거니와 훌륭한 시설을 갖춘 체육관까지도 가지게 되었다. 우리 학교는 이미 실험실을 설립하였고, 또 설비 완선한 체육관을 세웠다.
我们学校既设立了实验室，又建起了设备完善的体育馆。

※ [25~27] 请选择最符合新闻标题的选项。

25. 正确答案：①

> 因大雾接连停航，脚被捆住的旅客们

① 因大雾飞机起降被延迟的话，机场会瘫痪。
② 因大雾飞机起降被中断，所以旅客未能离开旅游地。
③ 因大雾持续停飞的话，旅客们将会取消飞机票。
④ 因大雾持续停飞，旅客们未能离开旅游地。

解析：通过标题可知，"接连停航"导致旅客们被困，即因前面的事实导致后面的事情发生，故④符合题意。

☆关键词："안개"(雾)、"잇달다"(接连)、"결항"(停航)、"묶이다"(被捆)、"이착륙"(起降)

26. 正确答案：③

> 电视剧，医生·律师·富二代共和国

① 医生、律师、富二代制作了很多电视剧。
② 医生、律师、富二代亲自出演了很多电视剧。
③ 电视剧里主人公大多数为医生、律师、富二代。
④ 电视剧共和国是指剧中出现医生、律师、富二代等人物。

解析：通过标题可知，电视剧中出现的主人公大多是医生、律师、富二代，所以可以把电视剧看作是这些人物聚集的王国。故选③。

☆关键词："재벌"（财阀）、"공화국"（共和国）、"출연하다"（出演）、"주인공"（主人公）、"상당수"（相当多）

27. 正确答案：③

> 今年入学率上升，就业依旧困难

① 今年由于入学率降低，就业问题依旧困难。
② 虽然今年入学率降低，但就业困难问题并未解决。
③ 虽然今年入学率上升，但就业困难问题依然持续。
④ 今年由于入学率上升，所以好就业。

解析： 通过标题可知，"취업난 여전"指的是就业依然困难，"입학률 상승"和"就业仍然困难"构成转折关系，故③符合题意。

☆关键词："입학률"(入学率)、"취업난"(就业困难)、"여전"(依旧)、"해소되다"(解决)、"지속되다"(持续)

※ [28~31] 阅读下文，请选择最适合填入（　）的选项。

28. 正确答案：④

> 有一天，桓雄听到了老虎和熊想成为人类的故事。桓雄把他们叫到山洞里，命令他们百日不能见阳光，每天只吃20根大蒜和一把艾草。老虎半途因无法忍受（　），但是熊在山洞里待满了100天，并在101天变成女人。桓雄与她结婚，并生下了一个儿子。桓雄给儿子取名檀君，寓意"祭坛的统治者"。

① 变成了美女　　② 最后和檀君结婚
③ 吃大蒜和艾草为生　④ 逃出了山洞

解析： 在文中熊和老虎形成了对比，从括号后关于熊的描述可以推断出括号中应填写跟老虎结局相关的内容。与最终变成女人的熊不同，老虎因无法忍受这种生活肯定会逃走，故选④。

☆关键词："환웅"(桓雄)、"동굴"(山洞)、"마늘"(大蒜)、"쑥"(艾草)、"명령하다"(命令)、"도중"(半途)、"낳다"(生)、"제단"(祭坛)

29. 正确答案：③

> 在韩国，女子出嫁的时候按照习俗需要携带电子产品或者日常用品去婆家，这些东西被称为"嫁妆"。最近甚至出现了新娘家里给新婚夫妇购置汽车或新房的现象。这是源于父母希望（　）。实际上，如果嫁妆太少的话会受到婆婆的虐待，其中离婚的也有，所以这已成为社会问题。

① 女儿能多生几个孩子
② 女儿好好侍奉公公婆婆
③ 女儿在婆婆家能够活得有面子
④ 女人能经常回娘家

解析： 文章主要围绕嫁妆展开，可以看出女子出嫁时嫁妆的多和少与婚后生活有关，括号后面句子指出少送嫁妆的后果，所以多送嫁妆是希望女儿在婆家活得体面，故选③。

☆关键词："시집가다"(出嫁)、"시댁"(婆家)、"지참하다"(携带)、"혼수"(嫁妆)、"신부"(新娘)、"시어머니"(婆婆)、"구박"(虐待)、"인연"(因缘)、"떳떳하다"(堂堂正正)

30. 正确答案：④

> 调查结果显示，春节放假期间交通事故发生次数相比平时有所下降，但是死伤人数却有所上升。根据道路交通安全管理部门对近5年以来春节期间发生的交通事故的分析结果显示，虽然日平均发生次数比平时下降17%，但是死亡人数却上升了6%。道路交通安全管理部门认为（　）导致了死伤人数增多，并叮嘱家人要分开乘坐交通工具，驾驶员要安全驾驶。

① 因为疲劳产生的疲劳驾驶
② 因为开车时与家人对话注意力分散
③ 因为春节期降雪为主的等恶劣天气
④ 因为人们大多以家庭为单位乘车回家

解析： 括号中的内容应填写春节期间死伤人数增加的原因，从道路交通安全管理部门的建议，大家分散乘坐交通工具和叮嘱驾驶员安全驾驶的根据，可知正是集中乘车导致了春节死伤人数增加，故选④。

☆**重点语法：** "-(으)ㄴ/는 반면"，接在动词或形容词后，相当于汉语的"与……相反"。

예 한국은 천연자원이 부족한 반면, 국민의 서비스업 적응력은 높다.

韩国虽然是天然资源匮乏的国家，但是国民的服务业适应能力颇高。

예 격언이 개인의 수양에 치중하는 반면에, 명언의 작용은 좀 더 광범위한 듯하다.

格言偏重个人的修养，名言的作用似乎广泛些。

31. 正确答案：①

> 随着老龄化社会的正式到来，青年劳动力（ ），中高龄劳动力正在大量增加。中高龄劳动者因为养老资金不够，为了医疗费或者基本的生活而不得不继续工作。企业正在为这些中高龄劳者改革工龄工资体制，或制定把这些超龄人员作为熟练工灵活配置的方案。与此同时，政府也致力于建立高龄劳动者再就业和转业扶持体系，义务进行退休前培训，为高龄退休人员提供更多的就业机会。

① 急速减少
② 大部分退休
③ 都去了国外工作
④ 几乎不为工作发愁

解析： 根据文章内容可知，括号中的内容和"中高龄劳动力正在大量增加"形成对比，二者都是对于老龄化社会的描述，正是因为青年劳动力不足才导致了人口老龄化，中高龄劳动力增加，故选①。

☆**关键词：** "본격적"(正式)、"고령화"(老龄化)、"미흡하다"(欠妥)、"임금체계"(工资体制)、"근로자"(劳动者)、"숙련"(熟练)、"마련하다"(准备)、"은퇴"(退休)、"발굴하다"(挖掘)

※ [32~34] 阅读文章,请选择内容一致的选项。

32. 正确答案：③

> 最近几乎没有比较正式的传统婚礼。在教堂或婚礼场举行婚礼后，只进行"拜婆礼"仪式的情况很多。拜婆礼说的是新娘母亲把准备的大枣、板栗、坚果类等摆上桌，新娘给婆婆和公公行完大礼后，和新郎一起合作，用自己的婚礼服来接婆婆扔的大枣。这种仪式包含着生儿子传宗接代的含义。而且韩国的婚筵没有邀请函也可以参加，礼金为5~10万韩元左右。

① 最近在教堂举行"拜婆礼"仪式的人很多。
② 新娘要吃婆婆丢的大枣。
③ 婆家希望新娘生儿子以传宗接代。
④ 没有收到邀请函的人无法参加婚筵。

解析： 根据原文可知，①错误，在教堂举行婚礼的人很多，并没说在教堂举行"拜婆礼"；②错误，没说要吃，但要接扔的大枣；③正确，婆婆扔给新娘的大枣就有这种含义；④错误，没有邀请函也可以参加。

☆**关键词：** "예식장"(婚礼场)、"폐백"(拜婆礼)、"견과물"(坚果类)、"차려놓다"(摆上)、"협력하다"(合力)、"피로연"(婚筵)、"축의금"(礼金)

33. 正确答案：②

> 爱，它或许就是地球转动的原动力。就像水是人体的主要组成部分，爱是人类的主要组成部分。可以说只有人类的主要成分爱存在时，人类的存在才是真正有意义的。印度的诗人泰戈尔对爱的理解是：有爱才能理解对方的苦恼、悲伤和深深的不满，不爱所有的一切怎么能够称之为真的理解世界呢？

① 水和爱都是人体的主要组成部分。
② 没有爱的人无法成为真正的人。
③ 泰戈尔比其他诗人更了解爱。
④ 爱比苦恼、悲伤、不满等感情更具优势。

解析：根据文章内容可知，①错误，人体的主要组成部分是水；②正确，只有爱人类的存在才有意义，也能真正理解世界；③④错误，文中并未提及。

☆重点语法："-고서야……(으)ㄹ 수 있겠는가"，与"-고서는 ……(으)ㄹ 수 없다"的意思相同，是其反问形式，表示必需的条件。

예 학생들과 함께 생활해보지 않고서야 그들의 감정을 잘 체득할 수 있겠는가?
不和学生们一起生活，能体验到他们的感情吗？

예 제도를 그대로 두고서야 국민들이 잘 살 수 있겠는가?
仍然保留制度，国民能过上好生活吗？

34. 正确答案：②

> 对手这一词能激发兴趣和紧张感。对手意识既能起肯定的作用，也有起否定的作用。对手意识被正面运用时，能带来好的结果，它能使两个人的实力都进一步得到提高。韩国文学中李光洙和金东仁是同时代的代表性对手。两个人对文学功能的见解完全不同。李光洙认为文学是近代化和民族教育的手段，而金东仁否定这些，主张文学是纯粹艺术。他们两人通过竞争各自取得了更高的文学成就。

① 金东仁比李光洙取得了更大的文学成就。
② 李光洙认为文学应该奉献于教育。
③ 对手意识对人的发展起不到好的作用。
④ 李光洙和金东仁是生活在同一地方的好朋友。

解析：根据原文可知，①错误，两人都取得了很大的文学成就，并没有区分高低；②正确，李光洙认为文学是近代化和民族教育的手段；③错误，正面对待能起到好的作用；④错误，文中没有提及。

☆关键词："맞수"(对手)、"팽팽하다"(不相上下)、"긴장감"(紧张感)、"불러일으키다"(激发)、"작용"(作用)、"동시대"(同时代)、"견해"(见解)、"성취"(成就)

※ [35~38] 请选择最符合文章主题的选项。

35. 正确答案：②

> 鸟会飞，是因为它有两只翅膀。确切地说，是因为它的两只翅膀能朝着相同的方向均衡用力扇动。如果一个翅膀向左，一个翅膀向右扇动的话，鸟就飞不起来。如果两只翅膀朝不同的方向扇动的话，最终会拉伤翅膀，直接坠落。只有两只翅膀相互配合、并排用力才可以飞起来。生活在同一片天空下的我们，是要做互相帮助一起飞翔的向往光明的鸟儿呢？还是要做独自拼命鼓动翅膀，但最终仍旧坠地的笨鸟呢？

① 如果有翅膀，我们也可以像鸟一样飞起来
② 想要取得成功必须要互相帮助
③ 鸟的一只翅膀能够配合另一只翅膀
④ 鸟的两只翅膀朝相同的方向扇动来防止坠落

解析：文章前半部分讲述了鸟飞翔的原理，后半部分将话题隐身到了人类，即：人类只有像鸟的两只翅膀那样配合才能成功，故选②。

☆关键词："날개"(翅膀)、"균형"(均衡)、"날갯짓"(展翅)、"제각기"(各自)、"찢기다"(被撕)、"추락하다"(坠落)、"나란히"(并排)、"비상하다"(非常)

36. 正确答案：③

> 有这样一句话，如果正确反映事实，就必须要客观地写报道。也就是说只有不夹杂任何主观的东西、如实地写新闻，才能成为正确的报道。但是有必要注意一下对于"客观性"这一表现的理解。从优秀这个意义来讲，越是真实、确切的报道，与其客观性相比，反而更加的主观。这是因为新闻需要从整体地识别历史根据和条件的立场去分析，只有在这样的判断下才能更好地把握事件的核心所在。

① 想要如实的报道的话必须要写出主观性的报道。
② 客观写出的报道就是真实的报道。
③ 为了写出最真实的报道需要综合考虑各种因素。
④ 不存在不掺杂主观想法，如实进行报道的情况。

解析：文章前半部分指出不掺杂主观性、客观写的报道是正确的报道，接着就这个观点进行反驳，认为带有主观性的、综合分析判断的报道才是优秀的报道，故选③。

☆重点语法："-아/어/여야만"，接在动词后，连接两个句子。前句成为后句的必须条件，后句不能是命令句或祈使句。

㉖ 업그레이드 꼭 해야만 하는가요?
必须要升级吗？

㉖ 한글을 알아야만 한국에 갈 수 있는가요?
必须会韩语才能去韩国吗？

37. 正确答案：②

> 成功的生活，需要不断地对自己进行肯定的暗示。即便是产生了类似于事情不如意的否定想法，也不要陷入这种想法，而是迅速将其抹掉。相比之下，要反复地多往好的方向想想。给自己点正能量。只有靠这些肯定结果的不断浮现，我们潜意识才能把事情往好的方向转化。无意识有时候具有比意识更强大能量，在潜意识里成型的想法会改变行动，所以我们要通过这种方式做一个心想事成的人。

① 意识通常会比无意识发挥更大的影响。
② 想要成功需要自己不断地给自己进行积极的暗示。
③ 潜意识有时候会转变成实际行动。
④ 消极的想法对想要成功的人来说是有帮助。

解析：文章开头提出了观点"成功的生活，需要不断地对自己进行肯定的暗示"，然后围绕着这一观点展开了论述，所以这个观点便是本文的主题，故选②。

☆重点语法："-(ㄴ/는)다고 해도"，接在动词或形容词后，表示让步，相当于汉语中的"即使……也……""就算……也……"。这时前句既可以是引用别人的话，也可以是陈述一般事实。

㉖ 아무리 바쁘다고 해도 전화를 한번 해야지.
就算再忙，也应该打个电话呀。

㉖ 복습을 하지 않으면 아무리 열심히 공부한다고 해도 성적이 올라갈 수가 없습니다. 如果不复习的话，就算再努力学习，成绩也不会提高。

38. 正确答案：①

> 严重脱发，即"秃头"会受到遗传的很大影响。但并不是说秃头本身会遗传，而是造成秃头的遗传因素会遗传。也就是说，靠个人意志或者后天管理会有所改变。当然，如果父母中一方有秃头的话，孩子出现秃头的概率会比其他孩子高，所以需要引起注意，最好是从刚开始掉头发就积极地进行治疗。相反，一些没有脱发遗传史的人也有可能因为环境的原因出现脱发症状。

① 秃头取决于先天因素和后天因素。
② 对脱发患者来说，遗传因素比后天因素的影响更大。
③ 脱发患者应该从刚开始脱发时就积极治疗。
④ 多注意后天管理，能从根本上预防脱发。

解析：文章围绕遗传因子和后天因素对秃头的影响展开了叙述，主要讲述了造成秃头的两大因素，故选①。

☆关键词："탈모"(脱发)、"대머리"(秃头)、"유전적"(遗传的)、"후천적"(后天的)、"확률"(概率)、"유전자"(遗传基因)、"요인"(因素)

39. 正确答案：③

> 　　夏季为了忘记酷暑，会频繁地喝啤酒等来摄取酒精。（ ㉠ ）摄取酒精虽然能使血管扩张，但肛门周围毛细血管丰富的肛垫组织在饮酒时会变得非常脆弱。（ ㉡ ）如果这样的软组织肿起并被拉长，会感到疼痛或长出能摸得到的块状痔疮。（ ㉢ ）另外，因压力、运动不足、不规律的饮食等原因出现的便秘或腹泻也会引起痔疮。（ ㉣ ）长时间坐在马桶上也不好，长时间钓鱼或骑自行车等都有可能产生痔疮。

—— < 示例 > ——
> 此外，为去旅游地而驾驶时，长时间坐着会不利于肛门周围的血液循环，这也是产生痔疮的原因。

解析：本文围绕着痔疮产生的原因展开了讲述，文中列举了产生痔核的原因，示例讲述的也是原因之一，从关键词 "이밖에" 可以看出放在㉣处最合适。

☆关键词："무더위"(酷暑)、"알코올"(酒精)、"잦아지다"(变频繁)、"확장시키다"(使扩张)、"모세혈관"(毛细血管)、"취약하다"(脆弱)、"붓다"(肿)、"늘어지다"(拉长)、"혈액순환"(血液循环)

40. 正确答案：③

> 　　因日本福岛核能发电站事故，大家比以往任何时候都更关注辐射的危害。（ ㉠ ）但是我们平时就受到天空、大地、食物等自然辐射。（ ㉡ ）辐射量比日本因核电站事故而受到的辐射还要多。（ ㉢ ）如果大量的放射线接触到我们的身体，一部分的正常细胞会发生变异，可能会因此得白血病或癌症。（ ㉣ ）但是，随着辐射量的增加，并没有发现白血病呈增加趋势。另外，在对日本原子弹爆炸幸存者子孙的研究中，也

> 并没有证据能证明他们受到了遗传变异的影响。

—— < 示例 > ——
> 但是自然辐射量不会对我们的身体造成影响。

解析：本文围绕辐射对人的健康造成的影响展开，示例讲述了自然辐射量不会对我们的身体造成影响，所以其前面应该和自然辐射相关，因此可放在㉡或㉢处，但是㉢前后内容是一种递进关系，不可割裂，所以只能放在㉢处。

☆关键词："후쿠시마"(福岛)、"원자력발전소"(核能发电站)、"방사선"(辐射)、"노출되다"(暴露)、"정상세포"(正常细胞)、"백혈병"(白血病)、"추세"(趋势)、"원폭"(原子弹)、"변이"(变异)

41. 正确答案：③

> 　　我们经常能看见周围与癌症做斗争的人，但是对健康的人来说，大多数会觉得这是别人的事情，与自己无关。但是韩国人中，每 4 个人就有 1 人是癌症患者，所以他们能体会到这是自己的事情。（ ㉠ ）刚开始被诊断出身患癌症时一般都难以置信，进入极力否认的阶段。（ ㉡ ）最终结果被确认时，会想 "为什么我会得这种癌症" 并朝周围的人发火，这是 "愤怒阶段"。（ ㉢ ）之后觉得可能会失去健康，会失去工作和家人而陷入 "忧郁阶段"。（ ㉣ ）最后产生欲望，产生接受治疗的勇气，这是 "容忍阶段"。

—— < 示例 > ——
> 愤怒后会对自己下决心——如果治疗顺利，自己会认真生活，这便是 "协商阶段"。

解析：文章主要讲述患者与癌症做斗争的几个阶段，从示例中可以看出这是愤怒之后的协商阶段，应该放在经历愤怒阶段之后，放㉢处正合适，故选③。

☆关键词："투병하다"(抗病)、"진단"(诊断)、"분노"(愤怒)、"우울"(忧郁)、"의욕"(欲望)、"용납"(容忍)、"다짐하다"(下决心)、"협상"(协商)。

※ [42~43] 阅读下文，请回答问题。

夫妇二人商议良久后，不得不来平壤打工。但是因为丈夫太懒，所以他连零工也做不了。丈夫每天只是背着架子去莲光亭俯视大同江，怎么可能会成为工人？做了三四个月的零工之后，他们到某个人家当用人去了。

但是在那个人家没干多久又被赶了出来。福女勤勤恳恳地在主人家做工，但是对丈夫的懒惰却无能为力。福女每天恶狠狠地瞪着丈夫并催促他去工作，但仍然无法改变他懒惰的习惯。

"你收拾一下桌子。""我困了，老婆你收拾吧。""你让我收拾？""吃了 20 年的饭，连个桌子都不能收拾？""哎,快死了算了。""你这个臭女人！"

这样的吵闹接连不断，最终被主人从家里赶了出来。

42. 请选择与画线部分"福女"心情相符的选项。

① 可笑 　　　　　② 厚颜无耻
③ 不好意思 　　　❹ 生气

解析：根据原文可知，福女对于丈夫的好吃懒做感到十分窝火，眼神仿佛像刀子一般锋利，由此可以推断她很生气，故选④。

43. 请选择与文章内容相符的选项。

① 丈夫虽然很懒，但很爱福女。
❷ 福女和丈夫寄居在别人家。
③ 丈夫虽然懒惰，但很听福女的话。
④ 丈夫虽然没有固定职业，但经济上还算富裕。

解析：根据原文可知，①错误,丈夫好吃懒做，根本不顾忌福女的辛苦；②正确,夫妻俩寄居在主人

家，给别人做下人；③错误,福女每天催促丈夫去干活他仍不为所动，丈夫并不听福女的话；④错误，他们并不富裕。

☆重点语法："-(이)나마"，表示让步，相当于汉语的"即使……也……"。或表示包含，相当于汉语的"连……也……"，用于强调消极的、不令人满意的情况。

예 잠깐이나마 그 친구를 만나봤으면 좋겠다.
真想见他一面，即使是短暂的时间也好。

예 몇년에 한번 있던 소식이나마 끊어졌으니 참 답답하다. 连几年一次的消息也断了，真郁闷。

※ [44~45] 阅读下文，请回答问题。

父母们想要的不是百货商场式的对策，而是建立安全托儿所的意志和实践。虐待儿童很早以前就已经成为社会性问题。每当暴发儿童暴力事件时，虽然吵着"要彻底铲除虐待儿童的现象"，但那也只是当时而已。随着时间的推移，最终不了了之。托儿所必须有义务安装监控摄像的婴幼儿保育法修订案，从十年前开始几乎每年都会被提交到国会。仁川托儿所事件被爆出来后还在谈论"监控摄像义务化"，真是件让人无语的事。这种只"挂在嘴边"的处理方式（　　　　　）。政府制定的对策一定要实行，但是应该回顾一下根本性问题。由于民间托儿所的个体性，而产生了很多问题。因为没有钱，无法确保资历高的保育教师，所以问题不断。保育财政部应该为儿童保育提供实质性的帮助。因此应该从总体上来追究财政问题、管理问题，并对此提出对策。只嘴上高喊对策是没有用的。

44. 请选择最能表达该文章主题的选项。

① 虐待儿童问题正受到社会关注。
② 如果想解决儿童暴力问题，应该义务安装监控摄像。

③ 要想建立安全的托儿所，应该首先解决财政问题。

❹ 要想解决虐待儿童问题，应该提出实际对策，而不只是嘴上说说。

解析：文章开头指出虐待儿童问题已成为社会性问题，但一直没有得到解决，因为之前一直是挂在嘴边说说而已，所以要想根治，需要实质性对策，故④正确。

45. 请选择最佳选项填空。

❶ 无法杜绝虐待儿童现象
② 受到了很多市民们的称赞
③ 能够提高儿童教育水平
④ 能够确保高资质的保育教师

解析：括号前面讲述了虐待儿童现象由来已久，一直没有得到解决只是停留在口头上没有付诸行动，所以嘴上说说不能杜绝根本问题，故选①。

☆关键词："아동학대"(虐待儿童)、"뿌리"(根部)、"야단법석"(吵闹)、"흐지부지"(稀里糊涂)、"영유아"(婴幼儿)、"개정안"(修订案)、"운운하다"(谈论)、"기막히다"(无语)、"노릇"(事)、"입발림"(挂在嘴边)、"파생하다"(派生)

※ [46~47] 阅读下文，请回答问题。

很多人认为放射线疗法是缓解癌症晚期患者疼痛的疗法。这是因为人们对放射线疗法的副作用和癌症患者对放射线疗法的认识还不够。(㉠) 调查结果显示，事实上，在医疗技术十分发达的美国，大约有60%的癌症患者接受过放射线疗法，但是在韩国，只有20%~30%的癌症患者接受过放射线疗法。(㉡) 当然最尖端的癌症治疗机螺旋断层放射线疗法系统的副作用很小，而且有报告显示，对缓解晚期癌症患者的疼痛有良好的效果。(㉢) 但是，与手术或者药物治疗的辅助疗法相比，放射线

疗法应该作为根治癌症的主要治疗方法被使用。(㉣) 鼻咽癌只有在早期采取放射线治疗才能保证90%以上的治愈率，早期喉头癌也是因为高治愈率和能保留发声功能等优点，现在只采用放射线疗法。

46. 请将下文填入文中合适的位置。

— < 示例 > —

像鼻咽癌和早期喉头癌、唇癌等对于放射线有剧烈反应的早期肿瘤，只需采用放射线疗法即可康复，这会尽可能地提高患者的生活质量。

① ㉠　　② ㉡　　③ ㉢　　❹ ㉣

解析：示例的内容是对于放射线疗法功效的例证，也是放射线疗法对鼻咽癌和早期喉头癌、唇癌治愈功效的总述，所以应放在㉣处承上启下，故选④。

47. 请选择与文章内容相符的一项。

① 放射线治疗的主要功能是缓解疼痛。
② 对癌症病人来说，药物疗法比放射线疗法效果更好。
❸ 喉头癌早期采取放射线治疗的话，很容易被治愈。
④ 韩国接受放射线治疗的癌症患者比美国多。

解析：根据原文可知，①错误，放射治疗的主要功能是治愈；②错误，文中没有明确提及；③正确，因为高治愈率和能保留发声功能等优点，早期喉头癌只采用入放射线疗法；④错误，美国约60%的癌症患者接受过放射线疗法，但是在韩国却只有20%~30%。

☆关键词："말기"(晚期)、"최첨단"(最尖端)、"토모테라피"(螺旋断层放射线疗法系统)、"약물요법"(药物疗法)、"비인강암"(鼻咽癌)、"완치율"(治愈率)、"후두암"(喉头癌)、"보존하다"(保存)、"입술암"(唇癌)、"종양"(肿瘤)

最近几年间，艺人和知名人士——特别是前任总统的自杀引起了媒体的广泛关注，已成为社会问题。自杀的原因和心理动力学的分析并不是笔者这样的急救科医生要提及的内容。但是试图自杀的人会被周围的人和119急救人员先送到急诊室，所以作为一名医生，对于自杀还是有话要说。正如大家知道的那样，有自杀想法的人长则两三个月前，短则一两周前就会对外界发送异常信号。常见的情况是他们的精神状态变得不稳定，认为死是唯一的解决办法，会经常向周边的人寻求帮助。要铭记这时接受请求帮助的人的态度能阻止患者的自杀。笔者几个月前曾接收过一个自杀的年轻上班族，他的朋友接到通知，急忙跑到急诊室来，边哭边说的话语让我记忆犹新。他说："现在才想起来，大约一两个月前，朋友因为家庭问题很痛苦说想一起见面聊天，那时与朋友见面（　　　　），现在变成终生的遗憾了。"

48. 请选择最能表达该文章写作目的的选项。

❶ 为揭示自杀前的异常信号
② 为要求政府制定关于自杀的对策
③ 为说明可以搭救自杀的人的办法
④ 为说明人选择自杀的主要原因

解析：笔者作为急诊科医生，指出有自杀想法的人在死之前都有异常举动，笔者想要提醒人们通过自杀者的异常信号来预防自杀，故选①。

49. 请选择最佳选项填空。

① 没能亲自道歉　　❷ 没能倾听对方
③ 没能应急处理　　④ 没能一起喝酒

解析：括号前的内容是赶来急诊室的朋友这才想起来，一两个月前朋友曾因家庭问题苦恼想与他见面聊聊，可以判断出那时没能见面倾听朋友诉苦，故选②。

50. 请选择画线部分作者的态度。

① 假设自杀问题被解决的状况。
② 提出能够杜绝自杀的各种办法。
③ 预测随着新政策的实施，自杀率能下降。
❹ 主张识别想自杀的人发出的异常信号很重要。

解析：画线部分前面内容指出想自杀的人的异常信号及举动，自杀者寻求帮助正是其中之一，接受自杀者的请求帮助可能会让想自杀的人放弃自杀的想法，所以识别自杀者发出的异常信号很重要，故选④。

☆关键词："사회지도층"(社会领导层)、"매스컴"(广泛传播)、"오르내리다"(被议论)、"정신역동학"(心理动力学)、"구급대"(急诊队)、"응급실"(急诊室)、"이상 신호"(异常信号)、"정신상태"(精神状态)、"명심하다"(铭记)、"울먹이다"(要哭)

1

여자: 인천에 가는 기차를 타려면 어떻게 해야 돼요?

남자: 이 표를 가지고 오른쪽으로 돌면 대합실이 보일 겁니다.

여자: 네, 감사합니다.

2

남자: 여기 경치가 정말 아름답네요.

여자: 그렇네요. 잠깐 내려서 사진이나 찍고 갈까요?

남자: 좋아요.

3

남자: 얼마 전, 한국 교육청은 중학교 체육 활동의 필요성에 대해 설문 조사를 진행했다. 조사 결과 대부분의 학생은 학교 체육 활동이 필요하다고 응답했다. 한편 학교 체육 활동이 어떤 도움이 됐는지를 물어본 결과 체육 활동 후에 스트레스가 풀렸다는 응답이 가장 높은 비율을 차지하였다. 다음으로는 건강이 좋아짐, 친구와 가까워짐 등이 그 뒤를 이었다.

4

여자: 오늘 뉴스 봤어요? 올해 물가가 20%나 오른대요.

남자: 그래요? 그만큼 월급도 올려주면 좋겠는데요.

여자: _____

5

여자: 요즘 차를 안 타고 다니는 사람이 많대요.

남자: 네, 걸어 다니면 운동 시간을 따로 내지 않아도 돼요.

여자: _____

6

여자: 오늘 세탁할 게 너무 많아서 지금 집에 가야 돼요.

남자: 세탁기로 빨면 금방이잖아요. 뭐 그렇게 일찍 가세요?

여자: _____

7

여자: 무술공연 티켓 두 장 구했는데 혹시 같이 가 볼래요?

남자: 아무래도 전 못 갈 것 같아요. 제가 알기로는 송미 씨가 무술 광팬이라고 하던데……

여자: _____

8

여자: 혹시 앞에 사고가 난 게 아닐까? 이러다가 약속 시간에 못 도착할 거 같은데 전화 한번 해 봐.

남자: 그래. 어, 내 핸드폰 어디에 있지? 안 가져왔나?

여자: _____

9

여자 : 이 치마가 마음에 드는데요. 이거보다 더 짙은 색 없어요?

남자 : 죄송하지만 찾으시는 색깔이 다 나갔어요. 주문서에 주소를 써 주시면 택배로 보내 드릴게요. 아니면 다른 걸로 한번 보시겠어요?

여자 : 아니요. 그게 제일 마음에 드니까 그걸로 주문할게요.

남자 : 네, 잠깐만 기다리세요. 금방 갖다 드릴게요.

10

여자 : 저기요! 이 사이즈의 티셔츠가 아직 남아 있는지 좀 찾아 주시겠어요?

남자 : 네, 손님. 바로 확인해 드리겠습니다. (잠시 후) 아직 하나 남았습니다. 저쪽 코너에 걸려 있습니다.

여자 : 좀 전에 찾아봤는데 없던데요.

남자 : 아, 그러셨어요? 그럼 제가 같이 가서 확인해 드리겠습니다.

11

여자 : 사장님, 전에 말씀하신 문제 보고서를 출력해 드릴까요?

남자 : 아니요, 메일로 보내 주세요. 이따가 미국으로 출장가야 하니까 볼 시간이 없어요. 구체적인 대책안은 김 대리와 상의하세요.

여자 : 네, 알겠습니다. 그런데 사장님, 대책안은 어떻게 보고해야 되죠?

남자 : 이메일로 보내주면 돼요. 그런데 문제 보고서를 아직 못 받았는데 보냈나요?

12

여자 : 여보세요? 총무과 김윤리입니다. 학생 장학금 때문에 전화 드렸는데요.

남자 : 죄송합니다만 지금 담당 선생님이 잠깐 자리를 비웠는데요. 급한 일이시면 지금 연락해 드릴게요.

여자 : 아니요. 그럼 용건을 담당자한테 좀 전해 주시겠어요?

남자 : 네, 말씀하세요. 메모해 놓을게요. 잠깐만요, 담당 선생님이 왔어요. 바꿔 드릴게요.

13

여자 : 이 그림을 보고 있으면 정말 유럽에 와 있는 것 같은 느낌이 들어.

남자 : 그렇지? 보고 있으면 마음도 편해지고. 정말 거기서 살 수 있다면 얼마나 좋을까?

여자 : 그런데 이 화가는 풍차를 좋아하나 봐. 여기 전시된 그림을 보면 다 풍차가 나오던데.

남자 : 그래? 어, 정말이네.

14

여자 : 근육을 만드는 데에 도움을 주는 닭 가슴살. 닭 가슴살이 건강에 좋다는 건 알지만 퍽퍽한 느낌 때문에 먹기가 쉽지는 않습니다. 닭 가슴살을 삶으실 때는 완전히 익히지 마시고 익기 전에 꺼내어 프라이팬에 살짝 구워 보십시오. 쫄깃하면서도 부드러워진 닭 가슴살을 훨씬 맛있게 즐기실 수 있을 겁니다.

15

여자 : 지난 19일에 광명시 시청 회의실에서는 "2019 재난대응 안전한국훈련"의 일환으로 이케아 광명점 대형화재 발생을 가상으로 관련부서들이 합동해 모의훈련을 했다. 이번 훈련은 이케아 광명점에 대형화재로 인해 많은 사상자가 발생하고 건물 일부가 소각 및 붕괴된 상황을 가상한 대피 연습으로 광명시청

재난관리 공무원들과 광명경찰서, 광명소방서 등 관련부서 및 자원봉사단 등 민간단체가 참여하여 대형화재 발생시 각자의 임무와 역할에 대한 토론 연습을 진행하였다.

16

여자 : 교수님, 안녕하십니까? 최근에 건강기능식품이 만병통치약이 되어 판매된다는 게 큰 문제인 것 같은데요. 그렇다면 소비자들이 건강기능식품을 구입할 때 주의해야 할 점은 어떤 것인가요?

남자 : 우선 건강기능식품에 식약청 마크가 있는지 잘 확인해 봐야 합니다. 신뢰할 만한 업체에서 제작한 상품인지도 잘 살펴봐야 합니다. 그리고 이미 알려진 기능 외 다른 기능이 분명하게 드러나는지 유통기한이 지난 제품을 판매하는지 꼼꼼히 확인하는 것이 중요합니다. 최근 허위 광고가 문제로 되는 경우가 많기 때문에 소비자들은 일단 식약청 홈페이지에서 정보를 잘 확인하고 나서 구입하는 것이 가장 안전한 방법이라고 할 수 있겠습니다.

17

남자 : 수미 씨, 지금 인터넷에서 쇼핑하고 있어요?

여자 : 네, 인터넷에서는 원하는 물건을 다 살 수 있어요. 그리고 가격도 백화점보다 싸고 배달도 빠르고요.

남자 : 인터넷 쇼핑이 편하긴 하지만 대부분 광고는 과장해서 말하는 경우가 많다고 하던데요. 음식같이 중요한 상품은 인터넷에서 사지 말고 마트에 가서 사세요. 마트에서는 음식의 신선도와 유통기한을 직접 확인할 수 있으니까 안심하고 먹을 수 있잖아요.

18

남자 : 수미 씨, 주말에 뭐 했어요? 아주 피곤해 보이는데, 커피 한 잔 마실래요?

여자 : 네, 고마워요. 주말에 일이 별로 없어서 잠을 많이 잤는데도 왜 이렇게 피곤하죠? 평소보다 집중력도 많이 떨어진 것 같아요.

남자 : 그건 평소에 충분히 못 자서 그래요. 요즘은 수미 씨처럼 주말만 되면 그동안 못 잔 잠을 한번에 채우려는 사람이 너무 많아요. 그런데 이게 도움이 되기는커녕 오히려 몸의 리듬이 깨져서 더 피로를 느낄 수 있다고 하더라고요. 그래서 주말보다는 평소에 휴식을 잘 해야죠.

19

남자 : 요즘 '신데렐라'라는 영화가 인기라던데 주말에 우리도 한 번 보러 갈까?

여자 : 그거 애들이나 보는 영화 아냐? 영화 제목이 너무 유치해.

남자 : 그게 아니야. 지금 너처럼 제목만 보고 영화 내용을 추측하는 사람이 많거든. 이 영화의 주인공은 동화 속의 인물이 아니라 생활에서 스트레스를 많이 받은 직장 여성이야. 그리고 단순한 줄거리를 통해 인생 철학을 엿볼 수 있는 좋은 영화야.

여자 : 그럼 한 번 봐야겠네.

20

여자 : 강 선생님은 참 대단하십니다. 하루에 그렇게 많은 일을 할 수 있다니. 어떻게 하면 그렇게 많은 일을 하실 수 있나요?

남자 : 저는 항상 제가 쓴 계획대로 하루를 살아요. 해야 할 일들을 전날 밤에 리스트를 작성해 놓고 중요성에 따라 순위

를 매깁니다. 이렇게 하면 하루라는 시간 동안 정말 많은 일을 할 수 있지요. 누구나 다 이렇게 할 수 있습니다.

21~22

여자 : 혹시 계절성 우울증이라는 것을 들어 봤어? 우울증은 많이 들어 봤는데 계절성 우울증을 몰랐네.

남자 : 주로 일조량이 부족한 북유럽 사람들이 많이 앓는 질환이지. 요즘은 우리 나라에도 이런 환자들이 급증하고 있어. 일조시간이 결핍되면 신체 에너지 부족, 활동량 저하, 무기력증, 과수면 등의 증상을 야기해 우울증을 악화시킬 수 있어. 이 증상은 주로 가을과 겨울에 나타나거든.

여자 : 그렇구나. 한번 앓게 되면 고통 속에서 헤어나오기가 어렵겠구나.

남자 : 그렇지. 그러니까 평소에 규칙적인 생활을 하고 자기 마음을 통제할 수 있는 자기 제어능력을 꾸준히 키워 가야 해.

23~24

여자 : 지금 농림부에서는 몸에 좋은 영양소를 섭취하기 위해서 야채는 날로 먹어야 한다고 하던데. 어떻게 생각해?

남자 : 유기농 채소 말고는 야채를 그냥 먹기에는 위험한 것 같은데. 야채가 잘 크라고 쓰는 화학비료에 발암물질이 포함돼 있고. 이런 야채들이 몸에 들어가면 악영향을 끼칠 수 있지.

여자 : 야채를 잘 씻기만 하면 발암물질이 함께 씻겨가는 거 아니야?

남자 : 잘 씻는다고 없어지지는 않지. 가장 효과적인 방법은 데쳐서 먹는 거야. 물론 이 과정에서 몸에 좋은 영양소가 일부분 파괴는 되지만.

25~26

여자 : 요즘 드라마를 보면 현실상으로는 말이 안 되는 상황 설정에 매우 자극적인 장면을 이용해 전개해 가는 드라마, 말하자면 막장 드라마가 대세입니다. 이런 드라마를 찍는 이유는 무엇입니까?

남자 : 그 원인은 선정적이고 자극적인 줄거리일수록 쉽게 시청률을 올릴 수 있기 때문입니다. 그래서 불륜, 복수, 자살 시도, 출생의 비밀 등 다양하고 자극적인 소재를 씁니다. 그러나 이러한 드라마들은 극단적인 설정으로 사회적 파장을 일으킬 수 있기 때문에 그 범람을 막을 수 있는 방법을 모색해야 합니다. 단기적으로는 방송 심사 위반에 대한 제재를 강화시켜야 하지만 장기적으로는 시청자의 채널 선택권을 넓히는 것이 최선의 방안입니다. 현재 지상파 방송의 독과점 구조 조정으로 시청자들이 볼 만한 프로그램이 많지 않기 때문입니다.

27~28

여자 : 여성을 평등하게 대하고 더불어 공정한 사회를 만들자는 화제가 자자하던데 넌 알고 있었어?

남자 : 응. 사업과 가정을 다 가지자는 뜻이잖아. 공정사회의 기본원칙이 바로 기회균등인데 여성의 경우는 좀 다르지.

여자 : 맞아. 문제는 여성들이 출산과 육아 때문에 남성과 같은 출발선에 서서 인력시장 경쟁에 공평하게 참여할 수 없다는 것이지. 만일 그대로 놔 두면 여성들의 경력이 단절되는 현상을 초래하게 되고 나아가 사회의 저출산 문제까지 이어지게 될걸.

남자 : 글쎄. 네 말대로라면 공정사회의 원칙과 어긋나네.

여자 : 그래서 말인데 누구에게나 다 공정한 사회가 이루어져야 하는데.

29~30

여자 : 미술품 경매시장에서 박수근의 작품 '빨래터'가 45억원에 낙찰되었다는 뉴스를 봤는데요. 이렇게 비싼 값에 팔릴 수 있는 이유는 무엇입니까?

남자 : 박수근의 작품은 빛과 색깔, 소재와 화면의 질감이 독창적이고 한국인의 정서를 잘 표현하는 화가로 평가 받고 있습니다. 그래서 그 그림을 갖고 싶어하는 사람이 많습니다. 이 작품의 정서와 비슷한 감정을 가진 사람들을 만족시킬 수 있기 때문에 흔히 높은 가격에 낙찰될 수 있는 거죠. 다시 말해, 높은 예술성과 그 존재의 회귀성이 예술작품의 교환가치를 하늘로 치솟게 만듭니다.

31~32

여자 : 한국전자 말이야. 뉴스에서 봤는데 장애인들이 사회에 진출하는 발판이 되겠다고 적극적으로 장애인 고용에 나서고 있더라.

남자 : 그건 나도 들었어. 사회 소외 계층에 있는 장애인들을 국가가 관심하고 배려하는 것이 정상인데 기업이 나서서 대신하고 있다니 그야말로 사회에 실질적 도움을 주는 기획인 것 같아. 그런데 단순히 장애인만을 돕기 위한 기획은 아닐 거야. 많은 기업들이 좋은 이미지를 세우기 위해 사회봉사를 하거나 기부를 하는 것과 마찬가지지.

여자 : 그럼 기업들의 이런 기획이 단지 사람들에게 좋은 이미지를 보여 주려는 데 있단 말이야?

남자 : 그렇지. 얼마 전 한 통신 회사에서 대학생 자원 봉사자들을 모집했는데 많은 학생들이 신청서를 냈지. 알고 보니까 봉사학생들은 회사 로고가 찍힌 옷을 입고 새벽에 일하시는 분들에게 따뜻한 커피나 죽을 나눠 주는 활동을 했대.

33~34

여자 : 병원에서 오랜 투병 생활을 해야 하는 중환자들에게는 의사의 치료나 가족의 보살핌보다도 더 중요한 것이 있습니다. 그것은 바로 환자 본인이 심리적 안정을 유지하는 것입니다. 환자가 심리적으로 불안할 경우 어떤 약도 효과가 없고 어떤 말도 들리지 않습니다. 환자가 안정을 취하는 방법에는 여러 가지가 있습니다. 우선 자신의 병과 치료에 대해 완전히 장악하고 미래에 대한 불안감을 갖지 않도록 해야 합니다. 또한 치료를 받는 동안 일기를 쓰거나 자신의 생각 등을 기록해 둡니다. 이런 방법을 통해 치료 기간에 받는 느낌을 기억해 의사나 간호사에게 문의할 때 도움이 됩니다. 그리고 일상생활의 문제를 스스로 해결할 수 있다면 삶에 대해 자신감이 생기게 되고 상태도 많이 호전될 것입니다. 그때 자신이 할 일들을 계획해 보는 것도 마음을 안정시킬 수 있는 좋은 방법입니다.

35~36

남자 : 보통 '나는 누구인가?'라는 질문을 자신에게 묻기 시작하는 시기는 사춘기 전후입니다. 자아를 찾고자 하는 욕구는 누구나 다 있고 또한 끊임없이 자신의 고민에 시달리게 됩니다. 청소년 때부터 시작되는 이러한 심리현상은 장차 어른이 되어서도 지속될 수 있습니다. 오늘은 자아를 찾고자 하는 현대인의 심리를 보여주는 문학 작품을 예로

들겠습니다. 이 소설에서 공간이 현실을 벗어나 꿈의 공간으로 바뀌면서 주인공이 자아를 찾아 나가는 내용을 쓴 작품입니다. 소설 속에서는 현실과 꿈, 삶과 죽음이 뒤섞여 있는 혼돈 상태--'안개'가 나타납니다. 여러분에게도 분명 안개가 끼어 자아를 찾지 못해 고민한 적이 있을 겁니다. 하지만 안개가 걷히고 맑은 날이 오는 자연의 섭리처럼 우리 인생도 열심히 노력하다 보면 결국 안개가 걷히게 될 것입니다.

37~38

여자: 잡지, 신문 등의 대중매체의 발달로 우리의 일상 생활에 '캐리커처'란 말이 나오는데요. 조금 생소한 말입니다. 이 말이 무슨 뜻인지 소개 좀 해 주시겠습니까?

남자: 캐리커처는 인물이나 대상의 특징을 과장되게 그려서 익살스럽게 표현하는 미술 기법 중 하나입니다. 일상 생활에서도 이 단어를 사용하고 있습니다. 캐리커처의 중심은 풍자가 포함되어 있습니다. '캐리커처'란 말은 '무거운 짐을 지다', '과장하다'라는 의미인데 이 말은 원래 16세기말 화가들이 그린 해학적이고 풍자 내용이 담긴 인물화를 부르던 말에서 유래되었습니다. 만약 사람이 무거운 짐을 지고 묵묵히 앉아 있으면 자연히 모습이 일그러지고 표정이 흐트러지면서 익살스러운 모양을 하게 됩니다. 이런 모습을 비꼬아서 부르던 것이 오늘날의 '캐리커처'로 발전해 왔다고 볼 수 있습니다.

39~40

여자: 앞서 설문 조사지 내용에서 보신 바와 같이 19개 국가 중 15개 국가의 과반

수에 이르는 국민들이 기후 변화에 중점을 두고 다루겠다는 정부의 발표를 지지하였습니다. 이게 바로 전 세계가 환경 문제에 관심을 갖고 있다는 것을 역설해 주는 것이 아닙니까?

남자: 네, 그렇다고 볼 수 있지요. 아래 이 그래프는 5개국의 설문 조사 결과를 자세하게 보여주는 것입니다. 보시다시피 5개 국가 모두 찬성하는 비율이 반대하는 비율보다 월등히 높다는 것을 확인하실 수 있습니다. 이는 대부분의 국가가 기후 변화의 심각한 문제를 인식하고 있다는 것을 설명합니다. 심각한 기후 변화 문제를 해결하려면 한 국가의 노력뿐만 아니라 각 나라의 협력이 이루어져야 한다는 것을 의미합니다. 비록 '기후 정상 회담' 등을 통해 작은 노력은 보았으나 대부분의 경우 실질적인 해결 대책을 강구해 내지 못한 상황입니다. 이러한 경우들로 미루어 보아 기후 변화 문제를 해결하기 위해서는 국제사회의 협력과 보다 자세한 관심이 더욱더 필요하다는 것을 알 수 있습니다.

41~42

남자: 여러분, 어떤 기업이 100년 넘게 꾸준한 발전을 하고 싶다는 경영 목표를 세웠다고 가정해 봅시다. 장수 기업이 되기 위해 가장 필요한 것은 무엇일까요? 바로 가치관으로 경영하는 기업 문화의 확립입니다. 실제로 100년 이상 경영되고 있는 회사들을 조사해 보면 성공을 향한 이색적인 전략이 있습니다. '즐겁게 일하고 열심히 생활하며 공유하는 것'을 전략으로 세운 어떤 회사는 모든 직원이 각자의 아이디어를 사이트에 올리면 전 세계 직원들이 함께 공유할

수 있게 했습니다. 기존의 통념을 뒤집은 '즐겁게 일하고 열심히 생활한다.'는 신조와 '첫째가 고객, 둘째가 직원, 마지막이 주주'라는 그 회사의 가치관이야말로 타사와 차별화되는 핵심이 있습니다.

43~44

여자: 한국의 전통 혼례 중 전안례는 신부의 집에 결혼을 하러 온 신랑이 신부의 어머님에게 기러기 한 쌍을 선물하는 것입니다. 이때 등장하는 기러기는 백년해로를 상징하는 대표적인 동물의 상징입니다. 왜냐하면 짝지어 살던 기러기 중 어느 한쪽이 죽으면 남은 한쪽은 다시 짝짓기를 하지 않는 절개를 가졌기 때문입니다. 이 같은 상징은 다른 나라에서도 찾을 수 있는데 서양에서 사랑의 신 에로스가 기러기를 타고 다녔다는 전설이 있습니다. 또 고대 그리스의 남녀는 사랑을 약속할 때 기러기 앞에서 맹세했다는 풍습도 전해지고 있습니다.

45~46

여자: 요즘 많은 분들 중에 동물 입양과 관련된 내용에 관심을 보이시는 분들이 많은데요. 입양 희망자들 중에는 국내에 계신 분들 뿐만 아니라 해외에 계신 분들도 계셔서 저희가 해외로 입양시킬 수 있는 방안을 여러모로 모색 중입니다. 그런데 입양은 엄격한 절차를 거쳐 이루어져야 하는 것이기 때문에 저희가 해외로 직접 방문하는 경우도 종종 있거든요. 그에 따른 시간과 비용이 들어 결정이 쉽지 않을 때가 많습니다. 정말 감사하게도 요즘 후원자 분들이 많이 생겨서 저희 단체 운영에 큰 도움을

받고 있습니다. 이러한 입양 사업 외에도 개식용 금지 캠페인이나 유기 및 학대 방지 캠페인 등 다양한 매체를 이용한 홍보 활동을 통해 동물 사랑을 실천하려고 노력하고 있습니다.

47~48

여자: 정부가 다음달에 전국 유치원장과 초중고 교장을 대상으로 하는 재난대피 특별 강연회를 시작하겠다고 밝혔습니다. 최근 인근 국가에서 잇달아 발생한 자연재해로 어린 학생들의 피해가 속출한 가운데 재난 대응 능력을 길러야 한다는 의견이 모아져 실시하게 된 것인데요. 이에 대해 어떻게 생각하십니까?

남자: 우리나라 역시 반드시 시행해야 할 훈련이라고 봅니다. 자연재해가 발생하지 않을 거라는 막연한 생각은 버려야 합니다. 언제, 어떤 재해가 닥칠지 모르는데 우리나라는 지금까지 너무도 안일한 생각으로 예방 대책에 소홀한 태도를 보여 왔습니다. 특히 어린 학생들이 집중되어 있는 학교의 경우 교사들의 신속한 상황 판단이 최악의 상황까지 몰고 가는 것을 피할 수 있게 해 줄 것입니다. 이번 강연회를 통해 교사들의 재해에 대한 인식을 강화하고 학교 현장에서 보다 체계적이고 지속적인 교육과 훈련을 통해 재난 대응 능력을 키울 수 있을 겁니다.

49~50

여자: 최근 자본력이 부족한 청년들 사이에 창업 열풍이 불면서 경영 자금에 대한 고민이 부쩍 늘고 있습니다. 기업이 자생적으로 성장할 수 있는 능력을 갖추기 전까지 국가에서 지원해 주는 정책 자금을 이용할 수 있지만 자세한 정보

나 기준을 알지 못해 혜택을 받지 못하는 경우가 허다합니다. 그러므로 지금부터 제가 드리는 말씀을 잘 경청하셨다가 혹시 창업에 도전할 의향이 있으시면 다양한 경로로 자금 혜택을 받으시기 바랍니다. 우선 현재 정부가 기업에 지원하는 정책 자금은 150여 가지가 넘습니다. 하지만 종류가 매우 많고 자금 지원 기관이나 혜택, 기준 등이 천차만별이라 선택하기가 쉽지만은 않습니다. 게다가 지원 시기도 각각이라 필요한 자금을 신청하는 시기를 놓치는 경우도 부지기수입니다. 신청 시기를 잘 맞추셔야 하는 정책 자금 신청은 매년 상반기에 신청하는 것이 유리합니다. 상반기에 신청하여 자금 혜택을 받으신다면 정부 지원금으로 개발했다는 홍보를 할 수 있어 소비자의 신뢰까지 얻을 수 있게 될 겁니다. 이를 위해서는 정책 관련 신문 기사를 꼼꼼히 체크하시고 각 기관의 홈페이지를 수시로 방문한다든지 해당 기관의 메일 서비스를 신청해 주시는 것도 방법이 될 수 있겠습니다.